私の子どもたち――コルトン、テール、ソーヤへ
荒ぶる二〇二〇年代に私たち大人の下す選択がきみたちの人生を方向づける

目次

訳注は小さめの字で示した

まえがき——日本のみなさんへ

家族も私も日本と日本文化が大好きだ。日本の人たち、食べ物、独特の美、すべてが私たちを魅了する。COVID‐19（新型コロナウイルス感染症）のパンデミックが起こったとき、とても残念だったのは日本に行けなくなってしまったことだった。

日本の個性のなかでもその社会契約が私にはとりわけ印象深く映る。社会契約とは、政府、企業、市民のあいだの関係を規定する暗黙のルールだ。世界一九六カ国の多くに欠けている、安定した社会の基盤となる均衡——穏やかな調和——が日本にはある。

ヨーロッパや北米、日本は民主主義の国だが、アジアを見れば、全域に広がる特定の政治体制があるわけではない。地球上で最も大きな大陸に住むアジアの人たちは、さまざまに異なる社会契約に基づいて社会を構成しており、経済・政治面での自由度が国によってちがう。アジアには君主制もあれば、神権政治、民主主義、独裁制もあり、それぞれに開放と閉鎖の度合いの異なる経済を伴っている。

社会契約は、数千年とは言わないまでも、数百年にわたる文化的背景や歴史から生まれてきた。長い歴史を理解しないままで、いまの国家と資本と労働の関係を理解することはほぼ不可能な国もある。世界有数の経済発展を遂げた日本でさえ、何世紀もまえの歴史と文化が今日の社会契約の重要な基盤となっている。

日本は、世界のなかでもとりわけユニークな文化をもつ国だ。島国である日本は、長く鎖国状態にあり、何百年ものあいだ、外国の影響をあまり受けることなく発展してきた。今日でも、多くの日本人が外国人に対して警戒心を抱いているようだ。外国人が東京で一〇年過ごしても、地元の人たちからは部外者と見なされる。日本のビジネス界では、外国生まれのCEOはまれであり、トップの座に就いたとしても、その地位は不安定であることが多い。[1]

民主主義体制になってからの年数に照らせば日本は比較的新しい国だ。少なくとも一五〇〇年間は天皇を戴き、その半分近くを軍事独裁政権のもとで過ごした。[2] 日本が民主主義を導入したのは第二次大戦後、アメリカが日本国憲法の書きかえにかかわったときだ。

西側の民主主義国家に倣《なら》ったとはいえ、日本政府はアメリカやヨーロッパ諸国に比べるとダイナミックさに欠けるところがある。一九五五年以来、右派の自由民主党がほぼ継続的に国会を制しており、事実上の一党支配に近い。数十年にわたり、実権を握っていたのは官僚であり、地方自治体への予算配分を決めていたのは彼らだった。日本のスタートアップのパイオニアで、のちにマサチューセッツ工科大学（ＭＩＴ）のメディアラボを率いた伊藤穰一は、「日本がコンクリートだらけなのはそのせいだ」と言う。「公共事業は、肥えた政治の金をばら撒いて地方を従わせるための手段だった」

不思議な魅力をもつ伊藤は、アメリカと母国日本の両方で産学両面の先導者的役割を果たす数少ない人物のひとりだ。

政治リスク専門のコンサルティング会社〈ユーラシア・グループ〉の創設者イアン・ブレマーは、日本政府の当局者は欧米の同じ立場の人よりも、民間企業に対して支配力を行使する傾向が強いと言う。「日本政府が企業に何かしてほしいと言えば、企業はいっせいに動きだす」

第二次大戦以来、日本経済は少数の大企業によって支配されてきた。こうした大企業の多くは、「系列」と呼ばれる産業コングロマリットに属している。[3] 業種の異なる企業間に公式および非公式に張りめぐらされたネットワークが経営の土台だ。通常、系列企業は互いの株式を所有しあい、原材料や製品を互いに購入しあい、互いのさまざまな事業に資金を投入しあう（ほとんどの系列企業には銀行が含まれている）。業績低迷時には、従業員を解雇せずに済むように、系列の他の会社に出向させることもある。非公式な関係の深さを鑑みれば、系列の経済的影響力がどれほど大きいかを測ることはむずかしい。ソニー、ヤマハ、日産、トヨタ、三菱、キヤノン、東芝など、日本のほとんどの大手銀行や企業は、こうした非公式なコングロマリットに加わっている。[4]

日本の政治・経済システムの力学の多くは、日本の長い天皇統治の歴史の産物であると同時に、アメリカの外交政策が直接的に影響力を発揮した結果でもある。

日本は中国とソ連（ロシア）に隣接しており、冷戦時代には共産主義との戦いの最前線に位置していた。第二次大戦後、アメリカは日本の復興を支援するにあたり、左翼的な匂いのするものは日本政府からすべて排除しようと努めた。政治的に大きな影響力を官僚にもたせて国家を再建し、右派の政治家に力を与えたのだ。

一九五〇年代から六〇年代にかけて、アメリカ中央情報局（ＣＩＡ）は保守の自由民主党を支援するため、そして左派の野党を弱体化させるような情報を収集するために何百万ドルも使った。[5] ＣＩＡでキャリアを積んだ私の大叔父はこの任務の一環として、冷戦のさなかに日本で数年間を過ごしている。事実上、戦後の日本はアメリカの思惑に沿って再建された。伊藤穰一は、「思惑の中心にあったのは共産主義の中国からアメリカを護ることだった」と言う。アメリカにとって「リベラルがおおぜいいる国より、やや右寄りで堅実に機能する国のほうが望ましかった」のだ。

アメリカの占領下で日本政府は、富裕層の力を削《そ》ぐ所得税の累進課税も制度化した。一九五〇年まで、最高所得者層には限度いっぱいの八六％の税率が課されていた。[6]

冷戦後期にアメリカが手を離したあとも日本の政治に変化はなく、自由民主党が引きつづき政権を支配している。起草のかなりの部分をマッカーサー元帥とアメリカの関係者が主導した日本国憲法は、この原稿を書いている時点では、まだ一度も改正されていない。[7]

伊藤は、こうした政治的な安閑さを、日本社会の根っこにある階層意識に起因すると考えている。

「過去六〇〇年のあいだに、つねに権威を敬うように仕向けられてきた」

政治、ビジネス、そしてポップカルチャーの世界でも、権威への敬意が見られる。日本のテレビで最も長く続いた時代劇は『水戸黄門』という番組で、一九六九年から二〇一一年のあいだに一二〇〇回以上、放送された。[8] このドラマは、隠居した副将軍の光圀《みつくに》が商人に扮して地方を歩きまわり、悪徳役人やならず者集団などが庶民に働いた悪行を調査し、各話のクライマックスには自分の高い身分を明かして悪人たちを懲らしめるという内容だった。身分を明かすときに供の者が「この紋所が目に入らぬか」と言って掲げる印籠《いんろう》には将軍家の紋が入っている。それを見た者は全員がただちに膝をつき、頭を下げ、光圀の命令に従うのだ。

戦後には新しいタイプの労働組合も誕生している。組合執行部は、経営陣と対立するのではなく、労使間の緊張を和らげようとする方向へ動いた。戦後の経済再建には労働者と資本の密接な協力が必要であり、ストライキはその妨げになるとの考えがあってのことだった。[9] 対立の気運は小さくなり、企業と労働者のあいだに緊密な絆が生まれた。「トヨタのトップは、基本的に労働組合のトップと敵対する関係ではなかった」と伊藤は言う。

その結果、日本の民間企業は社会契約のなかで、欧米の企業とは大きく異なる役割を果たすようになった。ほとんどの大企業は実質的に、従業員の終身雇用と退職後の年金を保証していた。その代わり、従業員は会社への献身を約束した。このような資本と労働の密接な関係は、冷戦時代のアメリカの外交政策にとっても都合がよかった。自分たちの要望を企業が満たしてくれるのならば、従業員が左派政党を支持する理由はなくなるのだ。皮肉なことに、社会主義的な労働慣行を取りいれることによって、日本は政府の保守色を強めたのだった。

終身雇用は日本国民にとって最低所得保障と同じ機能を果たし、さらに、一生の仕事をつうじて目的意識と自身を承認される感覚を得ることができた。

雇用者と被雇用者のあいだの忠誠心は、激務の職場環境を促すことにもなった。会社員（〝サラリーマン〟と呼ばれていた）は、強力なセーフティネットと引き換えに、日中はオフィスで長時間労働にいそしみ、しばしば終業後には同僚と酒を酌み交わす。深夜、ダークスーツ姿のままのサラリーマンが地下鉄のなかで酔って前後不覚になっているのはめずらしくない光景だ。

昼はまじめに働き、夜は連日の酒席という彼らの二重生活は、日本文化のもうひとつの特徴を映しだしている。日本の人には外に見せる自分（建前）と本当の自分（本音）のふたつの人格があると言われる――「建前」は几帳面で礼儀正しくかしこまった昼のサラリーマン、「本音」はワイルドで表情豊かな夜のサラリーマン。この二重性は、欧米では不誠実と思われるかもしれないが、日本人は必要なことだと考えている。島国のなかで何世代にもわたって同じ人たちとつきあっていくには、対立をできるだけ抑えることに重要な意味があった。

「礼儀正しくふるまい、ルールを守り、形式を重んじることで、不必要な摩擦を防ぐことができる」と伊藤は言う。「サラリーマンは、仕事中は愛想がよく、羽目を外さず、きちんとしているが、誰もがそれはひとつの姿にすぎないことを知っている。酒場に繰りだしてはカラオケで騒ぎ、勢い余ってほかの店で女装したりする、別の顔ももっている。日本では、このようなふたつの『自分』をもつことが許容されている。サラリーマンが昼と夜で同じでなければいけないという考え方はしない」

この「サラリーマン」は二〇世紀の日本の高度経済成長を支えた基盤であり、当時は市民と企業が手を取りあって働き、互いの経済的安定を保証していた。だが、経済のグローバル化が進み、知識集約型産業が台頭するにつれ、このような雇用者と被雇用者の密接な結びつきは、疎《うと》ましがられるようになった。未来の産業で成功するには柔軟な労働市場が必要であり、終身雇用はその妨げになる。また、生産性の伸びも制限される。解雇されないとわかっていれば、働く意欲が減退するのも無理はない。「日本企業は、何もしない社員をおおぜい抱えているから、じつに非効率的だ」と伊藤は言う。

ある日本人経営者から、日本の大手通信会社に勤める友人がこぼしたという話を聞いた。友人の上司が脳疾患で倒れ、発話できなくなったが、会社はその上司に業務を継続させた。上司は毎日会社に来て、口から唾液が垂れるのをうまく止められないまま机のまえに座っていたという。日本人経営者は言った。「アメリカではありえないことだ。退職に伴う手当は払うだろうが、仕事を続けさせることはない」

終身雇用は労働者に経済的安定を保証したし、企業も安定した労働力を確保できた。だが、病気で弱った人が管理職を続けられるような経済に、長期的な成功は見通せない。世界経済の動きがいっそう速くなり、デジタル化も進むにつれて、日本はスランプに陥り、そこからまだ抜けだしていない。一九九〇年までの三〇年間で年平均六％の成長を遂げたが、それ以降の三〇年間はわずか一％だった。[10]忠誠心を重んじる企業文化は、企業にすばやい成長かすばやい失敗が求められる経済には適さない。

近年、日本企業は終身雇用の方針を転換し、より柔軟な労働力を追求しはじめている。[11]日本の若い労働力も、キャリアアップの機会が増えるこのダイナミックな労働市場を受けいれている。[12]ある調査では、二〇一九年に大学を卒業する日本人の約半数が一〇年以内に転職する意向をもっているという結果が出た。[13]大学新卒者が最初の一〇年間に多くの職場を渡り歩くことの多い欧米では、この数字はむしろ少なすぎると映るかもしれないが、日本にとっては歴史的な変化なのだ。

日本はアメリカ、中国に次ぐ世界第三位の経済大国であることに変わりはないが、伊藤はその地位をいつまで維持できるか不安を感じている。「(日本は) 老い、貧しくなりつつあり、油切れのおそれがある。盛りかえせるだけのエネルギーが残っているだろうか」

戦後の日本が築いてきた政治・経済モデルは、成長ではなく安定を重視していた。右派政党と大企業が権力を維持し、大衆は雇用主が用意する手厚いセーフティネットによって護られてきた。アメリカの政治・経済システムは国民に機会の平等を提供するもので、結果の不平等は避けられない。日本はその逆だ。ルールに従っているかぎり、誰もがほぼ同じ結果を期待できる。

このような厳格な社会契約は、二〇世紀の中央集権的な産業経済に急速な成長をもたらし、冷戦時代にはアメリカの地政学的利益に貢献した。だがそれは二〇二〇年代の経済には当てはまらない。

とはいえ、古《いにしえ》より日本文化そのものが「安定」に最適化されていたのだ。日本人の約七〇％が敬いの気持ちをもつ神道は、成長よりも再生に重きを置く。[14]これは山の多い島国に住む日本人に適した考え方だ。海に囲まれているためどこにも行き場所がなく、何千年ものあいだ、島のなかで繁栄することがすべてだった。アメリカやヨーロッパが西への拡大や植民地主義によって「成長中毒」になったのに対して、日本は似たような拡大志向をもつことはなかったと伊藤は言う。彼はこの状況がすぐに変わるとは思っていない。

「日本の歴史は長いから、変えるのはむずかしい。この一九〇〇年間、たいして変わっていない」

多くの日本企業は何世紀にもわたって、再生の原則を実践してきた。日本には世界最古と認定された会社がある――一三〇〇年以上前に開業した西山温泉（山梨県）慶雲館という温泉旅館だ。[15]伊藤穰一が贔屓《ひいき》にする料理店〈大市《だいいち》〉は京都で三四〇年ものあいだ、すっぽん料理を提供しつづけている。[16]伊藤は、そこで働く人たちがその店に誇りをもっているのだと教えてくれた。

「彼らの目標は、社長になることではない。支店を増やすことでもない。そんなことをしたら、創業以来同じ建物で続けてきた商いが危うくなりかねない。

職人という人たちは、商売を大きくしようとは思わない。もっと腕を磨こうと考える。商売の規模を二倍にしないのなら、どうする？　取り組んでいる仕事の質を二倍にするのだ。彼らの精進は量より質の向上にある」

今後数十年のあいだに、日本の経済は現在のハワイと同じように観光業中心になると伊藤は見ている。すでに中国人観光客に人気の旅行先であり、中国経済が成長しているあいだ、旅行客は増えつづけるだろう。

「日本のおもな生産物は文化になると思う」と伊藤は言う。「一抹の寂しさはあるものの、それも悪くはない。日本の職人技や文化を後世に残していける」

伊藤の想像どおりに進むのか、それとも日本は経済的にもっとダイナミックに躍動し、レガシー産業や日本文化を超えたイノベーションと新しい富の創造源になるのか。いま世界を再構築している力――いい面でも悪い面でも――を知り、みなさんがそれぞれの結論に至るうえで、本書が役に立てれば幸いに思う。アメリカを含め私たちはいま、颯爽《さっそう》とスタートを切れなかった二〇二〇年代の始まりにいる。いや、怒りにたぎっている。この一〇年間が終わるときに私たちはより幸せになっているのか、それとも逆なのか。この先を読み、自身で判断していただきたい。

序　章

私が朝いちばんにするのはコーヒーを淹れることだ。ベッドから出て湯を沸かし、子どもたちの朝食をととのえる。きょうから出張なので、旅行かばんに荷物を詰め、空港までの配車サービスを予約する。妻のフェリシティと私は子どもたちをうちの車に押しこみ、妻は教師をしている小学校への出勤途中で子どもたちを降ろす。家族みなの一日が始まり、私は空港のセキュリティゲートを通過する。「ご搭乗ください」、「シートベルトをお締めください」、「まもなく離陸します」。午前九時には私は空の上にいる。

いつもと変わらない朝だ。だが、外皮を剝《は》いで、日常生活を動かす発明や工夫の数々を調べてみれば、その偉大さに圧倒される。ベッドで寝ていた状態から、国をまたぐ飛行機に乗るまで三時間もからず、金属の筒の形をした飛行機はなんの支えもなく地上一万メートルを進んでいく。テクノロジーと工学、数学が合わさった科学の離れ業であり、過去の時代に生きた人たちからすれば、まさに魔法だ。だが私は平然とシートに座り、電子メールをスクロールする。

ふだんはなかなか気づかないが、私たちの生活は、網の目のように入りくんだ個人と政府と企業の協調と力の交換の上に築かれている。すべてが調和し、日常はたくさんの魔法で成りたっている。便利な暮らしを送れているのは、見えないところで膨大な数の技が働いているからだ。

たとえば、朝のコーヒーポットのところまで話を巻きもどしてみよう。いやさらにその先、水のところまで。わが家の蛇口からコーヒーポットに注がれる水は、はるか昔の一九二〇年代に構築され、以来、安全性の確認が継続的におこなわれている公共水道システムのものだ。近所の焙煎店〈ジーク〉で買ったコーヒー豆は一杯分で三〇セントもしない。かつては金のかかる贅沢だった至福の一杯を手頃な価格で毎日楽しめるのは、何世紀にもわたる農業技術の改善と、何よりも、豆の生産国である中米諸国と自由貿易協定を結んでいることが大きい。

ありきたりの通勤風景はどうだろうか。妻は朝、家を出ると、日本で設計されアラバマで製造されたホンダに子どもたちを乗せ、車同士が衝突しないように何十年にもわたって改良されてきた交通ルールに従い、政府が建造し整備している道路の上を走って学校に送りとどける。もし事故が起こったとしても、政府が義務づけ、ホンダが設置しているエアバッグの性能を私たちは信頼している。

一方、空港までの移動で配車サービス・アプリを使うときには、車のドライバーが私を見つけるのにも目的地まで届けるのにも、政府主導で構築したGPSを利用する。空港に着いた私が穏やかな気持ちでいられるのは、運輸保安庁（ＴＳＡ）の監視によって機内には銃も刃物ももちこまれないことがわかっているからだ。ＴＳＡが使用する搭乗券や免許証のバーコードも、もとは政府出資の大学の研究によって生まれた。[1]

機体はボーイング社の技術の極み、運航を担うのは現在のアメリカ四大航空会社のひとつ、そして操縦するのは、連邦航空局が技術を認定したパイロットだ。飛行機は、管制塔のレーダーが監視する空を、国立気象局が予想する嵐を避けて飛んでいく。

離陸前、私がアップルの携帯電話から送ったメールは、連邦通信委員会が監督する携帯電話用周波数帯の上を、AT&Tの通信網を経由して妻フェリシティのもとに届く。離陸前、リンクトインやインスタグラム、ブラウザーのオッターのほか、私の携帯電話にインストールしている何種類かのアプリにタッチスクリーン技術を介してアクセスできるのは、中央情報局（CIA）と全米科学財団のおかげだ。時刻をチェックするときに——いまは午前九時一五分——これが正確だと信頼できるのは、一六四カ国が加盟する国際機関の定めた標準時だからだ。

政府と企業と市民のあいだで、ひっそりと見えないところでおこなわれるこの相互作用は、連日二四時間、途切れなく続く。静かに釣りあっている。私たちはふだん考えたりしない——政府がシステムを構築し、基準を定め、それをもとに企業が商品をつくって売り、その商品を使って市民がより楽により幸せな人生の道を歩める、このデリケートなバランスの存在を。少なくともこんなふうに三者のバランスがとれているのが理想だ。

だがこの二〇年、バランスが崩れてきた。

コーヒーポットを近くでよく見てみよう。コーヒー好きの私や、地元の焙煎店、発展途上国で働く何十億人もの労働者に恩恵をもたらす自由貿易協定が、一方では、欧米先進諸国の労働者層に痛手を与えている。アメリカとヨーロッパでは、国内政治勢力の保守派にしろ進歩派にしろ、どちらの側も心穏やかではいられなくなった。

一九二〇年代にできた公共水道システムは老朽化している。一〇〇年前の巨大な公共事業計画に私たちはゴーサインを出したが、いまはもう橋も鉄道もその他の公共設備もつくってはいない。古くなっても補修を繰りかえしながら使っている。いまや、アメリカの新しいインフラプロジェクトの数が歴史上最低と言っていいほど少なくなってしまったのは、需要がないからではなく、政治的なプロセスが立ち往生しているからだ。

フェリシティの車がアラバマ州で製造されたのは、州税が低く、反労働組合法が存在しており、企業がその地を選んで工場を建てたからだ。労働者の暮らし向きはなかなか上向かず、莫大な利益は株主だけに行く。そうそう、うちの車のエアバッグは、少なくとも一六件の死亡事故を起こしていたことがわかりリコールされ、交換しなければならなかった。

うちの子どもたちが通う公立学校は、定員オーバーで予算や設備が足りていない。息子が厚いコートを着たまま授業を受けるのは、暖房システムが作動していないからだ。人種間の緊張がつねにくすぶり、ときに燃えあがる。

空港へ行くのに使った配車サービス・アプリを開発したのは、アメリカのイノベーションに新たな輝きが訪れていた時代に創業された企業だ。だが、創業者は男性優位の価値観をもったまま億万長者になったような人物で、社内の女性嫌悪《ミソジニー》の風潮が強いことを指摘され、結局は会社を手放すことになった。配車サービスの運転手は、独立業務請負人の立場で、一九世紀かと勘違いするような条件のもと、労働者の保護も、福利厚生も何も受けられないまま、最低賃金ぎりぎりで働いている。

私を乗せて飛んでいる航空会社は、過去一〇年で四九〇億ドルにのぼるフリー・キャッシュフローを稼いだにもかかわらず、最近、政府から巨額の救済措置を受けた。困難に見舞われた彼らが打開策に四九〇億ドルを充てない理由は、すでに新しい飛行機やサービス改善、従業員への待遇アップなどに投資済みだったからではない。四九〇億ドルのうちの四七〇億ドルを、自社株買いのためにすでに使っていたからだ。[2] 機体を製造したボーイングは同じ期間に、本来は飛行機をもっと安全にするための投資が必要だったにもかかわらず、五八〇億ドルのフリー・キャッシュフローのうち四三〇億ドルを自社株買いに充てている。こうした自社株買いは顧客にも従業員にも何ももたらさず、株価をただ膨らませて投資家を喜ばせるだけだった。それなのに問題に直面するやいなや、税金による救済を要請したのだ。これは二〇二〇年代の「企業社会主義」だ。企業のコストは社会化して納税者に課し、企業の儲けは株主で山分けする。

企業、政府、市民の相互作用は二四時間、毎日おこなわれている。だが、企業と、統治する側（政府）と、される側（市民）の関係に、どこか根本的なずれが生じてしまった。

私たちの社会契約は傷ついている。修理が必要だ。

社会を機能させるもの

社会契約は文明社会のもつ基本的な特性だ。世界のどの社会を見ても、人類は何千年ものあいだ、個人の権利と義務を、国家や企業のようなより大きな力をもつ組織の権利と義務とのあいだでバランスをとってきた。社会契約とは、全体のバランスを調和させる存在だ。市民と政府と企業の権利と、それらが互いに負う義務の両方を定める。

社会契約には、社会の成文法だけでなく、暗黙のルールすなわち不文律も含まれるため、正確な語義は確定していない。だが根底にあるのはシンプルな考えだ——人が社会の一員として集い、暮らし、働けば、一人ひとりをたんに合計したよりもはるかに大きな力を発揮する。

人類の祖先が急激に力を得たのは、協力してマンモスを狩り、どこかに定住して穀物を育てる術《すべ》を学んでからだった。だが人はおおぜいになると、種としての残忍な行動もあらわにする。だから、初期人類の群れが生き延び、集団として大きくなっていくためには、殺人や盗みなどの行為は許されないとの合意が必要だった。「していいこと」と「しなければいけないこと」のあいだに線を引く、基本的な行動規範を決めなければならなかった。

社会契約の中心を占めるのは道徳規範であり、昔もいまも、社会をつなぎあわせる接着剤でありつづけている。人間性のいちばんきれいな部分を呼びあつめ、いちばん醜い部分を隅に追いやるのだ。単純ながら道徳規範があったおかげで、人間社会は発展してきた。少人数の集落が町になり都市国家になり、近代国家になる。治める機関が出現する。教会や学校が根をおろす。同じ仕事をする者が集まった組合《ギルド》ができ、会社組織も生まれる。ギルドも会社も人間の労力をある方向へまとめるための、それまでにない強力な策だった——だが人が集まれば、天使の顔だけでなくときに悪魔の顔もあらわになる。だから、世のなかが複雑になるにつれ、基本の行動規範は書きなおさなければならなかった。個人だけでなく、社会に新たに生まれた組織もその規範に縛られる一員であることを明記しなければならなかった。

社会契約はどれも、さまざまな関係者によって検査され、つくりなおされる。この変化の動きはそれと気づかないほど遅く、ほとんどは自己修正的にじわじわ進む。社会を大きく変える新技術が生まれると、政府や企業はそれを取りいれるが、社会契約の修正が少なすぎたり、間隔が空きすぎたりすることがある。ときには長く停止し、均衡にゆがみが生じても正されないままのこともある。均衡は破れ、世界は右往左往する。そして激しい怒りが生まれる。怒りは家族やコミュニティや国々を分断しかねない。怒りは死者の数を増やし、不均衡を怒っている人たちのシステムや政府が変わるまで続く。怒りのあるなしは、社会契約が壊れているか、順調に遂行されているかの結果なのだ。

分かれ道――大きな変革のときであることも多い――に差しかかったときに何を選ぶかで、社会はまったくちがう方向へ進むことになる。一九三〇年代がまさにそうだった。アメリカはフランクリン・ルーズベルト大統領のニューディール政策のもとで社会契約を書きなおし、ドイツやイタリアはファシズムに走っていく。

アメリカの社会契約の起源

社会契約は、社会に特大の変化が起こったときに書きかわることが多い。一八〇〇年代、産業技術の大きな進歩がほぼ世界中を覆い、社会の構造を激変させた。この転換こそが、形態のちがいはあれども先進国諸国でいまも主流となっている社会契約をスパークさせたのだった。

一八〇〇年といえば、アメリカ人の七五パーセントが農場で働いていた時期だが、それでも産業革命はこの国を直撃した。[3] 一九〇〇年ごろには、農業従事者の割合は半分に減り、製造業に従事するアメリカ人の割合は七倍以上に増えた。一八〇一年、イングランドとウェールズでにぎやかな商業都市に住むのは人口の一七％にすぎなかったが、[4] 一八九一年には三倍に増えている。フランスとドイツの都市も一九世紀に人口が急激に増えた。この時期に欧米の経済の中心はそれまでの農業から工業に移り、労働力は農場から工場へ移ったのだ。

工業化のとくに初期のころには、社会契約の書きなおしが間に合わず、社会的富の再分配は円滑には進まなかった。マルクス主義の思想家フリードリヒ・エンゲルスにちなんで「エンゲルスの休止」と呼ばれるこの時期（国内総生産が急激に伸びていながら労働者の賃金などは停滞していた時期）に、チャールズ・ディケンズの小説によく出てくる、不平等や人の浅ましさが顕在化した。急激な技術的転換とは裏腹に、生活水準は停滞したままだったのだ。副次作用として、マルクス主義などのイデオロギー運動が活発になり、ヨーロッパ史上最大の革命の大波に直面する。

工業化が成功したのは、数十年をかけて、工業社会に合うように社会契約を完全に書きなおしたからだ。人類史上で最も偉大なイノベーションは何かと誰かに訊けば、おそらくは車輪・歯車や時計、蒸気機関、マイクロプロセッサーなどの技術の名が挙がるだろう。だが、経済をつくりかえたそれらの技術と同じくらい重要なのは、人間としての生き方を変えたイノベーションだ。労働者の年金制度や、無償の公教育、最低賃金制度などがあり、どれも、一九世紀の工業化の混乱のなかで生まれた。労働者と一般市民が結集し、政府と、急速に拡大する製造会社に対して、工業化の恩恵が工場主以外にも届くように社会契約を書きなおさせたのだ。一九世紀から二〇世紀に変わるころには、反トラスト法や所得税、児童労働の防止、社会的セーフティネット、環境基準など、抑制と均衡《チェックアンドバランス》の新しいシステムが出現した。こうした社会契約の改訂があったからこそ、社会は産業のイノベーションを金持ちも一般市民もいっしょに豊かになるために活用することができた。

新しい社会契約

産業革命の激動が落ちついたあとで、私たちは政府、市民、企業のあいだに土台となる均衡を築いた。企業は、いい意味でも悪い意味でも、私たちの日常をかたちづくる力をもつようになり、国は、企業をある基準のもとで整列させる力をもち、市民は自分たちのリーダーを選ぶ力を握った。

だが二一世紀になると、欧米社会の多くでこうした均衡は揺らぎはじめ、その歪《ひず》みはアジアや発展途上国の経済にも染みこみつつある。デジタル革命やグローバル化、規制緩和、大衆迎合主義《ポピュリズム》、世界気候危機時代の到来などがこの数十年で次々に明確になった。これらは各国の国内で、そして世界という舞台で、政府と市民と企業の関係を根本的に変えてきた。しかし、多くの社会はこうした大きな変化を反映させた新しい社会契約をいまだ構築していない。

当初の社会契約の理論を主導した人たちが懸念したのは、国家権力がほかの領域にも浸食するのではないかということだったが、現在ではむしろ、企業の権力がほかの領域に浸食している。今日のグローバル企業は国家に匹敵する規模をもち、国の役割を担っている。この傾向はすでに地政学を混乱させており、収まる気配はない。国内に目を向けると、プライバシーから持続可能性、格差是正、労働者の権利まで、さまざまな問題において政府よりも企業に統治されている。

過去五〇年間、アメリカをはじめとする先進国政府は、こうしたさまざまな問題で進歩を遂げることができず、企業がその穴を埋めてきた。独占禁止法などをつうじて企業の権力をチェックする機能も低下している。その結果、労働運動は弱まり、民主的な政府の力も弱まり、おおぜいの労働者の経済的な見通しは悪化している。アメリカだけを見ても、この三〇年間で裕福な上位一%が二一兆ドル分の富を増やした一方で、下位五〇%の人たちは九〇〇〇億ドル分、貧しくなり、中間層は停滞した。[5]この傾向は西欧諸国の多くで見られ、発展途上国はそれを注視している。

アメリカの不平等がもし、現在の『マッドマックス』（メル・ギブソン主演の近未来アクション映画）的なレベルまで拡大しておらず、これまでの四〇年間で一定のレベルにとどまっていたとしたら、所得順で並べたときに上位一〇%より下にいる人たちに五〇兆ドルが渡っていたことになる。[6]労働者一人ひとりの所得が毎月一一〇〇ドルずつ増えていた計算だ。

私たちはいま、情報化時代版の「エンゲルスの休止」の状況にあるのだ。うまく手直ししてバランスをとっていた社会契約は、また不安定になった。世界の未来はまさに、企業、政府、市民のあいだの社会契約を二〇二〇年代のうちにどう書きなおすかにかかっている。

本書の目的は、まちがっていた点を明らかにし、その修正方法を探ることだ。まずは、この半世紀のあいだに、世界中の企業、政府、労働力、そして市民に何が起こったかを振りかえろう。起こった変化が世界の様相をどのように変え、金持ちにもそうでない人にも、発展途上国にも先進国にも、すべての人にどう影響したかを見ていく。そして、バランスを取りもどすためにしなければならない方向転換を明らかにしたい。

私は二五年間、アメリカ国務省、政治運動支援、学術界、起業の現場を含めた産業界など場所を変えながら、ビジネスと地政学の交わるところで仕事をしてきた。重なりあう領域の上から下、縦横斜めのあらゆる場所に顔を出し、働いてきた。この本のために、企業や政府の世界有数のリーダーたちに話を聞き、過去と未来に対する彼らのユニークな視点を理解して、ひとつの大きな物語にまとめようと試みた。本書では、アーカンソー州の取締役会室から全国的なビジネスにかかわる環境基準を設定した世界最大の小売企業や、カリブ海の租税回避地《タックスヘイブン》、中国が開発した国民監視装置を導入したジンバブエ、インスリンが買えないために人が死んでいる私の故郷、ウェストバージニアの丘など、さまざまな事例を取りあげる。北京で下された決定が、アメリカ大陸やヨーロッパの中心地の政治状況をいかに揺るがしているのか、また、なんの関係もなさそうに見える問題が、いかに深く絡みあっているのか、だからこそ解決策も連動させる必要があることを見ていこう。

さまざまな立場の専門家や著名人の意見を紹介する。読者のみなさんにとって、うなずけるものも納得いかないものもあるだろうが、ふたりの人間があらゆることに同じ意見をもつのなら、ひとりしか思考していないのと同じだと思う。彼らの意見が現在の危機の先にある望ましい未来への道を考えるうえで助けになることを願っている。

最初の三つの章では、社会契約の三つの主要な柱である政府、企業、市民それぞれに、過去五〇年間に何が起こったかを掘りさげる。

第一章では、一九七〇年代以降の企業権力の台頭について考察する。企業は株主価値こそがすべてという教義を受けいれ、その結果、資本主義のとくに破壊的な側面の抑えが利かなくなった。株主を優先しすぎる傾向には残酷な犠牲のあることがこの五〇年で明らかになった。企業が成長して力を蓄えても、利益の多くは、従業員にも地域社会にも他の利害関係者《ステークホルダー》にも回されない。この章では、過去半世紀に起こった過ちを整理し、その過ちが広範囲に引きおこした影響――予想されたことも予想外だったこともある――を検証し、方向を変えるにはどうすればいいかを提案する。資本主義の最も悪い面を出さず、世界の大企業が本業に努めながら世界に現実的な利益をもたらすにはどうすればいいかを、点と点を結んで提示しよう。

第二章では、国家（政府）に目を向ける。過去五〇年間、企業の力が増大するなかで、先進国の政府の力は低迷した。政治家や政治学者への取材をつうじてアメリカ政府の問題点を掘りさげ、政府としての機能が弱っていった理由を探る。政治の二極化から、頭脳流出、ロビー活動などおもな要因を分析したうえで、あるべきバランスを政府が取りもどすために政府の内外で起こるべき変化について探究したい。章の最後では、地球を俯瞰《ふかん》してみて、どの要因がアメリカに特有で、どの要因がほかの国にも共通するかを考える。さらに、権威主義的なモデルが世界中でなぜ自由民主主義に迫る勢いで陣地を広げているのか、そしてそれにどう対応すべきなのかについても見ていく。

第三章では、伝統的な社会契約の三つ目の柱、「市民とその労働力」を取りあげる。二一世紀になって政府の力が弱まったように、労働者個人の力も組合などの組織労働者の力も弱まっている。この章では、労働力の衰退の歴史と、アメリカやイギリスなど組合が弱体化している国がある一方で、力を保っている国もあることを紹介する。株主資本主義は一方では企業に莫大な富をもたらし、一方では労働者の力を弱くするほうに作用したが、この変化は労働組合の停滞によってさらに深刻化している。私はひとつのシンプルな問いの答えを得たく、世界最大級の組合のリーダーや新しい労働運動の創始者たちにインタビューをおこなった――二一世紀の労働運動はどうあるべきか？

社会契約の重要な当事者、企業、政府、市民の三者が、本書の冒頭三章のテーマになっている。どの章も、これら三本の柱がたわみはじめたのはなぜか、二〇二〇年代、二〇三〇年代の社会のニーズを満たすために、それぞれがどのように変わらなければならないかについて広範に見ていく。ただし、これら三つの章は、おもに国境という枠の内側で、世界一九六カ国がそれぞれどのようにすればよりよい社会契約を構築できるかを問う内容になっている。だが現実の世界では、大きな懸案事項の多くは、国境の内側に収まらずに国と国の隙間《すきま》を次々に転移し、世界全体を巻きこむ。気候変動、人権侵害、脱税、サイバー戦争、経済危機、パンデミックなど、これらはどれも世界中の人に影響を与える問題であり、世界がまとまって対応する必要がある。工業化時代の社会契約は一国のなかだけで考えればよかったが、新しい世界の社会契約には、地球規模の問題に国境を越えて取り組む手段を盛りこまなければならない。

そこで、本書の後半では、このような世界全体にかかわる問題に目を向ける。第四章のテーマは「税」だ。グローバルに展開する政治・経済が突きあたる壁にも、二一世紀の問題を二〇世紀の政策で解決しようとしたときに起こる不具合にも、どのように徴税すべきかが必ずかかわってくる。本来入るはずだった何兆ドルもの税金が毎年どこかに消え、複数の国が丸ごと国外の勢力に取りこまれている現状を修正すれば、本書を読んでいる人のうち九九%は納税額が減り、政府が支出に回せる予算はもっと増えるだろう。世界のさまざまな問題が税金に凝縮されており、各国の政府は税金をめぐって分断され、互いに争っている。私は、タックスヘイブンの専門家や政府関係者、銀行家など、税金というふだんは表から見えにくいシステムを知り尽くした人たちに話を聞いた。納税回避の問題だけでなく、気候変動など他の全世界的な取り組みを必要とする問題を解決するために、各国政府がグローバルな舞台で何をすべきかを見ていく。

第五章では、二一世紀に新たに登場したカテゴリーの問題を取りあげる。納税回避は政府にしか解決できない国際問題の例だが、ほかに、グローバルな問題でありながら、政府がひどく分裂していたり機能不全に陥ったりしていて、企業や市民のリードが期待される分野がある。議論百出のテーマであり、たとえばビッグデータや人工知能、プライバシー、サイバー戦争などの問題では政府だけに大きな力を与えるのは危険だとする考え方もある。プログラムコードの兵器化に関しては、二一世紀の民間部門は、グローバルな社会契約を主導し、安定化させていく力をもっている。この章ではまた、中国とアメリカの技術的優位をめぐる競争と、社会でのデータの利用方法について両国が実践しているふたつの大きく異なるモデルに焦点を当てる。中国は、企業部門と政府を完全に連携させ、息の詰まる監視国家への道をひた走っている。だが、市民のプライバシーを護りつつ、政府の行きすぎた行為を抑制するために、企業が政府と市民のあいだの緩衝材となることは可能だ。成果をあげるにはさまざまな段階で抑制と均衡《チェックアンドバランス》が必要だが、二〇二〇年代以降の社会契約の新しい特徴としてひとつ言えるのは、世界の錯綜する問題は企業のリーダーシップなしでは解決しえないということだ。

第六章と終章では、実効性のある社会契約のすべてのピースをひとつにまとめる作業に着手しよう。これまでの章で、社会契約という織物の隙間や裂け目をすでに見てきているので、どのように織りなおせば、よりバランスのとれたシステムをつくりだせるかを考えていく。第六章ではまた、世界各地で実施されているさまざまなスタイルのセーフティネットを紹介する。世界一九六カ国が実施しているなかでとくに有用な機構やイノベーションをピックアップし、一方で、社会政策においてとくに懸念される推移や脆弱《ぜいじゃく》な変化も明らかにする。世界中を見渡し、私たちの未来にとって理想的な社会契約の大まかなかたちをつかむことができる。

本書で取りあげるテーマを個別に論じた書籍は数多くあるが、解決の困難な問題の中身を知り、それらがどのように関連しあっているかを理解するのはむずかしい。適切なバランスをとるのに役立つ解決策を思いえがくのはいっそうむずかしい。だが、それこそが本書のゴールだ。政府が市民に効果的なサービスを届けていくには、納税回避によって生じた資源の不足を埋める必要がある。税制を効果的に機能させるには、株主資本主義の悪弊を断ちきる必要がある。資本主義をよりよくするには、労働者のもつ力を現状より大幅に引きあげる必要がある。すべては相互に関連しているのだ。

目指すべき目標はシンプルだ。二〇二〇年代は、市民も制度もおおいに揺れるなかで始まった。世界を再びなめらかに回すには、私たちの周りで起こっている破壊の行為よりも大きな創造の行動が必要だということだ。

第一章　株主《シェアホルダー》資本主義と利害関係者《ステークホルダー》資本主義

七歳のときにガブリエラ・コーリーは、かかりつけの小児科医から1型糖尿病と診断された。一六〇万人のアメリカ人と同様、[1]彼女の体内では、血液中のブドウ糖の濃度を適切に保つ役割のあるホルモン、インスリンが充分に分泌されていなかった。人類の歴史の大半ではこの診断は死の宣告に等しかった――遅かれ早かれやがて血糖値が制御不能なレベルに上昇し、患者はケトアシドーシス（急性の代謝失調）に見舞われて昏睡状態に陥り、死に至るだろう。だがガブリエラにとって幸運だったのは、診断を受けたのが二〇一四年だったことだ。

一世紀ほどまえ、トロント大学の医学研究者三人が、牛の膵臓《すいぞう》からインスリンを抽出する方法を発見した。[2]一九二二年、一四歳のレオナルド・トンプソン少年が彼らの最初の患者になった。重篤な容態でトロント総合病院に入院していた少年に、彼らは牛から抽出したインスリンを投与した。数時間のうちに、少年の血糖値は正常レベルに戻っていた。まもなく研究者三人は、重いケトアシドーシスの子どもたちを収容する病院の小児病棟を訪ね、ベッドをまわり、次々にインスリンを投与していった。[3] 病棟の最後の患者に投与するころには、はじめの数人はすでに昏睡状態から覚めはじめ、周りで家族が嬉し泣きをしていた。子をもつ親として私も、そのときの親御さんたちは奇跡に打たれた気持ちだっただろうと想像する。

当時、1型糖尿病の患者はほとんど、診断から二年以内に亡くなっていた。[4] インスリンが彼らに新しい人生を与えたのだ。この発見の意義深さを知った研究者三人――フレデリック・バンティング、チャールズ・ベスト、ジェームズ・コリップ――は、インスリンの特許をトロント大学に売った。[5] おぜいの命を救った奇跡の薬の値段はわずか三カナダドル（二〇二〇年の約三二米ドルに相当）で、三人で山分けした。インスリンの発見を、バンティング、ベスト、コリップの三人はうまいランチを食べて祝ったそうだ。

このささやかな売値でさえ物議を醸《かも》した。当時は、研究者や大学が医学的な発見の特許を取得することは不適切だと考えられていた。トロント大学は最終的に、インスリンの製造をライセンス料なしで複数の製薬会社に委ねた。[6] 一九五〇年、製薬会社〈メルク〉の社長だったジョージ・W・メルクは、「医薬品は人々のためにあるのであり、利益のためにあるのではないことをけっして忘れてはならない」という有名な演説をおこなっている。一世紀が経ったいま、こうした考え方や取り組み方はほとんど消えさった。

現在、三つの製薬会社が、速効型か持効型か混合型のインスリンをポンプ式やペン式などで販売している。製薬会社はその強大な市場力を、糖尿病患者のために薬剤をより安くする方向に使うのではなく、利幅を大きくするために使ってきた。

糖尿病と診断されたガブリエラ・コーリーの母親アンドリア・コーリーは事務員として、その夫は校務員として、私が育ったところからそう遠くないウェストバージニア州エルキンズの公立学校区で働いている。ふたり合わせた年収はおよそ六万ドルで、健康保険はウェストバージニア州の公務員保険組合のものだ。[7] アンドリアの話では、診断を受けた当初はコーリー家の保険で娘の医療用品はすべてカバーされていた。だが、一年が経つと、娘のインスリン処方薬の自己負担額が月に二五ドルほどに増えた。コーリー家は、娘が定期的に薬剤師と面談しているかぎり、支払いをカバーするプログラムに加入したが、保険会社は上限を二年に定めた。アンドリアが指摘するとおり、1型糖尿病は二年では治らない。「時間をかければよくなるものではありません。一生つきあっていかなければならないの」

その後、ガブリエラには薬の成分に対してアレルギーのあることがわかった。[8] 別ブランドのインスリンに切りかえたが、保険会社からは費用の二〇％しか負担しないと通告される。コーリー家は、ポンプなどの医療用品以外にも、毎月三〇〇ドルを支払わなければならなかった。しかも主治医は、ガブリエラが再び重いアレルギー反応を起こした場合に備えて、エピペンを自宅に常備するように勧めてきた。娘の命を守るための費用がさらに二〇〇ドル追加された。

こうした話は世界の多くの地域では考えにくいのではないだろうか。多くの国が国民皆医療保険制度を導入している。[9] カバーされる医療の質はそれぞれに異なるものの、国民の誰もが保険制度の恩恵を受けることができる。先進国の大多数が国民皆保険かそれに近い保険制度を整備しており、[10] たとえばスイスとオランダの二カ国は、政府が補助金を出すが厳しく規制もする非営利の民間業者を用意し、そこをつうじて実施している。[11] ドイツやチリのように、民間保険に加入するのは少数の国民だけで、残りの大多数は政府の保険制度でカバーされている国もある。[12]

アメリカ政府は、メディケア（高齢者や障碍《しょうがい》のある人などを対象に連邦政府が運営する医療保険制度）とメディケイド（低所得者を対象に連邦政府と州政府が運営する医療扶助制度）をつうじて社会的弱者のための医療保険を提供している。二〇一〇年の医療費負担適正化法（ACA、通称オバマケア）によってメディケイドは拡張されたが、加入者は依然として年間数百ドルを支払わなければならない。先進諸国の多くは医療を人権に含めて考えているが、アメリカでは五人のうちほぼ三人が民間の保険会社を経由して医療を受けている。[13] このあと見ていくように、生と死の決断が市場に委ねられると、人はつねに望ましい結果を手にできるとは限らなくなる。

コーリー家はその後、インスリンとエピペンを安価に手に入れられるようになったが、それは保険が適用されなくなったあとに薬局で特別プログラムが始まったからだった。[14] 複雑な仕組みのごく狭いルートにコーリー家に適用できる余地があったのだ。だが、このルートはいつ閉じてもおかしくない。さらに、このプログラムと医療保険を使っても、コーリー家は毎年一万四〇〇〇ドルから一万八〇〇〇ドルの医療費を払っている。母親のアンドリア・コーリーは、いまはどうにか賄《まかな》えているが、将来が心配だと言う。インスリンは近年、急速に値上がりしており、いま一二歳の娘が大人になるころには手が届かなくなるかもしれない。

「娘が自分で対処しなければならない年齢になって、必要な薬を買えなくなるのではないかと心配でたまらない」と彼女は言った。心配しすぎだと慰めることはできない。保険適用から外れ、自分の糖尿病薬を買えなくなった成人は、アメリカの医療制度がいかに残酷になれるかを思い知ることになる。

二〇一七年、アレック・スミスは子どものころから住んでいたミネアポリスの実家を離れ、アパートメントで独り暮らしを始めた。[15] アメリカの若年層が親の健康保険ではカバーされなくなる二六歳が迫っていた。二年前に1型糖尿病と診断された彼にとって、この引っ越しは複雑な問題をはらんでいた。

アレックは救急医療隊員になりたかったが、この病気でその夢は潰《つい》えた。レストランのマネジャーの仕事を得て、いずれ自分のスポーツバーをもつことに将来の目標を切りかえた。だがこの仕事には保険がない。母親のニコール・スミス＝ホルトは、息子が加入できる医療保険を調べて愕然とする。毎月四〇〇ドル以上の保険料がかかり、しかも医療費の八〇〇〇ドルまでは自己負担なのだ。アレックの年収は四万ドルに届かないので、つまり収入の三分の一以上が医療費に消えることになる。結局、アレックは保険に入らず、インスリンの代金を自費で払うことにした。アレックも母親も、この選択がもたらす代償に気づいていなかった。

インスリン市場の九〇％以上は、デンマークのノボノルディスク、フランスのサノフィ・アベンティス、アメリカのイーライリリーの三社が占めている。[16] 競合しているように見えるが、この三社がカルテルを結んでインスリンの価格を人為的に高くしているという訴訟が数多く起こされている。三社が歩調をそろえて薬剤を値上げしたのは一〇回では利かないのだ。[17] 二〇〇一年時点ではインスリン一瓶は平均一四ドルだったが、二〇一九年には二七五ドルになっている。[18] アメリカでは、安価なインスリンの不足が多方面に大きな影響を及ぼしている。薬局や患者の自宅からインスリンが盗まれる事件が増加しているのもそのひとつだ。インスリンを発見した研究者が子どもたちを死の淵から救いだしてから約一〇〇年が経つが、インスリンを入手できずに落命する人が再び増えているというデータがある。イェール大学の研究によると、アメリカの糖尿病患者の四分の一は、薬代が高いために、処方された量よりも少ないインスリンしか使用していない。[19] 二〇一七年から二〇一九年のあいだに、インスリンの過少服用によって一三人が死亡したことが調査で明らかになった。[20]

そのうちのひとりがアレック・スミスだった。母親のニコールは、息子のガールフレンドや検死官、刑事から話を聞き、彼が次の給料日まで薬を買うのを辛抱していたことを知った。母親ははじめ、親に助けを求めなかった息子に腹を立てたという。また、息子の変調に気づけなかった自分自身も情けなかった。この体験を公表したところ、悲劇はわが家だけに降りかかった特別な問題ではないことに気づかされた。二十代半ばで糖尿病と診断され、親元を離れて独り立ちしようとし、新たに得た自立の代償に命を失ったたいせつな家族のことをつづった手紙が多くの人から届くようになった。

ジェシー・ボイドもアレックと同じように、1型糖尿病の投薬を自分で管理しながら、独り暮らしをしていた。[21] 引っ越したときはまだ二〇歳だったので、家族の保険でカバーされていた。それでも、薬代はレストランのマネジャーという自分の仕事で賄った。ジェシーの母シンディー・シェラー・ボイドは、「息子はすべて自分でなんとかしようとしていた」と言う。

二〇一九年の春、シンディーは息子ジェシーがインスリンの支払いに苦労していることに気づく。インスリンの処方薬を受けとって届けてほしいと息子から頼まれ、夫婦でアパートに行ってみると、ジェシーは意識障害を起こしていた。病院に運び、血糖値スパイクの治療を受けさせ、いったん症状は落ちついた。ジェシーは、もう二度とインスリンの量を減らさないと両親に約束した。

だがその翌月、母親はジェシーが職場に病欠の電話をしたと聞いた[22]。すぐに電話をかけたが、応答がない。友人といっしょに彼のアパートに駆けつけ、亡くなっているジェシーを発見した。彼のバックパックには、電気技師の職への応募用紙が入っていた。新聞の訃報欄には、1型糖尿病の合併症で亡くなったと記した。ほどなく、ニコール・スミス＝ホルトから、ジェシーがインスリンの過少服用に陥っていなかったかと尋ねるメッセージが届いた。

それまでは投票以外の政治活動をしたことのなかったニコールだが、息子の死を受けて積極的に声をあげはじめ、ほかの親たちにも闘いへの参加を呼びかけた。二〇一九年、ニコールはインディアナポリスにあるイーライリリー社の本部のまえで、インスリンの高額さに抗議するデモの運営に参加した。通りの真ん中に立ち、交通を遮断して、インスリンを充分に投与できずに亡くなった人たちの名前を読みあげた。そのなかには息子アレックや、シンディーの息子ジェシーの名前もあった。ニコールはこの行動がもとで逮捕される。

ニコールと夫のジェームズは、保険に加入していない患者が必要なだけの薬剤を買えなくなった場合には、自己負担額を三五ドルに制限する法を成立させるようにミネソタ州議会に働きかけた。この「アレック・スミス緊急インスリン法」は二〇二〇年四月に可決された。勝利ではあったが、州レベルの改革では、インスリンやエピペンのような薬剤を高騰させている根本の仕組みに踏みこめないことは彼女にもわかっていた。

「製薬会社がなんの咎《とが》めも受けずにいるのは、市場がぎりぎり耐えられるところまで薬の価格を引きあげても、それを制限したり禁止したりする法律がないから」とニコールは言う。払うか死ぬか、の状況になったら、たいていは誰かが出てきて『払います、どうにかして工面します』ということになるでしょう。その誰かが製薬会社だっていいはず。だって彼らにはできるんだから」

あらためて強調しておきたい。インスリン製剤産業の現状は、特許を三ドルで手放した一〇〇年前や、ジョージ・メルクが「医薬品は人々のためにあるのであり、利益のためにあるのではない」と言明できた第二次大戦直後の時代とはかけ離れているのだ。この悲痛な差は、過去半世紀のあいだに産業界全体を覆った、より大きな変化を象徴している。二〇世紀半ば以降、企業の規模と力は急速に拡大し、私たちの生活に対する影響力も格段に増した。アメリカだけでなく世界全体でも同じ傾向が見られる。世界の大企業がより大きくなり、力を凝縮し、利益追求の姿勢を強める一方で、政府や個人の力は弱まってきた。バランスの偏りは看過できないほど大きくなり、この状況から莫大な利益を得ているはずの大企業のトップたちでさえ近年は、企業の膨れあがる力に懸念を感じつつある。

企業はなんのために存在し、どのように運営されるべきか――この五〇年間、静かに繰りかえされてきた問いだ。だが、そもそもなぜいまのような事態になったのだろうか。

社会契約の歴史は、権力とその再分配の経過をつづった物語だ。過去のどの時代も、資本と労働者と国家の権利と責任を決めるのはだいたい、社会不安や革命を引きおこさないよう加減しながら分配を調整できる、集団で最も大きな力をもつ者たちだった。かつての農耕社会では、統治者が地主や農民とその経済生活に対してほぼ絶対的な権限を行使していた。産業革命の時代になると、権力の天秤は裕福で政治体制側とつながりの深い資本家に傾く。二〇世紀初頭には、アメリカやヨーロッパの労働者は、労働組合と投票箱をつうじて、企業の力を牽制した。そしていま、権力は再び民間企業に集中しようとしている。

なぜこのような変化が起こったのだろうか。この半世紀のあいだに、企業はどのようにしてこれほどの規模と権力を手に入れたのだろうか。きっかけは、ある人物のひとつの考え方、いやひとつのセンテンスに行きつく――ミルトン・フリードマンの。

一九三〇年代の大恐慌と一九四〇年代の第二次大戦を経て、アメリカやヨーロッパでは好景気が始まった。だが、独占の弊害や株式市場の危機をよく知る組織労働者と規制当局の双方によって、企業活動には強い歯止めがかけられた。このような状況のなかで、大多数の企業は自分たちを、社会の主役ではなく、一定の居場所を与えられた存在にすぎないと考えていた。企業は利益をあげるだけでなく、従業員の福利厚生を充実させ、会社が物理的に存在している地域社会を支援し、公益に貢献することが求められていた時代だった。

ただし、誰もがこのモデルに納得していたわけではない。経済学者のミルトン・フリードマンは一九六二年に、著書『資本主義と自由』（日経ＢＰなど）のなかで、「企業の社会的責任はただひとつ、ゲームのルールを守り、資源を活用して、利益を増やすための事業活動に邁進《まいしん》すること」だと述べている。[23]

この考えは、当時の社会契約から大きく外れるものだった――人命に直結する特許が数ドルで売られ、ジョージ・メルクが企業にとって利益は最優先の動機ではないと公言する時代にあっては。だがフリードマンの目には、こうした判断は企業活動の効率を落とし、市場を傷つけるものと映った。フリードマンらシカゴ大学の経済学者たちの理論によれば、すべての個人が最大限の利益を追求し、その利益を再投資すれば、世界は何倍もの利益を得られるはずなのだ。フリードマンの考えでは、企業の忠誠心は株主だけに向けるべきであり、株主のポケットを膨らませない経営判断は誤りなのだった。この利益至上主義はやがて「株主第一主義」と呼ばれるようになる。

この考え方はすぐには受けいれられなかった。だが戦後の好景気が終わり、経済が停滞しはじめた一九七〇年代から、フリードマンの信奉者を中心に共感されるようになる。経済学者たちは、政府の規制や非効率的な経営を有害な問題として指摘し、社会にくすぶっていた不満がフリードマンの思想を広めるきっかけとなった。一九八〇年代には、フリードマンの思想のほうがむしろ主流となる。株主第一主義はレーガンやサッチャーの時代と完全に融合し、規制緩和やトリクルダウン経済学（富裕者がさらに富裕になることで、低所得者にも富がこぼれ落ち、経済全体がよくなるとする理論）の知的基盤となった。やがて、一九三〇年代のニューディール時代にとられた、企業権力を低める政策への反論も声高に語られはじめる。当時の政府が長く企業を抑えつけたために、大企業の経営者が現状に満足し、貪欲に利益を追求しなくなった結果、経済全体が停滞してしまったと。もし企業が利益の最大化に粉骨砕身すれば、国全体が、ひいては世界全体が成長に転じていたにちがいないと。そのためには、利益の追求こそが最優先されなければならない。オリバー・ストーン監督の映画『ウォール街』に登場するゴードン・ゲッコーがフリードマンの思想を簡潔に言いあらわしたセリフは一世を風靡する。「強欲は善だ」

株主第一主義によって、企業の株主と、従業員や地域社会、国、顧客、環境など、企業の影響が及ぶ株主以外の利害関係者《ステークホルダー》とのあいだの線引きが厳格になった。新しいこのモデルでは、株主の利益が最優先され、他のステークホルダーへの大きな投資は負債と見なされる。

一九八〇年代半ばに増えた敵対的買収や乗っ取りの仕掛け人たちは、多くの点で株主第一主義の先兵となった。彼らは、経営難に陥っている企業や業績のぱっとしない企業を見つけだし、支配権を得られるだけの株式を買い占める。支配権を握ったあとは株主への利益還元を最大化するように全部門を編成しなおし、非効率な部分を徹底的に排除していく。往々にして人員削減や本社移転、不動産売却、巨額の借入金などが発生し、あらゆる手段を使って短期的なリターンの獲得に邁進する。敵対的買収の標的になるかもしれないと思うと企業経営者は恐怖で震えあがった。一連の法的判断によって、敵対的買収への抵抗がむずかしいことが、とくに株主が利益重視の姿勢を打ちだした場合にはほとんどなす術がないことが明らかになった。こうして多くの企業が、いきなり買収を仕掛けられるのを避けるためだけに株主第一主義へと舵を切った。

一九八〇年代全般をつうじ、自由競争こそを至上とし、規制や独占禁止法を疎ましがる気風が手伝い、世界の大企業をM&A（合併や買収）が席巻していった。アメリカはもともと、二〇世紀初頭から独占禁止の分野で世界をリードしてきた。[24]〈スタンダード・オイル〉や〈USスチール〉のような金ぴか時代（南北戦争終結後、経済が急成長した一九世紀後半を指す）の独占企業を解体するために、大企業に対して数多くの訴訟を起こしている。第二次大戦後、日本、イタリア、第三帝国（ナチス統治時代のドイツ）などの権威主義政権の台頭に独占企業がいかに大きな役割を果たしたかを知って、アメリカの政策決定者たちは反トラスト法に勢いをもたせることにした。[25] 世界各地で新しい憲法や法律が策定される際にアメリカが厳しい独占禁止法を奨励することがよくあった（日本には強制した）。だが一九七〇年代になると、独占と競争をめぐる議論で優位に立つ新しい学派が現れた。

裁判官で法学者のロバート・ボークが広めたこの新しい理論は、経済の集中は、消費者価格の上昇という実証可能な有害さがある場合にかぎり「悪」であり、たとえ独占企業であっても公正な価格を維持しているのなら完全に容認されるとした。ボークによる反トラスト法の狭義の解釈は、フリードマン教義《ドクトリン》や一九八〇年代の政治的雰囲気と完全に一致していた。政府の監視機構は大企業に対する訴訟を減らし、企業間の競争を政府がどう見るかにおいてはボークの理論が基本になった。一方、民間企業ではM&Aによる企業統合が進んでいた。多くの人と同じように私自身も、口座をもっていた地元銀行が大手地方銀行に買収され、さらにその地方銀行がナショナル・バンクに買収され、そのナショナル・バンクが別のナショナル・バンクと合併するという経験をしたことがある。経済のあらゆる分野でこうしたことが起こった。

同じころ、詳しくは次章で取りあげるが、企業自体もワシントンでの影響力を拡大することのメリットを認識しはじめた。フリードマンの思想では、企業は法律の条文内で利益を最大化することができた。だが企業はそこからさらに踏みだし、ロビー活動や途方もない政治献金をつうじて、自ら法律づくりを主導し、境界線を描きかえ、小さな資本配分からでも莫大な利益を引っぱりだす道を開いた。

このような動きは時とともに増幅され、結果として一九七〇年代以降、企業の規模と権力が急速に拡大した。株主第一主義は、資本主義のいちばん醜い面を解きはなってしまった。理論的には、株主が利益を手にすることは、経済全体の効率を高め、地域社会に再投資される余剰資金が増え、すべての人にとって利益となるはずだ。

だが実際には、従業員や地域社会、環境など、株主以外のステークホルダーを搾《しぼ》りあげていった。第二次大戦後の数十年間、経済が昇り調子だったころ、中規模以上の都市には必ずと言っていいほど、大企業の本社があった。企業の幹部は、地域のさまざまな団体の役員に就き、放課後の子どもの居場所から、地域の芸術やスポーツのプログラムまで、あらゆるものを支援した。CEOの子どもも中間管理職の子どもも同じ学校に通っていた。景気が低迷し、コンサルタントやMBA取得社員がバランスシートの改善を指摘したからといって、すぐに従業員を解雇したりはしなかった。企業と地域社会は切っても切れない関係にあり、それぞれが相手に対して長期的な責任を感じていたため、解雇という荒療治は最後の手段としてぎりぎりまで延ばしたのだ。地域に強く密着した状況では、これが社会契約のあたりまえの姿だった。

だが、株主第一主義が台頭するに従い、考え方が変わってくる。一九八〇年代のM&Aの波は、中小都市での大規模なレイオフを生み、企業の本社は税制が優遇される場所へと移転し、地域に根差した経済がいっせいに急降下することになった。私の育ったウェストバージニア州チャールストンでは、銀行、鉱山会社、化学会社などがすべて沿岸部の企業に飲みこまれた。株主資本主義のもとでは、本社移転が利益をもたらすのなら、何十年とその地で成長してきた企業でもあっさりと立ち退くか、立ち退かないまでも税制が有利な場所へ名目上の本社を移すのだ。この結果、アメリカでは雇用増大の三分の二がわずか二五の市と郡に集中することになった。[26] ヨーロッパでも似たような現象が起こった。

現在にまで話を進めよう。私たちはフリードマンの思想の第一部が成功するのを目撃した。世界最大級の企業群が目覚ましい利益をあげ、株主は巨額の利益を手にすることができた。だが、彼の思想の第二部、つまり、こうした利益が回りまわってすべての人に恩恵をもたらすという約束は果たされなかった。過去数十年の成長の果実は、労働者には渡らず、経営陣や株主たちのあいだで山分けされたのだ。堅固な地域経済が存在した個々の地域社会から資金が流れだし、少数の金融ハブと株主のもとに注がれていった。経済の集中化が進み、期待されていた健全な競争ではなく独占の新時代が到来したのだ。

二〇一九年、アメリカの大企業五〇〇社の売上高は合計一四兆二〇〇〇億ドルで、半分近くは上位五〇社によるものだった。[27] 同年、アメリカの国内総生産（ＧＤＰ）は二一兆七〇〇〇億ドルだったので、[28] ということは、大企業五〇〇社がアメリカ全体の経済生産の三分の二を占め、上位五〇社だけで三分の一を占めていたことになる。一九五五年にフォーチュン５００が初めて発表されたときには、上位五〇社の経済生産高はアメリカ全体の一六％に満たなかった。[29] 大恐慌以降、これほど少数の企業がこれほど多くの富を支配した時期はない。

大企業には大企業ならではの利点がある。規模の経済、つまり大量生産、大量取引をつうじてコストを節約でき、それは理論的には消費者価格の低下につながる。だが、たいていの場合、大企業は自分たちのもつ力を、勢力範囲を広げるために使う傾向がある。大企業は巨大な富と世界的な流通網を駆使し、小規模な競争相手には手の届かない資源を利用することができる。オフショアの金融システムを活用し、税金の支払いを合法の範囲内でぎりぎりまで減らすことができる。グローバルなサプライチェーンや労働市場を活用し、競争相手よりもコストを下げることができる。政策決定者を自社に有利なほうへ取りこむキャンペーンを展開することができる。価格競争に打ち勝ち、参入障壁を高くし、ライバルになりそうな企業を軌道に乗るまえに買収することができる。他社よりも大きなデータセットを活用し、規模の小さいライバルを出しぬくことができる。経済力がさらなる経済力を生むというフィードバックループを生みだすことができる。株主資本主義が台頭したことで、企業はますます規模を追求するようになった。大企業は自らの優位性を強化しつづけ、他の企業を競争相手にすらなれない位置へ置き去りにした。

資本主義の生命線は競争にある。他社よりも業績をあげようと思ったら、消費者の要求に応え、より効率的な経営を追求し、新製品を迅速に開発していかなければならない。競争があるからこそ、消費者は適正な価格を支払い、企業は適正な利潤を得ることができる。新興企業は旧勢力の駆逐や未踏の市場の開拓に奮闘し、すでに一定の成功を収めている既存企業は、イノベーションに投資してライバルを振りおとそうとする。社会主義や共産主義国家の経済が停滞したり破綻したりする理由のひとつは、競争のない経済にはダイナミズムが欠けているからだ。天才肌の起業家やがむしゃらな新興企業が、ひらめきと汗と粘り強さによって成功するという考え方は、競争の存在を前提にしている。

誰も倒せないほど企業が強くなりすぎれば、イノベーションも起業家精神も沈滞する。まさにいま、私たちはそれを目《ま》の当たりにしているのだ。すべての多国籍企業が反競争的にふるまっているわけではないが、株主資本主義に身を置くかぎり、何かきっかけがあれば、反競争的にならざるをえなくなる。その結果は深刻な危険性をはらむ。製薬業界の事例で見たように、競争の欠如は最終的に人命を犠牲にしかねない。作家で現状改革主義者のマット・ストーラーは私に、これは「犯罪の連発」につながると言った。

インスリン市場に見られるような強大な企業の集中は、いまや経済のほかの分野でも新常態となりつつある。航空業界では、アメリカン、デルタ、サウスウエスト、ユナイテッドの四社がアメリカ国内の大部分を支配している。[30] 業界の統合と再編によって、中小都市ではチケット価格があがる一方でサービスが低下し、ハブ空港ではひとつの航空会社が支配する事実上の独占状態が生まれている。[31] AT&Tと〈ベライゾン〉の通信会社二社だけで、アメリカの携帯電話ユーザーの約七〇％に携帯電話サービスを提供している。[32] アメリカのケーブルテレビ契約者の五人に四人は〈チャーター・コミュニケーションズ〉か〈コムキャスト〉のユーザーだ。[33] 国内のビール販売の七〇％以上を〈ABインベブ〉と〈モルソン・クアーズ〉が握り、[34]〈グーグル〉は世界のインターネット検索の九〇％以上を担う。[35]

マット・ストーラーの研究によると、簡易トイレ、刑務所の電話サービス、総合格闘技リーグ、ボードゲーム、チアリーディング用品などのニッチな産業でも市場統合が進んでいるとのことだ。[36] ストーラーは私に言った。「（独占は）社会を運営するための腐敗したやり方だ。特定のグループを利するために公共の利益を損なう腐敗の意義を信じるのなら――そういう人は多いだろう――、それはそれでいい。だがもし、信じないのなら、人は市場原理主義に支配されず、すべてが国の機構のなかにあることを認める必要がある。企業は国家権力を授与されているにすぎないのだと」

アメリカが多業種複合巨大企業《コングロマリット》の国になるにつれ、大規模なM&Aが顧客や従業員、地域社会などに与える影響がさまざまな産業ではっきりと認識できるようになった。とくに影響が大きい産業のひとつは、かつてアメリカンドリームが最も声高に叫ばれた場所――家族経営の農場だ。

私の住むボルチモアから車で九〇分足らずのところに、デルマーバ半島がある。チェサピーク湾と大西洋を隔てる南北二七〇キロメートルのこの半島は、知識産業が盛んな東海岸とは別世界の雰囲気をもつ。平坦な土地に湿地帯が広がり、のどかな漁村や浜辺の町が点在する。デルマーバ半島の経済を支えているのは、観光業を除けばなんといっても農業で、とくに養鶏業が盛んだ。半島の一部を占める三つの州のうち、デラウェア州の区域では、ニワトリの数が住民の数より二〇〇倍多い。[37]半島を車で走ると、長さ約二〇〇メートル、幅二〇メートルのアルミ製の頑丈な鶏舎がずらりと並び、何万羽ものニワトリが飼われている。[38]やがて、錆《さ》びついたまま放置されている鶏舎も目につくようになる。できるだけ安いコストで多くのニワトリを飼育しようと、何十年にもわたって繰りひろげられてきた闘いの残骸だ。

フランクリン・ルーズベルト政権は、大恐慌時代に多くの農家が立ちゆかなくなったことを受け、小規模農家が食料市場の急激な変動を乗りきれるような政策をとった。[39]大恐慌のときがそうだったように、肉や乳製品、穀物などさまざまな農産物の価格が急落すると、農家は借金の返済や生活費を工面するために、より大量に生産しなければならなくなる。だが、こうして供給が増えることで、価格はさらに下がってしまうのだ。このような負の連鎖のせいで、アメリカではわずか五年のあいだに、農家の九軒に一軒が差し押さえを受け、破産に追いこまれたのだった。ルーズベルト政権は、農家を存続させ、食料供給を安定させるために、税の優遇や生産割り当て、補助金などの政策を次々と打ちだし、その後数十年にわたって、小規模農家への支援を広範に続けた。

ところが一九七〇年代に入ると、政府は農家を対象とした価格や供給に関する規制を撤廃しはじめる。[40] 世界的に食肉への欲求が高まるなかで、アメリカはその欲求に応える道を選んだのだ。牛や豚、家禽《かきん》類の飼育には大量の穀物が必要だが、ニューディール政策で護られてきた農家は需要に見合うだけのトウモロコシや大豆を生産する力がなかった。一九七一年から七六年までアメリカの農務長官を務めた農業・食品業界の重鎮、アール・バッツは啓蒙活動に奔走し、世界的に高まる穀物需要に応えられるようにアメリカの農家に意識改革をうったえた。バッツが生産高の最大化をぶちあげるほど、輪作や土壌管理などの保全技術は軽視されるようになった。「大きくなれ、さもなくば出ていけ」が彼の口癖だった。[41]「適応するか死ぬかだ」

当初、多くの農家は、政府が推進する大規模な単一作物栽培や、作物を売買して儲ける食品会社に疑いの気持ちを抱いていた。そのころ、ウィスコンシン州選出のゲイロード・ネルソン上院議員は、「企業資本による農業支配は、アメリカの農村の力関係に劇的な変化をもたらすおそれがある」と警告している。[42] だが、バッツの考えのほうが多くの人たちに広まっていく。農家はローンを組んで広大な土地を購入し、アメリカの食品輸出は増加した。だが、バッツの掲げた自由市場農業はすぐに行きづまってしまった。一九七九年、アフガニスタンに侵攻したソ連への制裁の一環としてアメリカは同国への穀物の輸出を禁止した。[43] アメリカの農家は、一夜にして最大の取引先を失い、売れない穀物を抱えこむことになった。一九八四年には、農家の負債総額は二一五〇億ドルに達し、六年前の二倍に膨れあがった[44]。多くの小規模農家が破綻した[45]。生き延びた農家は、差し押さえにあった農場を安く買い叩き、経営する農地を大きくしていった。この統合は何十年も続き、二〇一一年にはアメリカの一％の農家が国内の農地の七〇％以上を支配するまでになった[46]。

農業のどの分野でも同じ傾向が見られる。何世代にもわたってアメリカの農業を支えてきた家族経営の小規模農家が、企業化した農場に取ってかわられたのだ。食料生産が少数の大企業に集中し、農村地域は大きな打撃を受けている。

もちろん、農業の集中化はアダム・スミスの言う「見えざる手」が魔法のように働いた結果にすぎず、農場経営の効率があがるほうがいいに決まっているという考え方もあるだろう。だが、農場が効率だけを追求した結果、家畜や環境のみならず、農家自身にも不利益が及ぶようになった。大規模農場では、できるだけ狭いスペースにできるだけ多くの家畜を詰めこみ、家畜それぞれの生産量を最大化しようとする。そこは農場というより、むしろ工場だ。政府はいまや、こうした大規模な施設を農場と呼ぶことすらなくなり、集中的動物飼育作業施設（ＣＡＦＯ）と呼称する[47]。現在、アメリカ人が消費する牛肉、豚肉、鶏肉、生乳、卵の大半はＣＡＦＯから供給されている。家畜は牧草地で草を食《は》むことはなく、ケージの中で桶からトウモロコシや大豆主体の飼料を食べる。それでも、この工場式農場でさえ、市場の需要には追いつききれずにいる。

過去六〇年間、アメリカでの食肉への需要増はほぼ鶏肉へ向かった[48]。一九六〇年から二〇一二年にかけて、アメリカ人の牛肉と豚肉の消費量が減少する一方で、鶏肉は三倍以上に増えた。

一七世紀後半からデルマーバ半島で代々、農業を営んできたデイブ・レイフィールド家は、かつては穀物や野菜などを栽培していたが、一九七〇年代に現代の鶏肉生産モデルが誕生してまもないころ、デイブの両親の代のときに養鶏業に乗りだした。

第二次大戦後、鶏肉の需要が高まり生産が集中するようになると、農家は、孵化させた雛《ひな》を農家に配送するところから、飼料などの供給、成長したニワトリの引きとり、食肉処理、包装、卸《おろし》に販売するところまで、鶏肉の生産工程の大半を担う「インテグレーター」と呼ばれる業者と契約するようになった。農家が用意するのは、ニワトリを飼育するための労働力、土地、施設だけでいい。このインテグレーター・モデルが登場するまえは、採卵用ではなく、食肉用若鶏《ブロイラー》を育てて利益をあげるための設備や販路、資本をもつ農家はごく少数に限られていた。だが、インテグレーターが孵化や飼料、輸送、加工などにかかるコストを負担することでブロイラー事業への参入がしやすくなったのだ。デルマーバ半島などさまざまな地域でブロイラーを飼う農家が増えると、アメリカ中のスーパーマーケットに安価な鶏肉があふれ、アメリカ人の食生活も変わっていった。

レイフィールド家は数十年にわたって、常時三万羽から六万羽を飼育する小規模な養鶏場を経営してきた[49]。二〇一九年後半の時点では、一棟に一万六〇〇〇羽ほどを収容する古い鶏舎二棟になっていた。政府の区分ではCAFOに入るが、現代の養鶏の基準からすると小規模だった。デルマーバ半島だけを見ても、大規模な農場は常時一〇〇万羽以上を飼育している。

子どものころのデイブは、土曜日が来るたびに、金属製の細長い給餌・給水器から餌の残りくずなどを掃除する手伝いに明け暮れた。簡単な仕事ではない。掃除するデイブの周りで何千というニワトリが鳴き、埃が舞い、アンモニア臭が鼻をひりひりさせる。現在、身長一九八センチのデイブが、一〇歳前後とはいえ友だちよりはすでに背が高くなっていたあるとき、掃除中にうっかり蜂の巣に頭から突っこんでしまった。頭や胸、背中など二六カ所を刺された彼は、大人になったら絶対に別の仕事を探すと決意した。その決意どおり、両親の農場をときどき手伝いはするものの、不動産開発会社に就職する。だがやがて、鶏肉業界の再編が進むにつれ、レイフィールド家は生活水準を維持するのがだんだんむずかしくなっていった。

経済学では、ひとつの企業が生産の複数の段階をコントロールするビジネスの仕組みを「垂直統合」と呼ぶ。ひとつの企業がサプライチェーンを多くコントロールすればするほど、生産コストを下げることができる。生産コストが下がれば、消費者価格も下がり、価格が下がれば顧客が増える。一九世紀後半の金ぴか時代の独占企業は、垂直統合を介してその産業を制覇することができた。現代の鶏肉産業のインテグレーターもこの垂直統合を利用して、鶏肉のサプライチェーンに対する支配力を強固にしてきた。規模の経済を武器にしたインテグレーターと手を組まずに、個々の飼料工場や孵化場、農家、加工業者が事業を続けることはほとんど不可能になった。業界全体がインテグレーターを中心に統合されはじめた。二〇一八年の時点で、アメリカ国内の鶏肉の約半分は、タイソン・フーズ、ピルグリムズ・プライド、サンダーソン・ファームズの三社が生産している。[50] 三社は、ニワトリの飼育を担当するCAFO施設以外の工程をすべて所有している。ビジネスとしてはなんらまちがっていない。株主資本主義では、何千カ所もの農場施設の建設費や維持費、従業員の正規雇用に伴う福利厚生費などの資本的支出を、自社以外に転嫁することが安全確実な戦略なのだ。こうすることで負債を減らし、利益を増やすことができる。そのため今日では、ビジネスとして養鶏場を営む農家の大半は、大手養鶏インテグレーターの下請けとして契約している。インテグレーターと養鶏農家の関係は、配車サービス会社と、車を所有し維持管理するドライバーの関係に似ている。見落としてはいけないのは、個々の農家がCAFOや関連設備の建設と維持に責任を負い、多くの場合、インテグレーターの提供するローンをつうじて資金を調達していることだ。こうした力関係のもとでは、インテグレーター側がすべての決定権を握っている。

このモデルでは、インテグレーターはレイフィールド家のような農家の収入額を自由に決定することができる。[51] レイフィールド家や周囲の養鶏仲間が得る収入は、その週に「決済」した業績を他の農場の業績と相対的に順位づけした結果で決まる。まとまった個体数のニワトリを収穫するたびに、インテグレーターは一羽あたりの体重や飼料の消費量、死亡率などいくつかの変数に基づいて農家をランクづけし、相対的な効率性に応じて支払うのだ。つまり、より体重の重いニワトリを、より少ない餌とエネルギー消費で生産する農家は、原材料から成果物への「転換率」の低い農家よりも高い利益を得ることができる。デイブ・レイフィールドの話では、両親の収入は他の農場の成績によって一〇〇〇羽あたり一五〇ドルから三〇〇ドルまで変動したそうだ。しかもランクづけの計算そのものが往々にして不透明だったという。「くじを引くのと変わらないときもあった。うちの母と父が一位になったときもなぜ一位なのかわからなかったし、最下位になったときもその理由がわからなかった。でも、一位と最下位の差はとても大きい。ローンや電気代を払えるかどうか、テーブルに食べ物を並べられるかどうか、好きに使える金をちょっともてるかどうか――すべてが変わってくる」

養鶏農場同士を競わせる仕組みをつくりあげたことで、インテグレーターは、勝つために働きつづけなければならない農家の人たちを後目《しりめ》に儲けを膨らませていった。最新の給餌・給水器や換気システムを備えた農場は、古い農場よりも効率的に鶏を育てられるため、報酬体系も資本力のある農場が有利になる。古い農場は相対的な順位がしだいに下がり、つまりは収入も減る。さらにインテグレーターは一九八〇年代後半から、古い農場に対して設備の刷新を声高に要求するようになった。[52] だがそのコストは農家が負担しなければならず、多くの農家が借金まみれになった。インテグレーターからの要求に応えられない農家は、契約を打ちきられる危険がある。このような事態は、古い設備しかもたない古くからの農家でよく起こっていた。契約を切られると、年老いた農業従事者には空の鶏舎だけが残され、農場を売ることも、新しい契約を取ることもできなくなるとデイブは言った。

これは実際にデイブの両親の身にいま起こっていることだ。彼が子どものころ、両親は収穫期のたびにいつもトップかその近くの順位だったが、近代的な設備をもつ農場が増えるにつれ、中位に落ちていった。そして二〇一九年、レイフィールド家のインテグレーター〈マウンテン・ファームズ〉が、両親に対し、八〇〇〇ドルをかけて設備を改良するようにと通告してきた。[53] 両親がそのとおりにすると、契約どおりに大量の雛が送られてきたが、数週間後、育てた成鶏を受けとった〈マウンテン〉は、レイフィールド家にはさらに八万ドル相当の設備改良が必要であり、さもなければ契約を失うと告げた。両親は困った。もし改良したとしても、翌年に再び高額な要求を突きつけられるかもしれない。農場を売却することはできるが、その場合、買い手は購入の条件としてさらに高額な設備改良を求めてくるだろう。どちらの道を選んでも、結局はレイフィールド家の財布から金が出ていくのだ。第三の選択肢を、つまり契約を終了させるという選択肢をとれば、両親は何も生まない、売れない農場を抱えることになる。結局、レイフィールド家は第三の道を選んだ。ともに七十代の両親にとって唯一の財産だった農園はこうして無価値になった。

「養鶏業の近代化によって、高齢の農民と古い農場があちこちで干からびてしまった」とデイブは言う。「グーグルマップでデルマーバ半島のあたりを拡大してみてください。細長い錆びた建物が何百と映るはずです。棄てられた古い鶏舎で、そのほとんどすべてに、年老いた農民の嘆きの声が染みついている。農業の近代化と工業化はこうした犠牲のうえにおこなわれた」

　地域社会への影響は壊滅的と言っていい。地元の農家は、ＣＡＦＯを最新鋭の状態に保つために借金を重ね、リスクの大半を背負うことになる。だが、利益のほとんどは地元経済には入らない。遠く離れた金融ハブの地で食物連鎖のはるか上位にいるインテグレーターと株主が金《かね》に換えるのだ。たとえば〈タイソン・フーズ〉の時価総額は四〇〇億ドル以上あり、同社の主要株主陣はすべて、過去三〇年間の富の創出から恩恵を受けてきたごく少数の都市部に集中する資産管理会社だ。個々の農場がもっと独立していて経営も安定していた数十年前だったら、農場の利益は地元の町やコミュニティ、商店などに還元されていただろう。だがそのような地元経済は干上がり、レイフィールド家のような農場が代償を払うことになった。

　畜産業だけでなく、トウモロコシや大豆、小麦などの作物を生産する農場も事情は同じで、どこも規模の追求に走っている。栽培物のサイズを大きくし、生産高を最大化し、単位量あたりに必要なスペースを最小化する。農業の経営統合は、アメリカの農村社会に甚大な打撃を与えた。一九五〇年代、食料品店で商品を買うと、一ドルにつき五〇セントが農家に支払われる計算だった。[54] いまでは一五セントにしかならない。家族経営の農家では生活が成りたたなくなり、多くの若者が村を離れ、高収入の仕事を探して都心部へ移っている。農村の人口は減少し、残る人たちは年々、高齢になり、貧しさもひどくなる傾向にある。[55] アメリカの農村地帯に住む子どもたちの四分の一近くが貧困ラインを下回る暮らしを強いられている。農村地帯のアメリカ人は、都市部のアメリカ人に比べ、自殺する確率が四五％高い。アメリカにしろほかの国にしろ、大衆迎合主義のリーダー（ポピュリスト）は地域社会の経済的・政治的不満を利用してきた。私の生まれ故郷であるウェストバージニア州でも、私が生まれたときに二一〇万人だった人口がいまは一八〇万人に減り、地元に残っている同級生はわずかしかいない。政治面では、「組合民主主義」から、ポピュリストの一派による急進的な勢力へと主流が移っていった。農村地帯が貧しく病んでいくなかで、政治の中心は組合から極端な保護主義者へと変化したのだ。

ソ連が崩壊し、資本主義の勝利が明らかになったあとの一九九〇年代、株主資本主義が加速する。企業はフリードマン思想への傾倒を強め、短期計画を重視した。経営陣の報酬は給与よりも株価と連動する部分が大きくなり、つまりは株価があがるほど、経営陣は金持ちになっていった。[56] 反トラストの気運がさらに弱まり、未公開株への投資、「物言う株主」、M&Aが急拡大した。

経済学者の研究によると、一九九七年から二〇一四年のあいだにアメリカの産業の四分の三が集中度を増し、ほとんどの業界で最大手企業が市場シェアを伸ばしている。[57] 一九七〇年から一九八九年のあいだにアメリカで成立した企業のM&Aは六万六八四七件で、年平均三三四二件だった。[58] 二〇〇〇年から二〇一九年にかけては二三万六八九五件、年平均で三・五倍に増えた。二〇一九年にはこうした合併企業の総価値が一兆九〇〇〇億ドルに達した。建設業から金融業までほぼすべての業界で、新興企業が占める割合は一九七九年よりも小さくなっている。[59] 合併などの手段をつうじて、既存の大手企業は潜在的な競争相手を揺りかごから出るまえに消しさっている。

コロンビア大学法科大学院《ロースクール》のティム・ウー教授は、「小さな経済単位はかつては長くアメリカの経済政策の中心だったのに、いまは小さなままでいることは敗者のゲームだ」と指摘する。「いまの時代に生産者でいることはカモにされるようなものだ。現場の生産者がいじめられている場所は本当に多い」

このような動きは、もともと中小企業の存在感がアメリカよりも強く、地域文化とも深くかかわっている西欧や中欧の諸国でとくに強く懸念されている。アメリカの通りに並ぶ店をなぎはらっていったショッピングモールや大型ディスカウントストアの影響は、イタリア、フランス、スペインなどの中小企業にとってかつてはさほど大きくなかった。だがいまや、これらの中小企業は、デジタルプラットフォームやＣＯＶＩＤ-19によって変わりつつある経済全体の潮目に対抗しなければならず、以前より危うい状況に置かれている。教授として赴任していた一時期に私が住んでいたイタリアのボローニャの大学街を歩くと、地元に根を張った書店や食料品店などの専門店が、アメリカではとても見ることのできない多種多様さで並んでいることに驚かされる。ドイツ、スイス、オーストリアには、ミッテルシュタンドと呼ばれる小規模から中規模の家族経営の企業が何百万とあり、それらは四半期単位ではなく世代単位で力を蓄え、大企業からの買収の誘いをはねのけている。

企業が大きくなるにつれ、経済が生みだす利益のうち、企業の取り分の割合も大きくなっていった。フォーチュン500の初代リストに掲載された企業が一九五五年にあげた利益は合計八三億ドルだった[60]（二〇一九年に換算するとおよそ七九〇億ドル）。二〇一九年のフォーチュン500の利益は一兆二〇〇〇億ドルにのぼる。[61]だが現代の企業は、労働者の賃金をあげたり、消費者価格を下げたりする代わりに、利益の多くを株主に回している。

自分の勤務する会社の株を労働者が持ち株としてもっていれば、資本価値の上昇から利益を得られるはずだが、労働者は株を所有していない傾向が数字にはっきりと表れている。アメリカでは、富裕なトップ一％が一五兆八六〇〇億ドルの株式を保有しているのに対し、下位五〇％は合計しても一八〇〇億ドルしかもっていない。[62]ごく少数の人たちが、八八倍の株式資産を所有しているのだ。

この傾向は世界的に見られる。世界のスーパーリッチな二六人が、地球人口の半分の人たちの資産全部よりも多くをもっているという。これは進歩というより退化ではないか？

市場の期待に応えて四半期ごとに利益を出しつづけるために、企業は短期的な戦略ばかりをだいじにして株価をつりあげるようになった。策のなかで、最もありふれていて、おそらく社会にとっての生産性が最も低いのは自社株買いだ。技術革新や人材育成に投資するよりも、手元の金を自社株買いに回せば、企業価値が高く見えることを企業は知ったのだ。自社株を買うことで、売買可能な株式（浮動株）の供給量を減らし、株価を押しあげられる。しかも、このような株価操作は合法とされる。[63]一九八〇年代に株主資本主義が台頭するなかで、証券取引委員会が、自社株買いを利用した株価操作については経営者や取締役会への訴追を免除すると決めたからだ。こうして一九九〇年代以降、自社株買いは至るところでおこなわれるようになった。

　株主資本主義においては株価が何よりも優先されるのであって、生産的な用途に資本を投下するよりも大きなインセンティブのあることが、自社株買いの頻発に表れている――社会にとっては紙幣を燃やして暖《だん》をとる程度の生産性しかないのに。株式市場が活況で、役員報酬も過去最高を記録しながら、経済全体はパッとせず、労働者に恩恵が届いていない理由を知りたければ、莫大な額の自社株買いを見てみればいい。

　S&P500の企業は過去一〇年間で自社株買いに四兆三〇〇〇億ドルを費やした[64]。純利益の半分以上にあたり、これとは別に三九%（三兆三〇〇〇億ドル）が株主への配当に回されている。これらの金《かね》は、研究開発費や従業員の給料、訓練費、設備投資など、企業の生産能力を高めるためには使われなかった。少なくとも配当金なら、株主はその金を再投資したり、好きなように使って経済に貢献したりすることができるが、自社株買いはただ金が消えるだけだ。

　この四兆三〇〇〇億ドルは何も生みださない。多くの役員会で経営幹部に責任を負わせるための唯一の指標となっている株価を上昇させる以外には。

　経済活動で獲得した利益の半分以上が、こうした人為的な自社株買いに注がれているとしたら、じつに大きな問題だ。

　フリードマン学派の純粋主義者のなかには「これが資本主義だ」として正当化する人もいるが、では、これらの企業が経営危機に陥ると、政府に救済を求める事実をどう説明するのか。彼らはフリー・キャッシュフローをすべて自社株買いに費やしたため、いざ危機に陥ったときに自力でしのぐ金がなく、納税者に頼むしかなくなるのだ。資本主義の純粋なかたちとは程遠く、「企業社会主義」そのものと言える。景気がいいときには企業は資本主義者であり、利益は自分のものにする。景気が悪いときには社会主義者となり、教師や配管業者や看護師など労働者が納めた税金で自社の支払い能力を回復させ、債務を減らそうとする。二〇二〇年、アメリカの複数の航空会社でまさにこのとおりのことが起こった。それまでの一〇年間に四九〇億ドル以上のフリー・キャッシュフローを生みだしていたにもかかわらず、政府による巨額の救済を受けたのだ。[65] 四九〇億ドルのキャッシュフローが残っていなかったのは、新型機への投資やサービス向上、従業員への待遇改善などに使ったからではない。四九〇億ドルのうちの四七〇億ドルを自社株買いに充てていたからだった。

二〇二〇年の危機の際、私たちはもっとあからさまな企業社会主義を目の当たりにした。中央銀行にあたる連邦準備制度理事会（ＦＲＢ）がアメリカの産業界に何兆ドルもの流動性資金を注入したのだ。後述するように、ほかの国は国民の雇用や中小企業を護るほうを優先したが、アメリカの公的政策は巨額の資金の行き先に大企業を優先した——過去一〇年間に利益の五〇％以上を自社株買いに費やした大企業を。

株主資本主義の不条理さはこの一〇年間でくっきりと容赦なく暴かれたので、流れが変わりつつあるのではないかと私は思う。ノーベル経済学賞受賞のジョセフ・スティグリッツは、ミルトン・フリードマンの思想の欠点について繰りかえし語ってきた。それはもう率直に、「彼はまちがっていた」と、二〇一八年の世界経済フォーラムのパネルで述べている。[66] 数十年にわたるフリードマンの教義は、より効率的で効果的な経済を多くの人にもたらすものではなかった。ビジネスリーダーたちでさえ、株主資本主義《シェアホルダー》に異を唱え、利害関係者資本主義《ステークホルダー》への回帰を表明しはじめている。セールスフォース・ドットコム社のマーク・ベニオフCEOは、ニューヨーク・タイムズ紙のインタビューで語った。[67]「（フリードマンの教義は、）利益の追求こそがビジネスの本分と考えるCEOたちの世代に影響を与えた。洗脳したと言ってもいい。この記事のタイトル（『強欲は善だ。悪いとき以外は』）がすべてを物語っている。社会に対するわれわれの唯一の責任は？　金儲け。企業の外にある地域社会に対しては？　関知せず。私は当時もフリードマンに賛同してはいなかったが、それから数十年経つうちに、彼の視野の狭さがますます露呈した。株主のために利益を最大化しなければならないという強迫観念が何をもたらしたか？　経済・人種・健康に見るひどい格差と、気候変動による大災害だ。多くの若者が、資本主義では彼らが望む平等で持続可能で誰も疎外しない未来を実現できないと考えるのも不思議ではない」

「ステークホルダー資本主義」はいまや、多くの経営者が選ぶ流行語になった。

二〇一九年八月、数十年前に株主資本主義を主流に押しあげる役割を果たした業界団体「ビジネスラウンドテーブル」のメンバー一八一人が、株主だけでなくステークホルダーに価値を提供することを約束する文書に署名した。[68]この文書には、「各企業はそれぞれ独自の企業目的を果たすために活動するが、従業員、顧客、事業を展開する地域社会など、すべてのステークホルダーに対する基本的な約束《コミットメント》を共有している」とある。つまりは、二〇世紀半ばごろに民間企業で主流だった、企業外にも目を向けて社会全体のなかでビジネスを考えるアプローチへの回帰を表明しているのだ。

署名した企業のなかには、より社会的意識の高い方針を採用しているところもある。二〇二〇年一月、ブラックロック社は投資戦略の中心教義に持続可能な環境づくりを掲げ、翌月にはＪＰモルガン・チェースが化石燃料企業への融資削減を表明している。[69]だが、説明責任を課す明確な手段が乏しい現状では、「ビジネスラウンドテーブル」の誓約がどの程度実現されているかは推測の域を出ない。

必要なのは、あるべき姿と指標のセットを業界で共有することだ。企業のステークホルダーは誰なのか、企業のパフォーマンスがステークホルダーの目標に照らしてどこまで到達できているのかを測るためのベンチマークを備えた、明確で透明性の高い指標が必要なのだ。財務面から業績を測るときの貸借対照表《バランスシート》関連のツールに相当するツールが求められる。

一方、ヘッジファンドの運用で巨万の富を築いたダニエル・ローブは、ステークホルダー資本主義への動きに憤りを見せる。[70]「ステークホルダー資本主義は、投資家が自身の資本をリスクにさらしてでも投資しようとするインセンティブを、つまり投資に対する見返りの約束をゆがめる。だから私は、ステークホルダーの定義があいまいなままでステークホルダーを優先しようとする動きは、経営者が個人的な利益を追求したり、自身の無能さ（株主へのリターンの貧弱さではっきりと突きつけられる）をカムフラージュしたりする状況に陥りかねないと懸念を示したフリードマンに同調する」と述べている。ローブの主張は、いま何が必要かを的確にとらえている。ステークホルダーが誰なのかを定義することと、もうひとつは、株主に対して用意しているパフォーマンスと説明責任の尺度をステークホルダーに対しても整備することだ。

たとえば、現在、ほとんどの国の上場企業は、ＣＥＯをはじめとする経営陣の報酬を開示することが義務づけられている。であれば、さらに人事階層の上位と下位の収入がどのくらい離れているかや、各個人が平均値（算術平均や中央値など）のどこに位置するかを示す、会社全体の「ジニ係数」（所得分配の平等・不平等を測る指標）のような指標を作成するのも生産的だろう。

みなの給料を同じにすることが至上だとか、CEOの報酬をゼロにするのが理想だなどと言っているのではない。だが、CEOの報酬を公開するということは、CEOは株主に対して、また、彼らの収入に難癖をつけたい誰に対しても公《おおやけ》に説明責任を負うことになる。無役の年若い社員とCEOの報酬を同じにするのは非現実的だとしても、報酬の差が一〇倍なのか一〇〇倍なのか一万倍なのかを知ることは、会社を判断する尺度のひとつになる。

世界経済フォーラム開催中のダボスで、ある億万長者の所有する豪華コテージでのパーティーに参加したときの出来事を思いだす。ステークホルダー資本主義に批判的なダニエル・ローブが、同じ億万長者のショーン・パーカーと、到達高度に照らしたプライベートジェットのコストについて話しているところだった。

「あと五〇〇〇フィート高く飛ぶために一〇〇〇万ドルを余計に払うのはいやだなあ」とパーカーが言った。

ローブはニタリとした。「おれは払うね」

私は、ローブが裕福であることやプライベートジェットを所有していることを嫌悪しているのではない。億万長者がみな、まずい政策のせいで生まれたとも思っていない。だが、ステークホルダー資本主義へのローブの批判は、滑稽なほど不平等になってしまい、ひいては、私たちの周りで激しい怒りを巻きおこしている経済の現状という文脈でとらえる必要があると私は考える。

伝説の資産運用家で経済学者、ケンブリッジ大学クイーンズ・カレッジの学長も務めるモハメド・エル・エリアンは、「一部の企業は、利益を追求する気持ちと社会的責任のあいだで綱引きをしている」と私に語った。「彼らは、近隣への配慮がなければいい会社とは言えないことを徐々に思い知らされるだろう。だが、彼らだけに任せておいては充分に速く動くことはできない」

たしかに、多くの経営者が板挟みになっていると感じている。報酬などあらゆるインセンティブが、株主のためだけに働けとCEOを追いたてている。それに逆らうことは、たとえ完全に真っ当な決断だったとしても、きわめてリスキーだしコストもかかる。たとえばアマゾンは、COVID-19パンデミックのさなかの二〇二〇年、六〇万人近い従業員の安全性を高めるために四〇億ドルを投じると発表した[71]。だが株式市場はこの発表を悪材料と受けとめ、株価はたちまち七・六%下落する。四〇億ドルを従業員の福利厚生に投資することで、八三〇億ドル相当の株主価値が失われたのだ。なぜか？投資家の目には、アマゾンの決断は決算の数字を悪くし、株主の利益を脅かすと映ったからだ。株主資本主義がはらむ不条理さは、労働者と株主の利益を衝突させ、企業の真の健全性と真の価値をどちらも損なうものだ。二カ月後、アマゾンは事業の急成長により時価総額四〇〇〇億ドルを回復し、株価は三〇%以上あがった。

パンデミック時に従業員を護るために投資することが株を売る理由になるという、この非道徳的で愚かなシステムを、私たちの経済全体の健全性と安寧をつかさどるものとして信頼することはできない。アマゾンの様子を見たほかの多くの企業が、自社の株主の怒りを買うことを怖れ、従業員の安全への投資をためらったかもしれないことは注目に値する。大多数のＣＥＯは、アマゾンのジェフ・ベゾスよりも短い時間枠しか与えられていないので、取締役会の気まぐれにもベゾスより弱い。従業員を保護する代わりに自社株を買っておけば、より楽な道を歩くことができるのだ。

さらにあからさまなのは、ウォール街のアナリストがＣＥＯの行動の短期的な影響を重く見すぎているために、売買アルゴリズムも同じようにプログラムされていることだ。

ＣＥＯは現在、四半期ごとの決算発表の電話会議で、ＡＩが聞いていることを意識して以前とは異なる話し方をするようになった。[72] アルゴリズムはＣＥＯの発言のトーンを測定し、特定のことばをより好意的かつ楽観的に評価し（その企業の株の購入を促すようなレポートを作成する）、別のことばをより悲観的に評価して（株の売却を促すレポートを作成する）重みづけする。ＣＥＯは、スタッフがアルゴリズムに合わせて最適化したとおりの内容を発言するのだ。株主資本主義の狂気を推進するのには、人間の判断力だけでなく、アルゴリズムも一役買っている。

ステークホルダー資本主義への転換を求める声は正当化できる。ステークホルダー資本主義の実績を見れば、強固なコミュニティの構築と堅実で長く続く成長が期待できる、より包括的な成長が望め、ステークホルダーと株主の双方にとって長期的により高いリターンをもたらしてきたことがわかる。株主資本主義のもとで株主はリターンを大きく増やしたかもしれないが、株主資本主義は株主さえも失望させたとする主張もある。意外かもしれないが、ステークホルダー資本主義に根差した企業――環境に与える影響にも、従業員や顧客、コミュニティの幸福にも責任をもつ企業――は、株主資本主義を信奉する同等規模の企業よりも利益をあげている。[73] つまり株主第一の精神は、株主と他のステークホルダーの両方を失望させてきたのだ。社会が分岐点に立ついま、ステークホルダー資本主義は唯一の救いの道となる可能性をもっている。未解決の問題のなかでとくに大きなものは、経済、人種、気候変動、健康などさまざまな課題と絡みあっており、企業も含めた相互に関連のある対応策が必要だ。すべての大きな問題を企業だけで解決することはできないが、逆に、大きな問題を企業の関与なしで解決することもできない。だが、株主第一のモデルのもとでは、多くのＣＥＯは有効な行動をとることができない。

最低賃金の問題を見てみよう。アメリカの最低賃金が一九六〇年以降、生産性の向上と同じ比率で上昇していたとしたら、いまは二二・五〇ドルになっていたはずだ。[74]だが実際には七・二五ドルでしかなく、しかも二〇〇九年以降は停滞しており、多くの企業でチキンレースが繰りひろげられている。最近、ウォルマートのダグ・マクミロンＣＥＯが最低賃金の引きあげを議会に要求したことは、多くの人に奇妙に映ったことだろう。なぜ彼は、自社の利幅を削りかねない要求をするのか？　十代のころ、ウォルマートの最低賃金の仕事――トラックの荷下ろし――でキャリアをスタートしたマクミロンの経歴に由来するのではない。父親としてリーダーとしての彼の選択を動かしていると本人も認める新生キリスト教に由来するのでもない。しかも彼の立場ならば、議会に諮《はか》らなくとも、取締役会の賛同さえ得られればいくらでも従業員の給料をあげられる。彼が議会に要求した理由は株主資本主義にある。ウォルマートがもし、他社はそうしないのに自社だけで賃上げすれば、潜在的な利益を損なっているとして市場から強い批判を浴びることになる。だが、議会によって強制され、同業他社もいっせいに賃上げに臨むのであれば、リスクは小さくなる。

最低賃金で働く人たちの収入が増えて、ウォルマートでの買い物に使う額が増えることも、マクミロンにとっては恩恵となる。この建前は競合他社にも当てはまることだが、一社だけで行動するとウォール街のアナリストが株価の低下という短期的な罰を与える。そのため、マクミロンにとっても競合他社にとっても、財布の潤った顧客を増やしたいという理由で、いやさらに言えば、勤勉な従業員に多めに賃金を払うのは正しいことだからそうすべきだという理由で、従業員に長期的に報いようとするのはそう簡単ではないのだ。

市場には、大きな企業を株主価値のほうへ引っぱりつづける流れがあり、これが変化を起こりにくくしている。

イギリス労働党の元政治家で閣僚も務めたダグラス・アレクサンダーは言った。「業界内での調整や外からの圧力がない状態でも、企業が自ら、ステークホルダーに対してより公正で公平な利益配分をおこなう方向へ進むというエビデンスは、ほとんど見当たらない」

そうした否定的な流れはたしかにあるが、それでも流れに逆らって泳ぐことは可能だ。流れに逆らおうとしている企業には新しいモデルのあることがうかがえる。

株主資本主義で軽視されがちなステークホルダーに「環境」がある。株価ばかりに気をとられ、企業は従業員の福利厚生や地域社会、長期的な研究開発などへの投資を最小限に抑えようとし、公害や環境破壊の防止策への費用も出し渋っている。環境負荷の軽減に使わなかった一ドルはそのまま利益になる。つまり、公害対策費用を一般市民に押しつけたり、次世代に先送りしたりできれば、利益を増やすことができる。その結果、企業は法律で強制されないかぎり、環境に配慮した意思決定を下さないのがふつうになってしまった。地球を犠牲にして利益を追求する企業の例は数えきれないほど多い。エネルギーをはじめ、輸送、製造、農業など、あらゆる産業が環境を悪化させている。

その影響はいまや隠しようもないほど明らかで、逆戻りさせることはますますむずかしくなっている。二〇一九年時点の世界の平均気温は、一九世紀末に比べて約一・一℃上昇した[75]。国連は、「抜本的な対策」を講じなければ、二一〇〇年までに地球の気温は三・二℃上昇すると予想している[76]。気候変動によって、干ばつや飢饉が頻発し、自然災害の規模がいっそう大きくなり、一八〇万平方キロメートル（アラスカ州より広い）の土地が海に沈み、何億という人々の住む家が失われ、社会の基盤が根底から揺さぶられる事態になるのだ[77]。

環境保護は、企業が責任をもって取り組む活動の定番になった。だが結局、そうした努力は派手な広報活動や小手先のつじつま合わせに終始し、企業が環境に及ぼす影響を相殺するには至っていない。工業化の原罪は環境破壊だった。いま私たちの地球は歴史上初めて、社会契約の重要な一部となることが求められている。たとえ法律で義務づけられていなくても、企業は全社的に、持続可能性を価値あるものとして受けいれる必要がある。政府は、短期的な経済効果を犠牲にしてでも、二酸化炭素の排出や汚染を減らし、自然を保護し、グリーンテクノロジーの開発・向上を推進しなければならない。そして市民は、自分たちの消費行動がどのような影響につながるかを考えてみる必要がある。しかしながら、現在の株主主導型経済の動因《インセンティブ》が真の変化を阻んでいる。

このような困難はあるものの、環境保護の方向に歩きはじめた企業も一部にはあり、アメリカでは株主第一主義に逆らう具体的な企業構造をととのえる動きが出ている。これらの企業は、環境への影響を最小限に抑えながら利益をあげることは可能だということを証明する存在だ。最も改革が必要な経済分野にもそれは出現している。

ファッション業界を見てみよう。環境への影響について考えるとき、最初にこの業界を思い浮かべる人は多くないだろう。だがファッション業界は世界の二酸化炭素排出量の一〇％、廃水量の二〇％を占めており、国際便を飛ばす航空業界と海運業界を合わせた量よりも多いのだ。[78] ほとんどの人は自分の衣服がいかに無駄を生んでいるかに気づいていないが、このままの状態で進めば、二〇五〇年にはファッション業界の二酸化炭素排出量が世界の四分の一を占めることになるだろう。ただしこの業界には、服を買いたい人間の欲望につけこむだけのブランドもあるが、一方で、顧客の衣服を地球に優しい《サステナブル》かどうかの視点で取り組むブランドもある。後者の代表格がパタゴニア社だ。

パタゴニアは、ベネフィット・コーポレーションと呼ばれる、利潤をあげるだけでなく公益への貢献も目指す、比較的新しいタイプの企業だ。カリフォルニア州で最初に「Bコーポレーション」（非営利団体による国際的な認証制度）を取得している。[79] ベネフィット・コーポレーションは、短期的には株主価値を最大化しない可能性があっても、会社の利潤だけでなく公共の利益とサステナブルな価値を求め、そのための意思決定を下す役員や幹部陣の保護を、社内の法として明文化している。そのような法的保護をととのえることはばかばかしく見えるかもしれないが、私の友人クレイグ・ニューマークは、自身が立ちあげたウェブサイト〈クレイグリスト〉（地域や目的ごとの告知や広告を掲載する媒体の先駆け）を〈イーベイ〉に売却したあと、イーベイに訴えられ、敗れている。[80] 株主にとっての「経済的価値を最大化しようとしない」あらゆる企業活動は、経営者の義務と整合せず、したがって、法に違反すると裁判で主張され、それが通ったのだ。そのような事態を予想して備えなければならないのは残念だが、ベネフィット・コーポレーションであると宣言することで、企業は似たような訴訟におびえることなくステークホルダーを重視した経営ができ、さらには、企業の理念のなかにステークホルダーに対して負う義務を明確にしておくことができる。

環境問題は、パタゴニアのビジネスモデルにとって数十年前からステークホルダーのひとつだった。創業者であり、ロッククライマーでもあるイボン・シュイナードは、アウトドア愛好家や環境保護主義者のあいだで象徴的存在となっている。一九五〇年代にカリフォルニアのヨセミテ渓谷から始まった岩登り《クライミング》黄金期を牽引《けんいん》した。シュイナードと仲間たちは、尊敬を込めて「ダートバッグ」（貧弱な装備しかなくとも技量の向上に努め、なるべく多くの時間をアウトドアに費やす生き方）と呼ばれ、電気や上下水道などのない場所で、一般的なキャリアや衛生概念を捨てて、渓谷にそびえる花崗岩の壁を登って生きてきた。[81]

独学で金床《かなとこ》の扱い方など鍛造技術を習得したシュイナードは、スチール製のハーケン（クライマーがロープを保持するために岩壁に打ちつける金具）を自作しはじめ、車の後部に並べてクライミング仲間に一個一・五ドルで売るようになった。[82] 高さ一〇〇〇メートルを超えるような「ビッグウォール」クライミングに欠かせない逸品として飛ぶように売れたが、ビジネスとして成功したあともシュイナードはライフスタイルを変えようとはしなかった。車で寝泊まりし、ゴミ箱を漁って見つけたものやキャットフード、クライミングの道具で仕留めた小動物などを食べて暮らしていた。[83] 稼いだ金の大半をクライミングやサーフィンに注いだ。一九六〇年代になって、それまでは両親宅の裏庭の鶏小屋を拠点としていた〈シュイナード・イクイップメント〉社の事業を、幅広い登山用品や関連するアパレルにも拡大した。アパレル事業が軌道に乗り、シュイナードと妻のマリンダは一九七三年、その事業を新会社パタゴニアとして独立させた。

ビンセント・スタンリーがパタゴニアに入社したのはそのころだった。洗車の仕事に飽きたスタンリーは、叔父のシュイナードに頼んで仕事を世話してもらったのだ。数カ月で辞めるつもりだったが、結局、半世紀近くにわたって彼の足跡が会社中に残ることになった。

現在、スタンリーの正式な肩書きは基本理念《フィロソフィー》担当役員で（「ほかに呼びようがなかった」と本人は語る）、パタゴニアの価値観を実質的につかさどる立場にある。社の歴史と価値観を従業員に教え、イェール大学の学生起業家たちに助言を与え、ベネフィット・コーポレーションの意義の伝道にも走りまわっている。[84] 頬骨が高く、穏やかな物腰の詩人で、祖父のような温かさをもつスタンリーは、自己紹介をした瞬間から相手に安心感を与える。

パタゴニアはアウトドアの世界で生まれたが、自分たちをつねに環境保護活動の先導者だと考えていたわけではない。「七〇年代のはじめごろは、うちの会社では環境保護は政府がするべき仕事だと考えていたと思う」とスタンリーは言う。[85]「小さな、本当に小さな会社だったから、社業が環境に及ぼす影響を考えたりする余裕はなかった」

ただし同社は、環境に残す痕跡を減らす努力を独自に続けていた。一九七〇年代初頭、シュイナードはトレードマークだったハーケンの販売をやめ、クライマーが岩に傷をつけることなく取り外せるアルミ製のくさび「チョック」の販売を開始した。[86] ハーケンの売上がビジネス全体の七〇％を占めていたことを考えると、リスキーな方向転換だった。[87] シュイナードは一九七二年のカタログの一二ページを使い、この決断の意義を顧客に説明している。数カ月後には、チョックはつくるそばから売れるようになった。[88]

一九九六年にパタゴニアは、さらに大きな飛躍を遂げる。衣料の全商品をオーガニックコットンに切りかえたのだ。その数年前、パタゴニアはボストンに店舗をオープンしたが、三日後に複数の従業員が病欠したために店は閉鎖された。[89] 原因はすぐに明らかになった。地下にストックしていた綿製品から漏れだしたホルムアルデヒドが換気装置を通って店内に放出されていたのだ。

これをきっかけにパタゴニアはサプライチェーンを調査した。結果は喜ばしいものではなかった。綿生地をホルムアルデヒドで樹脂加工していただけでなく、綿花栽培に使う農薬や化学肥料によって周辺地域から生き物が消えていることがわかった。「栽培のための畑を開墾する際に、もともとは神経ガスとして開発された化学物質を殺虫剤として使っていた」とスタンリーは私に言った。

問題を吟味し、解決方法は有機栽培《オーガニック》しかないという結論に達した。この決断もまたリスキーだった。栽培方法を転換するには社のサプライチェーン全体の見直しが必要であり、商品一着あたりの生産コストは三〜五ドルほど上昇する。[90] パタゴニアの競争力が低下すると心配した人は多かった。だがシュイナードは揺るがなかった。「オーガニックを実現できないのなら、私はスポーツウェアから手を引く」

社は、従業員の賛同を得るため、現地の実情を見せることにした。四〇人ずつに分かれてバスに乗った彼らは、カリフォルニア州中央部のサンホアキン・バレーに向かい、まず立ち寄ったのは従来の綿花畑だった。[91]バスを降りるまえから農薬の臭いがわかった。「換気の悪い実験室の中にいるような臭いだ」とスタンリーは言った。土を触ってみると、そこには生命がまったくなかった。「農薬の散布をやめてからミミズなどが戻ってくるまでに三年かかるから、この土には何も生きていない」

バスは次に、社が綿花を調達する予定のオーガニック農園に向かった。その差は歴然としていた。「みなは畑に鳥が舞いおりるのを目にし、土の中に生命があることを実感した。視察から帰った従業員たちは、『抽象的な話なんかじゃなくなった。化学薬品の論文を読んでいるのではない。うちの会社は正しい決断をしたし、自分たちもその実現に協力したい』と言ってくれた。あの視察が大きなターニングポイントだったたと思う」

オーガニックコットンに切りかえたパタゴニアは、衣料品ラインの三分の一を削減しなければならなくなった。もとの売上水準に戻るには何年もかかったが、「戻れたときにはうちのアイデンティティは新しくなっていた」とスタンリーは言う。「顧客との関係の新しい基盤ができたんだ。切りかえに熱心に取り組んだ社員たちは、文化的な自信を培《つちか》っていたから、次の一歩にも前向きに臨むことができた」

二〇二〇年六月の時点で、大手アパレルのなかでオーガニックコットンしか使わない企業はパタゴニアだけだった。[92]この一〇年間、社は、シーズンごと一瞬ごとの最新ファッションの動きをいち早くとらえて大量生産する「ファストファッション」ブランドに対抗することを使命としてきた。二〇一一年のブラックフライデー（感謝祭の翌日にあたる金曜日で、小売店が大繁盛する日）に、パタゴニアはニューヨーク・タイムズ紙に全面広告を出し、パタゴニアの衣料品が地球環境に与えている影響を告知し、その衣料が本当に必要かどうかを買うまえによく考えるようにと消費者に呼びかけた。社の人気商品であるフリースジャケットを描いたこの広告には、大文字で〝DON'T BUY THIS JACKET.〟（このジャケットを買わないで）というタイトルがついていた。

二〇一五年には、傷んだパタゴニアの服を修理する車「ウォーン・ウェア・ワゴン」を各地に走らせるプロジェクトを立ちあげた。当時のインタビューでシュイナードは、「私自身、パタゴニアの新しい服はほとんどもっていない。買い直す必要がないからだ」と語り、いま着ているシャツは一〇年前のものだと誇らしげにつけくわえている。[93] 二年後、パタゴニアはプロジェクトを拡張し、顧客が中古のパタゴニア製品を交換したり売買したりできるオンライン・プラットフォームを構築した。

以降も、パタゴニアは環境保護活動への姿勢を強めていった。二〇一七年には、ユタ州にあるふたつの国定記念物《ナショナル・モニュメント》の面積を縮小する計画に反対して、ネイティブアメリカンと草の根の市民グループが政府を相手取って起こした訴訟に加わっている。[94] 自社ウェブサイト上でも、「大統領があなたの土地を盗んだ」という表題をつけてこの訴訟を公表した。ほかの企業なら、このような意思決定を下すには社内調整がたいへんかもしれないが、パタゴニアの社員は全面的に賛同していたと、国務省時代の私の同僚で現在はパタゴニアのグローバル・コミュニケーションズ・チームを率いるコーリー・ケナは言う。その日の終わりには、顧客の多くも賛同してくれた。

「この活動に対してコミュニティから褒美をもらった。それまでパタゴニアのことを知らなかった人が、『ワオ、こんなことをしている会社があったんだ』と言って多く集まってくれた」とケナは続けた。「ハーバードのビジネス・スクールのマーケティング講座で、ジャケットを売るための優れた方法として推奨されることはないけれど、ジャケットを売るためにこの活動をしているわけではないから。でも、結局のところ、うちのビジネスにとってもあらゆる面で好影響をもたらしている」

二〇一七年に、税制改革法が議会を通過したあと、パタゴニアは戻ってきた税金一〇〇〇万ドルを環境保護団体に寄付した。CEOのローズ・マーカリオは〈リンクトイン〉の投稿で、この減税を「無責任」と非難した。[95] シュイナードもプロフィール欄に、金持ちに優しいワイオミング州の税制を利用する裕福な隣人へ向けて、批判を書いている。[96]「私なら喜んで税金を払うよ」

パタゴニアのビジネスモデルは、多くの企業にはできない方法で、利潤のみを追求する経済との決別を可能にした。第一に、パタゴニアは株式を公開していないので、非難してくる株主がほとんどいない。第二に、パタゴニアの衣料品は他社製より高い値段で売れるため、オーガニックコットンなどの環境に配慮した方針に投資する余裕がある。パタゴニアが新聞広告で消費者に「買わないで」と言ったジャケットは、二〇二〇年六月現在、税抜きで一六九ドルする。[97] パタゴニアが学生のあいだで「フラタゴニア」（男子学生の社交クラブ「フラタニティ」と「パタゴニア」を合わせたことば）、アウトドア派のあいだで「パタグッチ」と呼ばれるのには理由がある。[98] 同社の戦略を揶揄《やゆ》しているのではなく、サステナブルで高品質で長く使える品には多くの人が高い金を払ってもいいと考えていることの表れなのだ。それをパタゴニアは証明してきた。

ファッション業界にサステナブルで責任をもった手法を導入する例としてほかに、安価な製造業の中心地と思われてきた中国でおもしろい取り組みが始まっている。中国は世界最大の衣料品製造国であり、ファストファッションの爆発的な普及によって莫大な利益を得てきた。[99] だが一方で、ファストファッションのブームが中国の環境を傷つけてもいる。国際的な環境保護団体グリーンピースが詳細に調査した結果、アバクロンビー&フィッチ、アディダス、カルバン・クライン、H&Mといった国際ブランドは、繊維製品の製造過程で出る有害な染料を河川などに投棄する中国の工場から原材料を調達していることが判明した。[100] 次の年に、中国の有力な環境保護主義者マー・ジュンは、飲料水の供給源である河川に有害な工業廃水を不法投棄するなど、アパレル工場が犯した六〇〇〇件にのぼる環境規制違反を報告した。[101]

こうした中国のイメージとは真逆の強烈な事例が、イェ・ショウゾンとショーナ・タオが一九九七年に上海で創業した高級衣料品会社〈アイシクル〉だ。会社のスローガン「メイド・イン・アース」は、ニュートラルな色調のセーターやジャケットなど現代的でミニマルな服の美学を表している。[102] アイシクルは、服を販売するときに薄葉紙で包むのではなく、再利用可能な布袋に入れる。値札はプラスチックではなくトウモロコシ繊維で、ボタンは貝殻などの天然素材でつくる。生産工程でも、天然の染料やオーガニックコットンなど、環境に配慮した素材しか使わないこだわりがある。また、外注でない自前の生産設備をもつ供給業者《サプライヤー》としか取引しない。アイシクルとこれらのサプライヤーは、さまざまな独立系NGOとともに、同社のサステナビリティの主張が適切かどうかを精査し検証しているという。[103] 最も重要なのはおそらく、短期的な流行に左右されずに何年も着られることを意図した服づくりにある。

欧米のファッション業界はファストファッションの生産能力の高さから中国のアパレル工場と取引

してきたのに対し、アイシクルはその流れに逆らい、中国版のスローファッションを実現した。そしてパタゴニアと同様に、見事な成功を収めた。一九九〇年代の創業以来、アイシクルは中国国内に二〇〇以上の店舗を展開してきたが、中国以外ではほとんど知られないままここまで来た。状況が変わったのは二〇一九年、フランスの高級ブランド〈カルヴェン〉を買収したときだ[104]。以来、アイシクルはヨーロッパのファッション界の大物を招きいれ、より多くの人に自社の存在をアピールし、サステナビリティを主張した新しい「メイド・イン・チャイナ」像をつくりあげたのだ。

環境への配慮を重視したファッション業界の新しい波は、近ごろではアイシクルとパタゴニアに追いついてきた。バークレイズ銀行が二〇二〇年一月に発表したレポートによると、サステナブル・ファッションは一〇〇〇億ユーロ規模の産業に発展する可能性があるという[105]。二〇一七年におこなわれた中国の消費者動向に関する調査では、消費者の五八％が環境に責任ある姿勢で製造された衣服にはより多く払ってもいいと考えていることがわかった[106]。

パタゴニアやアイシクルのような企業には、商品だけでなく企業理念にも信頼感をもつ忠実な顧客《ロイヤルカスタマー》が増えつつある。パタゴニアは政治的な立場を繰りかえし表明し、ベネフィット・コーポレーションとしてのステータスをつうじて環境保護に実際に貢献してきた。顧客は商品を買うことで同社の行動への共感と支援を示すことになり、パタゴニアのような企業の商品を買いつづけることが一種の政治的主張と見なされるまでになった。

企業責任の名のもとでおこなわれる取り組みには、くだらないものがあまりに多い。企業組織という生態系に潜む重大な害悪から目を逸らせるために、市民にちょっと手を振ってみせるだけの代物であふれている。それとは反対に、世界有数の大企業のなかにも、株主だけでなく幅広いステークホルダーをだいじにしながら、リーダーとして有意義な活動ができることを周知しはじめているはっきりとした例がある。そのひとつがウォルマートだ。

ウォルマートは、売上高と従業員数の両方において地球上で最も大きい。[107] 従業員数は二一〇万人を数え、アメリカの軍、中国の軍に次ぐ世界第三位の雇用者になった。[108] 世界で展開する小売りスペースは一〇〇平方キロメートル以上あり、この面積はマンハッタンの陸地部分の二倍近い。[109] もしウォルマートが国だったら、タイに次ぐ世界第二五位の経済規模に相当する。[110] 規模が巨大なので、ウォルマートが何かを決断すれば経済の全分野を変革する可能性がある。多くの識者がウォルマートを資本主義と消費文化の悪いところを凝縮した存在として低く見てきたが、ウォルマートはあまりに大きく、見事な業績をあげているので、左派の識者のあいだではこのところ、ウォルマートとその（きわめて少ないが）同等の企業が社会主義の土台をつくっていると考える、従来とは逆の動きが顕在化してきた。作家でジャーナリストのコリイ・ドクトロウが書いている。「いま私たちは、ピーク時のソビエト経済と同等の規模をもつ企業や組織に囲まれている。彼らは市場を通さずに財や資源をじつに効率よく配分し、指令経済を体現している」[111]。前世紀に失敗した社会主義が、ウォルマートやアマゾンのような企業から財や資源の配分方法を学べば、もっと利口でもっと強い思想となって生まれ変われると期待する考えがあるのだ。

二〇〇五年、劣悪な労働慣行と環境に与える負荷（環境フットプリント）の大きさを糾弾されたウォルマートの経営陣は、会社のもつ力を活用して、もっと環境に優しい製品を消費者に届けると約束した。[112]

有害物質規制法に照らし、ある化学物質に「国民の健康や環境に看過できないリスクをもたらす」と規制当局が証明した場合、アメリカ政府はその化学物質の生成を伴う製法を停止させることができる。[113] ただし、環境の専門家たちの慎重な姿勢と関係業界による激しいロビー活動により、リスクの証明には長く困難な道を行かねばならない。だが、大手小売りの民間企業なら、自らの影響力を駆使して政府よりもはるかに迅速に製品を棚から追いだすことができる。実際にウォルマートは過去一五年間、その規模と力にものを言わせ、市場をより環境に優しい製品に向かわせてきた。

最初のターゲットは洗濯関係だった。ウォルマートは二〇〇七年に、アメリカの店舗では、従来の洗剤よりも使用水量が少なく、パッケージも小さい濃縮液体洗剤のみの販売にすると発表した。[114]〈ユニリーバ〉などのサプライヤーと協力して生産を増強し、一年以内に移行を完了させている。その後の三年間で、四億ガロン（約一五億リットル）の水、九五〇〇万ポンド（約四万三〇〇〇トン）のプラスチック、一億二五〇〇万ポンド（約五万七〇〇〇トン）のダンボールを節約できたという。[115] 環境にとっても社の収益にとっても望ましいことだった。サプライヤーは生産、包装、出荷のコストを削減でき、ウォルマート自体も棚を空けてそこに収益性の高い品を入れることができた。やがて業界の他社も追随しはじめ、濃縮洗剤はこうして新しい常識となった。[116]

その後、ウォルマートはさらに、有害な化学物質を商品棚から排除する方向へと舵を切る。二〇一三年、店舗で販売するすべての掃除用品とシャンプー、石けんなどのパーソナルケア用品から一〇種類の化学物質を段階的に削減すると発表し、サプライヤーに対しても、取引を続けたければ、各社の製法を見直すように求めた。[117] そして二〇一七年、ウォルマートはケミカル・フットプリント・プロジェクト（CFP）――潜在的な毒性のある化学物質をサプライヤーがどのように使用し廃棄しているかを率直に査定して小売業者に報告する非営利の取り組み――に参画するアメリカ初の小売業者となった。[118] ウォルマートはまた、「自然派」製品への消費者の要望が高まっているとして、掃除、ペット、ベビー、パーソナルケア製品の自主的な改良をサプライヤーに要請している。

店舗から有害な化学物質を排除しようとするウォルマートの取り組みは、サプライチェーンや小売業界全体に連鎖反応を起こしていった。小売業者の化学物質への対応を「採点」した報告書を毎年発表している非営利団体〈セイファー・ケミカルズ・ヘルシー・ファミリーズ〉によると、二〇一九年の小売業者の平均はBマイナスで、三年前の平均Dプラスから大幅にアップしたという。[119] ウォルマート、ターゲット、アップルはトップのA評価だった。この非営利団体は、「規制のなかに空いた大きな穴」と表現する領域を小売業者が埋めていることに感謝の意を表した。

現在もウォルマートは、サプライチェーンの持続可能性を強化する活動に積極的に取り組んでいる。サプライヤーと協力して温室効果ガスの排出を削減し、再生可能エネルギーに投資している。[120] 埋め立て以外の廃棄物の処理や、食品廃棄物の削減、包装の簡素化、配送距離の効率化などでも大きな進展を見せている。[121]

世界最大の売上高を誇る企業が環境フットプリントを低減するための具体的な手段を講じれば、その影響は計り知れない。政府が法律や規制によって強制的に企業のやり方を変えようとしないのなら、企業が自ら行動する必要性はいっそう高まるのだ。ウォルマートは自社のサプライチェーンに持続可能性の受けいれと製品からの有害化学物質の排除を進めるように圧力をかけ、政府のどの規制よりも効果的に変化をもたらした。このように、ウォルマートはほかの民間企業の手本となる道を進んできた。メイシーズやノードストローム、コールズのような大型百貨店がオーガニックコットンを使ったブランドだけを扱うようになれば、パタゴニアは異端児ではなくなる。大企業はその影響力を駆使し、市場全体を動かすことができる。

　ウォルマートが近年、環境保護に着実な成果をあげ、社会にとって望ましい方向へ自らの影響力を使ってきたのと同じように、資本主義の最大の悪役と見なされてきた業界でも、責任あるリーダーとして、昔なら考えられなかったほど思いきった行動に出ているところがある。

　世界最強の金融系企業グループのゴールドマン・サックスほど、もてるパワーと市場への影響力を批判的に報道されてきた組織はないだろう。ジャーナリストのマット・タイビがこの銀行を「人の顔に巻きつく巨大な吸血イカ。金《かね》の匂いのするものならなんにでも執拗に触手を伸ばす」と評したのは有名だ。[122]ゴールドマン・サックスは、ウォール街の権力の風刺画そのものになったが、いま同社がその権力を駆使し、世界中の民間企業のなかで最高レベルの多様性を推進しようとしていることを知ったら、過激な批判者たちはさぞ驚くことだろう。

　ゴールドマン・サックスのデイビッド・ソロモンCEO兼会長は、二〇二〇年の世界経済フォーラムの場で、欧米企業については女性か非白人《ノン・ホワイト》の取締役が少なくともひとりいる場合にのみ新規株式公開（IPO）を引きうけると発表した。二〇二一年には、その最低人数がふたりに増えた。つまり、役員席に座っているのが白人男性ばかりなら、ゴールドマンは株式公開を引きうけないということだ。

二〇一八年と二〇一九年、欧米の新規上場企業のうち六〇社ほどは役員の全員が白人男性だった。[123]アメリカで二〇一九年の年初から八カ月のあいだにＩＰＯをおこなった企業の四〇％が男性ばかりの役員陣だった。世界トップのＩＰＯ引受先であるゴールドマン・サックスは、白人優先で男性優先の金融業界の経営上層部に多様性を導入するよう促せる立場にあった。デイビッド・ソロモンＣＥＯは、「ベンチャーキャピタルは、会社を上場までもっていったとたんに、取締役会の構成をどうするかは自分たちの仕事ではないと考えていた」と私に言った。「取締役会には多様性が必要だとうったえる者は皆無だったし、彼らにとって優先順位が低かったのだ。当社がこの方針を打ちだしたことで、未公開会社やベンチャーキャピタルの界隈で多様性への関心を高め、後押しすることができた。光を当て、重要性に気づかせ、議論を前進させたと思う」

ソロモンＣＥＯのこの考えは彼のふたりの娘によってつくられたところもある。「娘たちが大学生になったころ、私は娘たちの目を通して、壮年の白人男性として見ていたときとはちがう視点で物事を見るようになり、そのだいじさがわかった。ＣＥＯに就任したまさに初日に、この職にあるうちにとくに多様性に力を注ぐと決意した」

そもそもソロモンがＣＥＯになれたのも、多様性へのそれまでの取り組みが評価されたことが理由のひとつだった。彼は、ロイド・ブランクファインＣＥＯの後任の座を、同僚のハービー・シュワルツとふたりで争っていた。下馬評ではシュワルツのほうがブランクファインに近く、有力と目されていた。だが、ブランクファインの退任をまえにして、取締役会は候補者たちに多様性の取り組みに関する見解をまとめて発表するように求めた。当時、ゴールドマンの投資銀行部門の共同責任者だったグレッグ・レムカウによると、「(多様性は）取締役会でプレゼンするのには難儀なテーマ」だと考えられていた。そこでシュワルツは、プレゼンの責任をソロモンに委ねることにした（ゴールドマンのある幹部によれば、「ソロモンにクソ入りサンドイッチを食わせるため」）。だがソロモンはこのチャンスをものにする。銀行の構造すら変えてしまうような積極果敢な多様性への取り組みを大々的にぶちあげたのだ。彼の構想とプレゼンは居並ぶ役員たちに好印象を与え、ブランクファインの後継者としてシュワルツを追いぬき、その後まもなくCEOに就任した。

就任してすぐ、ソロモンは新入社員の半分を女性にし、アフリカ系アメリカ人とラテン系アメリカ人の採用人数にも下限を設けることなどを掲げて、反対派の説得に乗りだした[124]。

IPOを受けるかどうかに多様性の基準を設定してはどうかとグレッグ・レムカウが提案したとき、ソロモンはそのアイデアに飛びついた。「本当にできるだろうか?」とレムカウに尋ねたそうだ。レムカウは答えた。「そうしたいと思うことはなんでもできる」

だがじっくり練る時間はなかった。このときは二〇一九年一二月で、ソロモンは翌月にダボスで開催される世界経済フォーラムで構想を発表したいと考えていた。レムカウが方針の詳細を打ちだしたところ、反対意見が飛んできた。一部のエネルギー企業や家族経営の小さな会社は例外にしてほしいとの声があがったのだ[125]。社内でも、この決定によってゴールドマンのビジネスが損なわれることを危惧する声があった。ソロモンとレムカウが交わした電子メールでは、二〇一六年以降におこなわれたアメリカの新規上場のなかで女性取締役がいなかった件数は二〇%程度と推計していた。会社にとって無視できない大きさだ。それでもソロモンは揺るがず、レムカウの社内向けメッセージには、この方針には免除も例外もないとの文言が載った。正式な発表の前日、レムカウは、この方針をアメリカ企業だけに限定してはどうかとの提案が来たことをソロモンに伝えた。ソロモンは、「それでは大胆さに欠ける。私はもっと踏みこみたい」とメールで回答した。結局、ヨーロッパの企業も適用範囲に含め、取締役会に求める多様性の要件をいつまでに満たすべきか、その期日を設定した。

ソロモンは、よりインクルーシブ（あらゆる人を孤立させず、構成員として支えあう社会理念）な役員室をつくることはビジネスにとってもよいことだと言う。この発言には裏づけのデータがある。ゴールドマン・サックスは、二〇一六年以降にＩＰＯに臨んだアメリカ企業のうち、取締役に女性がひとり以上いる企業の利益率は中央値で一九％、男性ばかりだった場合の利益率は二％しかなかったと明らかにした。「〝ちがい〟が高いパフォーマンスを生む」とソロモンは述べた。

女性やノン・ホワイトが取締役会の席を獲得することは、職場の不平等を解消するための一歩となる。アメリカの主要企業の取締役に占める女性の割合は二〇％、ノン・ホワイトは一〇％にすぎず、賃金格差や差別も依然として存在している。[126] それでも、ゴールドマン・サックスが明確な方針を打ちだしたことは、同社が毎年上場させる何十社かの欧米企業にとって、少なくとも役員フロアの構成を考えなおすきっかけになる。ソロモンは、この方針が完成途上にあることを認めたうえで、社が今後何年かかけて規模や範囲を手直ししていくと述べている。「まだ完璧ではないが、きわめて強いメッセージを発していることはたしかだ」

ゴールドマン・〝巨大な吸血イカ〟・サックスがその圧倒的な力を善のために使っているという考

えは、今日の世間の想像やハッシュタグのついた嫌味なコメント群の流れに逆行する。だからこそ、そのもつ意味は大きい。

ウォルマートやゴールドマン・サックスのような企業が社会問題に立ちむかおうとするとき、彼らはその価値観や社会的責任に基づいた行動であると正当化するのがつねだが、そうした決定の裏にはだいたいは単純な金銭的計算がある——短期的にはコストがかかっても長期的な利益がそれを上回るか？　ゴールドマン・サックスにとって答えは「イエス」だった。歴史の正しい側に身を置くことは長期的な投資なのだ。

「（歴史の）針を動かせるようなチャンスはそうそうない」とソロモンは当時の考えを説明する。「だから、もしそうしたチャンスに巡りあって、自分で変化を起こせるのなら、自ら踏みだして針を動かす責任があると思う」

同じような結論に達し、自分や自社のもつ力をたんに業績をあげること以外にも使おうとするビジネスリーダーが増えつづけている。未公開株投資会社〈ビスタ・エクイティ・パートナーズ〉の創業者で、アメリカで最も裕福なアフリカ系アメリカ人のロバート・スミスは二〇一九年、モーハウス大学を卒業する四〇二名全員分の学生ローンを肩代わりすると発表した。二〇二〇年には、アマゾンのCEOで存命の人物としては世界一の富豪、ジェフ・ベゾスが気候変動対策に一〇〇億ドルを投資すると約束した。[127]　ビル・ゲイツは過去数十年にわたり、ビル＆メリンダ・ゲイツ財団をつうじて自身の財産を人道的な活動に投じており、一九九四年以来、夫妻の寄付額は五〇〇億ドルにのぼる。[128]

大富豪たちによる慈善活動、ゴールドマン・サックスやウォルマートのような巨大企業が率先して社会的活動に取り組むことには、いびつな二面性がついてまわる。人を勇気づける行為であると同時に、解決すべき問題の巨大さを突きつけ、政府がなすべきことをしていないと気づかせてしまうのだ。デイビッド・ソロモンが自社の強い力をよい方向に利用する方法を見つけようとしていることは称賛に値する。彼らの物語は、真に力をもつ人たちが正しい目的のためにその力を利用すれば、よりよい結果が得られると示している。社会契約はただ綻《ほころ》びつづけているわけではないのだ。

だがそうは言っても、個人の慈善活動家や民間の企業が単独で達成できることはたかが知れている。彼らの努力は断片的になりがちで、社会契約の大きな裂け目のなかに埋もれてしまいかねない。ロバート・スミスはたしかに何百万ドルもの金を学生のために使ったが、同じ人物が、オフショア口座を使った違法な脱税に関与していたとして、税務調査の対象になったことは特筆すべきだろう（スミスはのちに司法当局との非訴追合意に達し、罰金を支払った）。彼が肩代わりしたり財団が取り組んだりしてきた学生ローンの問題を拡大して見てみると、個人での行動に限界のあることは明らかだ。二〇二〇年、アメリカ人が負っている学生ローンの債務は総計一兆六〇〇〇億ドルに達する。この負債は以降の彼らの暮らしを経済的に長く麻痺させるおそれがあり、スミスの取り組みがおおぜいの学生にとって救いであることはまちがいない。それでも、負債全体から見れば、個人の肩代わりなどバケツのなかの一滴のようなものだ。四三〇〇万人の学生とその家族が抱えている一兆六〇〇〇億ドルの負債には慈善事業では歯が立たない。トップクラスの億万長者が束になって富を差しだしたとしても、個人では――ゲイツであろうとベゾスであろうと――この問題を解決することはできない。

イギリスの元外務大臣で、現在は国際救済委員会（ＩＲＣ）を率いるデイビッド・ミリバンドは、

「社会的、経済的、政治的に大きな変化を望むのなら、政府のリーダーシップと、企業やNGOによるイノベーションを結集し、そこに大衆を巻きこまなければならない」と語る。「慈善活動は政府の役割の代用にはならない。政府のリーダーシップがなくても中間層あるいは大衆を動かせる可能性はあるが、政府がゲームに参加しないかぎり、問題が解決されるとは思わないほうがいいだろう」

いまの時代のインセンティブは、より暗黒郷《あんこくきょう》的でマッドマックス的な資本主義へと社会を引っぱっている。企業を、従業員や設備、研究開発への投資ではなく、自社株買いに走らせる。M&Aをつうじて企業の規模を大きくしたあげくに、雇用は増やさずに解雇に走らせる。さらに、あとで取りあげるように、このインセンティブは労働組合を解体させ、税金面でうま味の乏しい地元から有利な場所へと本社を移させる。再生可能エネルギーに対して、化石燃料より一セントでも多く支払うことを拒否させる。

悪夢なのは、短期的な利益しか見ず、資本の非生産的な使用を最大限に駆使している企業の現状が、長期的には私たち全員にとって未来を悪くするということだ。いま苦しんでいる不平等や気候変動の問題は、数十年前に短期的な株主利益を最大にしようとしたことの結果なのだ。しかも問題はさらに深刻化している。

古いモデルのステークホルダー資本主義に対する批判に、一貫した行動原理を示せていないというものがあった。[129] 一九八〇年代に株主資本主義が爆発的に広がったのは、その点がはっきりしていたからでもある。つまり株主資本主義では、ひとつの変数——事業（ひいては株主）の利益——の最大化だけを追求すればいい。一方、ステークホルダー資本主義では、さまざまなグループの利害を調整する必要があり、往々にして優先順位が衝突する。変数が増えるほど、計算はむずかしくなる。

理想的な世界では、企業は株主価値、社会的影響、従業員の幸福などの変数を最大化し、二酸化炭素排出量など別の変数を最小化することができる。だが現実の世界では、どれをとっても何かを決めるにはトレードオフが伴う。たとえば、国外の租税回避地《タックスヘイブン》を経由して税金を少なくできれば、企業にとってはより多くの収入が得られるが、私たちの安全と健康とよりよい教育のための政府の施策から資金を減らすことになる。

ステークホルダー資本主義を実現するための完璧な公式はない。衝突する利益のあいだで適切なバランスをとるには、さまざまなステークホルダーの状況を互いによく知り、熟慮と対話を重ねる必要がある。この試み自体がひとつの変化だ。将来の幸福と実現性を見据えて熟慮と対話を重ねなければ、社会契約のバランスがととのう兆しはなかなか見えてこないだろう。

こうした議論を生産的なものにするために、企業の到達範囲を精密に示すための具体的なステップが用意されている。第一歩は、企業の意思決定がさまざまなステークホルダーに与える影響を、プラスとマイナスの両面から定量的に把握することだ。今日、株主価値を測定する指標なら企業は数えきれないほどもっている——総資産利益率、自己資本利益率、株価収益率、内部収益率、売上総利益、売上純利益などなど。株主価値を測定する会計指標を中心に業界全体が構築されていると言っていい。いま必要なのは、ステークホルダー価値を計算するための同様の基準だ。イギリス労働党の政治家であり閣僚も務めたダグラス・アレクサンダーは、一般に公正妥当と認められている会計原則（ＧＡＡ

P）に相当するものを、企業の影響力のために策定することを提案している。

「大企業が周囲に与える影響のプラス面とマイナス面を測定するには、比較の基準となる共通の指標や共通の言語が必要だ」とアレクサンダーは私に言った。「さまざまな調査から、次世代は自分たちの価値観に沿う価値を求めていることがわかっている。朝、目を覚ましたときに安心していたいのだ。自分の価値観とちがっていたり、世のなかはこうあるべきと考える姿とはかけ離れていたりする会社で働かなくていい、そういう会社への投資に自分の年金基金は使われていない、と。企業が社会にマイナスの影響を与えているところと、プラスの影響を与えているところを、より透明性をもって説明できるような共通の基準を開発できれば、そこに大きなチャンスがある」

考えられる策のひとつは、行動の変革を促すために税法を利用することだ。ＧＡＡＰをもとに企業の税負担を決定するのと同じように、ステークホルダーへの影響を測る同様の基準をもとに企業の税金を高くしたり低くしたりする仕組みを導入できないだろうか。企業は本能的にインセンティブに反応するので、環境破壊から労働者の権利に至るまで、「底辺への競争」（一部の利益のために社会環境や自然環境などが最低水準へ向かっていくこと）を食いとめるためのインセンティブを用意するのだ。

イングランド銀行のマーク・カーニー前総裁は、このアプローチを役員報酬にも拡大することを提案し、一案として銀行は役員報酬を気候変動のリスクマネジメントと関連づけるべきだと述べた。[130] パリ協定で定めた目標に貢献した企業ほど、役員報酬を高くできるのだ。

経済格差や環境破壊は具体的な問題であり、今後の一〇年と、さらに未来にかけて取り組んでいくには、具体的な戦略が必要だ。自社の意思決定がもたらすプラスとマイナスの影響を実際に把握するには、充分なデータが欠かせない。実用的な測定基準がなければ、ステークホルダー資本主義は、対外的なキャンペーンに使われるだけで、役員室では誰も真剣に取りあわない、ふわふわしたフレーズにとどまるだろう。だが、必要なデータを記録し、報告し、それに基づいて全社的に行動していくことは、企業のもつ力と、デジタル時代の社会のもつ力で実現できる。

ただし、そのような改革を企業だけで成功させるのは――とくにインセンティブが実情に即していない場合には――期待できない。よりサステナブルで社会的責任を担うビジネスモデルを積極的に追求しようとするビジネスリーダーは多いが、そうでないリーダーもまた多い。だから、企業が自らの意思でできることには限界があると知っておくべきだ。資本主義は、報酬や税金の多寡や株価の動きに根差したインセンティブによって動くシステムなので、最も強力な資本家と企業に市民と政府の利益になる行動をとってもらうには、彼らのインセンティブを配線しなおさなければならない。経営者や取締役会、株主にとって、さまざまなステークホルダーへの対応を向上させることが経済的利益につながるように配線するのだ。

公共の政策をつうじて、社会的な影響についてのデータ収集とその透明性の担保を強制的におこない、それにかかるコストを企業に内包化させるためのルールづくりが必要となる。短期的にはコスト増になっても、ウォルマートがそうだったように長期的には経済的利益が得られる可能性がある。そうならない場合でも、社会契約とのバランスがとれた新しいインセンティブによって市場を変化させることができる。

真の変革には、企業と並んで社会契約の重要な締結者である政府や一般市民が、企業に選択と行動を促すのに充分な力をもつことも必要だ。政府と労働者は、より大きな力と成果を必要としている。だが現状では、彼らはもがいている。なぜそうなってしまったのか？　どうすれば正すことができるのだろうか。

第二章　政府――国よりも企業が統治する

二〇一七年九月二〇日水曜日の明け方、ハリケーン・マリアがアメリカ自治連邦区プエルトリコの南東部に上陸した。風速六七メートルを超す猛烈な風は、この島国を襲ったハリケーンとしてはほぼ一〇〇年ぶりの強さだった。[1] 雨も大量に降り、二四時間もしないうちにいくつかの地域は八〇〇ミリメートル近い降雨量に見舞われた。以前から貧弱だった電力網と通信網はズタズタになった。[2] 人口の半数以上にあたる一九〇万人が飲み水を手に入れる手段のないまま身動きがとれなくなり、複数の町で建物の八〇～九〇％が倒壊した。

自然災害に遭ったときほど、人が政府を必要とするときはない。被災者を救助し、食料や水を届け、瓦礫《がれき》を撤去し、重要なインフラを復旧させるためには、とてつもない量の資源と緻密な調整が要求される。国民を助けるという使命をもち、資源と能力を兼ねそなえているのは政府しかない。ハリケーン・マリアに直撃されたプエルトリコは、まさにこのような迅速かつ全面的な対応を切望していた。だがアメリカ政府は的確に応えることができず、回避できたはずの死者の数を何千人も増やす結果となった。[3]

ハリケーン・マリアに対する政府の対応は、はじめから失態つづきだった。食料、水、機材を積んだ第一陣が島に到着するまでに四日を要した。[4] 政府高官がプエルトリコを訪れたのはマリア上陸から五日経ってからで、[5] 大統領が連邦政府の災害対策会議に出席したのは六日目だった。数十年前からあった、島へ物資を運ぶ船舶の規制をホワイトハウスが解除するまで八日、[6] 海軍の病院船二隻のうちの一隻〈USNSコンフォート〉がプエルトリコに到着するまでには一三日を要した。この病院船は二五〇人の患者を一度に治療できる設備をもっていたが、収容したのは一日平均六人だけだった。[7] 二週間後に、国防総省《ペンタゴン》は兵士九〇〇〇人を展開したが、これは二〇一〇年にハイチを襲った大地震の最初の週に派遣した人数の約半分だった。[8] 道路の復旧も、食料と水の配給も、島の奥地との連絡網修繕も、政府の仕事は何もかも遅かった。[9]

プエルトリコの人たちは生き延びるのに必死だった。嵐から数週間後、人口の半数以上はまだ電気や携帯電話が使えず、医療関係者は避難先で電気も物資も不足するなか、被災者のトリアージをおこなっていた。[10] 政庁所在地サンフアンのある心臓外科医は、この状況を端的に表現した。「プエルトリコで病気になったら、飛行機に乗って島を出るのがいちばんいい」。[11] 島の電力網が完全に回復するまでに一一カ月かかり、二年後でも数万人が防水シートの下で生活していた。[12] その時点では、アメリカ政府は恒久的な道路再建プロジェクトにまだ一件も資金を出していなかった。

ハリケーン・マリアに対する政府の対応のまずさにはいくつかの要因が絡んでいた。ひとつは、単純に運が悪かったということだ。マリアは、アメリカのメキシコ湾岸地域を襲ったハービーとイルマというふたつの強力なハリケーンの直後に発生した。ハリケーン・イルマはプエルトリコをかすめて通り、電力網に損害を与えていた。アメリカ政府の災害対策機関である連邦緊急事態管理庁（FEMA）のリソースは、マリアが上陸した時点ですでに尽きかかっていた。

別の要因として、プエルトリコの植民地時代の歴史も影響している。プエルトリコは公式にはアメリカの州ではなく、自治連邦区だ。アイオワ州、ネバダ州、アーカンソー州など二〇の州よりも多い三二〇万人が住んでいるにもかかわらず、大統領選挙には参加できない。[13] 下院に代表者をひとり送りだせるが、本会議での採決権はない。プエルトリコの人たちはアメリカ人だが、アメリカ本土の多くの人は彼らをそうは見ていない。ハリケーン・マリアが上陸した数日後におこなわれた世論調査では、アメリカ人の約半数がプエルトリコ人がアメリカ国民であることを知らないという結果が出ている。[14] もしマリアが、ハービーやイルマのようにアメリカ本土に上陸していたら、アメリカ国民や連邦政府関係者がより強力な対応を求めていたはずだ。[15]

さらに、上陸前からプエルトリコの財政状態が芳しくなかったこともある。一九五〇年代以降、アメリカ政府は、プエルトリコに進出する企業に対して税制優遇措置を講じ、地域の経済を浮揚させようとした。[16] 策のひとつは、アメリカ領土内で得た利益に対する法人税を免除するというもので、これに応えて製薬会社や各種メーカーが進出し、地域経済は一時的に熱気を帯びる。だが一九九六年にこの措置が廃止されると、企業は進出したときと同じようにすぐさま撤退してしまった。[17] プエルトリコ政府は、ウォール街から借金をするようになった。大量の移民と、二〇〇七年から〇八年にかけて発生した世界的な金融危機のなかで島の経済が冷えこむと、銀行はサンフアンの役人にもっと借金を増やすように勧めた。負債は膨れあがり、プエルトリコ政府は、本来なら道路を整備したり年金支給に充てたりするはずの金まで使い果たした。病院は閉鎖され、電力網は荒廃した。ハリケーン・マリアの前夜の時点で、プエルトリコ政府にはもう、島を災害から復興させるどころか、政府を維持するための最低限の資金すらほとんどない状態だった。

プエルトリコの財政は不安定だったし、インフラも粗末ではあったが、そもそも、ハリケーン・マリアへの対応の責任は最終的にアメリカ連邦政府にあった。だが責任を果たせなかった。FEMAのハリケーン復興計画は、物流管理上の惨事と言っていい。当局者はハリケーンの破壊規模を把握できず、現地の状況に合わせた支援を迅速に進めることができなかった。充分な人員を確保できず、被災者に必要となる食料、水、機材の量を過少に見積もったうえ、それらの物資を孤立した人たちに届けることがいかに困難かをわかっていなかった。[18]

FEMAや赤十字など、地位や能力が確立している大きな組織には、ハリケーン・マリアのような巨大災害に対応する使命と資源がある。同時に、調整すべき関係者も多い。ハリケーン・マリアへの対応には、FEMAだけでなく、国防総省、プエルトリコ政府、赤十字、州兵をはじめ、無数の機関や民間団体がかかわり、それぞれが独自の任務を遂行していた。このような複雑な系統の集団を大規模災害の被災地に展開すると、どうしても抜けおちるところが出てくる。プエルトリコで抜けおちた問題のひとつは食料支援だった。

復興作業が始まってから三週間後、FEMAはプエルトリコの人たちに一日あたり二二〇万食を用意する必要があると見積もっていた。だが、当時は一日あたり二〇万食しか配給していなかった。うち三分の二は、戦場で兵士が食べるような携行保存食だった。ＦＥＭＡの食事のなかで残りの三分の一だけが温かいもので、料理人のホセ・アンドレスが率いる〈ワールド・セントラル・キッチン〉という、外部の非営利団体から提供されたものだった。

アンドレスは、ハリケーン・マリアがプエルトリコを襲った五日後に、ハリケーン後にサンファンに降りた二番目の民間機に乗って現地に上陸した。[19] 政府高官が初めてこの島を訪れたのと同じ日だ。政府高官たちはその日の夜にワシントンに戻っていったが、アンドレスはホテルに部屋をとる。彼にはこの島で食事を用意する使命があった。

私が初めてアンドレスを知ったのは二〇〇九年、国務省に勤務していたときだ。暖《だん》をとり、食べ物を調理するために、動物の糞《ふん》や薪、炭などを直火で燃やすしかない貧しいコミュニティに、清潔な調理器具を届けるための活動に参加してほしいと彼を誘った。その活動を開始した時期にハイチが大地震に見舞われたので、最初期の活動はハイチを中心におこなった。

ホセ・アンドレスは自然児のような人物だ。初めて国務省に来たときの彼は、料理人の汚れた白衣を着て、汗まみれだった。青い目を輝かせ、携帯端末の「ブラックベリー」を猛烈な勢いで操作しながら、帰化手続き（スペイン出身で、四年後にアメリカの市民権を獲得予定だった）の興奮を語る姿は、ちょっとあぶなそうな人に見えた。彼は、ハイチに清潔な調理器具を届ける活動に身を投じ、現地の人たちと心のつながりを築いた。数カ月後にハイチを地震が襲ったとき、食べ物不足で苦しむこの国の人たちに栄養価の高い食料を届ける活動を開始した。この活動はのちに非営利団体ワールド・セントラル・キッチンに発展し、被災した地域に温かい食事を提供することが団体の目標のひとつになった。七年後、この団体のフルタイム職員は三人しかいなかったが、その状況はまもなく大きく変わることになる。

彼のハイチでの活動を紹介したテレビ番組の制作者でドキュメンタリー映像監督のネイト・ムックを、ハリケーン・マリアがプエルトリコを襲った直後に、アンドレスは現地に呼びよせた。[20] すぐにふたりはサンファンで、プエルトリコの人たちに温かい食事を届ける計画を練った。翌朝、地元の業者から燃料と食材を調達し、地元のシェフやレストラン関係者を集め、あるレストランの駐車場で二五〇〇食をつくりあげた。さらに翌日には四〇〇〇食を。[21] アンドレスが「#ＣｈｅｆｓＦｏｒＰｕｅｒｔｏＲｉｃｏ」（プエルトリコを助けるシェフたち）と名づけたこの活動に、ボランティアや近隣のレストランも次々に加わり、一週間後には、彼とそのチームは一日二万食を調理するようになった。[22] 地域経済のなかにじょうずに入り、フードトラックを移動キッチンとして使い、島の遠隔地へも温かい食事を届けた。政府とも契約を交わしたが、これはすぐに期限切れになった。彼のほうは活動を広げていけるような長期契約を結ぼうとしたが、ＦＥＭＡに断られたのだ。ＦＥＭＡはのちに、官僚的な事務手続きのために契約の延長ができなかったと認めている。[23] それでもアンドレスは別の方法を見つけた。災害後二～三週間のうちに、サンファンにあるプエルトリコ最大の屋内競技場の厨房を活動拠点にした。一カ月後には、島内に散らばる一六カ所の調理場を使い、一日一四万六〇〇〇食以上を提供するまでになった。[24]

ワールド・セントラル・キッチンは、島にもとからあったネットワークや会社などを活用しながら、活動規模をすばやく大きくし、本物の食品を届けることができた。一方、国の機関のＦＥＭＡはもたもたしたままで、備蓄していた非常用携行食すらうまく配布できなかった。

かつてアメリカ政府は地球上で最も効率的な物流網を運営していた。だがいまはそうではない。二〇〇億ドルの予算と一万四〇〇〇人の職員を抱える連邦機関よりも、ひとりの料理人が率いる非営利団体のほうが大きな成果を出すなど、つくり話みたいに聞こえる。[25] だが、ハリケーン・マリアでは実際にそのとおりのことが起こったのだ。

アンドレス、ムック、そしてワールド・セントラル・キッチンの功績はすばらしい。社会的起業家精神にあふれ、肚《はら》を据えて機敏に動いている。だがこうした称賛は、政府機関がいかに不器用で非効率かを際立たせてしまう。ワシントンからサンファンまであらゆるレベルの政府機関が後手に回り、失敗の代償は致命的なものだった。プエルトリコ政府はハリケーン・マリアで六四人が死亡したと発表していたが、一年ほど経った二〇一八年八月に公式死者数を二九七五人に引きあげた。[26] 実際の数はもっと多いかもしれない。ハーバード大学の研究者は八〇〇〇人が死亡した可能性があると推定している。とはいえ、公式の数字だけを見ても、ハリケーン・マリアが、死者数の点で二〇〇一年の九・一一同時多発テロや一九〇六年のサンフランシスコ大地震に匹敵する、アメリカ史上とくに大きな災害であることに変わりはない。[27] 死因の大半はハリケーンそのものではなく、その後の数カ月間に医療、電気、清潔な水へのアクセスが足りなかったことだった。[28] 政府がもっと迅速に、もっと効果的に行動していれば、多くの命を救えたのだ。

二〇一七年のハリケーンシーズンのあと、ＦＥＭＡ当局者はマリアへの対応で手抜かりがあったことを認めた。[29] 将来に備えて対応計画の改善も提言した。だが同時に彼らは心もとない前例にもなってしまった。国民に連邦政府へはもうあまり期待できないと思わせたのだ。

ホセ・アンドレスとワールド・セントラル・キッチンは危機のなかで立ちあがり、成果をあげたが、できることは限られている。二〇〇億ドルの予算、一万四〇〇〇人の職員をもち、緊急事態への責任を負う政府機関が退いたときにそれを埋めるだけの力はない。

だがＦＥＭＡの弱体化はアメリカだけの話ではない。世界の多くの国で数十年来、政府のもつ力の有効性が弱まっているという憂慮すべき傾向がある。株主資本主義が勢いを増したのと歩を合わせ、多くの国で政府の有効性が低下してきた。なぜこうなったのかを私たちは明確に理解しなければならない。第二次大戦後、インスピレーションとリーダーシップの多くがアメリカから発信されたものだったが、いまはアメリカモデルよりも優れた政府のモデルがあることを認め、そうした国々から学ぶべきときに来ている。


目を逸らしてはいけないいまの現実は、プライバシーや持続可能性、労働者の権利や多様性に至るまで、世界中の何十億という人たちが政府よりも企業によって統治されているということだ。

私たちは現在、世界中の個人情報をどの国の政府よりも大量に集めるテクノロジー巨大企業のもと、音のしないアルゴリズムに囲まれて日々を過ごしている。地球温暖化防止への取り組みは四〇年近い歴史があるが、一九六の主権国家や迅速な行動を強く求める市民の声よりも、一握りの石油企業の思惑によって方向性が強く規定されてきた。税法も貿易法も労働法も、民主的に選ばれた立法府で起草されるより、多国籍企業の政府業務部門で文言が決められる可能性のほうが高い。本書の執筆時点では、G20で世界のリーダー二〇人が下す決定よりも、世界を舞台に活躍する巨大企業上位二〇社の大物CEO二〇人が下す決定のほうが、私たちの暮らしに大きな影響を及ぼしている。

民間企業はますます力を強め、かつては政府が治めていた領域にも進出してきた。ウォルマートとパタゴニアの環境問題への取り組みもそうだし、ジェフ・ベゾスの気候変動対策への一〇〇億ドル供出や、ビル・ゲイツの公衆衛生への取り組みなどもそうだ。だがここまで紹介してきた事例は、過去半世紀にわたって企業の力が増大してきたことに光を当てるだけでなく、真に社会を変えるために必要な政府の力が、反比例するかのように低下していることを際立たせている。一世紀以上にわたって政府が重要な規制者であった最低賃金のような基本的なことでさえ、現在では政府の力が及ばない真空地帯がある。アメリカでは、連邦の最低賃金は二〇〇九年以降、七ドル二五セントから上がっていない。最低賃金を一五ドルに引きあげるようにとアマゾンに直接陳情した従業員や支援グループは、同社がその条件を満たしたことで、何年もかけて議会にうったえるよりも早く変化を起こすことができた。政府の行動能力が退化していると思われる時代にいびつに空いてしまった穴を、民間企業が自分たちにできることをつうじて埋めているのだ。

だが、本来は政府が担うべき責任を個人や企業の当事者に委ねてしまうのは危険だ。個人や企業の努力は断片的であり、株主の意向に左右されるから、だけが理由ではない。この問題は、政府がなんのために存在するのかという根本的な意義にかかわってくる。

安定した民主主義国家を可能にした社会契約の出現は、歴史的な革新だった。権力を得た者はそれを乱用する危険性があるという、昔からつきまとってきた問題を解決した。少数の人や特定の家門に生まれついた者に権力が集中したときに起こりうるその乱用を民主主義によって防ぎつつ、個人が集まり、力を結集して、全体としての生活向上を図ることが可能になった。代議制の政府をもつ国、とくに民主主義国家は、人類がこれまでに発明したなかでとりわけ優れた成果と言える。

これはきわめて重大な原則だ。それなのに、長年にわたってあまりにも簡単に忘れられてきた。レーガン大統領の時代から現在に至るまで、欧米の政府では、政府はじゃまをせずに道を空けるべきと弁《わきま》えよ、との考えが主流だった――政府は大きすぎ、不便すぎ、運営が下手すぎるから、市場の力によって効率的に運営されるはずの民間部門にできるだけ責任を委譲すべきだと。この考えは、フリードマン教義《ドクトリン》とソビエト連邦の崩壊によって、一九八〇年代と九〇年代に爆発的に広まった。たしかに市場の力が驚異的に成功する場面はある。たとえば現在の商用インターネットは、もとは軍事プロジェクトだったものが、ビジネスを中心とした、複数のステークホルダーがかかわる大規模なシステムに移行した例だ。

さらに、資本主義が共産主義に勝利したことで、あらゆる問題は市場に委ねるのが最善だとする共通の認識が生まれた。その結果、政府の多くの機能が「効率性」の名のもとに切り捨てられたり、民間に委ねられたりしたのだった。権力の特定の部門だけの突出を防ぐ抑制と均衡《チェックアンドバランス》のシステムが非効率になりうる可能性はたしかにあり、それには損失が伴うが、その損失を責めたてることでさらなる損失を呼ぶ悪循環に陥る。政府を非効率的だと非難し、活動予算を承認せず、影響力を弱めつづけていけば、市民は国の機関への信頼を失い、本来なら国の助けを最も必要としている人ですら、政府から遠ざかるほうへ動く。

技術的に政府より優れたツールがない分野もある。公共インフラや交通機関の整備、すべての国民が安価な医療を受けられる仕組みをつくることなどがそれで、公的機関は民間企業にはできないような方法で主導することができる。民間の市場もこれらの問題に対して解決策を見つけることはできるが、市場にとって魅力的ではない何億もの人たち（通常は所得の低い人たち）を排除せずに解決することはできない。しかも、市場にとって魅力的でない人たちのほうが、公共の交通機関や医療サービスを最も強く必要としているのだ。政府が介入してこそ、国民全体を助けるような、政府にしかできない解決策を整備することができる。

そのうえ、政府の力が弱まり、企業や富裕層でその穴を埋めはじめると、民主主義が苦労の末に手に入れた勝利、すなわち人々が自らの運命を自分で左右できる力を失いはじめることになる。次に来るのは企業の独裁だ。結局、誰も明確な説明責任を負わず、法のもとでの平等を掲げる民主主義の理念も失ってしまう。政府は企業とはちがい、顧客や株主だけでなく、すべての国民に忠実な存在だ。製品の利用規約ではなく、法律によって統治する。これがあるからこそ、効果的な災害救助や国民皆保険制度、国の隅々まで網羅された郵便制度などを実行できるのだ。すべての人が利用できる機会や、すべての人にかかわる基準を決めるのも政府だ。企業とは異なり、政府の任務は、無視したほうが金銭的には得策と思われる人たちにも奉仕することだ。

この点に照らすと、二一世紀における政府の重要性は、たんに企業権力に対するチェック機能だけではなく、ほかの集団が消えたときにも最後まで残る社会的な後ろ盾であることなのだ。グローバルなリスクに囲まれ、予測のつかない変化を続ける社会にあって、破滅を防ぐだけにとどまらず、みなが喜びをもって生きていけるようにするための礎《いしずえ》となることなのだ。

だが実態はどうだろう。ＦＥＭＡのような組織がなぜ、災害の頻度が増すにつれて、積極的に活躍するのではなく後ずさりしているのだろうか。なぜ、先進国にしろ発展途上国にしろ世界中の国家機関が、手詰まり感もあらわに立ち往生しているのか。

政府はどうなってしまったのか？


代議制民主主義は設計からして効率的にはできていない。政治のリーダーは権力を握ったり失ったりする。政策目標もよく変わる。世論も熱くなったり冷めたりする。政府のどの部門も先走ったり暴走したりしないように、抑制と均衡《チェックアンドバランス》が組織全体に組みこまれている。もし機動性を何より重んじて政府を最適化したいのであれば、数年おきに国民から選挙で選ばれるような仕組みにはしなかったはずだ。それでも、民意を政策として実行することが目的であれば、民主主義は最良の選択だ。政策立案者は、公共の利益を最大にする方向へと国を導こうとする。そうしなければ選挙によって退任させられる。民主主義のプロセスをつうじて、国は国民が決める未来に向かって慎重に少しずつ進んでいく。

もちろん、現実はもっと入り組んでいる。歴史を経るなかで私たちは、人種的、民族的、社会経済的な集団が自分たちに都合がいいように民主主義制度を利用するのを目撃してきた。民主的に選ばれたリーダーが権威主義的な政策を推進し、民主主義を弱体化させようとしたこともある。政府の歯車がまったく回らなくなった時代もあった。アドルフ・ヒトラーとベニート・ムッソリーニはともに民主的に選出されたあと、それぞれの国の民主主義制度を破壊した。アフリカ大陸の国々では、民主的な選挙が事実上の独裁者を生むことがあまりに多い。

今日、欧米の多くの政府――おそらくいちばん目立っているのはアメリカ――は、停滞と変容の時を迎えている。規模は大きくなっているのだが、二〇二〇年代以降に私たちが直面する巨大な課題に対処するための能力は低下しているように見える。

アメリカ政府の停滞の原因を探ってみると、分極化、クラッジオクラシー（場当たり的な修正を繰りかえし、複雑になりすぎ、根本的な問題には対処できない政治状況）、制度の弱体化、頭脳流出、産業界による政府の取りこみなど、いくつかの重要な因子が絡んでいる。

まず、政治的偏向とその副産物であるビトクラシー（拒否権を行使できる者が過剰な力をもち、組織として意味のある決定のできない機能不全状態）から見てみよう。

アメリカの二大政党間の分裂は、過去一〇〇年間のどの時点よりも深くなっている。アメリカでこれほどの分裂が起こった例は、南北戦争までさかのぼらないと見つからないと言う専門家もいる。[30]この政治的分裂のなかで国を治めるのは、不可能に近いほど至難のわざだ。

建国以来、アメリカにとって政党は政府の顔だった。それでも、歴史の大半の時期は、政党間のイデオロギー的な境界線はいまよりもあいまいだった。民主党のなかの保守派、共和党のなかのリベラル、さまざまな色合いの穏健派が両党に存在したのだ。イデオロギーがこのように重なっていたので、立法者である議員たちは党派を超えて議論し、法律をつくることができた。つい三〇年ほどまえの一九九〇年代はじめごろには、とくに外交問題では、民主党と共和党が同じ案に投票することはめずらしくなかった。[31]今日の有権者の多くは政治的駆け引きとして軽んじるかもしれないが、民主主義の歯車はこうして何十年も回りつづけてきたのだ。

冷戦の終焉とともに状況は一変する。それまでは団結して立ちむかうしかなかった、自分たちの存立基盤に直結する難敵が消え、その結果、地理的、人口動態的、イデオロギー的なちがいが両党を大きく引き離したのだ。有権者は議員を交渉術よりもイデオロギーの純粋さで判断する傾向が強くなった。同時に、両党は議席数でも支持率でも拮抗するようになった。[32] かつては、立法府でも行政部門でもどちらか一党が大多数を占めることが多かったが、近年は民主党も共和党も過半数をとったとしてもわずかな差でしかない。少数側でも法案を阻止しやすくなった。選挙のたびに接戦が繰りひろげられ、党派を超えて活動するためのコストがそのメリットを上回りはじめた。

アメリカ政府に根づく複雑な抑制と均衡《チェックアンドバランス》のシステムを考えると、この「われわれ対あちら側」の考え方は、何かを成しとげるのをむずかしくする。連邦政府が永続的な政策を実現するには、下院、上院、大統領の承認を得なければならない。また、法廷での論争にも耐えなければならない。このような数々の「拒否点」が政府を無策に向かわせる。何か実現するには多くの賛同と勢いが必要であり、野党はそうしようと思えば立法活動を停止させることができる——同じ政党がホワイトハウスと連邦議会の両院を支配していないかぎり。

その状況にあったのは、二〇一〇年から二〇二〇年のあいだでは二〇一七年と一八年の二年間だけだった。共和党はその支配力を利用して、おもに大企業と富裕層を対象とした二兆ドル規模の減税を成立させた。[33] 民主党議員二三七人のうち、この法案に賛成した者はひとりもいなかった。[34] 今日、民主党と共和党は、税金だけでなく、気候変動や医療、移民、外交政策、経済規制など、ほぼすべての問題で意見が対立している。この一〇年間、私たちはどちらの党もそれぞれ相手を妨害し、こうした懸案に関して意味のある法案を可決させまいとする姿を目撃してきた。[35]

　政治学者のフランシス・フクヤマは、「妨害」が統治のありようを支配するこの現実を説明するために「ビトクラシー」ということばをつくった。

「信条の異なる複数の政治主体に権限が委譲されると、彼らはその権限を使って他陣営の行動を全力で阻止しようとする。[36] アメリカの政治システムは、抑制と均衡《チェックアンドバランス》の作用する場所――政治学者は『拒否点』と呼ぶ――が現代の他の民主主義国家よりもはるかに多く、集団行動のコストを押しあげ、ときには完全に不可能にしている」とフクヤマは書いている。「アメリカの歴史のなかで、どちらかの政党がはっきりと優勢だった時代には、このシステムは多数派の意思を抑え、少数派への配慮を強制する役割を果たしていた。だが一九八〇年代以降、党勢が拮抗して競争が激しくなると、このシステムは〝立ち往生〟の代名詞となった」

　ビトクラシーは、意義の高い法案が議会を通過するのを妨げるだけでなく、冗長だったり時代遅れだったりする規制や計画の廃棄もむずかしくする。いまや古い政策をなくすことは、新しい政策を制定することと同じくらい難易度が高い。そのため、新しい法律は往々にして古い法律のなかにもぐりこませることになり、第二の問題「クラッジオクラシー」を招いている。

　政策が重なりあい、絡みあうと、行政機関にとっては運用がむずかしくなる。政治学者のスティーブン・テレスは、法律の乱立を、コンピューター・プログラマーがソフトウェアの部分修正を場当たり的に繰りかえし、逆に混乱させる「クラッジ」になぞらえて、「クラッジオクラシー」ということばをつくった。

コーヒーポットに注ぐ水を供給する公共インフラなどにまつわる問題をアメリカが引きうけられなくなったのも、その一例だ。一〇〇年前に比べて水道の敷設《ふせつ》や管理の技術は進歩したのに、給水プロセスに無数の管理層が入りこみ、いちいち経費がかさみ、ほとんど管理不能になったのだ。

スティーブン・テレスはアメリカの公共政策についてこう書いた。「どの問題に対しても、われわれがたどり着いた解決策はその場しのぎで、不透明で、面倒なものばかりだ。医療制度は卒倒しそうなほど込みいっているし、高等教育の資金調達は複雑怪奇《ビザンチン》すぎ、社会保障制度から環境規制まであらゆることを連邦と州の両面でつかさどろうとして右往左往している。アメリカはほかのどの国よりも、回りくどくてまとまりのない政策体制を選んでしまった」[37]

たとえば内国歳入庁（ＩＲＳ）は、新しい政権の税制を反映して頻繁に業務内容を書きかえなければならず、その一方で、世界一九六カ国にまたがる複雑化するばかりの取引を調査して、グローバルな巨大企業や富裕層の税の駆け引きを追跡しなければならない。各国の場当たり的税法に対応する必要もあり、これらすべてを、法の運用に必要なだけの資金的・人的資源を確保できないまま遂行していかなければならない。

近年、弱体化したアメリカの政府機関は徴税部門だけではない。二〇一〇年から二〇二〇年のあいだに、議会はＩＲＳの予算を二一％削減した。[38]ＩＲＳは現在、一九五三年時よりも職員数が少なく、二〇一九年に監査した納税申告書の数は一〇年前の半分以下になった。一〇〇〇万ドル以上の収入がある個人（所得者の上位〇・一％）の監査率は、二〇一七年の一四・五％から二〇一八年には六・

七％に低下している。[39] 二〇一八年、年収二万ドル未満の人が監査に直面する確率は、年収五〇万ドル以上の人とほぼ同じだった。[40] 一〇年前には、資産二〇〇億ドル以上をもつすべてのアメリカ企業が年次監査の対象だったが、二〇一八年にIRSの拡大鏡の下に置かれた企業はその半数にも満たない。[41] 大企業大手企業を監査するときには、強固に装備した企業弁護士にしてやられることも少なくない。大企業や億万長者の資金と税金の流れを解明するには、相当量の専門知識と人材、資金が必要だ。いまのIRSには三つとも不足している。

民間企業をけん制する役割を担う他の政府機関でも事情は似ている。環境保護庁の二〇二〇年の雇用人数は一九八八年よりも少なくなっている。[42] インフレ調整後の数字で見ると予算額も現在のほうが少ない。消費者保護を担当する連邦取引委員会も、過去一〇年間で実質的な予算と職員が減少している。[43] 公共性の高い問題に対処するには、政府機関にはより多くの資金と人材が必要になるはずなのに。

政治的分裂と、場当たり的で弱体化した行政機関のせいで、アメリカ政府は今日の課題の多くに対処できなくなっている。この停滞の影響は、高騰する医療費や、不平等で費用のかかる教育制度、壊れつつあるインフラ、都市部の住宅不足、広がる一方の経済格差、気候変動に対する無策のほか、高度な製造業や新興技術の分野で世界をリードできていない現実にも表れている。実際に私たちは、COVID‐19のパンデミックのさなか、アメリカ政府には備えができておらず、発生後の対応にも失敗し、何十万人というアメリカ国民の生命が失われるのを見た。ハリケーン・マリアに襲われたプエルトリコでも、連邦緊急事態管理庁（FEMA）のクラッジオクラシーのせいで人命が失われる事態を目の当たりにした。

　このような課題に対処するには、大胆な構想と行動が必要だ。かつて、連邦と州と地方自治体の政府は、インフラ整備の大プロジェクトをつうじて国の風景を変貌させた。一八二五年にエリー運河が大西洋と五大湖を結び、その一世代後にイリノイ・ミシガン運河が五大湖とミシシッピ川を結び、さらにその一世代後に最初の大陸横断鉄道がアメリカ東部と西海岸を結んだ[44]。私がボルチモアからワシントンDCに通勤していた一三年間は、一八九〇年代に二四〇〇人の労働者によってつくられた全長二・三キロメートルのトンネルを電車で毎日くぐっていた。二〇世紀に入り、リンカーン・トンネル、州間高速道路、航空管制システム、インターネットの構築に連邦政府が大きな役割を果たした。社会保障制度やメディケア、メディケイドなどの政策をつうじ、最も弱い立場の国民のためのセーフティネットも築いた。だが今日、国がこのような大規模プロジェクトを主導するところは想像しにくい。クラッジオクラシー、ビトクラシーによって、そして創造力と意思の欠如によって、国は硬直状態にあるからだ。

　打破するためには新しい発想のできる人材が必要だが、政府衰退の第四の原因「頭脳流出」の悩みも深い。頭脳流出についてはあとでまた取りあげるが、民間への人材流出が政府を苦しめる最大の要因ではないものの、ある国で学校を卒業した者にとって政府で働くという選択肢が魅力的でない場合、じわじわと影響が積みあがっていく。今日の優秀な人材のなかに、官僚主義と闘い、行きづまりの政治システムをリセットすることにキャリアを賭けたいと思う人はほとんどいない。

　冷戦時代には、西側諸国でもソ連圏でも、優秀で意欲的な卒業生が、使命感と目的意識をもって自国政府のために働いた。科学分野ではＮＡＳＡや国のさまざまな研究機関に人材が集まり、経済や金融を学んだ優秀な学生は財務省に就職した。人文系の優秀な学生は外交機関や中央情報局（ＣＩＡ）、あるいは他国の同等の職に就く者が多かった。外交をつかさどる国務省やＣＩＡは、アメリカのトップクラスの大学の新卒者で占められ、イギリスでも外交機関や情報機関（ＭＩ６）は、ケンブリッジ大学やオックスフォード大学の卒業生で埋めつくされていた。だが、社会が産業界の成功者たちを崇《あが》めるようになると、政府の仕事の人気は下がりはじめた。オリバー・ストーン監督の映画『ウォール街』は、製作側が意図した金儲け至上のビジネス界への批判というより、むしろそうしたビジネス界の魅力をアピールする結果となった。主人公のゴードン・ゲッコーや現実世界にいる彼のような人物のライフスタイルは、多くの若者（圧倒的に男性）をビジネスと金融の世界に惹きつけた。一九九〇年代以降、名門大学の卒業生が公務員を魅力的な職業としてとらえることはまれになり、投資銀行や、金持ち相手のコンサルタント、テクノロジー企業などを選ぶことが多くなった。社会の役に立ちたいと考える人は、ティーチ・フォー・アメリカ（国内の教育困難地域の学校に常勤講師として二年間赴任するプログラム）や大規模な開発系ＮＧＯに引きよせられていった。

一二八〇年に設立され、卒業生に一六世紀生まれの詩人ジョン・ダンや哲学者トマス・ホッブズ、『ガリバー旅行記』を書いたジョナサン・スウィフトらが名を連ねるオックスフォード大学ハートフォード・カレッジの学長トム・フレッチャーは、学長として母校に戻るまえは、イギリス外務省で若手有望株の筆頭だった。トニー・ブレア、ゴードン・ブラウン、デイビッド・キャメロンという三人の首相の外交顧問を務め、その後、駐レバノン大使に就任したときにも、まだ四〇歳になっていなかった。だが現在では、彼のあとを継ごうとする若者は少なくなっている。

「政府の抱える問題は、資源や行動力、技術力をはじめ、どれをとっても民間に比べて劣勢に立たされていることだ」とトムは私に言った。「人材争奪戦になれば、政府は負ける。いまのイギリスを見ると、優秀な人たちは上級国家公務員の道を目指そうとはしていない」

一部の国では、優秀な人材に政府の職員として長く務めつづけてもらうために画期的な方策をとっている。代表的なのはシンガポールだ。私が政府の仕事をしていたころ、ホワイトハウスは毎月、各連邦機関の主要なイノベーション事例を報告する会議を開催しており、その席に外国政府として唯一招かれたのがシンガポール政府の代表団で、彼らの国の長期戦略を発表してくれた（彼らに比べると私たちの戦略は情けなく見えた）。オックスフォード大学とイェール大学で経済、政治、哲学の学位を取得し、詩人としても受賞歴のあるキャリア公務員アーロン・マニアムがプレゼンテーションを担当した[45]。マニアムと代表団のプレゼンは記憶に残るすばらしさだった。

シンガポールがアーロン・マニアムをはじめとする優秀な人材を重要な部署に確保できるのは、民間企業と同等の報酬を支払っているからにほかならない。給与体系には、多くの民間企業と同じく一三カ月目の給料が含まれ、国の経済実績に連動したボーナスも加算される[46]。キャリア公務員はその安定さから「食いっぱぐれのない職」と呼ばれ、閣僚クラスになると、企業の経営トップに匹敵する年俸一〇〇万ドル以上が保証される[47]。公務員は金銭的報酬が低いという図式を消すことで、政府機関に真の専門性が集まり、大きく成長するようになった。政府で働くことの名誉も高まっている。

残念ながら、欧米ではこうなっていない。公共部門にキャリアを捧げる人のなかに優秀な人はもちろんいるし、国務省にいた四年のあいだに私はそうした人たちと出会い、ともに働いた。だが今日、そのまま政府の中枢に残っている人はほとんどいない。よりよい給料、より高い独立性、そしてときにはより大きな権力に惹かれて、当時の同僚の多くはまだキャリアが何十年も残っているうちに民間企業に移っていった。彼らはＪＰモルガン・チェース、ＶＩＳＡ、ブラックロック、グーグル、ツイッター、ストライプ、クアルコムなどの企業で活躍している。自分で会社を興した者もいる。政府機関に残っているキャリア官僚からは、政府外への転職を相談したいから会って話したいというメールが頻繁に届く。

　頭脳流出のせいで、政策を立案し実施していくための専門知識、つまり実際に国を治めるために必要なスキルは、いまや政府の外に多く存在する。民間企業のほうもこうした元政府職員を喜んで引きとっていく。政府で培ったスキルはビジネスでも活用できるうえ、もとの雇用主である政府との縁つなぎも期待できるからだ。ワシントン、ブリュッセル、ロンドンなど各国の意思決定者と関係をつくりたい企業にとって、元政府職員は貴重な資産となる。

　この動きはとくに立法部門で顕著で、低い給料と長時間労働（週平均六〇～七〇時間）により、議会職員の大半は三二歳の誕生日を迎えるまえに去ってしまう。[48]民間企業に転じた元議会職員は、新しい雇用主が政策立案者と関係を築き、ワシントンの思惑に乗じるのを助けることができる。ホワイトハウス、各省庁、外交部門の元職員たちも同様だ。個人のつながりで成りたっている街では、履歴書と同じぐらいにその人のもつ人脈が重要なのだ。

　この現象はアメリカに限ったことではない。トム・フレッチャーから、イギリスの政府と金融業界のあいだにも似たような回転ドアがある話を聞いた。

「（香港上海銀行を母体として設立され、現在はロンドンに拠点を置くメガバンク）ＨＳＢＣに、シェラード・カウパー＝コールズという、〝評判いささか芳しからず〟な元イギリス大使がいる。自分をＨＳＢＣの外務大臣と思っているふしがあって、どこに行っても、自分の地位に見合うレベルの相手が応対に出てくるのが当然だと思っている。〝ＨＳＢＣの外務大臣閣下〟と自称しているわけではないが、まさにそうふるまっている」

ここまで、政府のいまの機能不全状態に政治家や政策立案者がどうかかわっているかを見てきたが、最も重要な因子は外部にある。国の衰退に大きな役割を果たしてきたのは民間企業だ。アメリカをはじめとした世界各国は、「人民の、人民による、人民のための」政府ではなく、いまや、望みどおりの政府を買おうとする企業の、企業による、企業のための政府をもつに至った。

政府の政策は事実上、経済の隅々にまで影響を及ぼすので、どの企業にも政府の決定を自社の有利なほうへ動かしたいという強いインセンティブがあり、その経緯のなかで既得権益者が生まれる。ミルトン・フリードマンは、企業の目的は「ゲームのルールのなかで」利益を最大化することだと述べた。だがこの四〇年、株主資本主義の台頭と歩を合わせ、民間企業はゲームのルールをつくりかえることに力を注ぎ、そして成功してきた。民間企業は金ぴか時代以来、突出した影響力をワシントンにもつことになった。

「ロビー活動」（ロビイング）ということばがある。一六四〇年代のイギリスで、市民が下院の外にあるロビーに集まり、国会議員に話しかけたことに由来する。[49]アメリカでは、共和制の誕生以来、市民が議員に働きかけをおこなってきた。だが一九世紀後半になると、産業界の動きが突出し、職種の専門化が進み、傍若無人になっていった。[50] 金ぴか時代だったこのころの独占企業は、議員の機嫌をとり、独占を維持する経済政策を護ることに多大なエネルギーを注ぎこんだ。こうして市民個人よりも企業によるロビイングが盛んになり、独占企業は元議員たちを手なずけては彼らのかつての同僚である現議員に企業の言い分を伝えさせるようになった。だが二〇世紀に入ると、議会は企業の影響力について頻繁に調査をおこない、ロビイスト（ロビー活動の実施者）に対し、四半期ごとに上下両院へ活動報告書を提出するように求めはじめ、ロビイング界は監視の目にさらされるようになった。その後、大恐慌と第二次大戦を経て、ロビイストの活動は一段落し、民間企業の影響力も落ち着きを見せる。二〇世紀半ばごろには、民間企業とワシントンは友好的な関係を保ちながらも、互いの領分には深入りせずにほどよい距離を置いていた。[51] だが一九六〇年代後半、社会が大きく変化するなか、労働法や消費者保護、総合的な企業規制の強化が叫ばれ、企業はより強い防衛策を講じなければならないと考えるようになった。

この動きが大波となる直前の一九七一年、のちの最高裁判所判事ルイス・パウエル・ジュニアは指摘した。[52]「現在のアメリカ社会で、アメリカのビジネスマン、企業、数多の株主ほど、政府に対して影響力をもたない存在はほとんどない。もし疑うのなら、議会の委員会で民間企業としてのロビイストの役割を担ってみるといい」。それから五〇年経ち、状況は真逆になった。今日のアメリカ社会で、企業ほど政府に対して影響力をもつ存在はほかにない。

ロビイングの復活は株主資本主義の爆発的な発展と同じ軌跡をたどり、両者は密接に関係していた。

一九七二年にふたつの反労働組合団体と、企業幹部たちがゆるやかに集う組織ひとつが合体し、財界ロビー団体〈ビジネス・ラウンドテーブル〉が結成された。[53]このグループの目的は、人数も勢いも増える企業ロビイストたちとともに、規制緩和や減税、労働改革中止を目指して活動することだった。[54]組織化された労働者の代わりに、組織化された資本が登場したのだ。産業界が政府へのロビイングに投じた金は、一九七〇年代に雪だるま式に増えている。初期にいくつか小さな勝利を収めた結果、企業は自分たちに影響のある政策への比較的小さな投資が、収益に大きな見返りをもたらすことを知った。[55]新しい規制や法律を壊すために単発の殺し屋としてロビイストを雇うのではなく、常駐のガードマンとして雇うようになった。新しい問題が起こると新しい企業がこの影響力ゲームに参入し、既存企業とのあいだで利害が衝突すると、守旧派がさらにロビイストを雇う。ロビイストの存在がさらにロビイストを増やすというループが生まれた。

連邦政府をターゲットにしたロビイストの総収入は一九七五年には一億ドルに満たなかったが、二〇一九年には四五年前の三五倍、三五億ドルとなった。[56]しかもこの数字は公に報告されているものだけにすぎない。金ぴか時代のように、元議員たちがこの職業に群がっている。二〇〇九年から二〇一九年にかけて議会を去った議員の約四分の一がロビイング会社の職に就いた。[57]ロビイストとして登録していない民間のコンサルタント、アドバイザー、政府関係スペシャリストもたくさんいる。

ほとんどの人がロビイングと腐敗を結びつけて考えるが、この活動はアメリカ合衆国憲法のもとで保護されている数少ない職業のひとつだ。憲法修正第一条は国民が政府に請願する権利を保障しており、ロビイングはそのためのひとつの手段である。実際には、ロビイストは民主的プロセスのなかに現れた傭兵のようなもので、どの分野の特定利益集団でもロビイストを雇い、ほぼどんな意見でも政策に反映させるための活動をすることができる。石油会社がロビイストをつうじて新しいパイプラインの推進を主張するかもしれないし、環境保護団体がそれに反対するためにロビイストを雇うかもしれない。ロビイストにはほかに、過労気味の政策立案者が複雑なテーマを理解するのを助けるというたいせつな役割もある。とはいえ全体としての傾向は、最も優秀なロビイストを最も数多く雇える利益団体に有利なほうへと民主的プロセスが傾いていく。優秀なロビイストには金《かね》がかかるのだ。環境保護団体がパイプライン計画に反対しようとロビイストをなんとかひとり雇ったとしても、石油会社には数十人を雇う余裕がある。二〇一九年に公益団体や労働組合がロビー活動に費やした一ドルに対して、企業や業界団体は一五ドルを費やしている。[58] ロビイストは趨勢とは逆の視点や低い優先順位の案件にも声を与えられるが、裕福な企業は音量を一気にあげて、競合の声をかき消すことができる。

多くの場合、彼らは驚くほど実務にかかわってくる。例として、二〇〇八年の金融危機後に制定された金融改革法、通称「ドッド・フランク法」の一部を撤回する法案を見てみよう。この法案を二〇一三年に下院が可決したとき、条文八五行のうち七〇行は、シティグループのロビイストが書いた草案からそのまま引用していたことが、報道記者の調べで明らかになった。[59] 別の調査でも、二〇一一年から二〇一九年のあいだに制定された二一〇〇以上の州法が、ロビイストの提案からほぼそのまま転記されたことが判明した。[60]

有力なロビイストのブルース・メールマンから、この業界の最新動向を教えてもらった。メールマンのキャリアはつねにビジネスと政府のあいだを行ったり来たりしていた。連邦議会議事堂でキャリアをスタートさせ、シスコシステムズに移り、商務省の高官として政府に戻り、再び政府を離れて自分のロビイスト事務所を立ちあげている。現在は、ウォルマートやＩＢＭ、リフト、プロクター・アンド・ギャンブル、ツイッターなどの側に立ち、彼らの立場を政策立案者に向けて丁寧に説明している。メールマンは細身で雄弁でエネルギーに満ちあふれている。仕事場ではほとんどの人がデスクに向かって座るか立つかしているものだが、ブルースはトレッドミルの上で働く環境をととのえている。朝六時半から八時半までの最初の二時間はそのデスクで八キロほどを歩きながら読書するという。ワシントンでもとくに手広く仕事をこなすロビイストの彼は、現在八〇社のクライアントをもつ[61]。ある法案を理解しようとする議員に対して、その議員の最も有能なスタッフでさえできないほど緻密な分析を提供することができる。

　メールマンによると、ここ数年で、影響力の発揮の仕方が変わってきたという。以前は、登録ロビイストが力仕事の多くを担っていたが、現在では彼らはあまり表に出なくなった。ロビイストを雇う代わりに、元政府高官をコンサルタントやブレーンとして採用する企業が多くなっている。メールマンのような登録ロビイストとは異なり、こうした「影のロビイスト」は顧客リストも受けとった金額も公表しない。表から見えないからといってこうした影響力の経路が必ず腐敗につながるわけではないが、そうなる可能性はある。メールマンは「私自身は情報開示を熱烈に支持するね」と言った。「誰の金で政策立案者を教育しているのかは、透明性が高ければ高いほどいい」。ワシントンの登録ロビイストの人数は過去一〇年で減少してきているが、ロビー活動に費やされる金額はほぼ一定のままで、これはつまり、プロの影響力行使人《ロビイスト》ですら裏に隠れつつあることの表れだ[62]。

ソーシャルメディアもまた、過去には不可能だった、データをフルに使い、より巧妙に影響力を行使するというやり方を可能にした。「組織が政府をステークホルダーとして巻きこむ経路は、いまやサラウンドサウンド型になり、ポケットに入るまで五から六、七クッションを挟むビリヤードみたいだ」とメールマンは言った。「政策立案者に影響を及ぼすには、彼らが読むものに影響を及ぼさなければならない。いまはビッグデータがあるから、彼らが誰の意見に説得力を感じているか――誰をフォローしているか、誰に対して最も頻繁にツイートやリツイートしているか、誰のフェイスブックページに投稿しているか、スピーチでよく引用するのは誰のことばか――を機械的に検索し、活用することができる。戦略的なプレイヤーというものは六段階離れたところまで追う」

メールマンはわかりやすい例として、ある上院議員の考えに影響を与えたいと考えた製薬会社の話をしてくれた。その上院議員とスタッフは議員のなかでもとりわけ企業ロビイストへの警戒心が強いので接触しにくい。そこで製薬会社は元NSA（国家安全保障局）職員が開発した高度なAIツールに目をつけた。そのツールは、上院議員のツイッターの利用状況を解析し、上院議員が誰の情報を読んでいるのか、つまり誰が議員に影響を与えているのかを特定することができる。その結果、ジャーナリストのエズラ・クラインの名が挙がった。だが「エズラ・クラインは気骨のある人物で、役員や広報担当者が出向いたところで思いどおりに動かすことはできない」とメールマンは判断する。次に彼らはエズラ・クラインの書いた記事や書籍類を大量に調べ、エズラ・クラインがボストン大学の教授の意見をよく参照していることに気づいた。メールマンによると、その教授はいわゆる著名人ではないが、統計的に見て平常より明らかに多い頻度でエズラ・クラインから文章を引用されていることがＡＩツールで導きだされた。つまり、その教授はエズラ・クラインにとって説得力を有する人物ということになる。これを知って製薬会社はどうしたか。この教授に分析を依頼した。それがエズラ・クラインの目に留まり、クラインの記事になり、上院議員に影響に及ぼすことを期待してのことだ。うまくいくだろうか？　確率は高くはないがゼロではない。これがロビー活動のおそるべき回り道戦略だ。ただし、このような手の込んだ技術がいつも必要なわけではない。

アメリカではこの一〇年間で、企業がワシントンに影響を与えるための武器として、もっと手っ取り早い手段が広がってきた――選挙資金だ。二〇一〇年に最高裁判所は、企業や富裕層やその他の集団による「自律的な政治支出」を制限することは、言論の自由の権利を侵害しており、違憲であるとの判決を下した（「シチズン・ユナイテッド対連邦選挙委員会《ＦＥＣ》裁判」）。以来、アメリカの選挙にはそれまで以上の大金が注ぎこまれるようになった。この判決が出るまえの五回の国政選挙で、政党以外のさまざまな団体が選挙関連で支出した金額は合計六億八〇〇〇万ドルだったが[63]、判決が出たあとの五回の国政選挙では合計四四億ドルにのぼった。議会選挙と大統領選挙を合わせた支出は二〇〇〇年の四〇億ドルから、二〇二〇年には一四〇億ドル以上へと拡大した。

一方、特定の候補者を公然と支持することをためらう企業もある。賭けた馬が負ければ、ビジネスに悪影響の出るおそれがあるからだ。だが「シチズン・ユナイテッド」の判決の結果、こうした慎重な企業が自社にとって好ましい候補者や公約に匿名で献金する道ができた。政治的非営利団体も、特別政治活動委員会《スーパーＰＡＣ》や他の外部団体に、資金の出所を明らかにすることなく献金できるようになった。こうした、「ダークマネー」を迂回させる団体を利用することで、企業や富裕層は一般市民に知られることなく特定の候補者を支援することができるのだ。ダークマネー団体は、「シチズンズ・ユナイテッド～」後の一〇年間で選挙に一〇億ドル近くを費やしている。[64] 判決前だったら不可能だった。

選挙資金のこのような自由放任主義は、政府とその立法議案を方向づけるうえで、大金を出せる企業や富裕層が際立って大きな力をもつことにつながる。アメリカ労働総同盟・産業別組合会議（AFL‐CIO）のリチャード・トラムカ会長が、この状況を現場の視点からわかりやすく話してくれた。

憲法起草のころに、トマス・ジェファーソン（のちの第三代大統領）とアレクサンダー・ハミルトン（初代財務長官、アメリカ建国の父のひとり）のあいだで論争があった。ハミルトンは国営の法人をつくろうと考え、ジェファーソンはそれは非常に危険な生き物だと言った。富と権力を蓄積させることは、われわれが戦って勝ちとった革命の恩恵をすべて否定することになりかねない。そこでハミルトンは言った。「でもトム、その法人にはあらかじめ定めた少数の権利だけを与えればいい。それでコントロールするんだ」。だが現代の企業は、いまこの部屋にいるわれわれよりも多くの権利をもっている。平等どころか、ずっと多くの権利をもっているんだ。最高裁判所の判決は、金《かね》と言論の自由を同等に並べてしまった。ジェファーソンとハミルトンとワシントン（初代大統領）が革命のために戦ったのは、ハミルトンがジェファーソンに「いいかい、トム、私はきみより金をもっている、だから私のほうがきみより言論の自由がある」と言うためではなかったはずだ。だが、現状はそうなっている。

献金が多いからといって投票での勝利を保証するものではないが、勝利の確率をあげることはさまざまなエビデンスが示している。二〇一八年、上院選の八三％、下院選の八九％は、最も多くの資金を費やした候補者が勝利した。[65]となると、候補者はまず当選するために、次に議員になってからも、献金者の意向に沿うようになる。特定の問題に対する政治家のスタンスを特定の献金者と結びつけるのはむずかしいが、選挙資金の影響はマクロなレベルで見るとより顕著になる。候補者が選挙に勝つためには資金が必要であり、資金を得るためには、献金者、とくに分厚い財布をもつ献金者にアピールできるような政策を打ちださなければならない。二〇一八年に政治活動委員会《PAC》や政党、外部団体へ献金された三一億ドルは、アメリカの成人の一％のさらに一〇分の一にもならない二二万五〇〇〇人によるものだった。[66]二〇一八年の選挙で使われた資金の五五％はごく少数の大口献金者が提供している。このエリート献金者層の懸念に寄りそうことをアピールし、それにのっとった政策をまとめる候補者でなければ、おそらく勝てないだろう。

晴れて当選したあとも議員は、一般市民よりも献金者にかかわる問題を優先しつづけるというエビデンスがある。二〇一四年に政治学者ふたりが、政府の政策と所得階層別の有権者の嗜好がどれだけ密接に相関しているかを調査した。一八〇〇件近いさまざまな問題について世論と公共政策を比較したところ、容赦ない結果が現れた。[67]「上流層および、利益・勢力の拡大を追求する組織集団は、アメリカ政府の政策に独自の影響力を相当強く有する一方、一般市民や大衆ベースの圧力団体は独自の影響力がまったくないか、ごくわずかしかない」

影響力の強い産業界と手ぬるくなった選挙資金法のせいで、アメリカ政府は事実上、企業とごく少数の富裕な人たちの利益に沿って動くように搦《から》めとられてしまっている。政府の現在の機能不全をすべて民間企業のせいにするのは不公平だろうが、国の弱体化が産業界の相対的な力を増すことはたしかだ。

穏やかに言っても、民間企業はアメリカの民主主義の停滞に加担している。きつい言い方をすれば、民間企業は企業独裁の促進と、企業社会主義——利益は株主が取り、苦境に陥れば救済のコストを納税者に回す——の実現に積極的な役割を担っている。

この影響力ゲームに話が及ぶと、多くの企業経営者は「法を破ってはいない」と反論する。長期的視野をもたずに目先の利益ばかりを追っているとか、従業員や環境、顧客よりも株主ばかりをだいじにするとの批判を受けたときにも同じような反論が聞かれる。だがこの論理にはほつれがある。

コロンビア大学ロースクールのティム・ウー教授によれば、この論理は民間企業の責任とその行動が招く結果を軽視しているという。「もし、ルールが完全に外部でつくられるのであれば、話はちがってくる。だが、ルールの策定に企業が影響力を行使できるとしたら、自分でつくった都合のいいルールに沿って行動していることになる」と私に言った。「かつての企業は、自分たちには法で定められた以上の倫理的義務があると考えていたと思う」

だが、株主資本主義が台頭して以来、民間企業は道徳的な正しさよりも法律を破らずにできるだけうまく立ちまわることを優先する傾向にある。スタンフォード大学の歴史学者ニーアル・ファーガソンは、民間企業のそうした行動によって、アメリカの社会契約が根本的に損なわれてきたと語る。「世界には三種類の国がある」とファーガソンは言う。「汚職がさほど多くなく、ビジネスでも政治でもかなり高いレベルの公正さがある国。これとは真逆で、汚職が蔓延し、私利私欲のために食い物にされる国。第三のカテゴリーは、汚職が合法であり制度化されていて、隠さない国だ。誰が選挙資金を提供し、その場には誰と誰がいたのか、だいたいわかる。この社会契約はこう言っている。〝われわれは以下の真理を自明のことと信ずる。ただし金《かね》がだいじだ〟（アメリカ独立宣言のもじり）」

ファーガソンが第三のカテゴリーに挙げた国は――アメリカ合衆国だ。

世界のどの国でも、政府が国民のニーズに応えようとするのをじゃまするファクターがいくつかある。複雑な現代社会にあってはこれが現実だ。だがアメリカではそうしたファクターが複雑に絡みあい、独自の領域に達している。他のどの先進国よりも政府から資本家への権力移行が進んでいるのだ。世界一の大企業、世界一の富裕層、世界一のＧＤＰ、世界一の政府予算を誇るアメリカは世界で最も豊かな国だ。それなのに、労働年齢にあるアメリカ人の多くは有効なセーフティネットをもっていない。

産業革命から生まれた社会契約が壊れている。市民の幸福が市場の力によって上下動する工業化社会では、その初期に「エンゲルスの休止」と呼ばれる数十年間の不安定な状況があった。不安定な状況が終わったのは、政府が市民の経済的安定に責任を負うようになってからだ。先進国は、経済成長を促進し、同時にその利益を国民が共有できるようにするための政策を実施した。また、社会的弱者が貧困に陥らないようにするための社会制度、つまり、手持ちの金が減っても行き倒れにならないようにするためのセーフティネットをととのえた。

セーフティネットははるか昔からさまざまなかたちで存在してきた。ローマ帝国では退役した兵士のための年金制度を運営し、土地を分けあたえたり、現金一括で支払ったりした。[68]唐の時代の中国政府は高齢者のいる家庭に税金のかからない土地を分配し、八〇歳を超えた者には専任の世話係をつけ、夫を亡くした妻には手当を出した。[69]イスラムの初期のカリフ時代にも、社会福祉が法に組みこまれていた。貧しい人を扶養する（「ザカート」と呼ばれる）のはムスリムの義務であるとして、統治者は集めた税の一部を貧しい人に再分配していたのだ。この制度は見事に機能し、八世紀には福祉の助けが必要なほど困窮した者はなかなか見つからなくなった。[70]

現代のセーフティネットは、これらの例のような包括的な現金給付に比べると、特定の対象に的を絞ったものになる傾向がある。退職給付金や健康保険、失業保険、住宅手当、育児支援、食料援助のほか、その国でとくに弱い立場にある人を苦境から救いだすためのさまざまな仕組みがある。減税など別のかたちで現金給付をおこなっている国もある。また、公教育は、伝統的な意味でのセーフティネットではないが、あらゆる人種、民族、階層の子どもたちに経済的安定へつながる道を提供することで社会の利益に貢献している。

アメリカはいつの時代も、他の西欧民主主義国家に比べて社会のセーフティネットが限定的だった。アメリカの文化は個人主義と自立に重きを置いており、政府から支援を受ける人を見下す傾向がある。他の多くの先進国とは異なり、アメリカは医療や高等教育を無償で提供していない。[71]セーフティネットを国家に頼る代わりに、ほとんどのアメリカ人は医療支援や退職給付金などの手当を雇用者をつうじて受けている。

第二次大戦時の激動する政策のなかでいまの民間モデルの原形が生まれた。[72] 企業は戦時中の賃金統制に従いつつ、新しい従業員を獲得するために健康保険などの福利厚生を呼び物にしたのだ。この民間モデルは、戦後の経済成長期に定着し、従業員がずっと同じ会社で働き、かつ福利厚生の水準が高い場合にはそれなりにうまく機能した。だが現在ではその度合いが小さくなった。長期的な雇用を提供する企業でさえ、数十年来の株主資本主義によって福利厚生が低下している。

一方で、住宅や教育、医療といった基本的な生活必需品のコストは上昇しつづけた。二〇〇二年から二〇一八年のあいだに、アメリカでは住宅費が二六％、医療費が三五％、教育費が七〇％上昇した。[73] このような出費の増加は、もともと必需品に収入の大部分を費やしている低所得世帯にとりわけ大きな打撃を与えている。[74]

二〇一九年時点で、アメリカの世帯の四〇％が貧困手前の余裕のない暮らしをしているとの調査結果がある。[75] この数字は、非白人《ノン・ホワイト》の世帯に限れば、ＣＯＶＩＤ‐19の事態に見舞われるまえで五七％に達する。今日、数百万人のアメリカ人が低収入労働者《ワーキングプア》に属し、仕事はしているものの貧困ラインに落ちる瀬戸際にいる。

民間の福利厚生は仕事をもっているときにしか機能しない。ＣＯＶＩＤ‐19の流行初期に失業率が一気に高くなったため、おおぜいの人たちが、最も必要な時期に医療保険を失ってしまった。彼らが失業手当や食料配給券《フードスタンプ》などの支援をいっせいに申請したため、アメリカ政府のセーフティネット枠は過負荷になった。失業手当を受けとれるまで数カ月待たされた人もいる。公的な支援を受けた労働者は、パンデミック以前に得ていた収入のごく一部しかカバーされない現実を知った。[76]

パンデミックは、産業界主導のアメリカの社会契約がもはや機能していない、という不都合な真実を暴きだした。いまの若者は学校を卒業したあと、ひとつの職場にとどまるよりも三〇年間で三〇の職場を転々とする可能性のほうがおそらく高い。民間企業が国の経済、政治、社会の健全性にまで強い影響力をもつことは、アメリカ人にとってよりよい結果にはつながらなかった。企業にしても、各種手当や福利厚生の主たる担い手でないほうがうれしいはずだ。企業は市場の要求によって動いており、それが公平で公正な社会の要求とつねに一致するとは限らない。市場にできないときこそ政府の出番だ。

アメリカのシステムをよく見てみると、政府がもともと抱えていた内部の問題に、企業や富裕層など外部からの働きかけが重なっており、このままではいずれ社会契約が道を外れてしまうかもしれない。ただし、全体像は厳しい状況に見えるが、けっして修復できない問題ではないし、打つ手はある。アメリカは、覇権を争っていたソ連が凋落《ちょうらく》したあと、浮かれた気分になった。経済システムのガードレールをなくし、企業や高額所得者への税金を大幅に引きさげた。いまになって、政府が市場を野放しにすれば社会契約に歪《ひず》みが生じるという現実に直面している。

とはいえ、実効性のある社会契約とセーフティネットの例は世界に数多くあり、アメリカのバランスを正すうえで参考にできるはずだ。第六章などで後述するとおり、欧州の多くの国や韓国、オーストラリア、ニュージーランドは、ビジネスとイノベーションを、市場の盛衰に直接巻きこまれる労働者の保護と両立させる方法を見いだしている。各国のモデルには長所も短所もあるが、参考になるところが多い。

北欧、カナダ、オーストラリア、ニュージーランドは民主主義を土台にして、世界で最も強力な社会的セーフティネットを構築してきた。彼らの社会契約のもとでは、国とその機関が、高い質の生活を生涯にわたって国民に保証している。

アメリカの政治経済のシステムは、結果の不平等は承知したうえで国民に機会の平等を提供しようとする。日本のシステムでは、結果の不平等がアメリカほどは大きくない。韓国やイスラエルなど地理的・文化的に遠い国々は、アメリカ型資本主義の自由を謳歌しつつ、より強力なセーフティネットも併せもつ。

一方、世界第二の経済大国、中国はまったく異なるモデルを採用している。中国共産党は過去三〇年間、権威主義によるトップダウンの統制と資本主義の効率および収益性を組みあわせた社会契約の構築に成功した。それ以前には不可能と考えられていた政治的統制と経済的自由を両立させることで、人口の三分の二が極度の貧困状態にあった農業国の中国を、地政学的に見ても世界屈指の強大なプレイヤーへと変貌させたのだ[77]。ただし中国には公的なセーフティネットがほとんどないため、いまの状況を継続するには今後も高い成長軌道を維持しなければならない。

世界ではいま、発展途上国がこの二〇二〇年代とそれ以降に向けて豊かになっていくために、どのような社会契約を採用するかを選択する時期に来ている。選択肢として代表的なのは世界の大国であるアメリカと中国のモデルだ。アメリカは長らく先進国のゴールドスタンダードだった。社会契約に生じた歪《ひず》みを正せば、今後も他国が目指す国家でありつづけられるだろう。建国以来、アメリカ政府は、国民のさまざまなニーズに応えられる柔軟さと、政府の行きすぎを防ぐために幾重もの抑制と均衡《チェックアンドバランス》を備えた非効率さを併せもってきた。その結果、人間の自由と安心な暮らしを両立させ、世界中のほとんどの人から評価される枠組みをつくりあげた。だが最近のアメリカの苦悩する姿は、アメリカの将来と枠組みについて、さらには根幹をなす民主主義と力強い資本主義は果たして融和していけるのかについてまで、世界の人たちに疑念を抱かせることになった。

中国モデルへの関心を途上国が募らせているのは、まさにこうした疑念が根幹にあるからだ。中国モデルにはぶれがない。急速な経済成長と上層部の断固とした行動に基づき、党の目標に沿うように企業と国民を動かしてきた。だが、中国の社会契約は、権力者が力を乱用するのに好都合にできている。何世紀も変わっていないように見える古い社会契約のままで、国民は政府の舵取りについてほとんど何も言うことができない。中国はこれまで、数十年にわたってめざましい経済成長を遂げながら、社会契約を機能させてきた。経済の開放に伴って国民の生活の質は劇的に向上したし、中国政府の鉄の支配体制が、ゼロ年代から二〇一〇年代にかけて多くの国々を揺さぶった経済変動から国を護ってきたのもたしかだ。だがもし、中国の成長が停滞したり、下降したりするようなことがあれば、暗黙のうちに結ばれていた社会契約に綻びが生じる可能性がある。中国の人たちは、成長と安定した生活を手にする代わりに大きな自由を手放した。成長と生活が失速すれば、この社会契約は国民の多くにとって非常に不利になりはじめる。そうなると、政府主導の社会契約を維持するには国が権威主義と力を振りかざすしかない。

アメリカはいま、同じ西側民主主義国のよいところを参考にしつつ、自国のモデルを刷新する必要性に迫られている。アメリカのモデルを改良できなければ、世界の多くの国は、一般国民の力を削ぐ権威主義的なモデルへ吸いよせられてしまうだろう。

第三章　労働者

アメリカの労働者の黄金時代は、催涙ガスと銃弾が飛びかうなか、フィッシャーボディ社（車体製造部門としてGMに統合されていた）の第二工場から始まった。

その一三日前、ゼネラルモーターズ（GM）の自動車工場で働く労働者と支援者たちは、ミシガン州フリントにある同社の広大な工場を停止させた。彼らは組合結成を望み、GMは結成の動きを一つひとつつぶそうとしていた。一九三六年一二月三〇日水曜日、労働者側は、自動車のボディを成型するための金型の製造を、GMがフリントから労働組合の影響が小さい他の工場に移そうとしていることを知った。その夜、フリントの労働者は工場内に立てこもり、退去を拒んだ。フリントの金型は、GMの1937年型の車両製造に使われた二セットのうちのひとつだった。労働者側は工場を占拠し、製造を停止させる。数日のうちに、この「座りこみストライキ」は周辺のGMの工場にも波及した。ストライキ参加者《ストライカー》の要求は明快だった――最低賃金の設定、労働条件の改善、結成されたばかりの全米自動車労働組合（UAW）を交渉窓口とすること。

ストライキが長引くにつれ、労働者たちは工場を住処《すみか》にするようになった。組立途中のビュイックの車体に囲まれて本を読んだり、賭け事や歌、卓球などを楽しんだり、車のフロアマットやシートの上でくつろいだりした。[2] 支援者たちは労働者に食料や物資を届け、工場の外で会社への抗議活動を続けた。裁判所からは労働者を強制的に退去させよとの立ち退き命令が出ていたが、GMがそうしなかったのは、労働者を力ずくで追いだせば世間から猛反発を食らうと考えたからだ。[3] 代わりにGMは、ミシガン州の寒い冬に工場内の労働者が耐えきれなくなることを狙って第二工場の暖房を切った。

暖房が止まっても、ストライカーはそのまま工場内にとどまった。[4] 一月一一日の夜、食料を受けとろうと工場の門を開けたところを、フリント警察が催涙ガスと散弾銃で実力行使に出る。労働者は車の部品を投げつけたり、消防ホースで水をかけたりして応戦した。この衝突は「ランニングブルズの戦い」と呼ばれ、工場外にいた支援者も含めて二八人の負傷者が出た。

ミシガン州知事は一二〇〇人の州兵を派遣し、ストライカーの保護と労使交渉の支援に乗りだした。[5] 労働争議が暴力で解決されることが多かった当時、知事のふるまいは労働者の大義にとって決定的な追い風となった。ストライキはさらに一カ月続いた。GMの四四工場の従業員一三万六〇〇〇人が連携してストライキに加わったのち、会社はUAWとの合意に達した。[6] 一七の工場で労働者の代表を組合が務めることを認め、賃上げを了承したのだった。

労働史家のシドニー・ファインは、GMのこの座りこみストライキを「二〇世紀で最も意義深いアメリカの労働争議」と呼んだ。[7] ミシガン州フリントでのUAWの成功は、自動車産業全体の組合活動に活気を与えた。二週間もしないうちにデトロイトの労働者が八七の座りこみストライキを開始し、一年以内に自動車労働者の賃金が三〇〇％近くの伸びを見せ、ＵＡＷの組合員数は三万人から五〇万人に急増する。[8] 他の産業の労働者も積極的に組合活動に参加するようになった。一九三四年から一九四三年のあいだに、アメリカの労働人口のうち組合に加入している人の割合は七・六％から二四・三％へと三倍以上に増えた。[9] 一九五〇年代のはじめごろには、アメリカ人労働者の三人にひとりが組合員となっていた。

ＧＭのストライキ当時、アメリカにはすでに組織労働者が爆発的に増加する土壌があり、フリントの労働者はきっかけをつくったにすぎない。世界恐慌のあと、労働者の賃金は下がり、仕事の機会も減り、国民に不安と不満が広がっていた。失うものなど自分にはないと感じていた労働者に、労働組合は経済的な安定を約束したのだ。政界の雰囲気も労働組合に有利な方向に変化していた。連邦政府は、ニューディール政策の一環として策定されたさまざまな労働者寄り政策のひとつ、一九三五年の全国労働関係法（通称ワグナー法）で、労働者の組合結成と共同行動への参加の権利を保障した。この法律に署名したフランクリン・Ｄ・ルーズベルト大統領は、労働者に対する政権の姿勢をこう表現している。「もし私が工場で働くとしたら、真っ先に組合に入るだろう」[10]

ドイツがナチズムに、イタリアがファシズムに傾倒したのもほぼ同じころで、同じような経済的苦境に直面したときだった。一九三〇年代前半は現在と同じような気運が漂っていた――何か劇的なことが起ころうとしているが、どんなかたちとなって現れるのかわからないというような。あとから振りかえれば、このころが、ジェノサイドを推しすすめる排斥的権威主義へ、あるいは自由主義へと国と社会全体が駆りたてられていった分岐点だった。

ウォール街の大暴落とそれに続く恐慌のあと、アメリカ政府と労働組合は実質的な協調体制を敷き、労働者のニーズをより重んじるように社会契約を書きなおした。それは好不況を繰りかえす「狂躁《きょうそう》の一九二〇年代」モデルからの脱却であり、アメリカの二〇一〇年代とよく似ている。恐慌を抜け、みながあらためて気づいたのだ――自動車にしろ、飛行機や列車や高層ビルにしろ、アメリカの産業界に欠かせないものをつくっているのは誰なのかと。COVID-19のパンデミックのときも同様に、医療や食品、サービス業などの最前線で働く人たちに対して新たな評価が生まれた。

GMなどの産業界は署名のテーブルに着くことを余儀なくされ、労働者の保護と福利厚生が体系的に法律で規定された。社会契約は、定期的な見直しと改訂が必要な一種の生きたドキュメントであり、その後に続いた数十年の経済成長は労働者と経営者の双方に利益をもたらすことになった。

だがそれから半世紀のあいだに、アメリカでは組織労働者に対する態度が徐々に悪化していった。労働組合は、労働者のための獰猛な擁護者というよりも、自らの権力を維持するために肥大化し腐敗した官僚組織と見なされるようになった。今日では、近代の労働運動を築きあげたサミュエル・ゴンパーズ、ジョン・L・ルイス、シドニー・ヒルマンらよりも、マフィアと癒着していたトラック運転《チームス》手組合《ターズ》委員長ジミー・ホッファの名のほうを多くの人が憶えている。

筆者の個人的な集まりでも仕事上のつきあいでも、労働組合ほど意見の分かれるトピックはない。ある者は経済的公正を実現するためには労働組合は不可欠だと言い、別の者は非効率的で腐敗した過去の遺物だと言う。

私が初めて組合員と肩を並べて仕事をしたのは、夏休みのあいだ、ビールを運ぶトラックで働いたときだった。トラック運転手のほとんどはチームスターズのメンバーで、そうでない人も組合員資格を得るために必要な年数を目指して働いているところだった。

トラックは朝六時に倉庫から出ていく。だから私たちは朝五時一五分には倉庫に着いて荷物を積みこまなければならない。その倉庫の仕事仲間はとにかく頑丈な人たちだった。私は一九歳で、人生でいちばん体力のあるときだったが、ビール運送トラックに荷を積む五五歳や六〇歳の人たちについていくのがやっとだった。彼らはタフだった。大半は、ウェストバージニア州の丘陵地帯のふもとに沿って走る「ホローズ」と呼ばれる谷あいの出身だった。私は幼いころからずっとウェストバージニアに住んでいたが、ビール倉庫で耳にする訛《なま》りは、ほとんど聞きとれないほど強かった。アパラチアの丘陵地帯にのみ残る、古英語に由来する歌うような調子のアクセントだった。

私の仕事は、ビールを配達することと、バーの多くは治安の悪い地域にあるためトラックと荷を護ることだった。夜勤明けの労働者や、起きてすぐに飲みはじめる慢性的なアルコール依存症者のために朝の七時から営業する店が多く、私たちはそれに合わせてビールを届けなければならない。ショットグラスと缶ビールと拳銃をテーブルに置いた男たちでバーはだいたいいつも満杯だった。ホローズのなかでもとくにあぶない地域では、私たちはけっして昼過ぎにバーに近づこうとはしなかった。

トラック運転手組合《チームスターズ》のメンバーはいい巡りあわせのなかにいた。一九九〇年代のウェストバージニアで、彼らはけっこうな金を手にし、二年ごとに新車やピックアップトラックを購入した。ボートを所有し、水辺で休暇を過ごす。チームスターズのメンバーはその立場に伴う社会的名誉と経済的な豊かさを手に入れ、それを維持するために懸命に働いた。組合がうまく機能するとどうなるかがわかる、手本のような光景だった。

　だが、大学を卒業して初めて就いた仕事で、私は組合が失敗すると何が起こるかを垣間見ることになる。ボルチモアの公立学校の教師として採用され、組合に加入するかどうかを尋ねる用紙を渡されたとき、私は迷わず「はい」のボックスをチェックした。初任給は年二万二四五九ドル、税金を払えば年一万五〇〇〇ドル程度になる私にとって、ボルチモア教職員組合から二週間ごとに引かれる組合費四四ドルはけっこうな額だった。組合に加入していなかったとしても、給料の交渉代理人としての組合に給料日ごとに三九ドルを払わなければならない。つまり、かりに組合員でなく、保護の恩恵がなかったとしても、給料の交渉代理人としてのサービスに代金を徴収されるのだ。はあ？　と私は思った。この組合費は年間一〇〇〇ドル近くになり、学生ローンの支払いや新生活を始めるための費用もある私には痛かった。だがこれは私の組合なんだし、自分や同僚教師を助けてくれるんだから、と言い聞かせていた。

　実際はそうでもなかった。教師として過ごした数年間、組合が組合員の幸福を増やすために何かをしたという形跡は何もなかった。給料はあがらず、少人数クラスにはならず、生徒のための教材も増えない。組合が優先したのは雇用を護ることであり、それはつまり、勤務成績が低い教師や、問題のある教師でも学校に残しつづけるということだった。まる一年、授業計画を書いていない？　問題なし、組合はあなたの味方です。生徒を殴った？　ヘロインに溺れている？　受けもった生徒たちの学習成果が何年も現れない？　組合はこうした教師たちをこそ護り、アメリカでとくに成績の低い地域にあったうちの学校になんらかの変化をもたらすようなことすべてに反対し、つぶしてきた。組合を脱退するころには私は、最も効率の悪い存在の実例としてこの組合を見るようになっていた――変えることが社会にとってよいことだとわかっている場合でも、現状維持にすべてのエネルギーと力を費やす存在なのだと。

アメリカの警察官の組合にも同じような機能不全がある。ほとんどの警察組合は、職務中に死亡した警察官の妻のために金を工面する助けあいの団体として発足した。だがいまでは警察組合こそが、警察官の不祥事を取り締まる改革への最大の障害となっている。ＦＢＩの統計によると、二〇一七年から二〇一九年のあいだに年平均で、警察官を含む五〇人の法執行官が職務中に殺害されている。[11]だが、同じ期間に警察官は年平均で九九六人を殺害しており、二〇対一の割合だ。ほとんどの警察組合は、組織改革の提案に一ミリたりとも譲ろうとしない。警察官がよからぬふるまいをしても、限定的免責条項を盾にしたり、秘密裏に同僚審査をおこなって問題なしとしたりするなど、警察官を緩衝材でくるんでいる。

これもひとつの「底辺への競争」だ。停滞した組合は、最悪の行動に焦点を当て、それを保護することに力を注ぐ。この事態は警察官組合と教員組合の両方に当てはまり、組合員の大多数を占める優秀な警察官と優秀な教師の仕事を貶《おとし》めることになる。結局、損をするのは市民と生徒であり、社会に大きなしわ寄せが行く。このままでいいはずがない。ほかの場所では起こらないことだ。

最盛期の労働組合は、最低賃金や失業保険、週四〇時間労働制、病気休暇、差別禁止法、児童労働法、年金などを労働者に獲得させるのに貢献した。週末の休日確保も組合の力による。ヨーロッパとアメリカの中流層の基盤は、まさに労働運動の成果がもたらした。それは事実だが、あまりにも遠い過去の話だ。将来に向けて、アメリカやイギリス、地中海ヨーロッパ、比較的歴史の新しい発展途上国の労働運動は、中欧・北欧のモデルのほか、労働運動の内部で育ちつつある小さなスタートアップの革新的な取り組みに目を向ける必要がある。

アメリカの組織労働者のピークは一九五四年で、労働者の三五％が組合に所属していた[12]。二〇一九年には一〇・三％に減少している。民間企業の従業員に限ると割合はさらに下がり、六％しかない。組合の力の源泉は「数」なので、組合員の減少は力の低下に直結する。一九八〇年代以降、多くのアメリカ人は企業収益や市場評価額は上昇するのに、自身の賃金はあがらないままの現実を目の当たりにしてきた。これらの傾向は、労働者が交渉力を失った（すなわち組合が弱体化した）ことの直接的な帰結だ[13]。組合員数が減少すれば、非組合員の給料も下がる。

アメリカにおける組合の衰退は、グローバル化、テクノロジー、株主資本主義、社会変動の物語でもある。第二次大戦後、組織労働者を全盛期に押しあげた経済的・政治的な力は、二〇世紀最後の二〇年間で方向を転換した。製造業のような伝統的に組合の拠点だった産業は、企業がオートメーション設備を導入したり、労働コストの低い海外に工場を移したりしたため、組合の規模は縮小していった。台頭してきた知識集約型産業やサービス業の仕事は、多拠点に分散し、移動性が高く、組織化しにくかった。同じころ、労働関連の法律も労働者保護を弱める方向に見直しが進み、フランクリン・ルーズベルト大統領の時代に比べて労働運動は弱体化し、容易に抑えつけられるようになった。ここに、私が教師時代に目撃した、無能力なうえに優先順位のつけ方をまちがっている既存組合のずさんな運営が加われば、大多数の労働者は交渉力をもがれた状況に陥ってしまう。

それなのにアメリカのほとんどの組合幹部は、一〇〇年前の先達が使ったのと同じ作戦帳にしがみついている。革新よりも伝統に気をとられ、分散化と非正規化の進む労働力を統合する戦略よりも、工場現場の組織のほうを重視している。しかも、頼りにする政治家は、労働問題を予定帳の最後尾へ追いやり、労働組合と対立するはずの経営者層と親しくしている。組合が現状維持に全力を注ぐあいだにも、世界は回りつづけ、労働者は賃金を目減りさせている。

ただしアメリカには、進化する労働組合の事例もいくつかある。新しい経済分野の労働者は、自分たちと利害を同じくする人を集めるために、組合ではなくテクノロジーを活用しようとしている。一カ所にとどまらずに働く移動性の高い労働者にも福利厚生を提供したいと、彼らのための戦略を立てようとするグループもある。労働者のあいだでは、伝統的な労働組合であれ、地道な草の根の取り組みであれ、自分たちの懸念を真剣に受けとめてもらうにはなんらかのかたちで団結しなければならないという考えが広まっている。アメリカやイギリスには適した例があまりないが、北欧や中欧の国々は労働者の幸福と経済の競争力を両立させるための方策を実践している。

二〇二〇年代以降の繁栄を分かちあっていくには、労働者は意思決定の場に席を置き、責任ある代表者が彼らのために主張し、必要に応じて闘い、雇用側が彼らのニーズを満たさない場合には動員するだけの資源が必要だ。また、新しいスキルを身につける機会や、職を移っても追随してくれる福利厚生、世界中に散らばる労働者のあいだで連帯する能力も要る。従来の労働組合はこれらを部分的には提供できても、すべてを提供することはできない。いまこそ、新しいタイプの労働運動が必要なのだ。

減る組合、増える問題

組織労働者の歴史は、GMの工場立てこもりよりもずっと古い。ローマ帝国の「コレーギア・オピフィチウム」、インダス川流域の「シュレーニー」、中世日本の「座」、中世ヨーロッパの「ギルド」など、近代以前の多くの社会にはなんらかのかたちで同業者組合が存在していた。仕組みやルールはそれぞれに異なるものの、労働者をまとめて彼らの利益を向上させようとする中核部分は同じだった。

近代的な労働組合は産業革命の時代に出現した。イギリスから始まり、やがてアメリカ、フランス、ドイツ、オーストラリア、さらに多くの国々へと広がっていった。労働者は、農場から製造工場や港、原材料工場、鉱山へと移動するにつれ、過酷な目に遭うようになった。自分が操作する機械でしばしば負傷し、落命することもあった。人が密集した工場では、伝染病や火事が起こりやすい。ほとんどの労働者にとって賃金は低く、勤務時間は長く、不衛生で危険で劣悪だった。

作家アプトン・シンクレアは小説『ジャングル』（松柏社）のなかで工場労働者の窮状を描いている。[14]

> 彼らの仕事環境はあまりにも過酷で、心配事から解放される時間や金《かね》の問題に悩まされない時間は一瞬たりともなく、期待することすらできなかった。さまざまな肉体的な苦労だけでなく、精神的にもつねに重圧がかかっていた。昼間はずっと、夜もほとんど一晩中、不安と恐怖にさいな

まれた。これが人の暮らしと言えるのか。生きているとすら言えないのではないか。支払ってきた代償に比べて、これはあまりにも少ない、と感じた。

労働組合は、産業社会の厳しい現実に立ちむかう方法を労働者に提供した。ひとりでは昇給や労働環境の改善を会社から勝ちとれなくても、人数がまとまれば集団の力を発揮できる。

だが権力をもつ者にとっては必ずしも喜ばしいことではなかった。一九世紀から二〇世紀初頭にかけて、組合員はしばしば共産主義者や過激派と見なされた。企業はこのようなイメージを利用して、強硬な反組合的行動を正当化した。初期の労働運動の歴史は、労働者とさまざまな法執行機関との流血の衝突に彩られている。南北戦争以来、アメリカ国内で最大の武力衝突が起こったのは一九二一年、私が育ったウェストバージニア州の石炭の詰まった丘陵地帯から一〇〇キロメートルほど行ったところだった。炭鉱労働者と炭鉱所有者側のあいだで推定一〇〇万発の弾丸が飛びかい、最後は大統領命令で出動した二一〇〇人の陸軍兵によって終結した。[15] 衝突中は、労働組合に同情的だと思われただけでスト破り側から殴られたり撃たれたりする暴力沙汰が続き、私の祖父の出産を控えていた曽祖母はこの時期、曽祖父と住んでいた炭鉱作業員宿舎を離れている。

一九二〇年代後半になると、暴力的なスト破りは敬遠されるようになったが、それでも企業側は組合活動を封じこめるために多大な努力を払った。たとえばGMは、ミシガン州フリントでの座りこみストライキが起こるまえの三年間に、労働者の組合活動を監視するために一〇〇万ドル（二〇二〇年に換算すると一八〇〇万ドル以上）を費やしている。[16]

二〇世紀初頭、アメリカの労働運動は革命的な政治活動からは距離を置くようになった。[17] アメリカ労働総同盟の会長サミュエル・ゴンパーズが主導した労働運動のこのリブランディングは、労働組合を主流派とするのに役立った。労働組合の大衆化とともに、組合の主張する政策も大衆化していく。最低賃金基準、一日八時間労働制、児童労働法など、産業化時代の社会契約の基礎となる多くの政策が、西側諸国の労働団体によって推進され、普及した。これらの提案は、当時は過激に見えたものの、雇用者と被雇用者のあいだの力の均衡を保つために大きな意義のあることだった。

第二次大戦後、労働組合は好景気に沸く工業経済のバックボーンとして機能した。大学教育を受けていない人たちにも中流階級への道を開いた。安全な職場環境、給料の手取り額のアップ、病気に備えた健康保険、退職後の年金制度などをととのえた。経済的な安心を得た労働者は、家を買い、家族の生計を立て、組立ラインから勢いよく製造される画期的な新商品を手に入れることができた。戦後二〇年間でアメリカ人の購買力は倍増した。[18]

これはミルトン・フリードマンの株主資本主義を支持する主張とは矛盾する時代だ。キング牧師が述べたように、「労働運動は国家の力を弱めるどころか、拡大させた」のだ。[19]「何百何千万人もの生活水準をあげることによって、産業界の市場を驚異的に拡大し、国全体の生産力をそれまで想像できなかったほど高い水準にまで引きあげた。労働者を攻撃する人たちはこうした単純な真実を忘れているが、歴史は記憶している」

フリント工場のストライキから一九八〇年代初頭まで続いた労働組合の黄金時代は、かつてないほどアメリカの経済的不平等が小さかった時期と重なる。一九七〇年代には、上位一％の所得が占める割合は現在の約半分だった。[20] 企業内の報酬格差も小さく、一九七八年、労働者一ドルに対して企業のＣＥＯが得る報酬は約三〇ドルだった。[21] その四〇年後には、労働者一ドルに対してＣＥＯは二七八ドルになった。同じ期間でＣＥＯの報酬は九四〇％伸びたが、ＣＥＯ以外の労働者の報酬は一二％しか伸びていない。

労働者にとって、組合に加入することは給料アップに直結する。業種を問わず、組合員は非組合員よりも一五〜二五％多く稼いでいる。[22] 組合は労働市場全体の基準に影響を与えるため、所属する業界に強力な組合があれば、非組合員であっても恩恵を得ることができる。ある産業の四分の一以上の労働力が組合化されると、非組合員の給料は五％上昇すると推定され、[23] 経済学者のあいだでは、この賃金の上昇は組合効果として認識されている。

だが、アメリカでは組合員数の減少に伴って、民間企業全体の賃金はこの四〇年、頭打ちになっている。[24]

アメリカの組合の黄金時代がＧＭ工場の座りこみストライキで始まったとすれば、黄金時代の終わりを告げた出来事はＰＡＴＣＯ（航空管制官機構）のストライキだろう。一九八一年夏、組合員の昇給と勤務時間短縮を求めて連邦航空局との激しい攻防戦を繰りひろげてきたＰＡＴＣＯは、膠着状態のなかで八月三日、約一万三〇〇〇人の管制官に職場放棄を命じた。[25] 全米で数千便が欠航する事態となり、レーガン大統領は、四八時間以内に職場に戻らない管制官をすべて解雇すると警告した。そして八月五日、大統領は実行する。連邦航空局はまもなく飛行機を空に戻したが、政府は大統領によって解雇された管制官一万一〇〇〇人全員を生涯、政府の職に就けなくした。

レーガン大統領の決断は、アメリカ中の雇用者に「ストライキに怖じ気づくな」という明確なメッセージを発した。政府のとった行動を真似て、企業の経営陣は労働者の要求を呑む代わりに、ストライキに参加した者を追放するようになった。[26]組合はストライキという最も強力な交渉戦術を突然失った。労働組合は立ちなおれなかった。ＰＡＴＣＯストライキ以前の五年間に、アメリカでは一〇〇〇人以上が参加するストライキが年平均二三四件発生していた。[27]ＰＡＴＣＯ後の五年間では年平均七二件に減少している。二〇一〇年代に入ってからは、年平均一五件だ。ジョージタウン大学で「労働者とワーキングプアのためのカルマノビッツ・イニシアチブ」のディレクターを務めるジョセフ・マッカーティン教授は、ストライキができなくなったことで、組合は影響力を失ったと指摘する。

「雇用者側はむしろストライキを望むようになった。そうすれば、組合を壊したり、弱体化させたりできるから」とマッカーティンは私に言った。「ストライキを打てないのなら、たとえ組合に所属していても、労働者にかつてのような力はない。最終兵器がないために、効果的な交渉をすることができない」

ＰＡＴＣＯのストライキが労働組合の衰退を加速させたのはたしかだが、労働組合自体にもその種はあった。一九五〇年代後半から、労働組合を見る世間の目は冷たくなった。大きなきっかけは一九五七年、トラック運転手組合《チームスターズ》委員長で、マフィアとつながりがあり、ずけずけ物を言うジミー・ホッファが、汚職、詐欺、脱税、恐喝、暴行、殺人などの容疑で連邦政府の捜査対象となったことだ。[28]その後、ホッファは未遂を含む贈収賄、共同謀議、詐欺の罪で刑務所に入ることになる。

映画『アイリッシュマン』でロバート・デ・ニーロが演じた、チームスターズの仲間でホッファ暗殺犯フランク・シーランはいみじくも語っている。「当時、この国でジミー・ホッファを知らないやつはいなかった」。そうした人たちの多くが、組織労働者と組織犯罪を結びつけて見るようになった。

組合はまた、一九六〇年代の反体制文化《カウンターカルチャー》とも衝突した。組合が、体制に順応する、古い世代の労働者のライフスタイルを象徴すると思われたのだ。「サイレント・マジョリティー」ということばに新しい意味を与え、保守的な労働者階級の白人有権者に呼応させるかたちで、（共和党候補者の）リチャード・ニクソンをホワイトハウスに押しあげたのは、アメリカ労働総同盟・産業別組合会議（AFL‐CIO）会長のジョージ・ミーニーだった。

一九八〇年代半ばごろには、組合は経済的、政治的、社会的な変化に対して苦しい闘いを強いられていた。株主資本主義が企業に浸透したことで、経営陣と役員会は労働者の賃金を低く抑えこむための力を握った。一九九〇年代にグローバル化が進むにつれ、労働者はさらに力を失っていった。労働運動は地理的な制約を受けることが多く、アメリカ国内でも労働者はもともと企業の突然の移転には弱かった。労働組合は長いあいだ、工業化の進んだ北部では確固たる足場を築いていたが、南部ではそれほど影響力をもっていなかったため、この五〇年間、企業は労働者が過剰な要求をするなら、南部の友好的な労働市場に事業を移転するという切り札をちらつかせることができた。アメリカの組合員の比率は州によって大きく異なる。イリノイ、ペンシルベニア、ミシガン、ニュージャージーでは平均一五％の労働者が組合に加入しているのに対し、南北カロライナでは三％にすぎない。私の妻の車が南部のアラバマ州でつくられたのもそれが理由だ。冷戦の終結で世界市場が急に開放されると、経営者は国外のより安価な労働力に可能性を見いだし、国内でも国外でも労働者の力を削ぎつづけていった。アメリカの労働組合は、組合員が減り、存在感が薄くなるばかりで、社会と経済への影響力を失っていった。

一ドルのうちたった六セント

二〇〇八年から二〇〇九年にかけての金融危機で労働者も大打撃を被ったとき、彼らは組合に指針を示してもらおうとか代わりに行動してもらおうなどとは考えなかった。経済保護主義や反移民政策を唱える大衆迎合主義（ポピュリズム）の政治指導者に頼ったのだった。

この動きは、産業界や政府、学界の多くのエリートにとって――一九九〇年代に台頭したグローバリズムが世界秩序を永久によい方向に変えたと考えていた多くのエリートにとって――驚きの出来事だった。専門家が事後調査をおこない、考察を論文にまとめ、ポピュリストが熱狂的な支持を集める地域へ詣《もう》でてみたところ、彼らの目に映ったのは、権利を奪われ、組合を含む昨今の制度に激怒した人たちの大きなコミュニティだった。グローバル化がロンドン、ニューヨーク、ミラノ、パリ、サンフランシスコなどの大都市にもたらした繁栄は、イギリスのミッドランド、アメリカのラストベルト、イタリアの南部、フランスの都市周辺など貧しい地域には広がっていない。製造業の雇用がそれまでの産業の中心だった地域から離れる動きと、M&Aの増加や節税を求める気運が高まって本社機能が少数の地域にまとまる動きが重なったことによって、格差はより悪化した。二〇〇七年以降、アメリカでは雇用創出の三分の二以上がわずか二五の都市と郡に集中している。[29] イギリスでも三つか四つの都市に、イタリアでもミラノと北部の数カ所の地域に雇用の増加が集中しているように、西側諸国の多くで同じ現象が見られる。工業経済の柱として機能していた地域は、デジタル経済のなかで役割が減り、そこに住んでいた人たちは、どの方向であれひとつの政治的方向に凝りかたまるようになった。

私が育ったころのウェストバージニア州は、民主党の伝統である労働組合支持、労働者保護の意識を土台にした、アメリカでも指折りの左派的な州だった。二一世紀のはじめごろにその政治的指向は変化し、今日では神話と空想の時代へと戻りたがる、保守的で復古主義的な風潮に覆われている。この方向転換は、昔からの外国人嫌いによるところもあるが、多くは経済的不安によって引きおこされている。二〇世紀半ばに中流階級を支えた組合傘下の高給職は消えさり、代わりに出てきた雇用機会は、生計を立てられるものばかりではなかった。これと並んで、哲学者のマイケル・サンデルが言うところの「功績の呪縛」に伴う無気力感も原因に挙げられる——経済的に成功しさえすれば「何かを成しとげた」人物と見なされ、道徳的に社会に貢献しているかどうかにかかわらず、その人が何をするにしてもどのような人物であるかも、すべて経済的成功の点から正当化されるのだ。逆に、大学教育を受けておらず、裕福でもなければ、その人の地位は低く評価される。

富を創出してきた巨大都市では、政治指向は別のほうへシフトしていった。ニューヨーク、サンフランシスコ、ロンドンで労働者階級であることは、もはやそこに住む金銭的余裕がないことを意味する。住居費は天井知らずだ。日々、自分には分け前のない、他人の幸福ばかりを見せつけられる。これが、左派の政治運動の強力な基盤を形成した。

左派の嫌われ者ラリー・サマーズ元財務長官とハーバード大学の経済学者アナ・スタンスベリーが

手がけた二〇二〇年の研究によると、アメリカの経済活動の状況と労働者の賃金の伸び悩みは、労働者が交渉力を失ったことと直接結びつくという。[30] ただし、労働者の力の喪失は、労働組合の衰退だけが理由ではない、と彼らは主張する。民間企業が株主資本主義を熱狂的に支持した結果でもあるのだ。「株主価値の最大化こそ至上とする教義の台頭は、経営者や労働者に比べて株主の力を増大させた。企業には、労働コストを削減し、超過利潤《レント》を労働者から株主へ再分配するようにとの圧力が強くかかるようになった」と彼らは書いている。

つまりは、企業の利益が増えたとしても、従業員に渡る分は減っているということだ。冷戦終結時、労働者は雇用主のために稼いだ一ドルのうち推定一一セントを受けとっていた。[31] だがその三〇年後、彼らの取り分は一ドルあたり六セントにも満たなくなってしまった。個人が労働から得る見返りは半減したのだ。

「労働組合の衰退、株主の要求の高まりと権力増大、実質最低賃金の低下、労働者保護の縮小、国内外でのアウトソーシングの拡大は、労働者の権限を奪い、労働市場と経済全体に深刻な結果をもたらした」とサマーズとスタンスベリーは書いている。

今日、アメリカで進む不平等の拡大を、多くの人がグローバル化と技術革新のせいだと言うが、サマーズとスタンスベリーはこの議論は的外れだと指摘する。過去三〇年間、すべての先進国がテクノロジーとグローバル化によって経済をつくりかえてきたが、労働者と資本家の貧富の差がこれほど劇的に拡大したのはアメリカだけだと述べている。[32] アメリカがこれほどまでに不平等な国となった本当の理由は、どの国よりも株主を優遇し、どの国よりも労働組合を弱体化させたからだと。

サマーズとスタンスベリーは、「不平等の拡大と労働者の所得停滞の主たる原因は、労働者の力の低下にある」と結論づけ、この問題に対処するには、産業界と国全体が経済的繁栄へのアプローチを再検討する必要がある、とつけくわえた。

さらに彼らは「この結論は資本主義制度に疑問を投げかける」と書いた。「とりわけ、企業がどこまで株主の利益だけのために経営されるべきかという問題が大きい。組合の組織化活動を支援し、組合の権限を強化する方向へバランスを傾ける政策の必要性が示唆される」

このような政策の影響は、経済システムだけでなく、文化や政治のありようにも及ぶ。もしあなたがまじめに働いているにもかかわらず、金銭面で周囲に遅れをとっていて、都会のエリートたちがやっぱり学歴だなどと言うのが聞こえてきたら、メリトクラシー（功績主義）の勝ち組から――彼らの高収入の仕事が人類愛に満ちた真にすばらしいものか、世渡り上手で手に入れただけのものかはさておき――おまえには価値がない、おまえの社会貢献なんてエリートのそれに比べたらずっと劣ると言われているように感じはじめるだろう。経済的成功と道徳的価値や社会的評価を同一視し、意義を考えずになんでも並列に比べるメリトクラシーの政治文化は危険だ。不平等が拡大すれば、人は貧しくなるだけでなく、怒りを募らせるようになるからだ。

労働組合の現状

一九三六年から一九三七年にかけて、ＧＭへの座りこみストライキを主導した人たちは、いまの組合を見ればさぞがっくりすることだろう。二〇一九年九月、全米自動車労働組合（UAW）の組合員は再びGMに対してストライキを決行した[33]。四万八〇〇〇人近い労働者が、自動車労働者のストライキとしては過去五〇年間で最長となる四〇日間にわたって持ち場を離れた。最終的にGMから多少の譲歩を勝ちとったものの、同社が進めていたオハイオ州ロードスタウンの工場閉鎖を撤回させることはできなかった。何千人分もの働き場所がメキシコに永久に移転するということであり、アメリカの自動車製造業の雇用はこうして数十年にわたって減少を続けてきたのだ。UAWはGMとの合意を労働者の勝利と称したが、組合員に熱狂はなく、合意の承認に票を投じた者は組合員の五七％にすぎなかった[34]。

それから一カ月も経たないうちにUAW会長のゲイリー・ジョーンズは、脅迫と、一〇〇万ドル以上の組合資金横領で連邦政府に告発され、会長を辞任する[35]。ストライキ中のGMの労働者は数億ドルの給料を逸失したが、ジョーンズは高級マンションや豪華ディナー、特注のゴルフクラブに組合費を注ぎこんでいた。二〇二〇年六月に彼は有罪を認め、その二カ月後に、前任のUAW会長も横領と詐欺の容疑で逮捕・起訴された[36]。

組合費をぬけぬけと流用して私腹を肥やす輩《やから》はごく一部とはいえ、この事例は、巨大組合の多くであたりまえになってしまったひどい格差を突きつける。一般の組合員がわずかな恩恵しか得られない一方で、組合幹部は労働組合全盛期にあってさえ先人たちが享受するどころか夢見ることさえしなかったような金満の生活を送っているのだ。

UAW、AFL‐CIO、チームスターズの幹部たちはいま、工場の現場からは遠く離れた場所にいる。ＡＦＬ‐ＣＩＯ、チームスターズの本部はワシントンの一等地にあり、連邦議会議事堂やホワイトハウスの壮大な景色を眺めることができる。二〇一九年、チームスターズのトップであるジェームズ・ホッファ・ジュニア（ジミーの息子）の年収は四〇万ドル近かった[37]――私が一緒に働いていたビールのトラック運転手たちからすれば想像を絶する額だ。

組合幹部と組合員とのあいだの断絶は、組織構造のせいでもある。現在、ＡＦＬ‐ＣＩＯは五五の異なる組合に所属する一二七〇万人の労働者を代表しており、これはアメリカの全組合員のおよそ四分の三に相当する[38]。このように統合を重ねることでＡＦＬ‐ＣＩＯはより大きな力を発揮できるようになったが、一方で、意思決定者を労働者の日々の関心事から遠ざけてしまう結果を招いている。リチャード・トラムカ会長をはじめとするＡＦＬ‐ＣＩＯの役員は、労働者によってではなく、傘下の各組合の組合長によって選出される。ハーバード大学の労働経済学者リチャード・フリーマンによれば、「役員には体制派であることが期待される」のだ。

その結果、組合は管理職がやたらに増え、二一世紀の経済の現実についていけない事態があちこちで起こっている。ウーバーの時代の労働運動には、機敏さと新しいことに挑戦する意欲が必要だ。だが、フリーマンが指摘するように、大手労働組合はその両方を欠いている。「既存の組合は官僚組織の色合いがきわめて濃い」と彼は言う。「昔ながらの組合は革新的ではない。五〇から六〇過ぎの古株集団が率いているのだから、スタートアップのようなフットワークの軽さはない」

ジョージタウン大学のジョセフ・マッカーティン教授も、組合は長年にわたって多くの攻撃を受けてきたため、組織を防衛することばかりにとらわれていると指摘する。

「アメリカでは、労働運動そのものがつねに困難なことだった」と教授は言う。「この国の大衆文化にいかに深く個人主義が根づいているか、この国の労働市場がいかに大きく、広がりをもっているか、移民かどうかや人種によって労働市場がいかに分断されているかを考えてみるといい。アメリカで労働運動を構築することは、当初からじつにむずかしいプロジェクトだったのだ。法律が労働運動を支援したことはほとんどなく、歴史のほとんどの時期で法律は断固として取り締まる側だった。組合活動を率いる人たちのあいだで防衛意識が強くなったのは無理からぬことだ。彼らの最大の関心事が、攻撃してくる外の敵から組織を護ることになることはよくあった」。つまり、リスクをとって挑戦することは彼らの得意とするところではないのだ。

本書のためにおこなった一〇〇回を超えるインタビューのなかで、AFL‐CIOのリチャード・トラムカ会長とのインタビューほど、私に葛藤を感じさせたものはない。ワシントンDCにあるAFL‐CIO本部のロビーに入ると、まず目に入るのが、高さ五メートル、幅一五メートルのモザイク壁画「ラボル・オムニア・ウィンキット」（ラテン語で「労働はあらゆる困難を突破する」の意味）だ。[39] 働く人の未来の姿が大理石とガラスと金《ゴールド》で描かれている。私が見とれていたら、警備担当の人が北米で最も大きい自立型壁画だと教えてくれた。

トラムカ会長は、多くが肺塵症《はいじん》で命を落とす炭鉱作業員の家系の出身だ。私の曽祖父も、イタリアからアメリカに移住して何十年も炭鉱で働いたあと、その病で死亡している。会長のしわがれ声は、彼が大学の学費を稼ぐために働いていたペンシルベニア州の炭鉱での日々のなごりだろう。[40] 七十代のいま、がっしりした体格にマイク・ディトカ（アメリカンフットボールの元選手・監督）ばりの口ひげを蓄えた彼は、ベテランのアメフト監督のようだ。

これからの二〇二〇年代に組合が経済的不平等と闘い、組合員の雇用を増やしていくにはどうしたらいいかと尋ねると、彼は答えた。「この国の労働法を変えることだ。一九四七年につくられた法律がいまもそのまま残っているなんて、そんなのは労働法しかない」。具体的な改訂点をさらに尋ねたところ、審議中の法案をつうじて、「組織的に団結した労働者に報復した企業への罰則強化、団体交渉権の拡大、いわゆる労働権に関する法律の緩和が必要」との答えが返った。[41] さらに、「貿易関連や税金関連の法律をはじめ、すでに施行されてきた経済のあらゆるルールを見直す必要がある」とつけくわえた。

トラムカ会長はまちがってはいない。だが、彼の言うとおりに「すでに施行されてきた経済のあらゆるルールを見直す」必要があり、七五年間変わっていない労働法を書きなおさなければならないのだとしたら、トラムカ会長と周囲の幹部陣が過去数十年、いかに成果を出せなかったかの裏返しでもあるのだ。

窓際に並んで立ち、何にもさえぎられずに、壮麗なホワイトハウスを見下ろしながら、彼は言った。「不平等について語るとき、人は所得の不平等にしか目を向けない。だがわれわれが不平等について語るときには、所得の不平等、機会の不平等、権力の不平等の三つを考える。権力の不平等を解決しないかぎり、所得の不平等と機会の不平等を解決することはできない。そう、いまわれわれの経済は内部崩壊へと進む軌道上にある。このまま不平等が拡大すれば、システムは崩壊してしまうだろう」

会長はアップルのｉＰｈｏｎｅを手に取り、「われわれはこの電話の恩恵を受けていない。この電話の部品はすべて、すべて、納税者の労働によってつくられたものだ。『高機能の電話には便利さというすばらしい恩恵がありますよ。お金のあるかたは買えばいいじゃないですか』と言う人もいるだろうが、そう言うのは大儲けしている人たちだ。働く納税者にはなんの還元もない。では社会はどうすればいいのか。未来のテクノロジーがもたらす生産性の向上という利益を、関係者に公平かつ公正に分配する方法を決めよう。決めなければ、内部崩壊の日は遠くないどころか、どんどん近づいてくる」

権力に対する彼の見立てはまさに正しく、株主や資本家だけでなくそれ以外のステークホルダーもたいせつにしなければならないという彼の意見もまた正しい。だが、トラムカ会長の部屋からホワイトハウスやワシントンの風景を見たとき、そしてインタビューを終えて再び巨大な壁画のまえを通ったとき、その意見は社会とは切り離されているように私は感じた。トラムカ会長や複数の巨大組合が権力を蓄積して行使しようとする方法には、何かまちがいがあり、どこか非効率的だった。トラムカは三五年間、組合の会長として、インサイダーゲームをプレイしてきた。ダボスの世界経済フォーラムに毎年出席し、ワシントンでは、二五ドルのロブスターオムレツがメニューに載っている、パワーミール（資金集めのプレゼンをしながらとる食事）でにぎわう〈ヘイ・アダムス〉に頻繁に通う（公正を期して言えば、彼はその店がユニオンショップ（全従業員の雇用条件が労使間の協定によって定められる事業所）であることを認識している）。企業エリートの体《てい》を装えば、経営幹部や議会から反応が得やすくなるというのは、彼の思いちがいだ。実態は逆だ。私の経験では、ワシントンでロブスターオムレツを食べ、ダボス会議でカナッペを食べるたびに、組合の幹部は切れ味を失っていく。鈍るのだ。たしかにダボス会議に出席してはいるが、重要メンバーではない。世界がますます勝者総取り主義を強めるにつれ、トラムカ会長傘下のおよそ一三〇〇万人の労働者は、自分たちの力が着実に弱くなっていることを実感している。

彼らにとって問題をさらに複雑にしているのが、グローバル化と技術革新によって労働の本質が変わり、労働者としての彼らの地位が変わりつつあることだ。仕事はより流動的に、より短期的になっている。今日の若者は、ひとつの雇用主のもとで生涯のキャリアを築くよりも、三〇年で三〇の雇用主を渡りあるく可能性のほうが高い。テクノロジーの進化に合わせて、労働者はつねに自分の技能《スキル》や知識《セット》を更新していかなければならない。二〇五〇年に最も必要とされる仕事の多くは、いまはまだ存在すらしていないだろう。ひとつのスキルセットでひとつの職業を生涯勤めあげられた時代は終わったのだ。

組合は現状を維持するために闘うのではなく、組合員が変化を受けいれられるように先導しなければならない。高いスキルの要らない工場・製造職が海外に流出しはじめたときが第一波の機会――流出の心配が少ない、テクノロジーを駆使した高スキルの職に組合員が就けるように再訓練する機会だったが、組合はそれを逃してしまった。だがこれからでも、そのような支援を提供する方向へ転換することはできる。多くの労働者がいまの業界で働きつづけることは可能なのだ。調査によると、労働者のスキル不足のために製造業で労働力が足りなくなる職が二〇二八年の時点でアメリカで二四〇万人分にのぼると推計されている。[42] 二〇二〇年代以降に成功するために、労働者は環境に適応することを学び、組合も、労働者が未来を切りひらくのに役立つリソースを提供できるように適応していくのだ。

「製造業の時代に戻ることが解決策だと考える人がいて、実際にそれに取り組みはじめている人もいるようだが、私には実現可能なこととは思えない」と、フリーランスの労働者に健康保険などの福利厚生を提供する非営利団体〈フリーランサーズ組合《ユニオン》〉の創設者、サラ・ホロウィッツは言う。「いまはまだ未来の姿を描けない時期にあるが、過去をなぞってもだめなことは明らかだ」

　同じ問題は、アメリカだけでなく大西洋の向こう側にもある。イギリスには近代的な労働組合の最初期の形態のものがいくつかあったが、一九八〇年代にマーガレット・サッチャー首相率いる保守党政権によって弱体化させられ、その後も復活はならなかった。現在、イギリスの民間企業の労働者で組合に加入している人は一四％にすぎない[43]。

　四五万人の組合員を抱えるイギリスの小売流通関連労働組合（ＵＳＤＡＷ）のパディ・リリス書記長に話を聞いたところ、彼の将来計画は心もとないものだった。ＵＳＤＡＷは、配送ドライバーや精肉店、食肉加工業者、小売店従業員、コールセンター従業員など、さまざまな業種の労働者を代表している。労働者を組織化する戦術のひとつは、地元のショッピングセンターで、実店舗型小売の終焉に関するビラを配ることだ。昔からある戦術ではあるが、ビラ配りはアマゾンやアリババのように大規模には展開できないし、ソーシャルメディアのように説得力があるわけでもない。

　リリス書記長が挙げた比較的大きな進歩とは、各種委員会に出席し、政府関係者と電話会議をすることだった。首相が自分の組合を名指しで言及したことも興奮気味に語った。だがそれらはすべて一連の工程と手順にすぎず、組合の存在を認知させる以上の具体的な成果を得たわけではない。労働組合にはいま、労働者を動員する新しい戦略と、新たに掲げる要求が必要だ。
この目的のためにアメリカの草の根組織は、新しいアプローチを試みはじめている。

明るい兆し

二一世紀の仕事の性質は伝統的な組合には向いていない。歴史を振りかえると、組織化の戦術は物理的な近さに大きく依存し、人数の多さを力にしてきた。遠くに点在する支店や、フランチャイズ・レストラン、小売チェーンなどに労働者が散らばる職場よりも、炭鉱や自動車工場のように一カ所におおぜいが集まる大規模な職場のほうが、ストライキの動員もしやすいし、組合活動への支援も集めやすい。毎日、同じ場所で仕事をしている仲間でなければ、いっしょにピケを張ろうという気にはなりにくいだろう。

企業が業務を臨時雇用者やフリーランサー、個人の独立請負業者に委託する状況が広がると、物理的・精神的に近いかどうかの問題は増幅される。こうした「代替的労働（オルタナティブワーク）形態」は、より柔軟な勤務時間や勤労義務を労働者にもたらすが、企業のほうも、正規雇用の社員に与えなければならない手当や保障を回避できるメリットがある。[44] 契約従業員はいまやありふれている。空港の手荷物係や運搬人のほぼ全員、建設労働者の三人にひとり、グーグルの従業員の半数以上が該当する。[45] また、配車サービスのウーバーやリフト、配達サービスのポストメイツ、便利屋マッチングサイトのタスクラビット、食料品即日配達サービスのインスタカートなど、デジタルプラットフォームをつうじたプラットフォーム経済で収入を得る人もいる。このようなさまざまな形態の独立した働き方を「ギグワーク」と呼ぶ。

ギグワークには多くの種類があり、ギグワーカーの人数を正確に把握することはむずかしい。労働省の報告によると、アメリカの労働者の約一〇％が「代替的労働形態」を本業としており、連邦準備制度理事会はアメリカの労働者の三〇％がなんらかのギグワークに携わっていると推定している。[46]「独立した働き方」と聞くと、ウーバーやリフト、ポストメイツ、タスクラビット、インスタカートなどの企業が実現した、オンデマンド労働を思いうかべる人も多いだろう。これはギグワークの最も目立つかたちではあるが、この「電子的媒介による仕事」で生計を立てている人は、アメリカの労働人口の二％未満にすぎない。[47]ただし、副業としてプラットフォームを利用している人を含めると、この数字はもっと大きくなる。いずれにしても、この種の雇用形態は分散型労働を象徴している。プラットフォーム経由の仕事をしたことがある人なら、その孤独さを知っているだろう。同僚はいない。時間は自分で決める。運営会社とやりとりするのはアプリに何か問題が発生したときだけ。注文情報を知らせてくるのは——自分の給料を決めるのも——ほとんどがソフトウェアだ。

だが、テクノロジー・プラットフォームからこの新しい働き方が生まれたように、新しい働き方の仕事を請け負っている人たちは新しい団結の方法を生みだそうとしている。

二〇一七年八月二二日、ロサンゼルス国際空港（ＬＡＸ）の外にウーバーとリフトのドライバーが一〇〇人以上集まり、賃金の引きあげを求めて抗議行動を繰りひろげた。[48]乗客の利用コストを下げるために、両社はドライバーの取り分の割合を減らしていたのだ。二〇一三年から二〇一七年にかけて、アメリカの配車サービスのドライバーは月収が五〇％以上減っている。[49]

「ぼくたちドライバーのほとんどは、週に六～七日、一日一〇～一二時間、ときには一五時間を車のなかで過ごしています」と、ある抗議者は記者団に語った。[50]「家族の顔をほとんど見ることができません。家にもほとんど帰れません。ウーバーから支払われるのは、一マイルあたり六七セントです。渋滞に巻きこまれながら、この空港にやってきて、一時間待ったあげくにすぐそこの〈プラヤビスタ〉に行きたいお客を四ドルで拾う日々です。みなさんにお尋ねしたい。時間の価値とはなんなのでしょうか」

多くの草の根の取り組みと同様に、この抗議行動も始まりはフェイスブックのページだった。[51] のちにこのイベントを主催することになる人たちが数カ月のうちに集まり、ウーバーとリフトのドライバーの賃金増と労働条件の改善を目標に、ライドシェアドライバーズ・ユナイテッド（ＲＤＵ）という新しい集団を立ちあげた。目標達成のためには会員を増やす必要があり、会員を増やすには、ふだんなら何日もギグワーカー仲間と顔を合わせないドライバーたちを結びつける必要があった。つまりＲＤＵは、「人を近づけるにはどうするか」という問題を解決しなければならない。

主催者たちはテクノロジーに目を向けた。アプリで仕事をしているのなら、アプリでストライキをすればいいのではないか？

フリーランスの開発者アイバン・パルドの助けを借りて、新しいメンバーを募集するためのワンストップ・アプリを作成した。[52] そのアプリをつうじて、主催者たちはドライバーとの電話会議をスケジューリングし、暗号化されたチャネルで連絡をとりあい、組織への関心度を評価し、働いている会社の方針への好悪度を測った。だが、このアプリが優秀でも、さらに多くのドライバーを結びつけるための方策が別に必要だった。その解決策を見いだしたのが、ブライアン・ドルバーだった。

　ドルバーは自らを学者活動家と称する。たっぷりの顎ひげ、後退しつつある生え際、太いフレームの眼鏡、身なりにかまわない学者のような格好のドルバーはまさにそんな感じだ。ドルバーは二〇一五年から二〇一七年にかけて、ウーバーのドライバーの仕事を断続的におこなっていた。多くのギグワーカーと同様に、彼も別の本業をもっていた。カリフォルニア州立大学サンマルコス校の外部教授として働いており、二〇世紀初頭のユダヤ人労働者の組織化をテーマに本を執筆している最中だった。ほとんどの非常勤講師――学術界での個人の独立請負業者に相当する――の稼ぎは年間三万五〇〇〇ドルに届かない[53]。学期ごとに授業のスケジュールが変わるドルバーは、本業以外からの副収入が必要だった。彼にとって配車サービスのドライバーになることは、研究機会でもあった。ギグ・エコノミーを研究するのに、実際に参加するよりいい方法があるだろうか？　こうして彼はシルバーのホンダ・シビックで、ロサンゼルス郡のコンクリートジャングルのあちこちへ乗客を送りとどけていた。

　ドルバーがライドシェアドライバーズ・ユナイテッド（ＲＤＵ）を知ったのは、ある学会に出席していたときのことだ。ロサンゼルスで開かれるＲＤＵの会合に参加してみることにし、そこでアイバン・パルドと知りあう。その時点では、カリフォルニア州に三〇万人いると言われる配車サービスのドライバーのうち、ＲＤＵのメンバーは五〇〇人ほどしかいなかった[54]。ウーバーとリフトは契約ドライバーのデータをほとんど公開していないため、ドライバーを特定し、連絡をとるのはたいへんな作業だった。当初は、ロサンゼルス空港の駐車場をおもな勧誘場所としていた[55]。だがドルバーとパルドは、配車サービスのドライバーを選びだすために、よりスケーラブルな戦略をとった――フェイスブックだ。

「フェイスブックはとくに、ドライバーを特定して連絡するのに向いている」とドルバーは言う。「携帯にアプリがダウンロードされているから、誰がドライバーなのかがすぐわかる。ドライバーが必ずしも自身をそうと認識していなくても、フェイスブック上ではドライバーを特定し、広告のターゲットにできる」

ドルバーとパルドは、学術助成金を得て、ロサンゼルスの配車サービスのドライバーをターゲットにした、フェイスブックの広告キャンペーンを開始した。[56]広告をクリックしたユーザーをRDUのウェブサイトに誘導し、グループへの参加を呼びかけるというシンプルな仕組みだ。[57]興味を示したドライバーにはアプリ経由で有志が連絡をとり、仲間になる方法について話しあった。

ドルバーは教授としての手腕を発揮し、学術的な正確さでキャンペーンを展開した。二〇一八年一〇月から二〇一九年一月のあいだに、グループは一一四七人の新しいドライバーを仲間に引きいれ、会員数は二倍以上に増えた。[58]キャンペーン終了時点で、グループが新規会員ひとりに費やした金額は七三セントだった。同じころ、一四〇〇人以上の会員から、配車サービス業界で改善したい点についてさまざまな意見を集めた。リーダーたちは寄せられた回答をもとに「ドライバーズ権利章典《ビル・オブ・ライツ》」という名称の綱領を策定した。

「ギグ・エコノミーのなかで組織化を図るときの大きな問題は、労働者が集える工場や広場がないことだ。ソーシャルメディアがそのための場を提供してくれた」とドルバーは言う。とはいえ、テクノロジーは組織化を可能にしても、やる気のあるメンバーの代わりにはならないと彼は指摘する。[59]
「よその組合は、労働人口と組合員との比率からその組合の力を見積もるが、私たちはそれよりも大きな力を発揮することができた。秘訣は、テクノロジーをツールとして使い、実際の人間関係を構築することだ。私たちがうまくやってこられたのは、テクノロジーがあったからではなく、多くの時間と労力を割いてくれる有能なまとめ役《オーガナイザー》がいたからであり、ドライバーのみなさんが本当に腹を立てていたからだ。ギグ・エコノミーでは労働者が分散しているので、テクノロジーは必需品と言っていい。働く場所の分散を可能にするそのテクノロジーが、彼らの再接続を可能にするのもまた理に適っている」

二〇一九年三月二五日の時点でRDUは会員三〇〇〇人の組織に成長していた。[60] ウーバーがロサンゼルス地区のドライバーのマイル単価を二五％引きさげた直後、グループは市全域でストライキを決行した。数千人のドライバーが参加し、うち数百人はウーバーのロサンゼルスオフィスのまえでピケを張った。数週間のうちに、RDUは一三〇〇人の新メンバーを迎えいれた。二〇一九年五月八日、ウーバーが新規株式公開（IPO）をする二日前、RDUは全国的なストライキの先頭に立った。[61] 何万人ものドライバーがプラットフォームからログオフした。アトランタ、ボストン、シカゴ、ロサンゼルス、ニューヨーク、フィラデルフィア、サンディエゴ、サンフランシスコ、ワシントンDCといった主要都市で決起大会が開かれ、運動はイギリスにも広がった。

上場初日の五月一〇日、ウーバーの初値は公開価格より七％以上下がった。[62] 投資家の損失額でいえば、一九七五年以来最悪のIPOとなった。その数カ月前に上場したリフトもさほどいい結果ではなかった。公正を期して言えば、上場が華々しくなかったのにはほかの要因がいくつか組みあわさっており、そのひとつは、ウーバーはもともと黒字ではなかったことだ。それを加味しても、労働者が何千人も持ち場を離れることは、投資家にとってけっしてうれしいニュースではない。

それ自体がストライキの狙いだったと言うこともできる。かつて、二〇世紀のストライキが仕事を中断させたり、企業の収益に損害を与えたりすることが中心だったのとは異なり、現代のストライキは、自分たちの主張を広く世間に知らせることと、企業のブランドイメージを、ひいては投資家の買い意欲に影響を与え、株価を動かすことに重点を置いている。デジタルメディアがあるので、小規模なストライキや抗議行動でも多くの人の注目を集めることができる。今日では、バイラルニュースがいくつかあるだけで、自分たちの信念を目立たせることができる。全国的なストライキはニュースの種として派手であり、ビラを配るよりも世論を変える効果が大きい。

「ドライバーの多くは、会社の収益に影響を与えたいと考えていると思う。だが、組織の構造がどうとか、どんなふうに影響を与えるのがいちばんいいか、などはたいして重要じゃない」とドルバーは言う。「私たちは、投資家に恐怖心を抱かせる話題をバズらせることができた。投資家全員に去ってほしいわけじゃない。現状が危険なビジネスモデルであって、労働者が怒っていることを知らせる必要があったんだ」

RDUの戦術は参考になるが、この運動にとって最も厳しい現実は、労働者側の要求——傍《はた》から見てもうなずけるものが多い——の一部は、ウーバー側にとってそもそも満たすことが不可能であるという点だ。賃金の透明化や、プラットフォームから締めだされたドライバーの異議申し立ての手続きや、報復なしに団結する権利など、従来型の労働者のために設けられてきた保護をドライバーにも適用するなど、実現可能なものもある。[63]だが、労働者にとってより影響の大きい変更、たとえばドライバーを正規の従業員として雇用したり、賃金を大幅に引きあげたりすることは、ウーバーを倒産に追いこむ可能性が非常に高くなる。たとえば、ウーバーは全世界で三九〇万人以上のドライバーを抱えており、彼らがみな従業員として分類されれば、同社はアメリカ国防総省、中国人民解放軍、ウォルマートを抑えて世界最大の雇用主となる。[64]だが、本書の執筆時点でウーバーは赤字企業なのだ。労働者の要求の方向へ近づくどころか、二〇一九年には八〇億ドル以上の損失を出している。同社のビジネスモデルでは、他業種で見られるような実質的な労働者保護に対応することはできない。もし、大幅な賃上げや正規従業員としての位置づけがどちらかひとつでも実施されれば、ウーバーはビジネスの発端だった黒塗りの高級車で裕福な客を運ぶサービスに戻るか、完全に廃業してしまうだろう。

　だが、二〇二〇年代以降に出現する多くの仕事にとってギグ・エコノミーがひとつの標準になるのなら、私たちは社会全体として労働者側と企業側のパラドクスに対して何をすべきかを考えなければならない。どのような権利や保護を「代替的労働形態」の労働者にも広げるのか、また、どんな保護を雇用者が提供し、どんな保護を政府が提供するのかも決めなければならない。ウーバーのようなビジネスモデルの企業が、従業員全員に生活賃金とまともな福利厚生を提供できない場合、打開策としては次の四つが考えられる。

1　ビジネスモデルに関係なく、福利厚生を強制する。この場合、配車サービスのようなギグワークは、大衆のためのサービスとして機能するのではなく、ルーツである黒塗り車のビジネスモデルに回帰するだろう。

2　政府がより強力で手厚いセーフティネットを用意し、現状で足りていないギャップを埋める。

3　政府が、ギグ・エコノミーや契約で請け負う類似形態の仕事を違法と決める（実際にイタリアはウーバーを、リムジンサービスのみ、二都市のみに限定している）。

4　柔軟な福利厚生に資金を投じる新しいモデルを法制化する。

テクノロジー主導でグローバル化した二一世紀の経済においては、資本の移動性が高まったのと同様に、労働もまた移動性を増している。ギグワークなどの「代替的労働形態」は、従来の九時から五時までの仕事よりも大きな柔軟性と自由をもたらしてくれる。だが、移動資本と同じように移動労働にもコストがかかる。次章で詳しく検討するが、グローバルな資本の流れは、企業が合法的に税金を最小化することを可能にし、各国は税制面での「底辺への競争」を強いられる。同様に、柔軟な労働市場とは、働く側の福利厚生がもはや用意されないことを意味する。二〇二〇年代に到来する経済的繁栄を労働者に確実に分配するには、彼らの仕事内容と同様に、賃金と福利厚生も柔軟に設定する新しいモデルを模索する必要がある。企業単位ではこの労働問題を解決することはできない。「私はウーバーのＣＥＯです。ギグワーカーにもっとよい処遇を」と題したニューヨーク・タイムズ紙への寄稿で、ウーバーのＣＥＯダラ・コスロシャヒは「ギグワーカーには〝第三の道〟があるはずだが、もっと具体的に詰める必要がある。なぜなら、いま必要なのは新しいアイデアではなく新しい法だからだ」と書いている。[65]「現在のシステムは二元的であり、独立個人ワーカーに企業が福利厚生を追加するたびに、彼らの独立性は低下していく。企業にとっても不確実性とリスクが高まるから、この問題は企業だけでは解決できない。新しい法律が必要なのだ」

　コスロシャヒの提案は、ギグ・エコノミー企業に、労働者が労働時間数に応じて福利厚生のために利用できる基金の設立を義務づけるというものだ。彼の挙げた例によると、この法律が全米で施行された場合、ウーバーは福利厚生基金に六億五五〇〇万ドルを使うことになる。すばらしい案のように聞こえるが、ウーバーには数百万人のドライバーがいることを考えるとどうだろう。彼の計算では、コロラド州で週平均三五時間以上働くドライバーの場合、一年間で基金から約一三五〇ドルを受けとれることになる。健康保険などの福利厚生にかかる実際の費用を考えると、安心にはほど遠い額だ。コスロシャヒが問題の所在を認め、解決策を提案していることは評価すべきだが、彼の事例からは、ウーバーなど雇用者側の条件で与えられる福利厚生は、ドライバーを過酷な状況に置き去りにすることを示している。

　このゲーム理論はうまくいかない。ウーバーが利益をあげられる日が来るとすれば、Ｍ＆Ａを繰りかえすうちに画期的なビジネスモデルに出くわすか、あるいは、車が完全に自律走行するようになって唯一最大のコスト（ドライバーの人件費）がなくなるか、のどちらかが起こったときだけだ。

　未来につながる労働運動は、従来の労働組合では届かない隙間で働く人たちにも利益が届くモデルを開拓していくことになるだろう。キャリアの途中で多くの人が頻繁に職を替える昨今、福利厚生を雇用主に縛りつけることはもはや現実的ではない。労働者が職を移るときに、健康保険や育児休暇、退職給付金などももちはこべるべきなのだ。この「携帯型福利厚生制度《ポータブルベネフィット》」は、新しい組合のリーダーたちが新しい手法を駆使してすでに実現させつつある。

　非営利団体〈フリーランサーズ組合《ユニオン》〉の創設者、サラ・ホロウィッツには組合活動の血が流れている。[66]彼女の祖父はアメリカで広く知られる、衣料品業界で働く労働者の組合の設立に尽力した人物で、父親は労働問題に強い個人弁護士として活動し、母親は教員組合の活発なメンバーだった。幼いころ、ホロウィッツは、マンハッタンのローワーイーストサイドにある祖母のワン・ベッドルームのアパートによく遊びにいっては、インスタントコーヒーでやわらかくしたアイスクリームをおやつに食べていた。ニューヨークの労働運動のリーダー、シドニー・ヒルマンにちなんで名づけられたこのアパートには、全米合同被服労働組合の組合員が住んでいた。

　ブルックリン・ハイツで育ったホロウィッツは、誰もが自分や家族と同じように組合活動に熱意をもっていると思いこんでいた。だが大学に入ると、労働組合に肯定的な感情をもつ人ばかりではないことを思い知る。レーガン大統領が航空管制官機構（ＰＡＴＣＯ）のストライキをつぶしたころで、アメリカやイギリスでは労働運動に対する見方が変わりつつあった。

「社会は労働組合の利点を見ようとしなくなった」とホロウィッツは言った。「組合にはたしかに論じるべき問題点があるが、無用なものといっしょにたいせつなものまで捨ててきたのではないだろうか」

一九九五年、ホロウィッツはフリーランサーズ・ユニオンを設立した。厳密に言えば非営利団体だが、この団体は独立個人ワーカーに対して伝統的な組合と同じような多くの機能を果たしている。組合員のネットワークづくりや組織化を支援するほか、とくに重要なのは、福利厚生も手がけていることだ。現在では、雇用主からは福利厚生を受けられない業務請負人《コントラクター》向けに、健康保険や退職給付金などの制度を提供している。しかも、雇用主をベースとした従来の制度とは異なり、これらの福利厚生は労働者が仕事を替えても適用される。

ギグ・エコノミー以外の業界にも福利厚生を提供しない雇用主がいることを思えば、この制度にはきわめて高い価値がある。例として退職給付金を見てみよう。雇用主が提供する従来型とは仕組みが大きく変わっている。過去数十年間は、年金などの「確定給付型」プランが主流で、このプランのもとでは、雇用主は従業員の退職時などに所定の支払いをおこなっていた。現在では、従業員自身の運用・貯蓄に依存する「確定拠出型」が主流となっている。だが退職給付金制度は、生活費を支払ったあとは老後資金に回す余裕が残らない低賃金労働者にとっては厳しい仕組みだ。三〇年前にはアメリカの労働者の半数以上が確定給付型プランに加入していたが、現在では二〇%近くに減った。[67]

社会契約の個人化というパターンが退職給付金にも表れている。雇用主だけでなく政府も、経済面で苦境に陥った国民の緩衝材となる策を社会に整備する労力を減らしている。保証された年金水準の低下に加え、医療費や教育費の個人負担の割合も増加している。福利厚生と社会契約のこうした超個人化の先には、基本的ニーズを満たすにもマッドマックス的な競争を強いられる世界があるのかもしれない。

　フリーランサーズ・ユニオンが開拓した携帯型福利厚生は、他の労働団体が追随し、政府が支援し、規模を拡大するためのモデルになりうる。

　ホロウィッツは言う。「昔の同業者組合のモデルをさまざまな点で模倣することになると思う。自助努力と相互扶助を促し、さらにテクノロジーを使ってそれらを結びつけることが重要になる。人は、実地訓練や教育、職など、自分が人と共通してもっているものと、共通して不足しているものの周りに集まってくるものだ。労働者代表の単位はやはり集団になるだろうが、その場合の集団は地理的な近さか、職種に基づくものであって、特定の雇用主を基盤とするケースは少なくなるだろう」

　ワシントン州の政府は、労働者をクライアントや顧客と結びつける企業に対して、新たに手数料を義務づけるという解決策を打ちだした。この手数料は、オンラインやアプリを使った配車サービスなどフリーランス労働のプラットフォームだけでなく、非インターネットベースの伝統的な雇用にも適用され、そこで働く労働者のための携帯型福利厚生に充当されることになる。労働運動のリーダー、デイビッド・ロルフとベンチャーキャピタリストのニック・ハノーアーが協力して開発したこの「シェアード・セキュリティ・システム」は、二〇二〇年代の労働のあり方を見据え、社会保障をベースにしつつ、従来のフルタイム職を特徴づけていた福利厚生をすべて含んでいる。こうした福利厚生は、雇用形態に関係なく給料から自動的に控除される資金をもとにして、ポータブル（仕事を替わってもついてくる）で、比例配分（働いた量に比例する）で、ユニバーサル（雇用形態を問わない）に供与される点で社会保障の特性を備えている。労働者保護の仕組みを変える出発点として、説得力のあるアイデアだ。

とはいえ、国全体としては、アメリカやイギリスにこのようなアプローチの先例は少ないので、中欧と北欧のモデルを見てみよう。

中欧・北欧のモデル

アメリカでは、組合は別個の企業で働く労働者を代表して交渉するが、ヨーロッパの多くの地域では、組合は経済の部門全体を代表し、主張する。この「部門別」交渉があるため、労働組合が新しい産業部門に進出することは経済全体の賃金を高く維持することにつながった。

デンマーク、フィンランド、ノルウェー、スウェーデンなどの国では、組合は三つのレベルで雇用主と交渉する。国レベルでは、組合連合と企業連合が経済全体にわたる労働者の基準を設定する。産業レベルでは、製造業、金融サービス業、小売業など、経済の個々の部門ごとに、選ばれた組合と雇用主が同じことをおこなう。さらに地域レベルでは、組合が個々の企業と具体的な協定を結ぶ。このようなシステムのもと、労働者の大半は、たとえ組合に加入していなくても、組合員が得る高い賃金と福利厚生を享受している。アメリカのフリーランサーズ・ユニオンが労働者に携帯型福利厚生を提供するのと同じで、国レベルと経済部門レベルの交渉では、特定の雇用主を超えて保護と権利を広く労働者に提供するのだ。これと似たような仕組みは、ほかの国でも特定の産業に存在する。

たとえば、イタリアのデザイナー、ブルネロ・クチネリに、彼の工房の裁縫師や他の従業員にいくら払っているのかを訊いたところ、政府の監督のもと、服飾企業と労働組合のあいだで全国労働協約が結ばれたと教えてくれた。職種によって賃金基準が決められ、ブルネロはそこに二〇%を上乗せするのだという。底辺への競争ではなく、企業、労働者、政府からなるステークホルダーによって賃金基準が決められ、つまり当事者によって納得のいく最低賃金が決められたところに、ブルネロは二〇%を上乗せしたのだ。

デンマーク、フィンランド、ノルウェー、スウェーデンでは、労働者の半数以上が労働組合に所属し、七〇%以上が団体交渉の対象になっている。[68] デンマーク、スウェーデン、フィンランドでは、労働組合は失業保険の運営も担っており、労働者が金《かね》を払ってでも組合に加入しようとするインセンティブとなっている。[69] 現在、これらの国の組合加入率は世界で最も高い水準にある。

また、アメリカやイギリスとは異なり、ヨーロッパの多くの国は労働条件をよくすることで国を向上させようとしているようだ。フィンランドの首相は、一日の標準労働時間を八時間から六時間に短縮することを提唱している。[70] 労働人口の七〇%が組合に入っている隣国スウェーデンの首相は、[71] かつては溶接メーカーに勤める元組合員で、同国の金属労働組合のオンブズマンに就任したことをきっかけに政治とのかかわりを深めていった。この事実は、ホワイトハウスを窓から見渡しながら権力とその崩壊の可能性について語っていたアメリカ労働総同盟・産業別組合会議(AFL‐CIO)のリチャード・トラムカ会長を思いださせる。スウェーデンでは、組合員で溶接作業員だった人物が権力を握る側に立っている。

ヨーロッパのいくつかの国は、労働組合が存在感と力をもっていることに加え、企業に従業員の利益を考えた行動をさせるための画期的な方法を見つけだした。

ドイツ、オーストリア、デンマーク、スウェーデン、フィンランド、ノルウェー、オランダなどは、一定規模以上の民間企業に対し、取締役会の議席の一部を労働者代表のために確保することを義務づけている。この政策は労使間の「共同決定」と呼ばれ、従業員が企業の重要な意思決定に参画できるようにするものだ。

国によって、取締役会レベルの代表権の設定基準は異なる。デンマークでは、従業員数三五人以上の企業においては、労働者が取締役会の三分の一を選出する。[72] オランダでは、従業員数一〇〇人以上の企業においては、同じく労働者が取締役会の三分の一を選出する。ドイツでは、従業員数五〇〇人から二〇〇〇人の企業においては、監査役会の三分の一の議席を従業員が選出した代表者のために確保しなければならない。二〇〇〇人を超える企業では、監査役会の半数が従業員によって選出される。

イギリス労働党の元政治家で閣僚も務めたダグラス・アレクサンダーは、企業上層部に代表を置くことは、労働者の経済的成果の向上に直結すると述べている。

「役員会に従業員の代表を出すことには重要な意義がある」とアレクサンダーは私に言った。「私たちは多様性《ダイバーシティ》とその受けいれ《インクルージョン》が対話の質を変えることを学んできた。上層部に必ず代表を置けるようになれば、異質な声が存在するだけでやはり対話に影響を与えることができる。共同決定をおこなっている国の企業の多くは、国際的な競争力を維持しながら、他の多くの国や企業よりも従業員に優しい社会契約を継続して結んでいる」

彼の主張はデータで裏づけられている。[73] 取締役会レベルに従業員の代表者がいると、雇用がより強く確保され、所得格差は小さくなる。二〇〇八年前後の金融不況のとき、取締役会に従業員の代表を置く北欧の企業は、解雇よりも一時帰休や勤務時間の短縮など、短期的な人件費削減策を支持する傾向が強かった。アメリカのCEOと労働者の賃金格差は、ドイツの二倍、スウェーデンの四倍以上ある。

労使による共同決定は、企業内でより長期的な意思決定を促すこともデータに表れている。デンマーク、スウェーデン、ドイツ、オーストリアの企業は、収益に占める研究開発費の割合がアメリカよりも高い。[74] 一九九八年から二〇一四年のあいだに、アメリカ企業は一万一〇九六件の自社株買いを発表したのに対し、ドイツ、オーストリア、デンマーク、スウェーデン、フィンランド、ノルウェー、オランダの企業は合計してもわずか五三三件にとどまっている。[75] 共同決定が成長を鈍らせ、利益を減らすと主張する人は多いが、数十件の研究結果からはその主張を裏づける明確なエビデンスは見つかっていない。[76]

ドイツ、オーストリア、スイス、その他のヨーロッパ諸国には、従業員を代表する労使協議会《ワークカウンシル》という組織も存在する。労働組合と緊密に協力することが多いが、両者の役割には区別があり、労働組合が賃金や福利厚生をめぐって雇用主と交渉するのに対し、ワークカウンシルは個々の企業で労働環境や生産性などに関する労働者の声を取りいれる役割を担う。具体的な活動内容は企業によって異なるが、おおむね共通するのは、従業員に直接影響を与える問題に対して幅広く発言していくことだ。勤務時間や休日、給料の支払い方法などを職場のマネジャーを交えて決定する。レイオフなどの大幅な人員変更にはワークカウンシルとの事前協議が必要であり、職場の安全基準設定にもカウンシルが大きな役割を果たす。場合によっては、経営陣の決定に対してカウンシルが拒否権を発動することもある。[77]

私はスイスの上場企業の役員を務めている。そこでは、経営陣とワークカウンシルとの対話が、アメリカで見たどの企業よりも積極的かつ生産的におこなわれている。ワークカウンシルは従業員側に立つが、それは企業全体の長期的な健全性を向上させることを認識したうえでのことだ。労働者が短期間で企業を移りながら働く、いまの労働者大量流動時代にあって、この会社ではほとんどが何十年も勤続しているのは偶然ではない。

複数の産業にまたがる労働者を代表する労働組合に比べると、ワークカウンシルにはもっと親密な雰囲気がある。カウンシルのメンバーは、同僚によって選出された同じ会社の従業員だ。企業の規模が大きくなればカウンシルも大きくなるとはいえ、最大規模の企業でもカウンシルのメンバーは数十人ほどしかいない。[78]各メンバーは、自分が代表する労働者仲間とも、交渉相手となる経営陣とも個人的な関係をもっている。従業員からすれば、ワシントンで二五ドルのオムレツを食べている労働組合のリーダーよりも、同じテーブルでランチを食べている人のほうが、正しいことをしてくれると信頼できるのだ。

ハーバード大学の経済学者リチャード・フリーマンは、「ほとんどの労働者は、組合よりもワークカウンシルのほうに肩入れしている」と言う。

だからといって、ワークカウンシルがあれば強い労働組合は要らない、と言っているのではない。

ジョージタウン大学の「労働者とワーキングプアのためのカルマノビッツ・イニシアチブ」のフェローで事務局を預かるスティーブン・ラーナーは、ワークカウンシルはときに産業界全体の労働者の利益よりも自社の従業員の利益を優先することがあると指摘する。バランスをとるには、労働者を擁護するグループが社内と社外の両方に必要だ。

企業の意思決定に従業員が参加するこのようなシステムを最初につくったのはドイツだ。ヨーロッパの多くの国が同様のコーポレート・ガバナンスの仕組みを採用しているが、この仕組みはいまでもドイツモデルと呼ばれる。ダグラス・アレクサンダーは、イギリスとアメリカの労使関係は「歴史に照らせばほぼつねに敵対的」だったが、強力な労働組合と労働者代表の仕組みをもつ国は、事業を遂行するうえで「合意に基づく取り組みをはるかに多く」おこなっていると述べている。

地中海モデル

ヨーロッパ大陸のすべての国で、労働者が組合の恩恵を受けていたり、産業全体を企業と従業員の双方の視点から改善しつづけていたりするわけではない。ドイツモデルを採用している国々のうち南側と西側は、労働組合への参加率は比較的高いものの、労使間の摩擦が絶えず、しばしば両者に不利益を与えている。

イタリアとフランスは労使間の「共同決定」がなく、労働組合は労働者を経営側とつねに対立する存在として見ている。私はこれまで三度イタリアに住んだことがあるが、いつでも誰かがストライキをやっていた。鉄道にしろタクシーにしろ、業界も場所も問わなかった。

労働者が労働者としての権利をもつことは重要だが、ストライキがあまりにも頻繁で、成果も伴わない場合には、システムのどこかが壊れている兆候でもある。イタリアでは業務を止めるストライキが日常になりすぎ、誰も注目したり応援したりしようとはしなくなった。ストライキの日はちょっとした休日みたいな扱いにすぎない。何をしているのかと誰かに訊いても、肩をすくめられ、「きょう《ェ・ウン・》はストの日だから《ジョルノ・ペル・ウノ・ショーペロ》」と答えられるのがオチだ。金曜日か月曜日にストライキが予定されていることを知った労働者は、その長い週末に合わせて、何週間もまえから休暇を計画することがよくある。そうしたストライキは特定の不満をうったえたり、具体的な成果を求めたりしてはいないので、オンラインで参加を呼びかけることも、抗議活動に出たりすることもない。基本的にはただの休日なのだ。

フランスでは、週五日制の学校がストライキのせいで四日制に短縮されることが常態化している。スペイン、ポルトガル、ギリシャでは、ワークカウンシルが名目上は存在していても、ほとんど実態はなく、三カ国とも、実りの乏しいストライキの頻発に悩まされている。

この結果、雇用主と従業員のあいだに亀裂が生じ、両者が傷つくことになる。従業員と経営陣のあいだに責任をもって互いにかかわる感覚が欠如していると、その企業と業界、ひいては経済全体からダイナミズムが失われ、機能不全につながる。ドイツモデルを採用している国のほうが、地中海沿岸のこれらの国々よりも成長率も従業員の給料も大幅に高いのは、ひとつにはこの理由があるからだ。雇用主が従業員を解雇することは不可能ではないにしてもかなりむずかしいため、労働力のかなりの部分がブラックマーケットに押しやられてしまう。つまり、いったん雇用すると解雇できなくなることを知っている多くの企業は従業員を雇いたがらず、そのために多くの雇用が正規外に移され、納税額も減少し、皮肉にも労働者の権利も縮小することになるのだ。このやり方は企業にとっても、労働者にとっても、政府にとっても不利益が大きい。地中海モデルは、起業の自由を後押しするアメリカとイギリスのモデルよりも劣る部分が多く、共同決定があることによって労働者が企業の成功の当事者となり、経営側も労働者を意思決定の当事者と見なすドイツモデルからはかけ離れている。地中海沿岸諸国の労働組合員と経営陣には、そのような互いを尊重する精神はない。

ここまでは、ほとんどアメリカとヨーロッパの企業と労働者の関係に絞って述べてきた。それとは大きく異なる発展途上国の状況についてはあとで取りあげるが、ここでも少し触れておこう。

過去三〇年間、グローバル化は欧米諸国では組合の仕事を奪う方向に作用したが、アジア、ラテンアメリカ、アフリカでは労働者にかなり大きな経済的機会をもたらした。それまで工業化の波に乗りおくれていた発展途上国で、欧米の多国籍企業や現地の新興企業が雇用を創出し、経済成長を実現したのだ。賃金は上がり、膨大な数の人たちが貧困から抜けだした。労働運動は、社会に浸透していた経済システムが崩れかけたときに地歩を固めるものだが、この数十年間、発展途上国の大多数の労働者にとって、経済システムは――データを冷静に分析すれば――比較的うまく機能してきた。発展途上国の政府の多くが、労働者の動員を暴力的に取り締まってきたということもある。

賃金があがりつづけ、経済が成長しつづけるかぎり、労働運動はあまり大きくならない。だが、いったん成長が止まると、動揺が現れはじめる。権威主義的な国であれば、大衆の運動を鎮められるかもしれないが、民主主義的な国では抑えるのがむずかしい。

二一世紀の労働運動のあり方

共同決定などのステークホルダー資本主義的な仕組みを、民間企業が自発的に採用することはないだろう。ビジネスモデルを環境に優しく、従業員にも優しくなるように改革する企業が若干は現れるかもしれないし、ビジネスモデルの細かい部分を手直しする企業も少しは出てくるかもしれないが、国全体の経済レベルでビジネスの優先順位を変えるには国の介入が必要だ。善良な意図をもった人物であっても、株主や経営者の地位にいる人がいまの制度のもとで享受している権力や自由、報酬を喜んで手放すとは思えない。

企業統治《ガバナンス》に労働者が関与することの価値や利点を全面的に認めたとしても、データを見れば、アメリカとイギリスの企業は株主に優しく、中欧や北欧の国はステークホルダーに優しいという結果が出ている。株主の利益を最適化しようとするかぎり、労働者はガバナンスから締めだされることになる。ダグラス・アレクサンダーは、「トップを動かしうる社内交渉も外圧もない状況で、企業が自発的により公正で公平な利益配分に向かうというエビデンスはほとんど見当たらない」と言う。

賃金というかたちでより公平な利益配分を求めて闘うには、強硬な社内交渉と外部からの圧力のどちらも助けになる。達成可能な方法としてもうひとつ、より公平な株式配分を求めて闘うことも挙げられる。経営者と労働者の格差は賃金面でも大きいが、それよりもはるかに大きな格差と不平等拡大の原因となっているのは、資本つまり株式のいびつな配分にある。金持ちがその富を膨らませるのは二週間ごとに受けとる給料が増えるからではない。株式や不動産など所有するさまざまな資産の資本価値が高まるからだ。

何十億ドルもの資産をもつような、私の知る最も裕福な人たちは、収入に占める税金の割合が私よりも少ない。なぜなら、給料の額の大小とは別に、彼らの本当の稼ぎは資産の評価によるものだからだ。その私でも、本書の執筆に協力してくれた二十代の調査助手たちよりは、年間収入に占める税金の割合は少ないはずだ。私は億万長者ではないが、稼ぎは賃金と資本の評価増の混合なのに対し、キャリア初期の若手は賃金しか収入がなく、税率が高くなってしまうからだ。

私の税率が億万長者よりも高く、本書に協力してくれた若者よりも低いのは不合理だと思う。次章で詳しく取りあげるとおり、私たちは税金のシステムを抜本的に見直す必要がある。手直しや継《つ》ぎ接《は》ぎではなく、全面的なオーバーホールが必要なのだ。だがそれ以上に、資本の蓄積と増加から労働者が恩恵を受ける割合をいまよりもっと増やさなければならない。こうした恩恵は、歴史的には持ち家というかたちで実現されてきた。自分の家をもつということはアメリカンドリームにとっても、二〇世紀のヨーロッパやアジアで中流階級の富の拡大にとっても不可欠だった。アメリカでは、住宅ローンの利子を所得から控除できるように税制を改定したことも後押しとなった。

まずは４０１（ｋ）のような退職金積立プランから始まった。シリコンバレーがシリコンバレーになった理由のひとつは、金融やコンサルティングなど他の産業から、ストックオプションというかたちの社員持ち株制度に惹かれて有能な人材が集まったことだ。労働組合は、賃金アップだけが争点ではないことを認識すべきだ。もしウーバーのドライバーが新規株式公開（ＩＰＯ）の受益者だったら、どれほどよい暮らしができていただろうか。それに、テック系でない、古くからある企業でも従業員が株式で報酬を受けとってはいけない理由などない。テック系のスタートアップ以外の企業もたくさんあるのだ。

報酬の一部を現金ではなく株式にすることにリスクがないわけではないが、ゼロに近い。二〇〇八年の金融危機後、株価の回復は住宅価格よりはるかに速かった。ＣＯＶＩＤ‐19のパンデミックのなかでも、株式市場は驚異的なスピードで復活し、パンデミックが猛威を振るうあいだに過去最高値に上昇した。

株主資本主義の最も愚かで最も生産性の低い自社株買いという悪弊に対しても、労働者に株式ベースの報酬を渡すことは部分的な解毒剤になりうる。株式は企業のバランスシートに鎮座したままでいるより、労働者の資産として存在するほうが価値が高い。

労働運動は、二〇世紀の社会契約の構築に不可欠な役割を果たした。最低賃金の設定から、失業保険、週四〇時間労働制、病気休暇、差別禁止法、児童労働法、年金制度、週末の休みに至るまで、労働運動が勝ちとったものは数えきれない。

これからの二一世紀に向けて社会契約を書きかえるにあたり、今回も労働運動に重要な役割を担ってほしい。

アメリカ、イギリス、地中海沿岸のヨーロッパ諸国では、労働組合の大部分が全盛期を過ぎている。組織は大きくなりすぎ、組合員数は少なくなりすぎた。

二〇二〇年代以降に労働運動が成功していくには機敏でなければならない。分散した労働力を動員し、最も必要とされる場所に迅速に資源を移す能力が求められる。テクノロジーはこのふたつを可能にするが、とはいえ魔法の弾丸ではない。ソーシャルメディアや組織化《オーガナイジング》アプリは、ライドシェアドライバーズ・ユナイテッド（ＲＤＵ）のような草の根団体の結成を可能にするかもしれないが、実効性のある労働運動の構築には資金と人手、そして何よりもモチベーションが必要だ。ゼロ年代にテクノロジーを介して組織化を試みた草の根団体の多くはすでに霧散してしまったとリチャード・フリーマンは言う。「テクノロジーをもっと活用できるはずと期待したものだったが、いまのところ充分に開花したとは言えない」

労働組合の組織構造は変わらなければならないが、それでも彼らにとって最強の交渉手段はやはり集団行動だろう。

ジョージタウン大学のジョセフ・マッカーティン教授は、「労働者は団結して行動しなければならないし、協力しあわなければならないし、力を充分に発揮できるだけの規模をもたなければならない」と述べている。一九八〇年代以降、ストライキはあまり好まれなくなったが、いままた復活しつつある。

一九三〇年代にＧＭの座りこみストライキが労働者を組織化する大きな波を起こしたように、今日でも何かひとつの団体行動が大波のきっかけになるかもしれない、とリチャード・フリーマンは言う。経済が低迷しているときほど労働者は動員されやすく、「歴史を振りかえれば、欧米の多くの労働組合は経済の低迷期に力をつけてきた。労働者が社会の仕組みへの信頼を失っていたときに」とつけくわえた。

新しい労働運動が出現したときには、過去とはちがう要求を掲げるだろう。非営利団体フリーランサーズ組合《ユニオン》が開拓したような、携帯型福利厚生制度《ポータブルベネフィット》を求めて闘うことになるにちがいない。それに加えて、二一世紀の経済における労働者の位置づけについても闘う必要が出てくるはずだ。技術の進歩やグローバル化に反対するのではなく、その変化を受容できる位置を労働者に確保しなければならない。

政治学者のファリード・ザカリアは、「私にとって最良の労働運動だと思えるのは、変化を嫌うのではなく、周囲の変化とともに前進していけるような交渉を目指すものだ」と言う。「もし企業が四人分の仕事をこなせる高性能の機械を導入したとしたら、その四人分の仕事を取りもどすことに執着してはいけない。その四人が今後に役立つ再教育の機会と解雇手当を受けとれるようにするべきだ。彼らがその後二〇年か二五年、働きつづけていけるように。『規律があり、まじめに働いてきた彼らにあなたは何ができるか、私たちは彼らといっしょに何ができるか』と問うのだ。私から見た最良の労働運動は、労働者の生涯をつうじて雇用適性を高めるように最大限の努力をすることだ」

彼はまた、企業と労働組合だけでなく、政府も再教育の取り組みに資金を提供する役割を果たせるし、一九四四年の復員兵援護法（GI法）を手本にすべきだと考えている。

「GI法がうまくいったのは、それがシンプルで、適用範囲が広かったからだ」とザカリアは言う。「似たような仕組みをつくれるはずだ。地元の企業が将来のニーズを把握し、地元のコミュニティ・カレッジや教育機関がそれに合ったトレーニングを提供し、政府がその費用を負担するという、三者協力のような仕組みだ。実現のための最大の壁は資金問題だ。コミュニティ・カレッジのシステムは充実しているが、もっと金があればいっそう効果的な教育を担うことができる。産業界はすでに部分的には試みはじめており、さらに範囲を広げることはむずかしくない。やはり問題なのは、とにかく金がかかるということだ」

ザカリアの言うことは、たぶんをベースにした机上の理論に基づく仮説ではない。中欧と北欧の多くですでに実績がある。たしかにコストはかかるが、失業者増や公営住宅、無保険者のための医療、犯罪者の増加など、別のかたちで支払わなければならなくなるコストに比べたら高くないはずだ。アメリカでは二〇〇万人以上が刑務所のなかにいる。セーフティネットの貧弱さと、大学進学者以外が経済的に豊かになる道がほとんどない現状を考えあわせれば、収監者の多さは偶然ではない。受刑者ひとりに年間三万二〇〇〇ドル以上がかかっている[79]。二〇〇万人以上を刑務所に入れておくための年間八〇〇億ドルがあれば、アメリカの労働市場全体に技能訓練を施しても費用は賄えるだろう。

労働組合は、賃金アップや、株式を組みあわせた報酬、携帯型福利厚生、トレーニング機会を要求するだけでなく、企業や社会のガバナンスの問題にもっと踏みこんで関与する必要がある。将来の労働運動のリーダーは、労働者への資本の再分配だけでなく、経済全体での再分配の方法について、より大きな発言力をもつべきだ。つまり、企業の役員会や政府の中枢部での意思決定に影響を与えていくということだ。

「労働者の権利と労働者の格差と民主主義の問題は切り離せない。すべてが絡みあっている」と、ジョージタウン大学のフェロー、スティーブン・ラーナーは言った。この発言を聞いて私は、アメリカ労働総同盟・産業別組合会議（ＡＦＬ‐ＣＩＯ）のリチャード・トラムカ会長のことばを思いだした。

トラムカは、政治学者のヤシャ・モンクとロベルト・ステファン・フォアの研究を挙げて、こう言ったのだ。

研究チームはミレニアル世代（一九八〇年前後から二〇〇五年ごろに生まれた、デジタルネイティブの最初の世代）に、民主主義のなかで生きることをどれだけ重要と思うかを尋ねた。アメリカの民主主義のなかで生きることはだいじだと答えたのはミレニアル世代の三〇％で、七〇％はそう思っていなかった。民主主義のなかで生きるのはよくないことだと答えた者が二四％いた。結果を聞いて私は驚き、「いったい、いったいどこから、その若者たちは出てきたのだ」と不思議に思い、ミレニアル世代を注意して見るようになった。彼らが生まれたときにはすでにグローバル化が始まっていた。つまり、グローバル化のルールのもとで一生を過ごす第一世代なのだ。彼らは親の賃金が下がるのを目撃し、医療から弾《はじ》かれるのを目撃し、年金が奪われるのを目撃し、企業が記録的な利益をあげるのに親世代の賃金は四〇年間横ばいのままなのを目撃した。家族の住む家を失う経験をした者もいる。そして彼らは親から、「心配しないで。大学に行って、いい仕事に就きなさい」と言われる。彼らはそうする。山ほどの学生ローンを抱えたまま卒業し、同じ週に四つも五つも雇用主と面談するが、就職が決まらない。だから、資本主義や民主主義と、不安や貧困を同一視するようになっている。

モンクとフォアの調査結果を見て私はほとんど信じられない気持ちだったが、データは嘘を言ってはいない。彼らの調査では、私の属するＸ世代（一九六〇年代序盤から一九七〇年代終盤にかけて生まれた、ベビーブーマーとミレニアル世代のあいだの世代）とそれより年上の人たちの民主主義に対する考え方が、ミレニアル世代のそれと大きく異なることも明らかになった。

スティーブン・ラーナーも語気を強める。「労働運動の使命が賃金の引きあげや福利厚生の獲得にあるとしか考えず、職場で起こる問題しか見ていないようでは、人が充実した一生を送れる社会の構築に成功していけるとは思えない。これからの労働運動は、職場で起こる問題だけでなく、民主主義の問題、不平等や経済の過度な集中などの問題にも目を向けて解決に取り組む必要がある」

初期の労働運動の大志が思いだされる。二〇世紀はじめごろの労働運動の指導者たちは、労働者が企業の運営方法について発言できるようになることを望んでいた。この考え方は産業民主主義と名づけられた。北欧や中欧の労働運動は、労使協議会《ワークカウンシル》や労使間の共同決定をつうじて産業民主主義を実現したが、アメリカの労働運動はそうではなかった。転機となったのは、やはりゼネラルモーターズ（ＧＭ）に対するストライキだった。

一九四五年、全米自動車労働組合（ＵＡＷ）の組合員は、自動車の販売価格は据え置いたままで賃金と福利厚生を増やすようにＧＭに要求し、ストライキを打った。[80] さらに、労働者の要求に応えたとしても会社が利益を出せることを証明できるように、会社の帳簿の公開も求めた。つまりＵＡＷは、ＧＭが労働者と顧客にどう接するかについて発言権をもちたかったのだ。会社側はこの要求に抵抗し、断続的な五年間のストライキを経たのち、両者は合意に達した[81]——労働者は賃金と福利厚生の定期的な引きあげを、会社側は経営の独占をそれぞれ確保した。この合意はのちに「デトロイト協約」と呼ばれ、その後数十年にわたってアメリカの労使関係の方向性を決定づけた。

ジョージタウン大学のジョセフ・マッカーティン教授は、「官と民の組合はどちらも、組織をどう運営するかという大きな問題は雇用主に委ね、組合は労働者の賃金と福利厚生の維持に集中するという関係に落ちついた」と述べている。「二〇世紀はじめごろの組合運動には、もっと壮大なビジョンがあった。当時は、運動の目標として産業民主主義をよく口にしていたものだ。彼らが求めていたのはたんに給料があがることだけでなく、企業の組織がどうあるべきかについて真の発言権をもつことだった。労働者も意思決定の一部にかかわるべきであり、企業は株主だけでなく株主以外のステークホルダーにも応えるべきだと考えていた」

今日、マッカーティンとスティーブン・ラーナーは、そのころの壮大なビジョンを取りもどそうとしているのだ。彼らや他の改革主義者は、より広範な社会変革を推進していくために、さまざまな領域の団体やコミュニティと連携して社会的課題に取り組んでいく〈公共善のための団体交渉〉という組織を立ちあげた。二〇一九年一二月にこの組織は、人種的公正、気候変動、金融改革、教育格差、公共サービスの利用しやすさといった問題に対処するためにアメリカのさまざまな組合が提示した一三〇件以上の具体的な要求リストを公表した。[82] また、オンラインツールをつうじて、各組合のリーダーが契約交渉や対外キャンペーンを展開するのを支援している。つまり、ばらばらだった労働者集団をまとめ、集団としての力を発揮できるようにしたのだ。

二〇二〇年代以降に真の変革をなすには、新しい労働運動は、仲間内の組合員の枠を超えて思考を広げなければならない。すべてのコミュニティのすべての労働者の利益のために交渉しなければならない。そうでなければ、一時的な勝利を収めることはできても、長い目で見れば、二〇世紀後半に労働組合を弱体化させた経済勢力に再び打ち負かされることになるだろう。不平等を悪化させる制度上の問題を無視して、労働者が目先の利益のためにばかり闘うのなら、彼らはじつは「自殺幇助《ほうじょ》」にかかわっていることになる、とラーナーは言った。

「自分たちの使命や取り組もうとしていることをもっと広い視野で考えるべきだし、経済と国の仕組みにどんなふうに影響を与えていけばいいかも深く考えるべきなのだ。労働組合が賃金アップだけに突進するのなら、失敗するだけでなく、民主主義を蝕《むしば》む力に加担することになると思う」

民主主義の現状や広がるばかりの格差の溝に落胆して、胎児のようにただ丸まっていたいと思いたくなるかもしれないが、世界を変えられるのは楽観主義者だけだ。リチャード・トラムカ会長が四〇年間、組合のリーダーとして世間から叩かれつづけ、批判にさらされていることを自分で認めながらも、集中力も楽観主義も衰えていない事実に私は感銘を受けている。変化は可能なのだろうかと尋ねたら、炭鉱労働者だった時代をうかがわせるしわがれ声で答えが返った。「長年、経済は天気と同じようなもので、自分たちにはどうしようもないと言われてきた。だが経済は天気とはちがう。経済はルールの集合体だ。そしてそのルールは私たちが選挙で選んだ人たちによってつくられてきた。そのルールが勝者と敗者を分ける。この四〇～五〇年間、民主党も共和党も、エリートが勝ち、われわれが負けるようにルールをつくってきたのだ」

半世紀にわたって非難を浴びながら、事態が好転しなければ「崩壊」が待ちうけていることを指摘しつづけてきたトラムカは、そこで、私との対話の流れを断ちきるように言った。「この四〇～五〇年間のうちで、いまほど楽観的だったことはないよ」と。彼が労働組合にかかわってきた数十年来のなかで経験したものよりも規模の大きい、新しいストライキがここ数年で発生している。組織化のための新たな取り組みが始まり、まったく新しい世代が現れて変化を求めはじめてもいる。労働者を組織化する彼らのやり方がトラムカたちのそれとは異なっていたとしても、新しい動きはトラムカに希望を与える。「わくわくさせられるね」（トラムカ会長は二〇二一年八月五日、七二歳で死去）

第四章　グローバル経済の税制と虫食い穴《ワームホール》

税務政策は複雑に込みいっていて、量が膨大で、しかも退屈きわまりない。あのアルバート・アインシュタインも、彼の税金を計算していた会計士に向かって言っている。[1]「この世でいちばん難解なのは所得税だ」。理解できる人はほとんどおらず、理解できる少数の人はだいたい会計士か銀行員、あるいは多国籍企業や裕福な人の弁護士になっている。だが、二〇世紀の政策で二一世紀の問題を解こうとするとき、税金はあちこちの扉を開けられる万能キーとなる。

毎年何兆ドルもの税金が徴収から漏れたり、行方不明になったりするうえ、なかには税金を払いたくない外部の勢力に丸ごと取りこまれてしまった国もある。こうした税金のシステムを修正すれば、この本を読んでいる人の九九％は払う税金をもっと少なくでき、政府が使える予算はもっと増えるはずだ。税制は、各国の政府が分断され苦しめられている世界的な課題の縮図なのだ。

税制の複雑さと問題の大きさは、ベルトを買いかえるという単純な行為からも見てとれる。

イタリア人のマルコは、スーパーマーケットで知りあったライターのジュリアと夕食に出かけた。

カルボナーラ・スパゲティを食べながら話が弾み、デザートにティラミスも楽しんで、完璧なデートだった。だがデザートの時点で腹回りが苦しいと感じていたマルコが伝票をつかもうと身を乗りだしたら、ベルトのバックルが外れて床に転がりおちてしまった。なんとか冷静さを保ち、オーバーコートを着て、ジュリアの腕をとり、せっかくの初デートを台無しにしないうちに彼女の家まで歩いて送りとどけた。二回目のデートのまえに、身体に合った新しいベルトを調達しなくては。

ローマの中心あたりにあるアパートに戻ったマルコは、ノートパソコンを開き、グーグルに「メンズ　イタリア製　革ベルト」と入力した。イタリア半島の人たちは何千年もまえから革を扱っており、グッチなどのブランドでもわかるとおり、彼らの職人技は世界トップクラスにある。ノートパソコンの画面には、自然《オーガニック》検索（スポンサーの広告に左右されない検索）の結果よりも上に広告が次々に表示された。いちばん上にあったのはグッチの広告だった。だがマルコはブランド品には興味がなかったし、三六〇ユーロの値段は予算オーバーだ。ひとつ下の欄を見ると、「フィレンツェの革職人　アスカーニ家」の広告があった。アスカーニ家はグッチと同様、創業一〇〇年の歴史をもち、フィレンツェで高級イタリアンレザー製品をつくっている。グッチとちがうのは、彼らのベルトの値段は四〇ユーロしかしないことだ。

マルコは、画面に映しだされたベルトを気に入った。色は黒、ツヤがあり、機能面もよさそうだ。本物のイタリアンレザーでこの値段は破格と言っていい。広告をクリックしてアスカーニ家のウェブサイトへ飛び、オンラインで購入した。ベルトは二回目のデートに間にあい、三回目、四回目、それ以降も何度も活躍することになる。

マルコがベルトを購入したのは、世界中で一日に億万回もおこなわれているオンライン取引のひとつにすぎない。インターネットやｅコマースが普及するまでは考えられなかったことで、以前なら、マルコは店に行き、在庫のあるなかからベルトを選び、レジで金《かね》を払う必要があった。マルコにとってのかつての買い物はオールイタリアン――売り手も買い手もみなイタリア人、加えて、代金の一部が税金としてイタリア政府に入る――だった。

いまはもちろん、第四の当事者がかかわっている。マルコは、グーグルがなければ、アスカーニ家のことを知らなかったかもしれない。アスカーニは、広告のクリック一回につき約〇・一一ユーロをサービス料として支払っている。一回の販売が成立するまでに、平均すると約三六回のクリックが必要だという。つまり、ベルトが一本売れるごとに、アスカーニはグーグルに三・九六ユーロ、つまりベルトの販売価格のおよそ一〇％を払うことになる。俯瞰して見てみると、グーグルも、アップル、アマゾンなどの同業者も、自分たちのオンライン領地を通過する取引《トラフィック》に対する徴税者として設定されているのだ。二一世紀のいま、これら巨大企業の少なくとも一社に定期的な支払いをおこなわずにビジネスを展開することは事実上不可能になった。

中小企業はこのようなレンティエ資本主義（各種財産へのアクセスを独占し、社会に貢献せずに大きな利益を得る経済的慣行）に反発し、アップストアやグーグルの「検索」ページのようなオンライン市場の所有で得られる独占的な力を批判的に見ている。一方、これはオンラインでビジネスをおこなううえで避けられないたんなるコストにすぎないという意見もある。

あなたの意見がどちらであれ、グーグルがマルコの買い物や膨大な件数の取引から日々抜いていく分よりも怪しいのは、グーグルが税金として払っている分だ。マルコの取引で各当事者が払う税金はこんな具合だ――アスカーニは、デジタル時代以前と同じ二二%の付加価値税（ＶＡＴ）をイタリア政府に、マルコは収入の四一%を所得税としてイタリア政府に納めている。だが兆ドル企業であるグーグルは取引あたり〇・七%という驚異的に低い税率の税金しか払っていない。なんと少ない負担だろうか。

イタリアがグーグルに特別な免除を与えたわけではない。イタリアの法律では、国内のすべての法人所得は二四%の率で課税される。だがグーグルはあちこちにレバーとハンドルのついた複雑怪奇なシステムを組みたて、イタリアの帳簿から利益をずらしているのだ。アスカーニがグーグルに払う三・九六ユーロは、税率がはるかに低いアイルランドにあるグーグルの子会社で集金される――こんなトリックはほんの手始めにすぎない。

この種の抜け道は、一般市民にとって、とりわけ二回目のデートのために急いで身なりをととのえたい市民にとって、どうでもいい退屈な話に聞こえるかもしれない。だが、このような手口を世界規模に拡張して眺め、いかに世界の富の仕組みの中心に位置しているかを理解すると、グーグルのトリックは抜け道というより、グローバル経済の虫食い穴《ワームホール》のようなもので、ここ数十年にわたって世界中の社会契約にじわじわと浸食し、しかも今後も止まる気配はないことがわかってくるのだ。

マルコがベルトをオンラインで購入すると、もし実店舗で購入していたら得られていたはずのオールイタリアンの取引の一〇%が消えてしまう。その金はいったんアイルランドに流れ、なくなり、また別の場所に流れて消えさる。グーグルを経由して動いた何十億ドルもの取引の全貌を追うと、グローバル化した世界で企業の力の源泉はどこにあるのか、不平等をこれほど広げている原動力はなんなのかが見えてくる。

ベルト一本がオンラインで売れるごとにアスカーニがグーグルに支払う計算になる三・九六ユーロを、グーグルが毎日配信している何十億件もの広告に当てはめると、グーグルの利益と、グーグルが事業を展開している国々での損失がどちらも莫大な額になることがわかる。[2] 現在の税法は、物理的な世界で発生する商取引、すなわち有形財であることと、国境が存在することを前提としてつくられている。だが、ビジネスがデジタル化され、世界全体という巨大なチェス盤の上で事業を展開するようになったいま、税法は実情に合っていない。エコノミストの推計によると、企業の納税回避のせいで、世界各国の政府は毎年五〇〇〇億ドル以上の税収を失っている。[3] さらに、富裕な個人も、多国籍企業が極めた手口と同じやり方で税金逃れに邁進する例が多く見られ、政府の損失はいっそう巨大化している。

「税金」ということば自体を聞きたくない人もいるだろう。「何が悪い？　マルコに選択の余地があれば、彼だって税逃がれに走っていたかもしれないし、そしたらグッチを買える余裕ができていたかもしれない」。だが、税金は政府の根幹であり、私たち国民は政府を頼りにしている。歳入がなければ、政府は国を護ることも、国民を教育することも、公共インフラを建設することも、経済を支えることも、社会事業に資金を供給することもできない。政府がもつべき責任の規模や範囲についてはさまざまな議論があるが、どこまでを担当するにしても、政府が何かを遂行するには資金が要るのだ。公平で公正な税制とは、すべての人に応分の負担を求めるものだ。何をもって「応分」とするかも、さまざまな政治的立場によってさまざまな議論があるが、ある集団が本来よりも少ない税金しか払わないと、社会全体の利益を損ない、社会契約に亀裂を生じさせる。政府が本来必要な額よりも少なくしか受けとれないか、誰かほかの人が本来よりも多く払うかの、どちらかになる。

私たちはいま、フェデックスの払う連邦税が同社の配達員ひとりよりも少なく、スターバックスの払う連邦税が同社のバリスタひとりよりも少ないことのある社会に住んでいる。[4]過去五〇年のあいだに、グローバルな法人所得のかなりの部分が、企業がビジネスの大半をおこなう国ではなく、税金が少なくて済む場所を経由するようになった。だが、公道が整備されていなかったら、フェデックスはそのビジネスモデルで成長できていただろうか。研究資金が政府から支援されている大学を卒業した優秀な技術者を安定して確保できなかったら、グーグルの価値はいまほど大きくなっていただろうか。有名なあの検索アルゴリズムを開発するための政府からの助成金がなかったら、同社は存在していただろうか。こうした企業は、知的財産を護る判決を下した強力な裁判所や、物理的な資産を護る能力をもった軍隊がなければ、いまどうなっていただろうか。アメリカ最高裁判事のオリバー・ウェンデル・ホームズ・ジュニア（一九三五年没）は、「税金は文明社会を維持するために支払うもの」と述べている。

私だって税金の払いたくなさでは人後に落ちないつもりだが、年収五万五〇〇〇ユーロのマルコが四一％をイタリア政府に税金で取られるのは刺すように痛いはずだ。もし、グーグルやフェデックス、スターバックスなどが、あなたやマルコ、私、そしてこの本を読んでいるほかの人たちが払っているのに近い税率で税金を払っていたら、私たちはもっと少ない金額で済むはずなのだ。

グーグルがベルト一本の販売から得る三・九六ユーロにしても、一つひとつの取引はすべて現実世界に影響を及ぼしている。多国籍企業や富裕層が税務当局から逃がす一ドルは、インフラや医療、教育、治安など、社会だけでなく企業自身にも利益をもたらしたはずの政府の施策に使われない一ドルなのだ。

とはいえ、税金回避の大部分は、明らかに不正というわけではない。規模が大きくなるにつれ、企業は各国の税制の抜け穴を熟知し、どこに資金を移せば税金面で最も有利かを計画できるようになった。そうすることで自社の成長を加速させ、その力を背景に、各国に対して税制を緩和するように圧力をかけてきた。このサイクルは少なくとも半世紀にわたって続いていて、つまりは底辺への競争が長期にわたって繰りひろげられてきたのだ。

私たちはいまほとんどどん底にいる。対応策は一国だけではもうどうしようもない。企業や富裕層を何十億ドルもの税金逃れに駆りたてるインセンティブをなくし、一般市民との負担感の格差を縮めるための世界的な取り組みが必要だ。

タックスヘイブン入門

納税回避は新しい現象ではない。時の主権者が税金を徴収しはじめたのと同じくらい昔から、人は逃れる方法を探しつづけてきた。

古代シュメールの商人たちは、牛や羊、穀物などを闇市場でこっそり取引することで、王が課す厳しい税金を回避していた。[5] 中世の日本では、地主が朝廷に働きかけ、寺社への免税を自分たちの私有地にも拡大した。[6] その後、「荘園」のなかでも税金のかからない土地の割合が大きくなり、税収源が減った朝廷は財政が立ちゆかなくなる。

納税回避は、歴史的に社会のエリートが得意とするゲームだ。金《かね》と政治的なコネがあれば、自分たちに有利な法律を推しすすめ、不利な法律はつぶすことができる。日本の貴族がこの力を利用して莫大な非課税財産を手に入れたように、現代の各国のエリートはこの力と、不透明で規制の緩い金融システムを利用して、当局の目の届かないところで資本を世界のあちこちに移動させている。

国外からのこうした要望に応える場所が租税回避地《タックスヘイブン》と呼ばれる法域（国・地域）だ。

タックスヘイブンは二〇世紀はじめごろに出現した。第一次大戦後、ヨーロッパの富の隠し場所として急増し、一九六〇年代から七〇年代にかけて世界経済の重要拠点にのしあがっていく。[7] タックスヘイブンには、国（アイルランド、ルクセンブルク）、州（デラウェア、サウスダコタ）、ある国の海外領土や特別行政区（バミューダ、香港）など、さまざまな形態や規模がある。ヘッジファンドはケイマン諸島を好み、保険会社はバミューダ、ウォール街の投資家はデラウェア州、ヨーロッパの金融機関はジャージー島、アイルランド、ルクセンブルクを好むなど、特定の業界との結びつきが強い。アメリカやラテンアメリカ諸国のエリートはパナマやカリブ海諸国を経由して金を動かし、中国のエリートは香港、シンガポール、マカオに資金を流すなど、国によってターゲットとする法域も異なる。ヨーロッパの富裕層や湾岸諸国の王族は、秘密主義で知られるスイスの銀行を利用する。ただし、スイスの制度改革によって透明性が強制されるようになったため、なんとしても富を隠したい人たちはシンガポールやケイマン諸島に流れている。また、あとで取りあげるように、問題の根源はケイマン諸島と同じくらい深くアメリカにもある。

タックスヘイブンの立場や得意分野がどうであれ、すべてのタックスヘイブンが共通して顧客に提供するものは、どこかの国の法律からの逃避だ。

例としてグーグルを見てみよう。グーグルがアスカーニ家から三・九六ユーロを受けとったとき、イタリア政府への納税はおそらく回避しているはずだ。取引が完了すると同時に、その金はイタリアの外へと出ていく。行き先は、シリコンバレーに本社を置くグーグルLLCでも、グーグル本体と自動運転車やドローン配送、バイオテクノロジーなどのさまざまなサイドプロジェクトを所有するアルファベット社でもない。アスカーニの三・九六ユーロは、三つの国に散らばる企業体のチェーン――マルコのベルトの製作にも売買にもなんの役割も果たしていない――を通っていった。

グーグルをはじめとする多国籍企業がこのように資金を地図上で移動させるのは税金を最小限に抑えるためだ。世界中の顧客から何十億ドルも集め、事業の拠点を置く国々に分け前を与えようとはしない。ケイマン諸島、オランダ、バミューダ、ルクセンブルク、アイルランドなどのタックスヘイブンは、外国企業や富裕層を呼びこむために、税率を大幅に引きさげたり、規制を大胆に緩和したりしている。第一次大戦直後にスイスが整備したモデルにならい、ほとんどのタックスヘイブンは秘密保持を約束し、当局ですらオフショア口座の詳細を詮索することを禁じている。

納税回避の仕組み

ある国で稼いだ金をタックスヘイブンに移すための道は無数にある。企業はふつう、利益に対して税金を課される。だから、税率が高い国での利益を減らし、税金がゼロかきわめて少額の国や地域で利益を増やすように操作すれば、多くの金を節約することができる。

ある国から別の国へ利益を移動させる策はまとめて「税源浸食と利益移転（BEPS）」と呼ばれる。複雑で仰々しく聞こえるかもしれないが、プロセスの大半はあからさまに法律に違反しているわけではない。

企業が世界中に利益を移すために用いる一般的な手法に、移転価格設定と呼ばれるものがある。ある企業のある部門が、その企業が提供する商品やサービスの対価を、その企業自身が設定した価格で、同じ企業の別部門に支払うようにすることだ。多国籍企業の場合には、ある国の子会社が別の国の子会社に支払うケースが多い。今日、こうした企業内での支払いはごくふつうのことであり、国際貿易の約三分の一は同じ企業内でおこなわれている。[8]

移転価格設定には理に適った用途が多数ある。たとえば、多国籍の柑橘類生産業者が一〇トンのオレンジをブラジルの子会社からアメリカの子会社に送った場合、アメリカ側がブラジル側に生産物の代金と輸送費を支払うのは妥当なことだ。とはいえ、移転価格設定には悪用される危険がついてまわる。

二〇一九年の報告によると、アメリカの企業はアメリカ国外で五七七〇億ドルの利益をあげている。[9]その六〇％近い約三三〇〇億ドルは、わずか七つの低税率の法域（国・区域）――アイルランド、ルクセンブルク、スイス、オランダ、シンガポール、バミューダ、英領カリブ諸島（ケイマン諸島、英領バージン諸島、タークス・カイコス諸島、モントセラト島）――で稼いだものだ。一方、ドイツ、フランス、イタリア、インド、日本、中国で計上された利益は七％にすぎない。

数字で見るかぎり、アメリカの多国籍企業はこの小さな七つの法域で、アメリカを除いた世界トップの経済大国六カ国を合わせたよりも九倍多い利益を稼いでいることになる。バミューダの顧客基盤が中国のそれより九倍大きいからではもちろんない。移転価格を利用してタックスヘイブンに利益を移し、高税率の法域での利益を減らしたからだ。

この仕組みを理解するために、従来のビジネスでこうした利益移転がどのようにおこなわれていたかを見てみよう。合法の範囲内で、創造性豊かな会計テクニックを発揮する余地はさまざまにあるのだ。

たとえば、あなたが近所のピザ店の配達ドライバーとして雇われたとする。配達のたびにチップを受けとれるが、そのうちの二〇％を店のオーナーに渡さなければならない。このとき、仕事の遂行にかかった費用をあらかじめ差しひくことはできる。法人税の仕組みの基本はおおむねこんな感じだ。会社は利益（売上から費用を引いたもの）をあげ、その一部が政府に税金として支払われる。

仕事を始めたその日の夜にチップを二五ドル稼ぎ、ガソリン代に五ドル使ったとしよう。あなたはガソリン代を引いた残りの二〇ドルをオーナーと分けることになる。オーナーが四ドル（二〇ドルの二〇％）を取り、あなたのポケットには一六ドルが入る。この状況を、あなたが多国籍企業、オーナーが政府として考えてみよう。

あなたは移転価格設定を思いつく。ピザを配達するのに使う車は両親の車で、好きなときに使っていいと言われているが、あなたは、好きなときにタダで使う代わりに、両親に車を一〇〇〇ドルで「リース」させてもらうことにする。母親が作成した請求書をピザ店にもっていく。オーナーはその一〇〇〇ドルを営業経費としてカウントし、利益から差しひくことを許可してくれた。

次の夜、あなたが二五ドルのチップを稼ぎ、五ドルをガソリン代に使った場合、あなたは残りの全額を手にすることができる。ガソリン代として五ドル引くところまでは前日と同じだが、残りの二〇ドルも車のリース料に充当するのだ。この夜のあなたの「利益」はゼロであり、リース料はまだ九八〇ドルも赤字で残っている。ピザ店のオーナーがあなたに「課税」できるものは何もない。

この場合、あなたという多国籍企業にとって、母親は海外子会社に相当する。あなたは帳簿上は両親に二〇ドルを「支払う」が、両親と同じ家（税金のかからない法域）に住んでいるので、分け前を要求してくる人は誰もいない。現実には、両親がその二〇ドルに手をつけることはない。

車のリース後、一晩目が終わると、リースの残金は九八〇ドルに減っている。次の晩にも同じことが起こり、残金は九六〇ドルになる。さらに次の番には九四〇ドルに。このペースで進むと、リース料を完済するのに五〇回の勤務が必要になる。ただしそのあいだ、ピザ店のオーナーから利益の二〇％を徴収されることはない。

リース料の支払いが終わるまで、あなたは一〇〇〇ドルの利益を高税率区域（ピザ店）からタックスヘイブン（あなたの家）にうまく移したことになる。ピザ店のオーナーはこの期間、一ペニーたりとも受けとっていいない。

このリースは書類上のことにすぎず、あなたも両親もこのために新たに金を使ったわけではない。だが、実態がどうであれ、本来ならピザ店のオーナーに渡るはずだった「税金」は消えてしまった。このリースがなければ、あなたの利益は八〇〇ドルだったはずで、リースにしたことによって、二〇〇ドルを余計に稼ぐことができたのだ。

多国籍企業が移転価格設定を乱用するときの基本的な仕組みは上述のとおりだ。ある子会社から別の子会社に支払いをおこない、利益を税率の低い国にシフトさせ、税率の高い国の経費を引きあげるのだ。実際の多国籍企業とのちがいは、多国籍企業は会計士や弁護士や世界に広がるネットワークをもち、海の向こうのさまざまな法域とのあいだで書面による証拠を残すのに対し、あなたの発行する請求書は自分の町のなかを動くだけだというくらいだ。あなたがピザの配達ドライバーなら、オフショアの資金移動はあなたから見ればまったくの別世界にある。

これらのことを踏まえて、もう一度グーグルに戻ってみよう。

ダブル・アイリッシュ&ダッチ・サンドイッチ

二〇〇四年から二〇一九年にかけて、グーグルは世界で稼いだ利益のかなりの部分を、「ダブル・アイリッシュ」と「ダッチ・サンドイッチ」というふたつの利益移転策をつうじてバミューダに移した。[10] ダブル・アイリッシュの別バージョンは、フェイスブック、ファイザー、コカ・コーラ、シスコシステムズなどアメリカのほかの多国籍企業でも使われている。ダブル・アイリッシュは、高税率の法域で経費を増やし、低税率の法域に利益を移すという、ピザ店と同じロジックでおこなわれる。あなたが使った「両親の車のリース」というテクニックの代わりに、グーグルは自社の知的財産のライセンスを利用した。バミューダにあるグーグルの子会社に検索アルゴリズムと基幹技術の所有権を与え、グーグルの他部門は知的財産をそこからリースしてくるようにしたのだ（「ダブル・アイリッシュ」の名称はアイルランドにあるふたつの子会社を利用するところから、「ダッチ・サンドイッチ」の名称はオランダ法人を介在させるところからついた）。

こうした利益移転に必要な抜け穴のひとつをアイルランドが閉じたため、グーグルは二〇二〇年にこの慣行を放棄しなければならなくなったが、それまでの一五年間、ダブル・アイリッシュとダッチ・サンドイッチを駆使して、数百億ドルの税金を減らすのに成功した。[11] 二〇一六年の一年だけでも、グーグルは推定三七億ドルをヨーロッパの税務当局から逃がしている。

マルコがベルトを買った時期を、グーグルがまだその技を使っている二〇一八年の夏だったと想定しよう。次のような動きになっていたはずだ。

マルコ（と、購入に至らなかった三五人）がイタリアの革ベルトの広告をクリックすると、アスカーニ家はグーグル・アイルランド・リミテッドというグーグルの子会社から三・九六ユーロを請求される。二〇〇三年の設立以来、このアイルランド法人は、ヨーロッパ、アフリカ、中東で展開するグーグルの広告事業の拠点となっていた。[12]

グーグルはイタリアを含む数十カ国に子会社を置いているが、同社は、これらの拠点は本格的な事業体というよりも、アイルランドの首都ダブリンにある欧州本社のサテライトオフィス的な存在だと主張している。[13] 意味論で煙《けむ》に巻くようなこの作戦により、グーグルは税制が比較的緩やかなアイルランド子会社への利益注入を正当化できる。

大西洋を越えてプレゼンスを拡大したいアメリカのテクノロジー企業にとって、低税率で会社法が寛容なアイルランドはぜひとも縁を結びたい聖地だ。ガラス張りの社屋が特徴的な、グーグルの欧州本社（グーグル・アイルランド・リミテッドの拠点）はダブリンでも指折りの高層ビルで、市内を流れるグランド運河を見晴らしている。かつては工業地帯だった周辺地域はいまやハイテク産業の中心地となり、ツイッター、フェイスブック、リンクトイン、エアビーアンドビー各社の欧州本社もここにある。[14] アップルは、ダブリンの次に大きいコーク市に進出し、市内最大の民間雇用主となっている。最新のデータによると、アメリカ企業がアイルランドで計上した収入は、ヨーロッパの主要一六カ国を合わせた額より多い。

グーグルとアスカーニ家の取引がイタリアでおこなわれていれば、その利益はイタリアが定める二四％の法人税の対象となったはずだ。[15] だがグーグルは、法人税率が一二・五％のアイルランドにただちに売上を移した。

グーグルがイタリアで税金を払っていないわけではない。払ってはいるが、利益移転のテクニックを使わないときの税額に比べればかなり低い額しか払っていない。二〇一八年、グーグルのイタリア子会社であるグーグル・イタリー有限会社《s.r.l.》の売上高は一億七〇〇〇万ユーロ、税引き前利益は一五四〇万ユーロ、イタリア政府への納税額は四七〇万ユーロだった。[16] 問題は、売上のほとんどがイタリアではなくアイルランドでの販売とサービス事業からもたらされていることだ。言いかえれば、グーグルのイタリア子会社は、広告の販売そのものではなく、グーグルのアイルランド法人がイタリアで広告を販売するのを支援することでほぼすべての収入を得ているのだ。ここにも移転価格設定の例がある。

広告収入三・九六ユーロをイタリアからアイルランドに移すことで、グーグルは実質的に税率を半分に抑えたことになる。金の動きがここ止まりなら、グーグル・アイルランド・リミテッドは経費を差しひき、一二・五％の法人税をアイルランド政府に支払って、それで話は終わりだっただろう。だがこの旅にはまだ続きがある。グーグルはアイルランドの税率に沿った税金も払っていないのだ。

厳密に言えば、グーグル・アイルランド・リミテッドは、グーグルとその子会社数十社の親会社であるアルファベット社が開発した技術やサービスを使って利益を得ている。アルファベット社は、グーグル広告、グーグル検索、グーグルマップ、その他の技術を支えるソフトウェアの知的財産を所有している。そのソフトウェアを使用するには、子会社はその知的財産の使用権を取得しなければならない。

だが、グーグル・アイルランド・リミテッドは、アルファベット社から直接この知的財産の使用権を借りているのではない。グーグル・ネーデルランド・ホールディングス有限責任会社《B.V.》という別の子会社をつうじて使用権を取得している。

二〇一八年、グーグル・アイルランド・リミテッドには三八一億ユーロの総収入があった。[17] 一四億ユーロを利益として計上し、二億七二〇〇万ユーロの税金をアイルランド政府に納めた。

同社は、残りの三六四億ユーロは、ほとんどの法域（国・地域）で課税の対象とならない事業経費で使い果たしたと主張した。従業員の給料やオフィスの賃料など通常の経費が該当するが、ほかにグーグル・ネーデルランドへの一六一億ユーロのロイヤリティ支払いも含まれている。[18] グーグルは、ヨーロッパやアフリカ、中東での収入の四〇％以上を、自社製ソフトウェアの使用権購入に充てているのだ。

グーグルのこのオランダ子会社も実際にはソフトウェアを所有しておらず、別のグーグルの子会社からリースしている。経営実態のないまったくのペーパーカンパニーであり、知的財産のライセンスを流通させ、生みだす利益を世界中に運ぶための導管なのだ。二〇一八年、グーグル・ネーデルランドはひとりも雇用していないのに、ソフトウェアのライセンスと引き換えにアイルランド子会社から数十億ドルのロイヤリティを受けとっている。[19]

だが、グーグル・ネーデルランドもそのソフトウェア・ライセンスの金を払う必要があった。そのライセンスはどこで入手したのか？[20] グーグル・アイルランド・ホールディングスという名のアルファベット社の別の子会社だ。ダブリンにあり、グーグル・アイルランド・リミテッドからグランド運河沿いに歩いてすぐの場所を所在地として正式に法人化されている。アイルランドの税法は緩いので アイルランドで経営実態がなくてもかまわない。グーグルのいまの事例の場合、法的にはバミューダで運営がおこなわれている。

ここでもことば遊びのような展開が続く。つまり、ＥＵの貿易政策の恩恵を受けられるアイルランドで「法人化」し、法人税率がゼロ％のバミューダに「居住」しているのだ。[21]

二〇一八年、グーグル・ネーデルランドは、アイルランドで法人化されてバミューダに居住するこのグーグル・アイルランド・ホールディングスに、ソフトウェアの使用権料として二一八億ユーロを支払った。[22] この金額は、グーグル・ネーデルランド自身のロイヤリティであるグーグル・アイルランド・リミテッドからの一六一億ユーロと、シンガポールを拠点とした、似たような取引相手であるグーグル・アジア・パシフィック非公開有限責任会社《Pte. Ltd.》からの五七億ユーロを合わせたものだ。

当時のオランダはロイヤリティに課税していなかったため、アイルランドとシンガポールからオランダへ、そしてまたアイルランド（実際にはバミューダ）へ、一ペニーたりとも税金を払うことなく巨額のロイヤリティを送っていた。[23] アイルランドからオランダへ、そしてまたアイルランドへ――オランダを挟む《ダッチ・サンドイッチ》、ダブル・アイリッシュ。

バミューダが所在地のグーグル・アイルランド・ホールディングスは、オランダ法人と同様、従業員をひとりも雇っていない。[24] 登記上の住所――サー・ジョン・ロジャーソンズ・キー70、ダブリン2――を一〇〇〇近いほかの企業と共有している。それでもグーグル・アイルランド・ホールディングスは二〇一八年に二五七億ドル（二二四億ユーロ）以上の収入をあげ、一五五億ドル（一三五億ユーロ）以上の利益を計上した。[25] 差額の一〇二億ドルのうち九五％近くは、グーグル独自の研究開発に投下され、残りは他の費用に充てられた。

同社は書類上はバミューダが拠点になっているので、アイルランド政府には税金を払わないし、バミューダはそもそも法人税率がゼロだ。

最終的に金が落ちついた場所はグーグル・アイルランド・ホールディングスだった。アルファベット社との契約により、グーグル・アイルランド・ホールディングスはアメリカ国外におけるグーグルの全知的財産のライセンス権を保有していた。[26] しかも、書類上では数十億ドルの年間収入を「生みだして」いたが、バミューダにある同社の物理的な実体は首都ハミルトンにあるなんの変哲もない四階建てのオフィスビルの私書箱――番号６６６――だけだった。[27]

ここでおさらいしてみよう。

マルコは、グーグルで「フィレンツェの革職人　アスカーニ家」の広告をクリックし、ベルトを一本購入した。同じ広告をクリックしたほかの三五人は購入まではいかなかった。一回のクリックで約〇・一一ユーロ、三六人分の合計三・九六ユーロをアスカーニ家はグーグルに払うことになる。マルコにベルトが売れたことで、イタリア政府はアスカーニ家から付加価値税八・八〇ユーロを受けとる。販売が対面かオンラインかにかかわりなく、イタリアにはこの税金が入る。

グーグル・アイルランド・リミテッドは、アスカーニ家から三・九六ユーロを受けとった。そこから営業経費として三・七八ユーロを使い、〇・一五ユーロの利益を確保し、およそ〇・〇三ユーロをアイルランドの税金として納めた。イタリア政府は、イタリア国民とイタリアの企業が関与し、完全にイタリア国内でおこなわれたこの取引（広告のクリックに伴って発生するサービス料）から税金を受けとっていない。

グーグル・アイルランド・リミテッドが営業経費として支出した三・七八ユーロのうち、一・六七ユーロはグーグル・ネーデルランドへのロイヤリティの支払いに、二・一一ユーロはその他の経費に回された。

グーグル・ネーデルランドは受けとった一・六七ユーロをほとんどグーグル・アイルランド・ホールディングスに流し、自社の経費としては一〇分の一ペニーしか引いていない。このオランダ子会社が払った税金は約〇・〇〇〇三ユーロだ。

最後に、バミューダに私書箱を置く、表向きはアイルランドの会社であるグーグル・アイルランド・ホールディングスが一・六七ユーロを受けとった。そこから約一・〇一ユーロが利益として計上され、残りはほとんどグーグル自身の研究開発資金に充てられた。グーグル・アイルランド・ホールディングスは税金を払っていない。

結局、グーグルがアスカーニ家から得た三・九六ユーロのうち、税金として支払ったのは、小数点第四位まで細かく記せば〇・〇二八四ユーロだけだ。実効税率はおよそ〇・七%。このわずかな税金は、取引がおこなわれたイタリアではなく、アイルランドとオランダで分配された。イタリアの法人税率は二四%、アイルランドは一二・五%、オランダは二五%なのだが、バミューダを介在させることでグーグルは〇・七%の低税率を勝ちとったのだ。

納税回避に伴う代償

何百もの法域（国・地域）の法律のなかから企業が自社に都合のいいものを選べるようになると、税制優遇が最も手厚いところへ企業の金は流れていく。ピザの配達ドライバーにはこうした選択はできない。複雑怪奇な裏技に見えるものの、グーグルなどの多国籍企業が採用している財務上のテクニックは、あからさまに法律に反しているわけではない。このような合法的な「納税回避」は、富裕な個人が法律で定められた税金から逃げるために金を隠す違法な「脱税」とは異なる。とはいえ、どちらもタックスヘイブンを利用し、どちらも迷宮のようなプロセスを踏んで金の流れをわかりにくくし、どちらも銀行の口の堅さを利用して発覚を防いで利益を膨らませるところは同じだ。

納税回避が厳密に合法であることを、多くの経営者は自社の戦略を正当化するための拠り所としている。ダブル・アイリッシュの採用時にグーグルのCEOだったエリック・シュミットは、大手企業であればこのような手法を使うのがあたりまえだったと振りかえる。[28]「ヨーロッパの企業がアメリカで事業を展開するときに、自分たちに有利なようにふるまうのと同じ感覚で、私たちも世界各地の税制をあれこれと組みあわせて活用したのだ」

のちのインタビューでシュミットは、「企業はもちろん、利用できる節税策があれば反応するだろう」と述べた。その指摘は的を射ているし、まちがってはいない。どこかの国がテーブルの上に金を広げてくれるのなら、企業がなぜそこに手を伸ばしてはいけない？　シュミットは「ヨーロッパが自ら招いたこと」と述べ、当時、経済が低迷していたアイルランドへの投資を呼びこむために、ヨーロッパの人たち自身が「底辺への競争」そのものの税制をつくったことを指摘した。「世界の税制は複雑の極みで、ルールにつねに従わなければならない。税金のルールが変われば、もちろんそれに沿って動く。だがどういうわけか、われわれが何やらよからぬことをしているという思いこみが世間にはあった」

シュミットの言うとおりだ。非難のほこ先はシュミットやグーグルに向きやすかったが、いちばんの責任は、底辺への競争を繰りひろげるなかで、税逃れの方策を合法にしてしまった国々にある。

ただし、合法だからといって、正しいとはかぎらない。二〇〇〇年以上前に哲学者プラトンは、

「収入に税がかけられると、同じ額の収入でも、正直な者はより多く払い、不正直な者はより少なく払う」と書いている。だが株主資本主義の世界のなかで道徳哲学に根差した議論をすることはむずかしい。コロンビア大学ロースクールのティム・ウー教授は「私たち全員がもし、結婚生活や家族とのかかわりのなかで、あるいは消費者としての行動において、合法なら何をしてもいいと考えるのなら、たちまちトマス・ホッブズ（一七世紀のイギリスの哲学者・政治思想家。人間の特性を根拠に国家が権威をもつことの意義を唱えた）の信奉者たちの言うカオスに陥る」として、道徳の議論に勝つには害悪の存在を示さなければならないと指摘した。「倫理は長いあいだ、社会契約を潤滑にする油のようなものだったと私は思う。合法かどうかだけがすべての行動基準になるのであれば、まとまりのある社会にはならないだろう」

税金の公正・適正な徴収をうったえるNGO〈タックス・ジャスティス・ネットワーク〉のディレクター、ジョン・クリステンセンは、企業の納税回避策が正当と見なされるのは、多くの場合、正式に異議を唱えられたことがないからにすぎないと言う。[29]「（多国籍企業がおこなっている）税金対策は検証されないままグレーゾーンに属し、完全に合法と彼らが主張する納税回避策の多くも実際に調査されれば崩壊する」

つまり、納税回避に関して企業は、有罪が証明されるまでは無罪と言っているにすぎない。この白と黒が混ざりあったグレーゾーンを彼らは喜んで利用する。多国籍企業の地球規模に広がる複雑な税金構造を解明するには、膨大な時間と専門知識が要る。こうした税務調査のために資源を用意している政府もあるが、多くはそうではない。

「財政当局の力が強い国では、多国籍企業やその節税担当役員はリスクをより意識し、より安全な納税計画に向く可能性が高い」とクリステンセンは言う。「だが、移転価格設定を調査する財政当局の能力が低い国では、多国籍企業はもっと強気に攻めてくる」

企業に有利な税制優遇策を大々的に展開している国々も、じつは苦しい状況に陥っている。グローバル化した世界で資本を呼びこむために、自国の法律を弱体化させ、同じような優遇策をとる国々との底辺への競争に巻きこまれてしまった。いまや、多くの個人や企業が、政府の手が届かないところで活動する方法を見つけだすようになった。「企業や資本は、最も生産性の高い場所ではなく、最も税金が安い場所に移動する」と、ジャーナリストで租税の正義をうったえるニコラス・シャクソンは著書『タックスヘイブンの闇』(朝日新聞出版)で述べている。[30] このような行動は、政府が国としての主権をもって経済政策を決定する能力と、自由市場の効率を損なうものだ。「〝効率的〟なことなどどこにもない」とシャクソンは言う。

企業が税務当局から逃がす一ドルは、インフラや医療、教育、治安など、社会だけでなく当の企業にも恩恵をもたらす政府の施策に使われなかった一ドルなのだ。

税金構造の複雑さを考えると、各国の政府がどれだけの税収を失っているのかを正確に把握することはむずかしい。企業のほうもその数字をあまり公表したがらない。だが研究者たちはデータをもとに、世界中の政府は毎年、企業による納税回避によって五〇〇〇億ドルから六〇〇〇億ドル、さらに個人による脱税によって二〇〇〇億ドルを失っていると推定している。[31]

オフショアの金融システムのせいで、アメリカとEUはそれぞれ毎年約一九〇〇億ドルの税金を失っているが、発展途上にある国々はさらに大きな打撃を受けている。[32] ラテンアメリカ、南アジア、アフリカの発展途上国は、もともと法人税に頼る部分が先進国よりも大きい[33]――先進国では総税収の一〇％が法人税だが、途上国では一五％に達し、しかも他の税に比べて徴収の確実性が高い。こうした国には漏れを塞《ふさ》ぐための資源が、つまり専門知識や追跡にあたる人材が少ないため、脱税や納税回避による損失がいっそう膨らんでしまう。富裕層や多国籍企業が発展途上国で儲けた金をタックスヘイブンに流すと、その国の経済成長の勢いがへし折られる。インフラや医療への実のある投資を抑え、民主主義を弱らせ、不平等を広げ、国民の信頼を壊すのだ。先進国にとっての犠牲はちょろちょろと続く水漏れ程度に思えるかもしれないが、世界の多くの国にとっては大洪水となる。あるシンクタンクは、不正な資金の流れのせいで途上国が二〇〇八年に失った額は一兆二〇〇〇億ドルにのぼると推計した。[34] これらの国々に対外援助として外国から入ってくる年間一〇〇〇億ドルを凌駕している。

世界の税金のシステムを改善すれば、慈善事業や対外援助活動よりも大きな影響を途上国に与えられるだろう。

グーグルがダブル・アイリッシュ＆ダッチ・サンドイッチを実行していることを私たちが知っているのは、表沙汰になったあともグーグルが何年もその策を使いつづけていたからだ。それは世間に激しい怒りを引きおこしたが、合法か違法かで言えばやはり合法だった。

二〇一四年、ＥＵから強い圧力を受け、アイルランドは多国籍企業がアイルランド子会社を別の国に置くことを禁止した。[35] もはや、バミューダからアイルランドの会社を経営することはできなくなった。だがグーグル・アイルランド・ホールディングスのように、すでにその仕組みを利用していた企業には二〇二〇年までの猶予が認められた。グーグルの親会社がこの仕組みの放棄を正式に発表したのはぎりぎりの二〇一九年一二月三一日で、そのころにはすでに、禁止された仕組みに代わる似たような計略が動きはじめていた。

そもそもダブル・アイリッシュ&ダッチ・サンドイッチが注目を集めたのは、これを利用したグーグルなどの多国籍企業が、世界中でつねに注目され、つねに監視されている企業だからだ。だから、彼らの納税回避の道は街灯やネオンサインで明るく照らされている。だが大半の道はこれほどわかりやすく照らされてはおらず、アイルランド政府に抜け穴を塞がせるには、ジャーナリストや一般市民、政策立案者が何年間も働きかけなければならなかった。

グーグルの税金戦略が報道されたことで、ほかのヨーロッパ各国の政府も取り締まりに乗りだした。イタリアとフランスは、デジタル広告やその他のオンライン取引で発生した利益に課税するデジタルサービス税を導入した。[36] この二カ国はグーグルに対して脱税疑惑での調査も開始し、同社の税金戦略は法的にも誠実度においても合格しなかったらしく、一〇億ユーロ以上の追徴金を課されている。[37] また、オランダは、バミューダなどの低税率地域に流れるロイヤリティやその他の支払いに二一・七%の税金を導入し、ダッチ・サンドイッチを事実上、メニューから除外した。[38]

だがこれらの措置は、特定の種類の納税回避に使われる特定のテクニックに対処するだけもので、根本的な問題を解決してはいない。表に出たダブル・アイリッシュ&ダッチ・サンドイッチがひとつあれば、その裏には、頭のいい法律家や会計士と利用者の企業だけが知っている、同じように巧妙な手口が何十と存在するのだ。オフショアの世界は氷山のようなもので、大部分は見えないところにある。ダブル・アイリッシュが段階的に廃止されようとしていたときのアイルランドでさえ、それに代わるものがひっそりと舞台にのぼっていた。アイルランドのマット・カーシー議員が財務大臣に対し、改正法案にはまだ大きな抜け穴が残っていると指摘したところ、「グリーン・ジャージーを着たまえ」と言われた[39]。口を閉じて、アイルランドのためにベストを尽くせということだ（緑はアイルランドのシンボルカラー）。皮肉なのは、「アイルランドのため」が、アメリカ多国籍企業の税負担の軽減につながることだ。

世界中で事業を展開する企業に課税するための、一貫した枠組みを構築しなければならない。それなしでは、企業が得た金は税率が最も低い法域（国・地域）に流れつづけることになる。責任ある税行動を実践した企業を認定する団体〈フェア・タックス・マーク〉のポール・モナハンＣＥＯは、既存のシステムを水の漏れたダムになぞらえる。「穴から水が漏れているのに気づいて塞ぐと、別の穴が現れる。法律の抜け穴に気づいて新しい法律をつくると、また別の抜け穴が開くんだ」

この水漏れの実例を知りたければ、ｉＰｈｏｎｅを見ればいい。

何年ものあいだ、アップルはアイルランドでの独自の取り決めによって、数十億ドルもの税金を節約していた[40]。二〇一〇年代のはじめごろにアップルは、経済学者のブラッド・セッツァーが「グローバルな税金対策の解脱の域」と呼ぶ水準に到達していた。アイルランドにあるアップルの主要な子会社は、アメリカの税務上ではアイルランド籍と見なされ、アイルランドの税務上ではアメリカ籍と見なされ、どこにも存在しない扱いだった。オフショアの関連会社は、どの国にも納税申告をしないで済むように巧妙に偽装されていた[41]。二〇一四年、アップルが世界であげた利益に対して払った税金の率は約〇・〇〇五％だった。この手法はダブル・アイリッシュではなかったが、近い親戚のようなもので、のちにアイルランド司法当局は不適切な馴れあい協定だと裁定を下した。アップルとアイルランド政府はこれを不服として控訴したが、いまも訴訟合戦が続いている。

アメリカ上院の調査によってアップルの慣行が白日のもとにさらされ、ヨーロッパの税務当局が取り締まりの準備に入ると、同社は納税構造を再編する方法を模索しはじめた。六つの税制優遇法域の法律家と打ちあわせ、アップルは、法人税がゼロの、イギリス海峡に浮かぶ人口一〇万人の小さな島、ジャージー島に狙いを定めた[42]。

ジャージー島は、外からの印象では、ハイテク巨大企業が進出するような場所には見えない。面積は一二〇平方キロメートルほど、地中海以北としては最高に美しいビーチがあり、丘陵に牧草地が広がる緑豊かな島だ。島のどこからでも車で一〇分も走れば海に着く。海岸沿いには漁村やリゾートタウンが点在しており、何かの店を切り盛りしている人のほうがプログラマーより多い。一九八〇年代よりまえのジャージー島は、小さな島によくある、のんびりした自給自足経済で暮らしていた。だが今日では、世界でもとくに人気のあるタックスヘイブンとなった。

二〇一四年末、アップルは「無国籍」のアイルランド子会社三社のうち二社に納税地をジャージー島として申請させ、残りの一社にはアイルランドとして申請させた[43]。この再編と前後して、二七〇〇億ドル近い無形資産が突如としてアイルランドに出現する。アイルランド全土の住宅地の総額よりも大きい富の流入は、その年のアイルランドのＧＤＰを二六％押しあげるほどだった。

当時は、経済の急上昇が何によるものなのか誰もわからなかった。まもなく、税務のエキスパートたちは、世界的な大企業がエメラルドグリーンの島に上陸したことを悟った。

アップルは会社構造の再編に際し、アイルランド子会社にジャージー島の子会社一社から二〇〇〇億ドル以上を借金させ、その金でジャージー島の別の子会社が所有する知的財産を買いとらせていた。[44] アイルランド子会社は、融資の利子と、知的財産の減価償却費の両方を、課税対象から除外することができた。

つまりアップルは自社の知的財産を購入するための資金を子会社に貸しつけ、その子会社で借入金の利息を増やし、知的財産の価値を下げ、数十億ドルの税額控除を獲得したのだ。ホワイトハウスと財務省でこの問題を担当した経済学者のブラッド・セッツァーは私に、「あれは典型的なペーパー取引」であり、アイルランドでのアップルの実効税率はおそらく一〜三％ぐらいだろうと言った。

この新しい納税回避策は、ダブル・アイリッシュの改革時にアイルランドの議員たちがひっそりと空けておいた抜け穴のひとつだった。「グリーン・ジャージー」という、いかにもふさわしい呼び名がつけられ、知的財産の取引をおこなう企業のあいだで人気を博している。[45] ダブル・アイリッシュと同様、企業は莫大な税金を払わずに済み、しかもその利益と知的財産をヨーロッパに留め置くことができる。グリーン・ジャージーは、タックスヘイブンに拠点を置くアイルランドの企業にも、かつてダブル・アイリッシュを支えた、現在では違法とされる仕組みにも依存しない。代わりに、アップルのアイルランド拠点はタックスヘイブンにある別の子会社二社から資金を借りてなおかつ知的財産を購入する。二〇一四年の法改正はここでは効かないのだ。

ほかの納税回避戦略と同様、グリーン・ジャージーを利用する企業はそのことを公言しない。明るみに出たのは、アップルに再編の助言をした法律事務所から流出した文書がジャーナリストの手に渡ったからだ。

納税回避を実践しているのはアップルやグーグルのようなテクノロジー・プラットフォーム企業だけではないが、彼らは税務当局にしてみればとりわけ捕捉しづらいターゲットだ。理由はいくつかある。ひとつは、彼らの製品は世界中どこにでもあること。政府がサイトをブロックしないかぎり、インターネットに接続さえできれば、世界中のどこからでもグーグルやフェイスブックなどの消費者向けインターネット企業の顧客になることができる。企業が物理的な拠点をもたなくても、事実上あらゆる法域で事業を展開できるときに、どの地で課税すべきかを決めるのは非常にむずかしい。

ふたつ目は、テクノロジー企業は収入のほとんどを知的財産から得ていることだ。トウモロコシや石油などの有形の商品とは異なり、知的財産は無形であることが多い。知的財産とは、特許や商標、著作権など、他社製品と差別化するための秘伝のソースであり、頭のなかのアイデアを表現したものだ。コカ・コーラなら、世界中で飲まれている各清涼飲料水のレシピ、ウォルト・ディズニーなら、ミッキーマウスやドナルドダックの著作権がこれにあたる。テック系企業であれば、ソフトウェアを動かすコードだ。知的財産には実体がなく、国から国へたやすく移すことができ、価値を見きわめるのがむずかしい。そのため、移転価格設定を乱用するには理想的な商品なのだ。

ライセンス料の高騰——グーグルの場合、一年間で一六一億ユーロにのぼる——が著しいため、ハイテク企業は、知的財産が合法的に居座れるオフショアのタックスヘイブンに巨額の利益を乗せることで大幅に税金を節約できる。

このような知的財産のオフショア化によって、世界各国の政府はどれほどの犠牲を被っているのだろうか。フェア・タックス・マークは、アメリカのテクノロジー・プラットフォーム企業大手各社が移転価格設定やその他の戦略を用いて二〇一〇年から二〇一九年のあいだに世界の税金から削りとった額は、一〇〇〇億ドルから一五五〇億ドルにのぼると試算する。[46]

大手テクノロジー企業はその税額のあまりの低さで目立ちやすいが、彼らだけを国際的な税金逃れの犯人と見るのはまったくまちがっている。彼らの戦略の大部分は、ほかの多国籍企業が何十年も使ってきたものに独自の工夫を加えたにすぎない。

超党派で非営利のシンクタンク〈税制・経済政策研究所（ＩＴＥＰ）〉は二〇一七年、フォーチュン５００企業のほぼ四分の三が、少なくともひとつの子会社をオフショアのタックスヘイブンで運営していることを明らかにした。[47] さらに、そのうちの二九三社が、そうした子会社を利用して二兆六〇〇〇億ドル以上を超える利益を国外に蓄えており、その利益に対する課税率は平均で六・一％しかなかった――同時期のアメリカの法人税は三五％だ。

二〇一七年に議会が税制を改正するまえ、その二九三社が利益をアメリカに戻していれば、合計で七五二〇億ドルを政府に支払うことになっていただろう。二兆六〇〇〇億ドルの蓄えがアメリカに戻っていれば、新しい税法がリパトリエーション率（企業が資産をアメリカに戻したときに払う税金の率）を下げたあとでも政府には二〇〇〇億ドル以上の法人税収入があったはずだ。しかも、これはフォーチュン５００企業に限っての話だ。

アフリカや東アジア、中東などに本社を置く企業の税金最適化戦略については対応が始まってもいない。フォーチュン500企業の税金対策を私たちが知ることができるのは、アメリカ政府が株式公開企業に対して所定の透明性と情報開示を要求しているからだ。ほかの国でも税金戦略は駆使されているはずだが、私たちは彼らの財務活動を見ることができない。

注目を浴びるのはアメリカ企業が多かったが、このところ、ヨーロッパの多国籍企業でもその果敢な納税回避に非難が集まっている。欧州委員会（EC）は、オランダで一〇億ユーロの税金を回避していたとの疑惑に基づいてイケアの調査を開始した。[48] 同様に、ドイツのジャーナリストたちは、フォルクスワーゲンが本国での納税を避けるためにルクセンブルクの子会社に数十億ユーロを隠していることを突きとめた。

本書の執筆時点では、フォーチュン500企業のうち、タックスヘイブンにいちばん多くの利益を蓄えているのはアップルで、三つの海外子会社に二四六〇億ドルが散らばっている。ただし、タックスヘイブンの顧客として圧倒的に多いのは、アメリカの金融機関だ。

アメリカの大手銀行や投資銀行は、海外に二〇〇〇以上の法人を置き、約一四九〇億ドルをオフショアで保有していた。[49] これは、世界金融危機が起こったあとに彼らが政府から受けた救済措置にほぼ匹敵する額である。

製薬会社も、テクノロジー・プラットフォーム企業と同様に企業価値の大半を知的財産から得ており、その特許料もタックスヘイブンに流れこむ傾向がある。アメリカの四大製薬会社——アボット・ラボラトリーズ、ジョンソン・エンド・ジョンソン、メルク、ファイザー——は、タックスヘイブンの子会社四四三社で合計三五二〇億ドルを保有している。[50]

貧困と不正の撲滅のために活動する団体〈オックスファム・インターナショナル〉によると、これらの企業はオフショアの仕組みを利用して毎年三八億ドル以上の国際課税を回避しており、そのなかには本来なら発展途上国へ渡るはずの税金一億一二〇〇万ドルも含まれている。

テクノロジー・プラットフォーム企業や銀行、製薬会社に対するバッシングが大流行《おおはや》りだが、オフショア界隈《かいわい》にはほぼすべての業種の企業が集まっていることを知っておく必要がある。コカ・コーラ、ナイキ、ゼネラルモーターズなどアメリカの顔と言ってもいい企業でさえ、アメリカ政府への数十億ドルの納税を避けるためにオフショア子会社を利用してきた。[51] これらの企業も、グーグルとその納税回避と同じく、法律を破ってはいない。好ましい行為ではないかもしれないが、合法は合法、あとは法律を変えるしかない。以上《ピリオド》。

多国籍企業が税金の支払いを回避することは、政府の施策にかかる費用を公平に負担しないというだけでなく、中小企業に対して不当に優位な立場を得ることでもある。オフショアでの税構造を自社に最適化するために会計士や弁護士、銀行家を雇うのには、かなりの金がかかる。その金を払えるのは大企業だけであり、そうでない企業は大きなハンデを背負うことになる。

地元の小さなコーヒー焙煎店が利益の二一％をアメリカ政府に払わなければならない一方、スターバックスのような世界規模で税金を最適化する競合企業が七五〇〇万ドルの税還付を受けているとしたら、競争の場ははじめから四五度傾いている。[52]

「生産性や起業家精神や真に優れた資質などとは関係のないところでおいしい思いをするのは大企業だ」とジャーナリストのニコラス・シャクソンは言う。「たんに富を国外に移すだけ」で、大国の政府でさえその金に触れることができなくなる。

底辺への競争

ところで、税金逃れの横行によって各国が手痛いダメージを被っているのなら、なぜいまもタックスヘイブンにこれほどの影響力があるのだろうか。タックスヘイブンは先進国からも発展途上国からも何十何百億ドルの金を毎年吸いあげ、国が国民に奉仕する力を弱めながら、巨大企業や富裕層に好きなようにさせている。だが、タックスヘイブンがらみの大きなコストが明らかになったあとも、EUのような政治経済で結びついた地域連合が大きな抜け穴を塞ごうと躍起になって取り組みはじめたあとも、オフショアの仕組みはほとんど傷ついていない。むしろ、より大きく、強くなりつづけている。

その理由を把握し、解決策を考えるにはまず、現代のオフショアシステムがどのように生まれたかを知る必要がある。この半世紀のあいだに、タックスヘイブンは世界経済の脇役的存在から主役級の存在になった。多くの国がそれに対抗しようとこの一〇年、二〇年、あるいはそれ以上の時間を費やしてきたが、どの取り組みをもってしても永続的な影響を与えることはできなかった。オフショアの世界の不安定さは、繰りかえし起こってきたふたつの事象を通して見るとわかりやすい。ひとつは、国が外部の勢力に搦めとられる――あるいは動かざるをえないほど外部から影響を受ける――ということ。もうひとつは、そうした国が、いちばん魅力的な税制策を提供できる国を競う、世界規模での

「底辺への競争」に引きずりこまれるということだ。

高潔なプレイヤーを見つけるのはますますむずかしくなっている。悪役なら、タックスヘイブンそのもののほか、企業のロビイストやら会計士やらいくらでもいそうだ。オフショアの世界を確立した最大の功績者は、現在オフショアのせいで毎年何十億ドルもの税収減に苦しんでいるイギリスとアメリカだ。この二カ国はオフショア問題の解決に着手できるだけの力をもつ数少ない国であり、本気を出せばおそらく対処は可能だろう。

タックスヘイブンの始まりを告げる号砲が鳴ったのは、第二次大戦後のロンドンだった。それ以前にも存在がなかったわけではなく、たとえばスイスは一九世紀後半から脱税の都だった。一九五〇年代よりまえのタックスヘイブンは、富裕な個人やギャングがおもな顧客で、潤沢な金が集まってきたが、表に出せない金だったために、表の世界で充分な経済力を発揮することはなかった。だが、シティ・オブ・ロンドンがタックスヘイブンの主流化を後押しする。

タックスヘイブンが自らタックスヘイブンになろうと選択したケースは少なく、力のある外部の組織の意向でそうせざるをえなくなった傾向が強い。シティ・オブ・ロンドンは、外部の利害関係者としては弱小にはほど遠いと思うかもしれないが、ここで明確に区別しておこう。シティ・オブ・ロンドンと、ロンドンを混同しないでほしい。

ロンドンはイギリスの首都で、シティ・オブ・ロンドン（たんに「シティ」とも呼ぶ）は首都のなかにある二・五平方キロメートルほどの広さにこの国の金融業界が詰まった地域を指す。両者はまったくの別物だ。

シティの歴史は古く、ルーツはローマ帝国時代にさかのぼる。[53] イギリスの政界で強い力をもつようになったのは、一一世紀にノルマン人の侵攻を受けて以来だ。イギリスが発展するにつれ、シティはその財力にものを言わせ、国内の他の地域にはない、一定の自治権を有するようになった。独自の選挙システムによって独自の行政府（シティ・オブ・ロンドン自治体《コーポレーション》）を選び、独自の警察を組織し、イギリス議会の一部の法律の適用を除外されている。

「シティ」は特定の場所を指すだけでなく、アメリカのウォール街のようにイギリスの金融業界全体の略称としても使われている。イギリスのすべての銀行がシティの地理的境界内にあるわけではないが、シティとそこで働く人たちは、イギリス内外にある銀行の最高クラスの代理人として活動している。

シティの行政トップである市長（シティ・オブ・ロンドンの市長はロンドンの市長とは区別される）の公式な責務は、「イギリスの金融および専門性の高いサービス部門の国際大使」としての役割を果たすことだ。[54] また、シティ市長は、イギリス金融業界の成功に尽力する目的で二〇一〇年に設立された業界団体〈ザ・シティUK〉の指導者会議の議長も兼ねる。ニコラス・シャクソンによると、この団体は数十社の国際金融サービス企業を代表しており、「シティと民間金融セクターとの融合」を推進している。

ロイター通信社はザ・シティUKを「イギリスで最も強力な金融ロビー団体」と呼ぶ。[55] 同団体のホームページにも、その主張が誇らしげに掲載されている。

シティが下院のロビイストとして任命する「リメンブランサー」（思いだささせる人）と呼ばれる担

当者は、下院議長の向かいの特等席に座る。[56] 金融サービスなどシティに関係のある質問をした議員は、数時間以内にリメンブランサーから電話を受けとることになる。また、シティの行政府シティ・オブ・ロンドン自治体《コーポレーション》のメンバーを選ぶのは、シティに拠点を置く企業であることも知っておきたい。選挙では、シティに住む八〇〇〇人の住民はそれぞれ一票をもつが、そこに拠点を置く企業は三万二〇〇〇票をもつ。[57] つまり、バークレイズやＪＰモルガン・チェース、中国人民銀行、イランのバンク・セパ・インターナショナル、モスクワ・ナロドニー銀行などの国際銀行が、イギリスできわめて重要な地域の地方選挙に直接参加できるのだ。

シティは多くの点でイギリスに同化しているとはいえ、その忠誠心の行き先は国よりも金融業界にある。構成メンバーを見れば、シティは、世界一とまでは言わないまでも、イギリスで最も強力な利益団体と言ってよいだろう。シャクソンはシティそのものをロビー団体と評し、「イギリスという国家の構造にシティが深く織りこまれているため、イギリスは金融業界の力に立ちむかうことはおろか、内情をチェックすることすら非常にむずかしくなっている」と指摘する。[58]

これはシティの積極的なロビー活動の成果でもある。タックス・ジャスティス・ネットワークのディレクター、ジョン・クリステンセンは、「全米ライフル協会でさえ、ザ・シティＵＫと比較すると気弱な恥ずかしがり屋に見える」と言う。シティがイギリス政治にそれほど強気でいられるのは、国の経済にとってあまりにも重要だからだ。

クリステンセンは続ける。「ほとんどの国会議員は、シティを金の卵を産むガチョウだと思っている。イギリス経済で最大の富を生みだしているところだから、もしここに手を入れれば、経済がだめになりかねないという恐怖がある。うち（イギリス）の経済が弱いから、金融業界に屈服しつづける以外に選択肢がない、という感じだ。ほぼ完全に国を占拠している」

この影響は国内政治の外にも及んでいる。

デイビッド・キャメロン政権時代の首席補佐官ジョナサン・ラフは、「EUとの関係でイギリスにとって最重要だったのは、シティ・オブ・ロンドンを護ることだった」と語る。「イギリスの首相をはじめ、財務大臣、EUの拠点ブリュッセルでイギリスを代表する外交官の誰もが、『この事案はイギリスの金融サービス業界にどう影響するか』をつねに一番に考えていた」

クリステンセンとラフの見方は、財務省の元高官にも共通する。

「私たちはシティを、殺さずにできるだけむしりとりたいガチョウだと見ていた。イギリスは昔からずっとそんなふうだった」と元高官は述べる。「イギリスは、シティの発展と、とりわけEUの規制から護るための政策を追求する一方で、シティの国際競争力を損なわないような方法で課税し、地代を引きだそうと模索してきた」

シティが長く影響力を維持してきた要因のひとつは、第二次大戦後に、世界のオフショアの仕組みづくりに貢献したことだ。[59] 当時、イギリス帝国は崩壊寸前だった。戦争で疲弊し、借金が膨らみ、植民地が次々と独立を宣言して国力は急速に縮んでいた。世界の大国としての地位を保つための策が必要になり、そこで、かつて偉大な帝国の経済的中心だったシティが解決策を提示したのだ。「金融」という解決策を。

イギリスの銀行界は世界の顧客を獲得しようと努め、顧客に本国のルールや規制から逃れる策を提示して自分たちを売りこんでいった。[60] ロンドンで事業を展開することで、アメリカの銀行家は大恐慌時代の規制を回避でき、ソ連は西側市場に堂々と投資でき、犯罪組織は汚い金を真っ白になるまで洗浄できるようになった。

だが、シティが金融サービスを充実させていくには、顧客が金を預けいれたり、そのまま保管したり、引きだしたりするための中継拠点が必要だ。その拠点は、他国の政府から要請があっても、銀行や顧客やイギリス政府が幾層かの「もっともらしい否認」を行使できるように、ある程度の距離があるほうが望ましい。

銀行界は遠くまで探しまわる必要はなかった。第二次大戦後、イギリスは帝国の大部分を失ったが、カリブ海とイギリス海峡に点在する島々は手放さずに済んだ。シティのロビー活動によって、これらの島々には新たな目的が与えられた。

例として、世界有数のタックスヘイブンであるケイマン諸島を見てみよう。ケイマン諸島は一七世紀からイギリスの統治下にあったが、歴史の大半は太陽が降りそそぐ南国の僻地《へきち》にすぎなかった。一九五三年に最初の空港、銀行、病院ができたとき、島の住民は六五〇〇人足らずだったし、[61] 一九六六年当時、首都ジョージタウンの中心街を牛が歩いていた。同年、海外の銀行家たちがイギリスの息のかかった現地政府に銀行秘密法の制定を要請し、それを受けてロンドンのシティが道を開いた。一九七〇年代には、世界の金融の拠点としての地位を確立しつつあった。ただしこの進化はケイマン諸島の人たちではなく、外部の銀行家とシティによってもたらされたものだ。

ロンドンでは、ケイマン諸島がオフショアの資本に向けて公然とアピールすることを快く思わない当局者もいたが、彼らが懸念していたのは倫理的に正しいかどうかよりも、イギリスの通貨や金融業界に対する支配力を維持できるかどうかだった。[62] 一九六九年に書かれたイングランド銀行の幹部による書状に、「ケイマン諸島の外の資産を操作するお飾りにすぎない信託会社や銀行などが増殖し、こちらの手に負えない事態とならないよう見張る必要があります」との文言がある。「むろん、非居住者のための隠れ場所を提供することに異論はありませんが、そうすることによって、英国の資本が、英国の規則が適用されないポンド圏外に移動する危険性は排除しておかなければなりません」

結局、ケイマン諸島は自国通貨を採用し、イングランド銀行の懸念は小さくなった。[63] 以来、ケイマン諸島は外国の現金を吸いこむ壺として機能しつづけている。イギリスの他の海外領土の多くも同じ道をたどった。海外の銀行家や会計士がこうした地域にやってきて、金融関連の法律を改正すれば、他国の税法の抜け穴を利用して大量のビジネスチャンスを手にできると誘いまわったのだ。シティは仕組みをつくりなおすための道を開き、シティの銀行は新しいビジネスの多くを吸いあげていった。こうして、イギリス政府の暗黙の了解のもと、シティは帝国の島々を世界有数のタックスヘイブンにつくりかえていった。

これらのタックスヘイブンは海外の銀行や急激に勢いを増す多国籍企業をますます惹きつけ、国際法の枠内で、そうした顧客が合法性を主張できるような抜け穴を巧妙に利用していった。やがてタックスヘイブンは、世界経済における脇役的存在からより大きなプレイヤーへと変貌していくことになる。

いまのシティの動向

現在、世界には一般的な法人所得税の制度をもたない一三の法域（国・地域）がある。[64] そのうち、ターアンギラ、バミューダ、英領バージン諸島、ケイマン諸島、ガーンジー、マン島、ジャージー、タークス・カイコス諸島の八つは、イギリスの海外領土または王室属領である。デイビッド・キャメロン首相の首席補佐官だったジョナサン・ラフは、「これらの地域はどれもイギリス帝国の小さな前線基地だ。税負担を減らしたい富裕な個人や企業に喜ばれる道を示してきた」と言う。これらの法域にはそれぞれ議会があるが、最高責任者はイギリス国王によって任命され、最高裁判所はイギリスの枢密院――議員や高官などで構成され、おもにイギリス王室への助言を担当する機関――だ。つまりこれらの法域は、独立した国の形態をとってはいるが、イギリスと非常に密接な関係にある。また、ジョナサン・ラフによれば、シティはイギリス政治に占める比重が大きいので、そうした海外領土の規制（あるいは規制を設けないこと）に対しても「きわめて大きな」影響力を行使できるという。

シティがイギリス領土に影響力を行使するために使えるチャネルはいくつもある。最もあからさまなのは議会で存在感を発揮することだが、チャネルのほとんどは巧妙で目立たない。たとえば、島嶼《とうしょ》政治の特殊性を利用することで、金融業界はこれらの領土を改革に無関心にさせたり、挙動を疑問視する者に敵対させたりすることができる。

一九九〇年代からゼロ年代にかけて、アップルの最新のタックスヘイブンであるジャージー島の政治をシティがどんなふうに動かしてきたか、ジョン・クリステンセンほどよく知る人物はいないだろう。ジャージー島出身のイギリス人で、年のころは六十代半ば、背が高く白髪交じりの彼はパブでよく出くわすような人物だ。笑みを絶やさず、聞くたびに引きこまれる体験談をたくさんもっている——ジャージー島のゴツゴツした海岸をバイクで走った話や、波の荒いイギリス海峡を舞台にヨットレースに出場した話など冒険譚《ぼうけんたん》もあれば、有力紙に「(クリステンセンは)市民の敵」と書かれたあとにその島へ戻ったときの話や、疎遠な兄が彼を「裏切り者」と呼んでいる話など重苦しいものもある。クリステンセンの風貌には、強大な力と何十年も闘ってきた過去がにじみでている。勝ち目の薄い闘いに長年かかわっていても、クリステンセンはもうすぐ風向きが変わると楽観している。

彼は現在、オフショア産業の実態を調べるNGOタックス・ジャスティス・ネットワークを率いている。だが、この団体に二〇〇三年に加わるまえは、オフショアシステムそのものにかかわる仕事をしていた。トウシュ・ロス社(現在はデロイト社の一部)のプライベート・アカウント・マネジャーを経て、一九九〇年代はじめにジャージー島の経済顧問に就いた。そこで目撃した腐敗のあまりのひどさに愕然とする。

クリステンセンはジャージー島などの島々を、シティのような外部組織が「政治的に完全に掌握するための理想的な環境」と表現する。

島の行政府は、もともと外から影響を及ぼしやすいような構造になっていると言い、ジャージー、バミューダ、ケイマン諸島のような法域には、報道の自由や強力な複数政党、二院制議会、独立した司法など、「民主主義に不可欠と見なされる基盤」がないと続ける。投票で選ばれた議員もたやすく〝だませる〟と。

「小さな島の政治家のほとんどはまじめな人たちだが、高度な専門知識を備えているわけではない。改正された会社法を、批判的な目で吟味できる人はほとんどいない。議員たちは、新しい学校をどこに建てるかなど、わりと小さな案件を何時間もかけて議論するのに、非常に込みいった金融法案をするすると通過させる傾向がある。国際的な視野でものを見ることができない。『新しい顧客や大手企業を島に誘致でき、彼らが税金を落としてくれて、島が潤う』と聞かされ、それを鵜呑みにするのだ。そこにしか関心がない」

クリステンセンがジャージー島の行政府で働いていたころ、金融業界に多少なりとも詳しい議員たちは、ときには表から見えないところで銀行と深く結びついていた。[65]一九九六年にクリステンセンは、スイス最大の銀行UBSのジャージー島にある子会社の為替トレーダーが多くの金融犯罪を実行するのに利用した規制の穴を、ウォール・ストリート・ジャーナル紙が暴くのを手伝った。被害額が数百万ポンドにのぼるこのスキャンダルには、島の元老議員ふたりと公務員のトップ――クリステンセンの上司だった――がかかわっていた。[66]クリステンセンの内部告発で名の挙がった議員ふたり、レグ・ジューヌとピエール・ホースフォールは、どちらも島の金融規制委員会で重要な職責を担いながら、それと同時に、ホースフォールはスキャンダルの中心となった銀行の取締役、ジューヌはその銀行の法律事務所のシニアパートナーとして働いていたのだ。政府と銀行の結びつきは非常に緊密で、選挙で選ばれたはずの公職者の多くが「ほとんど議会内のロビイストのようだった」とクリステンセンは言う。

内部告発をすれば、島での生活が終わることを彼はわかっていた。「政府の経済担当部門のトップだった私が、二四時間以内に仕事を辞め、家を売り、島を出なければならなくなるだろうと考えていた。もとの生活を続けられるわけがない。説得力のある証拠が手もとにあり、賛同する人も出てきそうな状況にあって、真に強大な相手に楯突きはじめると、向こうからは完全な敵として認定される。いずれナイフが飛んでくるかもしれない」。クリステンセンがジャージー島を去るまで、結局一八カ月ほどかかった。そのあいだに、多くの友人や親戚たちから縁を切られ、体重は一五キロ近く落ちた。島の政府は、不満をもった雇われ人が個人の勝手でやっていることとマスコミに流布し、クリステンセンの信用を落とそうとした。

だが彼は、これはけっして個人の勝手ではなく、ジャージー島の公的な問題なのだとうったえた。よその影響を受けやすい島の政治風土と、島の行政担当者や司法の決定をロンドンが直接コントロールしていることを考えあわせると、ジャージー島は、イギリス政府の意向や、イギリスの金融業界に強大な権力をもつシティの意向に屈服する法域になってしまう、と。

「ジャージーに似た島や地域が独立した場所だと言われたって、とてもうなずける話じゃない」とクリステンセンは言う。「そりゃあ『われわれは独立している』とみんな言うだろうし、イギリスだって『彼らは独立しているし、わが国が彼らの問題に干渉することはできない』と言うだろう。だがそれは嘘だ。ケイマンやジャージーで起こっていることに対し、イギリスがもっともらしく責任を否定できるような舞台づくりにすぎない。ジャージーではロンドンがうなずかないかぎり何事も進まないのだから」

文字どおりの「うなずき」を意味する場合も多い、とクリステンセンはつけくわえる。彼の在任中、ジャージー島の行政府では、イギリスから来た職員は領土内への働きかけが記録に残らないよう気を配っていたという。「イギリス人は暗号のようなことばを使う。『そんなことはするな』とは言わずに、茶でも飲みながら『女王陛下のためになるとは考えにくいな』みたいな物言いをする」のだという。「暗示と皮肉だらけでね。私たちは聞き慣れているから、『やめておけ』の意味だとわかる。彼らは、人前で文書に何か書き残すことをいやがる。ロンドンからコントロールされていることをばらす紙の痕跡ができるからだ」

租税の正義をうったえるジャーナリスト、ニコラス・シャクソンは、「どこか別の場所」とのこのような強い結びつきが、グローバルなタックスヘイブンのほとんどに見られる顕著な特徴だと言う。国際社会がオフショアの法域に改革を強いることはきわめてむずかしい。カリブ海に浮かぶ小さな島々に透明性を確保し、税金の抜け穴を塞がせることはできそうに見えても、その島々がイギリスのような大国にコントロールされていると難易度は一気にあがる。しかも、イギリス議会には世界でもとりわけ強大な金融ロビー組織（シティ）が組みこまれているのだからなおさらだ。

イギリスは自国の領土を外国の現金を吸いとるハエ捕り器に変え、裕福な個人や企業をその国の政府の税金や法律から逃がすオフショア・ワールドの構築に重要な役割を果たした。オフショア産業の歴史を見れば、いったんどこかの法域が取りこまれてしまうと、そこから先は「滑りやすい坂道」となってよくない方向へと転がっていく。

ある法域が課税基準を引きさげると、よそも、域内の企業に逃げられないように同様に引きさげざるをえなくなる。やがて、世界中のほぼすべての国がこの底辺への競争に巻きこまれ、互いに出しぬこうとし、余計な質問はできるだけしないで企業や個人から資金をかき集めようとする。流れを変える力をもっているはずの世界の大国でも、企業の利害関係者がロビー活動をつうじて抵抗したり、国自体がビジネスを失うことを怖れたりするせいで、結局は流れから抜けだせなくなっている。その好例がアメリカだ。

アメリカ

納税回避や脱税行為により、アメリカは毎年少なくとも二二五〇億ドルを失っている。[67] この数字だけを見れば、アメリカにはタックスヘイブンの乱用を取り締まるのに充分なインセンティブがあるはずだと思える。だがアメリカ内には、取り締まりを望む声が多くある一方で、場当たり的な政策が繰りかえされてきた。その結果、他のタックスヘイブンへの対策は中途半端なままで、底辺への競争は静かに進んでいる。さまざまな点に照らし、アメリカはいまや世界有数のタックスヘイブンとなっている。

タックス・ジャスティス・ネットワークが発表した二〇二〇年の金融秘密度指数（ＦＳＩ）によると、アメリカはケイマン諸島に次いで、金融秘密度が世界で二番目に高かった。[68] 連邦政府レベルでは、アメリカに送金してくる外国企業や個人の情報共有に消極的だ。また、デラウェア、ネバダ、ワイオミングなど、企業やそのオーナーに匿名性を広く認めている州があるため、外国人にとってアメリカはダークな金を隠す場としてきわめて魅力的な場となっている。

第二次大戦後、イギリスがオフショアシステムの基礎を築いていたころ、アメリカ政府はタックスヘイブンには断固反対の立場だった。一九六一年、ジョン・F・ケネディ大統領は、「〝タックスヘイブン〟という装置を世界のどこにも存在させない」ための法律を制定するよう呼びかけている。[69]だが、オフショア市場の拡大やベトナム戦争の激化に伴ってアメリカの資金が国外に流出するようになると、政府は怖じ気づいた。[70]より多くの資本を国内に呼びこみ、強いドルを維持するための方法が必要だったアメリカは、タックスヘイブンの陣営にすぐに加わることになる。アメリカは世界の金融市場の一角を占めようと、ロンドンの銀行が享受している緩い規制を採用しはじめたのだ。金融秘密の面でも大きく方針を転換した。一九六〇年代にはすでに、アメリカ人でない者が母国の政府に銀行から照会される心配をせずにアメリカに投資できるようになっていた。その後の数十年にわたり、連邦と州の議員は外国人投資家に高い秘密保持と減税を与えつづけた。国外から巨額の金が――大半はラテンアメリカの腐敗した役人や犯罪組織のダークな金が――流れこむようになった。

「アメリカのどの州でも匿名で会社を設立することができる。富裕な個人や腐敗した役人やマネーロンダラーたちが会社をつくって、誰にも説明責任を負わずに金を隠すのにぴったりだ」。グローバル経済の課題に対応できる公正な税制を追求する一〇〇以上の州や国の機関、国際的な組織からなる超党派の連合体〈ファクト連合〉のクラーク・ガスコインは言った。「匿名のこうした実体を存在させるところに、アメリカの現実の政治姿勢が表れている」

外国人投資家の秘密性が大きくなるにつれ、アメリカ政府は外国の法域とのあいだで、外国にいるアメリカ人投資家についての情報をより密に共有するための法律や租税条約を推進しはじめた。二〇一〇年にアメリカは、外国の金融機関にアメリカ人顧客に関する情報を自動的に内国歳入庁（IRS）と共有させる、外国口座税務コンプライアンス法（FATCA）を議会で可決した。法律に従わない外国の銀行には、アメリカから支払われる利息や配当金に対して三〇％の税金が課される。

たしかにこれは、陰に潜むタックスヘイブンやグローバル経済の抜け穴に光を当てるための大きな一歩となった。ただしひとつ問題があった。この法律は、アメリカの銀行に対しては海外の顧客に関する情報の共有を義務づけてはいなかったのだ。FATCAが制定されたあともアメリカは、自国の銀行に外国の税務当局へ帳簿を開示させるような措置には抵抗しつづけてきた。

つまるところアメリカは、矛盾するふたつのことからいいとこ取りをしようとしている。アメリカ以外のタックスヘイブンを締めつけながら、自身は非アメリカ人のためのタックスヘイブンとしてふるまおうとしているわけだ。[71]

グローバルな税制へのこのアプローチはきわめて有害だ。アメリカは底辺への競争に参加する一方で、競争相手の他国を罰しているのだ。アメリカがふるいの立場にいるかぎり、納税回避の問題はこれからも続き、どの国も競争力維持のために企業や海外投資に対して減税を続けなければならないプレッシャーを感じつづけるだろう。アメリカのこの五〇年だけを見ても、底辺への競争の代償はすでにはっきりと表れている。

一九五二年、アメリカ政府の総税収のうち法人税は約三二％を占めていた。[72] それが二〇一九年には連邦税収のうち法人税は七％を下回った。同じ期間に、連邦税収のうち個人の所得税と給与税から得られる割合は、五二％から八六％に上昇した。インフレ率調整後で見ると、二〇一八年にアメリカ企業が払った税金の額は一九八九年よりも少ない。同じ時期に彼らの総利益は二倍以上に増えているというのに。

税収減のほとんどは、政府が企業の税金を減らそうとか、個人の税金を増やそうなどと意図したからではない。だがまさに、そうなってしまった。第二次大戦後にこうした傾向が始まって以来、その流れが止まったことはない。戦後最初の二〇年間は、アメリカは先進国のなかで課税と規制が最も厳しく、成長率は過去最高だった。だが、イギリスによるオフショアの制度化によって、銀行や企業はアメリカのルールを巧妙に避けるようになり、国家間の競争が始まった。ある国が税金を下げず、規制も緩和しないのなら、資本は国外へ出ていく。その結果、一九八〇年から二〇一九年のあいだに、全世界の平均法人税率は四〇・四%から二四・二%に低下した[73]。二〇〇〇年以降、法人税率を引きあげた国は、世界一九六カ国のうち、チリ、ドミニカ共和国、エルサルバドル、香港（特別行政区）、レバノン、パプアニューギニアの六カ国しかない。

グローバルな金融システムを利用する余裕のある企業や個人は恩恵を受けるかもしれないが、ほとんどの人にそんな余裕はない。シカゴ大学の経済学教授オースタン・グールズビーによれば、多くの小国は多国籍企業から税収を得ることを「ほとんどあきらめている」のだという。

今日、世界各国の政府は、政策実現のための財源を法人税よりも売上税（消費税）や個人の所得税に頼っている。つまり、政府の資金調達の負担が大企業から一般市民の肩に移ったのだとグールズビーは言う。しかも政策が、市場に強大な力をもつ企業に社会貢献を回避させる方向へと働いたため、税収の減少は公共の福祉の削減に直結するのに負担は市民が負わされるのだ。国同士が税金のシステムで競争しなければならなくなると、その国の市民は政府計画の規模や、セーフティネットの強度、富の分配を決定する能力を失ってしまう。よい統治に市民の力と将来の可能性が霧散するのだ。
この損失の影響が発展途上国ほど大きいところはない。

アンゴラ

発展途上国に目を向けるまえに、「納税回避」と「脱税」は別物であることをあらためて念押ししておこう。グレーなところもあるとはいえ、あからさまに法律に違反しているわけではない「納税回避」に対し、「脱税」は法律を破る行為だ。どちらも基本的な戦略は同じで、自国のルールを避けるためにオフショアにある法域を使う。企業は高税率国での利益を減らし、低税率国での利益を増やすためにオフショアシステムを活用し、スーパーリッチな人たちは自分の富を完全に見えなくするためにオフショアシステムを活用する。

脱税というゲームで最も重要なのは秘密保持だ。現金、株式、債券、その他の資産を政府から隠せば隠すほど、申告すべき収入は少なくなり、納税額も少なくなる。世界有数の富裕層は、自分と資産とのつながりを示す痕跡をあいまいにすることで、実際よりもずっと少ない金額しか稼いでいないように見せかけることができる。

一部の法域は、このような隠蔽工作を専門におこなう。隠した富を再投資するファンドはおもにルクセンブルク、アイルランド、ケイマン諸島にある。[74] 金持ちが資金を預ける匿名のペーパーカンパニー（ヴァージン）諸島…

ーや信託、財団は、ケイマン諸島、パナマ、シンガポール、香港（特別行政区）、英領バージン諸島に集中している。アメリカもまた、匿名の会社を設立したい外国人に最も狙われる地になりつつある。こうした、秘密を重んじる銀行業界のルーツは、第一次大戦後の二〇世紀初頭、ヨーロッパ諸国が課した新たな税金から逃れるために、裕福な一家がスイスに集まってきたことに始まる。スイスの銀行は他国の税務当局と連携していないため、外国人は本国に知られずに資産の利子や配当金を得ることができた。

スイスの銀行はその秘密主義から、大西洋の向こう側から評判のあまりよろしくない顧客も惹きつけてきた。シカゴのギャング、アル・カポネが脱税容疑で連邦当局に拘束されると、ほかのギャングは不正に得た金の隠し場所を必死に探した。[75] そしてスイスにたどりついたのだ。一九三〇年代から犯罪組織は、現金やダイヤモンド、銀行小切手などをスーツケースに詰めて、それまでは匿名会社に置いてあった資産をスイスの銀行に移しはじめた。同じ銀行から融資を受け、課税対象の事業所得から融資の利子分を外すのだ。

こうした操作は、映画『ゴッドファーザー』シリーズに登場するハイマン・ロスのモデルとなった、ロシア生まれでギャングの金庫番、マイヤー・ランスキーの指揮のもとで進められた。[76] ランスキーはのちに、ギャングのキューバ進出や、フィデル・カストロが同国の権力を掌握したあとは、バハマ進出でも陣頭指揮を執ることになる。ランスキーのカジノ業と銀行業はバハマに多額の資金をもたらしたので、当時、その地のイギリス当局者（バハマはイギリス領だった）は彼と犯罪組織のつながりに目をつぶった。ランスキーから一八〇万ドルの賄賂を受けとっていたとされるバハマの財務大臣スタッフォード・サンズは、一九六〇年代、銀行口座の所有者名やその他の財務情報を開示することを犯罪とする法案を強く推進した。[77] この法案はロンドンの暗黙の了解のもとに可決され、バハマはカリブ海で最初期のタックスへイブンになった。

バハマのギャングのためにつくられた秘密銀行システムはその後、ケイマン諸島や英領バージン諸島などへも広がっていく。新たな顧客獲得の活動も始まった。一九八〇年代には、ラテンアメリカの麻薬密売人、アフリカの独裁者、アメリカの起業家などがオフショアシステムを利用し、税務当局や法執行機関からは見えないかたちで、グローバル市場に投資するようになっていた。[78] サービスを提供する銀行の多くは、ロンドンやチューリッヒ、ニューヨークの大手金融機関の現地支店だった（いまもそうだ）。オフショアシステムは現在でも犯罪組織のニーズに応えているが、いまや世界の金持ち全体を相手にサービスを提供しており、脱税の規模も巨大になった。

カリフォルニア大学バークレー校で教える経済学者ガブリエル・ズックマンの試算によると、二〇一五年の時点で、世界のタックスへイブンに約七兆六〇〇〇億ドルの個人資産が隠されている。[79] つまり、地球上の個人金融資産の約八％が税務当局から見えない場所にあるのだ。この隠された富に課税できれば、世界の政府の歳入は毎年二〇〇〇億ドル増える。しかもこれは控えめな試算だ。経済協力開発機構（ＯＥＣＤ）の研究者は、一〇兆ユーロ（一一兆四〇〇〇億ドル）以上の個人資産がオフショアに隠されていることを明らかにした。[80] 経済学者のジェームズ・ヘンリーは、二四兆ドルから三二兆ドルの範囲にあると見ている。ある試算によると、最も裕福な一％の人たちが今後一〇年間、税金を毎年〇・五％、いまより多く払うとすると、その額は一億一七〇〇万人分の新規雇用を生むのに必要な投資に匹敵するという。

とはいえ、すべての国が脱税の影響を同じように受けているわけではない。ガブリエル・ズックマンの試算によると、オフショアに資産を隠しているのが最も多いのはヨーロッパの人たちで金額は二兆六〇〇〇億ドルにのぼるが、これはヨーロッパ大陸の金融資産全体の一〇％にすぎない[81]。アメリカやアジアの金融資産のうちオフショアにあるのは全体の四％だ。個人の脱税が政府から数百億ドルの歳入を失わせているのはたしかだが、裕福な国なら、そうした歳入減を相対的には楽に乗りこえることができる。

先に述べたように、脱税で最も被害を受けるのは発展途上国なのだ[82]。ラテンアメリカでは個人の金融資産の約二二％がタックスヘイブンに保管されており、アフリカでは三〇％にのぼる。ロシアと中東の湾岸諸国では半分以上だ。発展途上国では本来納められるべき税金を確実に納めさせて国庫に入れるためのリソースが足りないことがよくあり、とくに、アメリカやイギリスを含むタックスヘイブンでは金を簡単に国外に移せるため、この問題がいっそう顕著に表れる。また発展途上国では、個人の脱税と企業の脱税が密接に関係していることが多い。発展途上国で稼いだ金をいっさい納税せずに国外へ流出させるという悪質な企みに、企業自体がかかわってきた長い歴史がある。アフリカだけを見ても、「不正な資金の流れに関するハイレベル委員会」は、企業がアフリカ大陸から年間五〇〇億ドルを流出させていると推定する[83]。アメリカやEUなら、ダブル・アイリッシュやさらにあくどいマネーロンダリングを調査する術《すべ》をもっているだろうが、地球全体が底辺への競争を続けているなかにあっては貧しい国々ではほとんど期待できない。

金融の情報を隠すことは、貧困や政府の腐敗、組織犯罪を悪化させる。長年にわたってジャーナリストたちは、発展途上国の支配層がオフショアシステムを悪用して、市民の犠牲の上に自分だけ金持ちになろうとする姿を多く暴いてきた。なかでもアンゴラは、発展途上国での税金の不正利用がいかにひどいかを示す典型的な例だ。

アンゴラはカリフォルニアと似た地理的特性をもち、北に熱帯雨林、南に砂漠、西には一五〇〇キロに及ぶ美しい海岸線が続く。サブサハラ・アフリカ（サハラ砂漠以南のアフリカ）の多くの国と同様に、アンゴラの富の大部分は地中からもたらされる。輸出の九〇％以上は石油で、五％をダイヤモンド、残りをコーヒーなどの農産物が占める。[84] アンゴラの土には富が埋まっているのに、国民の半数は一日一ドル以下の暮らしを余儀なくされ、乳幼児死亡率は世界でもトップクラスだ。アンゴラの人たちがいま苦しんでいるのは、支配層が数十年にわたって国の資産を海外に流出させてきたことに起因する。

一九七五年にポルトガルから独立した直後、アンゴラは二七年に及ぶ内戦に突入した。一九九三年には、ジョゼ・エドゥアルド・ドス・サントス大統領に忠誠を誓う勢力は絶望的なほどの武器不足に直面する。国際的な武器禁輸措置がとられるなか、ドス・サントス大統領と支持者は、フランスの政府関係者とのあいだで石油と武器を交換する水面下の取引をまとめた。[85] 数年間で、アンゴラのオイルマネー八億ドル近くが、スイスの匿名口座をつうじて国外に流出した。のちの調査によると、流出した金の多くがタックスヘイブンを経由し、フランスとアンゴラの関係者の手に渡っていたことが判明する。一方、ドス・サントス大統領と対立するほうの勢力は、コンゴ民主共和国とベルギーにダイヤモンドを密輸し、戦費の調達に充てていた。正確な数字は不明だが、内戦の最後の一〇年間に約四七億ドル分が国外にもちだされたと推定されている。

ドス・サントス大統領は内戦に勝利し、二〇一七年まで大統領の座に居続けた。その間《かん》、彼と彼の一族はアンゴラを内輪の貯金箱のように使っていた。

大統領の息子、ジョゼ・フィロメノ・ドス・サントスは、二〇一三年から二〇一七年にかけてアンゴラの政府系ファンドの代表を務めていた。[86] 在任中に五億ドル以上を基金から吸いあげていたとして、のちに告発されている。

二〇二〇年には、大統領の娘のイザベル・ドス・サントスが、かつて監督していた国営石油会社から約五七〇〇万ドルを横領した容疑で起訴された。[87] 彼女はまた、ダイヤモンド専売公社〈ソディアム〉のスキャンダルでも名が挙がっている。

二〇一二年、ソディアム公社とイザベル・ドス・サントスの夫シンディカ・ドコロは、スイスの高級宝飾業者〈ドゥ・グリソゴノ〉の株式を購入することに合意した。[88] 折半出資による対等なパートナーシップのはずだったが、公社が一億五〇〇〇万ドル近くを注ぎこんだのに、シンディカ・ドコロはほとんど金を出さなかったことがのちに判明した。出資金を調達するために、ソディアム公社はイザベル・ドス・サントス自身が筆頭株主となっているプライベートバンクから融資を受ける羽目になった。

二〇二〇年四月現在、イザベル・ドス・サントスはアフリカで最も裕福な女性とされ、推定二〇億ドルの資産を四一カ国の約四〇〇社に分散しているという。[89] 私はガボンとナイジェリアで二回、イザベル・ドス・サントスと会ったことがある。どちらのときも宝石を揺らしながら、自分が国家元首だと言わんばかりのふるまいを見せていた。
ドス・サントス一家のような問題はアンゴラだけに限った話ではない。オフショアシステムは何十年ものあいだ、腐敗した役人や企業トップたちが大陸で略奪するのを許してきた。

「汚職はいまもアフリカの大きな問題でありつづけている」と、アフリカ各国の駐在米大使を歴任し、アフリカ問題担当国務次官補を務めたジョニー・カーソンは指摘する。「ある国の収入の柱を誰かが根こそぎ盗んでいったら、亀裂だらけのもろい社会になる。上層部だけでなくシステムの上から下まで疫病のように腐敗が広がり、社会契約は崩壊するだろう」

欧米の企業は発展途上国のエリートたちが国から搾取するのに手を貸しながら、その行く末がどうなるかは気にも留めないようだ。

タックス・ジャスティス・ネットワークのディレクター、ジョン・クリステンセンは、ジャージー島の行政府に勤めるまえは、現在はデロイト社の一部になっている会計プロフェッショナルサービス企業のトウシュ・ロス社で働いていた。彼はそこで顧客一二〇人のオフショア口座を管理していたが実際にジャージー島に住んでいる顧客はひとりもいなかった。資料を読む権限があったため、ほとんどの顧客がなんらかの不法行為に関与していることにすぐに気づいたという。彼は何度か疑念を周囲に伝えたが、肩をすくめられるだけだった。ナイジェリアの石油会社と、ジャージー島やカリブ海域にある複数の信託会社が関与する不正の可能性を上司に知らせたときには、やめておけと言われた。

「あの客は上得意なんだ。はっきり言ってアフリカなんてどうでもいい」が上司の答えだった。

毎年、脱税のせいでアフリカの政府は一四〇億ドルの歳入を失っている。アフリカの支配層が自国政府の公金から直接吸いあげている分を考慮すると、その損失額はもっと大きくなる。経済学者のあいだでは、このような納税回避や脱税などによる国富の流出もひとつの資本逃避《キャピタルフライト》と見なしている。

海外で投資された一ドルは、現地の企業や起業家の支援には使われない一ドルだ。マサチューセッツ大学アマースト校の研究者によると、一九七〇年から二〇一五年のあいだにアフリカがキャピタルフライトで失った金は、海外援助で得た額よりも多いことがわかった。[90] つまりアフリカ大陸は世界に対して「純債権者」になっているのだ。

研究者の報告書に書かれている。「アフリカの経済発展を妨げている大きな要因は、インフラ整備や社会事業への公共投資に膨大なニーズがあるのに、それを賄える財源がないことである。この問題をなんとか解決しようと努力しても、キャピタルフライトが台無しにしてしまう」

アフリカの富裕層が海外に投資することは止められない。だが、タックスヘイブンや、タックスヘイブンが権限を与えている秘密主義の銀行を改革すれば、彼らのリターンの一部を地元経済に還元させることができる。税収が増えれば、途上国政府は脱税や納税回避をより効果的に追跡できるようになり、好循環が生まれる。私たちはすでに、わずかな資源の増加が大きな成果をもたらすことを目の当たりにしてきた。二〇一五年、経済大国三七カ国からなる経済協力開発機構（ＯＥＣＤ）と国連は、発展途上国の税務当局を外部の専門知識で支援する「国境なき税務調査官」の取り組みを開始した。二〇一九年までにこのプログラムは、参加国の税収を約五億ドル増やす成果をあげた。[91] このプログラムに投資した一ドルあたり一〇〇ドルの税金が増えており、市民と経済に再投資されている。この結果から、税務当局の収税能力を強化することは、途上国のガバナンスを改善し、社会サービスを拡大するためのきわめて費用対効果の高い方法であると考えられる。ジョン・クリステンセンによれば、このプログラムに参加している国々では、多国籍企業が以前よりも「はるかにおとなしめの」税構造を採用するようになったという。[92]

途上国から流出する資金の多くは違法に流れていく。企業が税金を安くするためにさまざまな法域のルールを巧みにかいくぐるというより、個人が金融の秘密を護る法律を利用して資産を完全に隠したり、ダークな企業が不正な取引を帳簿に記載せずに金を持ち逃げしたりするほうが多い。

経済学者で『失われた国家の富』(NTT出版)の著者であるガブリエル・ズックマンは、「これは税金を取るとか逃げるとかそういう話じゃない。ただの泥棒の話だ」と言う。「ルクセンブルクやケイマン諸島では、そこに資産を隠す者が望めば、自国の政府から税金に相当する金を盗むことができる。それは彼らの選択だが、だからといって、アメリカやヨーロッパや発展途上国がそのつけを払わされる道理はない」

これがいまの現実だ。アメリカのような国が、タックスヘイブンを取り締まると言いながら国外からの匿名の資金を歓迎していれば、現実はこうなるしかないのだ。

この混乱の解決方法は?

では、どこから手をつければいいのか。

いまの世界は、いまの税制が策定されたときに想定していた世界ではない。金融活動や富が国境を越えるのなら、税制もそれに対応させなければならない。だが現状はそうなっていない。

税金に関して言えば、多国籍企業はひとつの企業としてではなく、世界中に分散した子会社の緩やかな連合体として扱われる。各国は自国の管轄下にある子会社にしか課税できない。たとえば、イタリア政府はグーグルのイタリア子会社であるグーグル・イタリーには課税できるが、グーグル・アイルランド・リミテッドやグーグル・ネーデルランド・ホールディングスなど、グーグル傘下の数十の子会社にはできない。グーグルの親会社であるアルファベット社に対しても同様だ。

多国籍企業を地球上に広がる森に見立てた場合、現在の各国政府は自国内に生えている木の幹にしか課税できない。だが多国籍企業は国境の外に果実を落とすことができる。収穫の大部分が税金の安い地域に流れると、他の地域が飢えるのは目に見えている。

国際的な税法の複雑さを考えると、いっそのこと、国は法人税から完全に脱却したほうがいいのではないかと言う人も出てくるだろう。

イギリスの元財務大臣の側近のひとりだった人物は、「問題だらけの法人税の構造を取り締まる方向へと少しずつ進んでいければ、合法的に双方に利のある道を見つけられると思う。ただしそれは法人税に関係する問題そのものを解決するものではない。法人税の問題は解決不能だからだ」と述べた。「法人税の調整の問題はあまりにもむずかしく、低税率の法域になりたがる国や地域があまりにも多い。税制をもっと効果的に活用してもっと適切に再分配したいと真剣に考えるのなら……法人税はそれに適した器ではない」

ただし経済学者のなかには、多国籍企業の利益移転の犠牲にならないシステムをすでに見つけたと考える者もいる。「合算課税《ユニタリータクセイション》&定式配分《フォーミュラリー・アポーションメント》」というエレガントな解決法だ。
ひとつなぎに扱われるこの仕組みは実際には、合算課税と定式配分という、関連はあるが別々の方策を組みあわせたものだ。

合算課税のもとでは、各国政府は多国籍企業を世界に散らばる子会社の連合体としてではなく、ひとつの組織として扱う。子会社ごとの利益を見るのではなく、企業全体の利益にフォーカスする。たとえばグーグルなら、グーグル・アイルランド、グーグル・アイルランド・ホールディングス、グーグル・ネーデルランド・ホールディングスのどこが稼いだ利益かは関係ないことになる。税務当局は、グーグル親会社のアルファベット社の利益だけを追う。つまり、木の存在は認めるが、課税するのは森に対してだけということだ。

ただし、各国が課税できるのは森の中の公正な取り分だけになる。そこで登場するのが定式配分だ。このプロセスは込みいっているが、定式配分とは要するに、多国籍企業の収入と経費が地理的にどこで発生したかを決める方法なのだ。計算のベースにする項目はいくつかあり、最も単純な式では売上高のみを考慮するが、給料の額や資産額を採用するものもある。データを処理したあと、各国の政府はその企業の総利益のうち何%が自国内で生みだされたかを把握し、そこに課税する権利をもつ。

このふたつの数字——総利益と配分割合——によって、各国政府は自分たちのパイの大きさを決めることができる。かりに、グーグルの全事業の一五%がドイツ国内で遂行されているとすれば、ドイツ政府はグーグルの総利益の一五%に課税することになる。

このシステムでは、税率をどうするかなどは各国に委ねられるが、底辺への競争はなくなる。ケイマン諸島が引きつづき法人税ゼロ%を提示することはできるだろうが、多国籍企業がいくらがんばっても、人口七万人の島でできるビジネスはたかが知れている。逆に、多国籍企業は法人税率三〇%のドイツでは税金を払わないと決意することもできるが、それは世界屈指の市場を捨てることを意味する。

合算課税と定式配分の組みあわせに欠陥がないわけではない。シカゴ大学の経済学教授オースタン・グールズビーが言うように、「抜け穴を探せない税制はない」のだ。利益の定義や配分の計算式を吟味しつくし、企業はきっと税金を減らす道を見つけるだろうし、各国は他国よりも企業に気に入られるように税法の改正競争に走るだろう。州をまたぐ企業に課税するために五〇の州が定式配分を採用しているアメリカでは、すでにこうした競争が繰りひろげられている[93]。アメリカのこのシステムでは、売上高、給料、資産の三つの項目をもとに配分を計算するのだが、各州はそれぞれの項目に異なる重みをかけることができる。企業はここに着目して、自社の税金がいちばん安くなる場所を選ぶことができる。給料の重みが小さい州に従業員を集中させたり、資産の重みが低い州で建物を買ったりするわけだ。

定式配分をグローバルに展開したシステムでは、企業は税金の安い国での売上を増やそうとその国の販売規模を大きくしたりするかもしれないが、おのずと限界がある。「バミューダにある食料品店が突然、貴重な存在になる。バミューダでの売上が増えれば、支払う税額が薄まるからだ」と経済学者のブラッド・セッツァーは言う。「ただし、バミューダにいくつもスーパーマーケットを建てるわけにはいかないが」

企業はいつでも納税額を最適化しようとするものだが、合算課税と定式配分の組みあわせは、今日おこなわれている利益移転のほとんどを消しさることになるだろうとセッツァーは言う。世界全体で見れば、政府が毎年、数千億ドルの税収を増やすことができる。

さらに、このシステムには企業の経営姿勢をオープンにさせる意義がある。

企業が国ごとに利益を報告し、その情報が公開されれば、すべての政府関係者をはじめ、ジャーナリスト、研究者、一般市民が、どこでビジネスがおこなわれているのかを正確に知ることができる。この透明性は、政府がより緻密な政策をとるのを促し、企業がより効果的なビジネス戦略を展開し、より責任ある行動をとるのにつながるだろう。最高裁判事を務めたルイス・ブランダイスのことばを借りれば、日の光は最高の殺菌剤なのだ。

ジャージー島の内部告発者ジョン・クリステンセンは、投資家にとってもこの透明性の恩恵は大きいと考えている。ぎりぎりを攻めようとする企業の税金戦略には大きなリスクがあり、法律改正の影響を受けやすく、国際的な調査の対象にもなりやすい。「税金戦略にはリスクが伴うことを理解している人は多くない。調査が入っただけでも企業の評判を落としかねないが、大々的な調査から裁判にまで発展するような事態になれば、企業のバランスシートにも深刻な影響が及びかねない」

三七カ国からなるOECDはすでに、報告基準をどうするかについて準備を始めている。二〇一五年に発表した、利益移転を減らすための行動計画のなかに、国別報告基準の枠組みが含まれている。ただし問題もあって、このルールは年間七億五〇〇〇万ユーロ以上の収入のある企業にしか適用されない。[94] これらの企業が報告書を提出する義務があるのは自国政府のみであり、その政府が情報を共有するのは情報セキュリティの最低基準を満たした国とのあいだだけだ。ほとんどの発展途上国は満たしていない。

言いかえれば、富裕国の政府は富裕企業のふるまいを観察できるが、発展途上国や一般市民には何も見えないままなのだ。

ファクト連合のクラーク・ガスコインは、「（各国が）この情報を入手できたとしても、それは大企業に関する情報だけで、しかも自国内でその企業が営業しているかしていないか、だけしかわからない」と指摘する。「だから、七億五〇〇〇万ユーロなどという基準値は、発展途上国には意味のないレベルだ」

彼の発言は的確なポイントを突いている。どの政策分野でもそうであるように、国際的に課す税でも、誰が規則を書くかが重要なのだ。

どの国も納税回避によって歳入を失っているが、発展途上国の苦しみは先進国よりもはるかに大きい[95]。

「国際的なシステムに関するルールをつくるのは、だいたい、G20やOECDなどの経済大国だ。だから、まるで世界には裕福な先進国しかないような、偏ったルールばかりがつくられていく」とガスコインは言う。「発展途上国は、話しあいのテーブルに着くことすらできない。途上国にもかかわる何かを制定するのなら、彼らも対等な立場で同じ場にいるべきだ」

ガスコインとクリステンセンは、国際税制を改革するのに適した機関は、G20やOECDのような排他的な集団ではなく国連だと考えている。国連のような、世界の多くの国を代表する機関であれば、アメリカやイギリスが改革を妨害したり骨抜きにしようとしたりすることはむずかしくなる。一三五の発展途上国からなるG77は、タックスヘイブンに反対し、改革への支持を繰りかえし表明している。だが、実際の成果を生むような具体的な行動はいまのところとっていない。

ＯＥＣＤの一部の加盟国は、納税回避へもっと強力に対抗するようにと同機関に働きかけている。今日、ＯＥＣＤは、グーグル、アップル、フェイスブックなどのテクノロジー・プラットフォームによる攻撃的な利益移転を抑えるために、独自の枠組みを改良しているところだ。本書の執筆時点では、「税源浸食と利益移転対策プロジェクト」（ＢＥＰＳ２・０）はまだ策定作業が続いているところだが、ふたつの政策を重視した内容になることが予想される。

ひとつ目は「統合的アプローチ」と呼ばれ、多国籍のテクノロジー企業が事業を展開する法域のあいだで利益を分配するための数式を作成するものだ。さまざまな種類の利益を区別するようになっている。まえに出てきた「定式配分《フォーミュラリー・アポーションメント》」方式の一種だ。

ただしガスコインは、統合的アプローチの最終的な適用範囲は狭く、ごく一部の企業のごく一部の利益にしか適用されないだろうと見ている。とはいえ、多くの国が一堂に会して定式配分のアイデアを検討するのは初めてのことであり、定式配分を含んだ統合的アプローチという、より広範な取り組みへ国際社会を動かす「大きな可能性」が期待できると彼は言った。

ふたつ目はもっと大胆な策で、グローバルミニマム税という。世界のどこで事業をおこなっていようとすべての企業に最低限の納税を義務づける――つまり、オフショアの利益が過少にしか課税されないのなら、本国が介入して差額を埋めるという考え方だ。

ＯＥＣＤはこの最低限の税率を決定していないが、ガスコインの話では、一〇％から一五％のあいだになるだろうとのことだ。一〇％になったと仮定して、仕組みを説明しよう。

かりに、あなたがドイツの会社を経営していて、バミューダで一〇〇万ドルの利益を計上したとする。バミューダの法人税率はゼロなので、あなたは税金を払わない。だがグローバルミニマム税の制度が始まったあとなら、ドイツ政府が介入し、一〇万ドル（利益の一〇％）の税金を取ることができる。法人税率九％のハンガリーでも利益をあげていた場合、ハンガリー政府に九万ドル、ドイツ政府に一万ドル、合計で利益の一〇％分の税率が課されることになる。[96] 一方、法人税率がグローバルミニマム税よりも高い二六・五％のカナダで利益をあげた場合には、カナダ政府に二六万五〇〇〇ドルを支払い、すでにグローバルミニマムよりも多い税金を納めているのでドイツ政府には納めないことになる。グローバルミニマム税の意図は、企業が支払うべき税金の下限を設定し、納税された金を将来の経済活動に役立てることだ。

ガスコインは続けた。「現在のグローバルミニマム税はゼロ％なので、各国は好きなように税率を高くも低くも設定することができる。その結果がいまの税金版『底辺への競争』だ。みなにつらい思いをさせ、自分たちを破産の道へ追いやろうとしている。一〇～一五％という法人税率は痛ましいほど低い数字だと思うが、なにせ現在の下限はゼロ％なのだ。一〇～一五％に引きあげることができれば、巨大な一歩となるだろう」

グローバルミニマム税のアイデアは意外なところから生まれた――アメリカだ。

二〇一七年、連邦議会は「減税・雇用法」として提出された法案を税制改革法として成立させ、アメリカの法人税率を三五％から二一％に引きさげ、企業がアメリカに戻す海外資産への課税も引きさげた。多くの点で、この法律は底辺への競争にさらに拍車をかけるもので、アメリカの「競争力」を維持するために繰りかえされてきた長い減税リストに新たなページが加わっただけだった。ただしこの法律には、まったく新しい規定も含まれていた。

いわゆる米国外軽課税無形資産所得（ＧＩＬＴＩ）に対して一〇・五％の税をかけることだ。支持者は、この規定がミニマム税として機能して、多国籍企業が国外の資産を国内に戻す動機づけとなり、さらにはタックスヘイブンに打撃を与えるのではないかと期待した。ＧＩＬＴＩの本質は、世界のどこでビジネスをおこなってもすべての企業から最低税率（この場合は一〇・五％）を確実に徴収することだ。ある企業の海外利益がその税率を下回った場合には、アメリカがその差額を徴収することになる。ＧＩＬＴＩはグローバルミニマム税への第一歩となったが、結局は多国籍企業の税金を安くするという中途半端な措置にすぎなかった。

二〇一七年の法律以前は、アメリカはオフショアの利益とオンショア（国内）の利益を同じ率で課税しており、ちがいは企業が国外であげた利益をアメリカに戻すまでは税金を払わないでいいことだった。アップルやファイザー、グーグルなどの企業がタックスヘイブンに何兆ドルも蓄えたのはこのためで、金がオフショアにあるかぎり、アメリカの法人税率に見合う額を納める必要はなかったのだ。だが、ＧＩＬＴＩは理論的にはすばらしかったのだが、現実には大幅な減税となり、国外の利益に対する税率は半分になった。アメリカで儲けた利益には二一％の税金がかかるが、国外の利益には一〇・五％の税金しかかからないからだ。アメリカで特許をとって一〇〇万ドルを儲けたら、アメリカ政府に二一万ドルを支払う。だがもし、その特許がバミューダにあれば、一〇万五〇〇〇ドルを払うだけで済む。ＧＩＬＴＩの税をいったん支払ったあとは、もう一セントも払うことなくアメリカに金を戻すことができる。つまり、国外で儲けた一ドルは、国内で儲けた一ドルよりも価値が高くなるのだ。

このような仕組みとほかの抜け穴により、ＧＩＬＴＩは、自国に戻るように企業を促すのではなく、むしろ国外で事業を展開することに褒美を与える結果となった。それでも、ＧＩＬＴＩが悪質な税金逃れに対抗する新しい一歩となったのはたしかだ。二〇一七年に議会がＧＩＬＴＩを制定し、アメリカはグローバルミニマム税を導入した世界初の国になった。クラーク・ガスコインが言うように、「スイスチーズのようなグローバルミニマム税」ではあるものの、「チーズの穴を塞げば、企業は利益の計上先が国外でも国内でも、同じ税率で納税することになる」

ＯＥＣＤが合意するグローバルミニマム税は、「統合的アプローチ」と同様に、当初は控えめな制度になりやすいとガスコインは指摘するが、一方で、こうも言う。「長期的に見れば、この大きな一歩は各方面に甚大な影響を与えていくと思う。そしてこれは、二〇一七年の税法がもたらした、まったく意図していなかった結果だ。わずか二年前には、グローバルミニマム税の議論なんて三〇年先だろうと話していたのに、いまこうしてここにあるのだから」

ＯＥＣＤのプログラムが成立したとしても、対策範囲は企業に限定される。世界の納税回避と脱税の多くを占める富裕な個人はほとんどが手つかずのままだ。

政府が個人の脱税を発見するには、透明性を確保することが有効であり、具体的には国際的な情報共有協定を推進することだ。こうした協定では、各国は外国人の金融資産情報を彼らの本国と共有することに合意する。たとえば、ブラジルの人がドイツで銀行口座を開設した場合、ドイツ政府はその人の資産の動きをブラジルの税務当局と共有することになる。

ＯＥＣＤと国連は、情報共有協定を納税回避・脱税に対処するための重要な手段として支持する立場をとる。[97] すでにＯＥＣＤは、国際的な税務機関に資産情報を報告するための基準を作成した。また、この情報を共有しあうためのポータルもつくっている。「共通報告基準」（ＣＲＳ）と呼ばれるこの枠組みを採用済みまたは採用を確約している国は約一六〇カ国にのぼる。

注意しなければならないのは、すべての情報共有協定が同じとはかぎらないことだ。各国は、外国人の資産情報を税務当局と自動的に共有するのか、または要請ベースで共有するのかを選択できる。透明性が高いのは自動的な共有のほうだ。よからぬ行動をすでに疑っている場合でなければ、当局はわざわざ情報を要求したりしない。

二〇一九年一一月現在、およそ一〇〇の法域が自動的な情報共有協定に参加している。[98] バミューダやバハマ、ケイマン諸島、ジャージー島、英領バージン諸島、アイルランドなど、有名どころのタックスヘイブンや、経済大国の大部分が含まれている。だがアメリカの名はそこにない。

アメリカは外国口座税務コンプライアンス法（ＦＡＴＣＡ）を順守する特定の国々との情報共有には合意しているが、共有するのは要請があった場合に限られる。クラーク・ガスコインによれば、アメリカは、秘密の情報を共有する相手は「その情報を神聖なものとして保護する技術と法規範をもつ国」だけにしたいとの立場をとっているのだ。結果的に、共有する相手から発展途上国のほとんどは除外される。「自国での脱税で最も大きな損失を被っている国々は、アメリカから情報を取りかえすことができない。アメリカはどの国からも情報を得るのに、世界の大多数の国とは共有しない」

つまりここでもまた、アメリカはタックスヘイブンと闘いながら、一方では非アメリカ人にとってのタックスヘイブンとなっているのだ。自動共有に反対するアメリカは、世界有数の秘密主義的な法域としての自らの立場を強めている。外国人が匿名のペーパーカンパニーや銀行口座を開設する際、その情報が当人の本国に届かない可能性が高いことを承知していながら、アメリカは彼らに門戸を開いている。アメリカが乗り気にならないかぎり、税金逃れに対する実効性のある解決策は成立しないだろう。そしてアメリカは年間数十億ドルの税金を失いつづけることになる。

脱税を大幅に減らすには、国際社会が協力して銀行の秘密性を削りとる必要がある。どこから始めればいいかについて、経済学者のガブリエル・ズックマンに考えがある。

ズックマンは著書『失われた国家の富』のなかで、「金融資産のグローバル台帳《レジスター》」の創設を提案している。「世界で流通しているすべての有価証券、株式、債券、投資信託の持ち分を誰が所有しているのかを記録した統合記録」だ。この台帳に照らせば、国際的な税務機関は、銀行が管理下にある全情報を報告しているかどうかを確認することができる。似たような台帳はすでにあるが、そちらは民間の機関が国ごとに作成しているにすぎない。ズックマンは、こうしたバラバラの記録をひとつの台帳にまとめることで、各国は「オフショアにいる銀行家の善意に頼らない」システムを構築できると述べている。[99]

国際的な税制を構築するために必要な政策ははっきりしている。多国籍企業をひとまとまりの企業として扱い、各国が自国内であがった利益に対して課税し、国境を越えて銀行と取引をする個人の情報を自動的に共有することだ。だが、国際社会全体を巻きこむのは相当に骨が折れる。

タックス・ジャスティス・ネットワークのジョン・クリステンセンもこう言う。「何をすべきかという点では、ロケットを宇宙へ飛ばすほどの技術は必要ない。政治的意思があるかどうか、にかかっている」

国際的な税制改革を現実に進めるには、納税回避によって最も大きな損失を被る発展途上国と、グローバル経済が集中する富裕国の双方から、さまざまなステークホルダーの賛同が必要だ。富裕国のなかには、自身がタックスヘイブンだったり、オフショアシステムをあからさまに支持している国もある――アイルランド、ルクセンブルク、スイス、イギリス、そしてアメリカ。

国際的な税制改革に反対する国は、自分たちが世界の国々と対立していることに気づいている。経済的不平等が広がり、行きすぎたグローバル化への反発が強まり、控えめとはいえ注目すべき措置をOECDがとりはじめたなかで、なんらかの変化は避けられないように見える。だが、どのようなかたちで変化が現れるのかはまだ不透明だ。小さな国なら国際的な圧力で翻意させられるかもしれないが、イギリスやアメリカに方向転換を強いるのにはかなりの混乱が予想される。

アメリカが世界的な情報共有の最大の障害であり、イギリスが世界有数のタックスヘイブンを支配していることを考えあわせれば、この二カ国が本気になればかなり大きな変化を起こせるはずだ。ガスコインは、「アメリカをテーブルに着かせないままで世界標準をつくることはできない。アメリカが行動を起こせば、かなり迅速に何かを世界標準にできる」と言った。

だがもしアメリカとイギリスが先頭に立とうとしないのなら、世界的な取り組みが必要になるだろう。中国、インド、ブラジル、南アフリカなど新興国が率いるG77は、国連を通じてグローバルな税制改革を強行できれば、きわめて大きな利益を得ることができる。こうした連合体をつくることはたしかにたいへんな作業だろう。だが、「政治的な意思があれば、絶対にできる」とガスコインは言う。

もうひとつ重要なポイントがある。公正で一貫した税の枠組みを構築することは、道徳面と経済面の両方にとって意義深いことなのだ。税収が多くなることは民主主義社会にとって市民の幸福につながり、税に関して世界が底辺への競争をやめることは経済の効率性につながる。

世界全体で最適化された精緻な税制を構築するにはさまざまな痛みを伴う。企業は今後、自身を護るための厳しい法廷闘争にさらされていくだろう。たとえば、グーグルのダブル・アイリッシュ&ダッチ・サンドイッチは、ヨーロッパの税務当局から目をつけられ、怒りを買った。同社は複数の法域で告発され、二〇一七年にはダブル・アイリッシュに関して調査を受け、イタリア政府に三億三五〇〇万ドルの税金を支払うことで合意している。[100] 二〇一九年には、四年にわたって詐欺の疑いで調査を受けたあとに、フランス政府とのあいだで一〇億ドル以上の追徴税を払うという同様の合意が成立した。

既存のグローバルな税制は短期的には多国籍企業に利益をもたらすものの、長期的にはかなりの不確実性をはらむ。企業の資金が通過する国が今後、対応を変えるかもしれないことを念頭に置いておかなければならないため、企業にとっては考慮すべき変数が増えることになる。法律が変わったり、政府の調査が始まったりするたびに、右往左往させられるのだ。

フランスでの合意決定後、グーグルは「国際的な税制を協力して改革していくことが、世界で事業を展開する企業にとって明快で透明な枠組みを整備する最良の方法であるといまも確信している」という声明を発表した[101]。

政府が税収を失えば、社会に影響が及ぶ。企業や富裕層が海外に隠している一ドルは、自国の経済成長にも市民の幸福にも寄与しない一ドルだ。資金が国境を越えて勝手に移動できるようになると、人ではなく資本にとって最適な場所に金が集まってしまう。

二〇二〇年代から先を、より公平で公正で多様性を受けいれる社会にしていきたいのであれば、裕福な企業が国の税務当局を出しぬけず、裕福な個人が匿名で銀行取引をすることができず、裕福な国が途上国から資源を吸いあげることができないように税制の改革を始めるべきだ。公平で公正な税制は、どの集団も負担すべき分を適正に払い、どの国も適正な分け前を受けとれるようにする。また、いまの納税者の税率アップを避け、レンティエ資本主義の巨人たちが集めた超過利潤《レント》に課税するためにも、これが最善の方法だ。

人生で確実なことは死と税金だけ、とよく言われる。だが世界の大企業や富裕層にとっては後者は当てはまらない。世界全体で機能する税法をととのえ、その法を執行するための資源を用意しなければ、よりよい社会をつくるためのコストは、変化を起こせるだけの資力と手段をもつ組織や人ではなく、最も変化を切望している弱い人たちの肩にのしかかることになる。

第五章　多国籍企業と外交——国外交渉と国防と情報収集の機関を独自にもつ必要はあるか

シリアで内戦が始まる数カ月前の二〇一一年、私は国務省の代表団を率いてシリアを訪問した。日程にバッシャール・アル・アサド大統領との面談を含むこの訪問は、内外で物議を醸した。私たちの意図は、テクノロジー分野での安全保障の重要な問題について、シリアの独裁者を説得することだった。広く使われている一般消費者向け技術が兵器化されたことで監視や偽情報の拡散が容易になり、政治運動を起こすのもつぶすのも簡単にできるようになった。代表団は、アサド大統領に正しい方向を向いてもらうべく、政治的・経済的圧力をかけるためにあの場に赴いたのだ。

アサド大統領の執務室に入ったこの代表団が他の代表団と異なっていたのは、メンバーが外交官や、国防総省、ＣＩＡの政府高官ではなく、シスコシステムズ、ベリサイン、マイクロソフトなどのアメリカ企業の経営幹部で構成されていたことだ。当時の状況と懸案のテーマに照らせば、企業人のほうが説得力をもてると私たちは考えた。

世界の問題は、政府と市民だけで解決できるものばかりではない。納税回避はちょっと特殊で、世界のすべての政府が損を負っている一方、底辺への競争を終わらせられればすべての政府がともに利益を得ることができる。だが二一世紀に私たちが直面しているほかの問題は、納税回避よりももっと解決がむずかしい。AIとデータの兵器化、サイバー戦争のように、地政学的な断層に沿って勃発し、市民を危うい状態に放ったままで大国同士が争う問題もあれば、気候変動のように、あらゆる国の政府、市民、企業がただちに総力をあげて取り組まなければ解決できないものもある。

アサド大統領とシリアのケースでは、デジタル技術が人命にかかわる結果を招いている。アサド政権は、フェイスブックといったオープンなソーシャルメディア・プラットフォームでの反政府運動の動きを追跡し、彼らの抗議活動の場所を狙って攻撃を仕掛けた。拘束したときには、携帯電話を取りあげてフェイスブックにログインさせ、当人の投稿や友だちリストの内容をもとに生かすか殺すかを決めることもあった。シリア政府が開発したアンドロイド・アプリのひとつは、COVID-19の流行に関連して利用者の体温を測るように見せかけて、じつは強力なスパイウェアとして機能し、利用者のデータやメールメッセージ、連絡先などにアクセスしつつ、リアルタイムの位置情報データをシリア政府に送信する役割を担っていた[1]。

アメリカもテクノロジー企業も、アサド大統領を説得することはできなかった。それどころか、彼はロシアと手を組んだ。ロシア機がシリアの反政府勢力を空爆し、ロシアと、シリア政府内外で活動するロシア人ハッカーたちがアサドのためにサイバー戦争を仕掛けた。企業も国も戦闘員だった。シリアのサイバー戦争では、企業の行動と政府の行動との境目があいまいになっている。

企業はここ数十年のあいだに、グローバルな舞台で独自の地位を築いてきた。この新しい地位は、納税回避の問題に見られるように、地政学的な隙間を突くために利用することができるし、逆に、企業のもつ専門知識と規模の大きさを活かして、より安定した社会契約の構築に貢献して、隙間を塞ぐこともできる。本章では、企業が国際問題の安定化に果たせる役割について述べ、そのケーススタディとしておもにAIとサイバー戦争を取りあげる。一方で、企業がグローバルな舞台に進出する際に生じるリスクや判断しづらいトレードオフについても検討し、望ましい舵取りを探りたい。まずは過去三〇年のあいだに世界の企業の役割がどのように変化し、彼らがかつてないほどの独立性をいかに獲得するに至ったかを振りかえろう。

歴史的に見ると、企業は国家に従属する存在だった。政府と商業がともに存在していた時代の九九％はそうだ。国への忠誠は、事業の遂行についてまわる経費のようなものであり、どの企業も社会契約上の責任の一環として、国内にいようと国外にいようと本国に奉仕することが期待されていた。先に述べた国務省のシリア訪問団の場合も、企業はアメリカの当局に忠実な組織として行動した――シリアに飛び、大量虐殺を命じる独裁者と対面したのも、それがアメリカの国家安全保障上の利益を高めることになるからだ。企業の愛国心の表れだった。

何世紀ものあいだ、国は国境を越えて権力を誇示し、行使するために、こうした企業の忠誠心に頼ってきた。大航海時代、ヨーロッパ諸国は企業を帝国の道具として利用した。ポルトガルからロシアに至るまで、君主たちは各種の「勅許会社《ちょっきょ》」に対し、世界の特定の地域との独占貿易を許可した。最古の企業が国家の化身であったことは、「一体となる（コーポレート）」から派生した「法人《コーポレーション》」ということばにも表れている。君主への奉仕という明確な目的を果たさせるために支配者がつくったのだ。

国家の大戦略と経済哲学はつねに連携していて、国家と企業は一体だった。

だが近代に入ると、企業のあり方が変わってきた。企業は国家と個人のあいだに収まり、独自の法的権利と保護を与えられた。たとえばアメリカでは、言論の自由や、令状なしの不当な捜索・押収に対する保護など、個人の権利の多くを企業も獲得している。それでも原則としては、企業は国に忠誠を誓い、必要なときには国に仕える存在だった。第二次大戦では、連合国も枢軸国も民間部門を戦争遂行に活用し、民間部門の頑健さと柔軟さが戦争の成りゆきを左右することになる。

アメリカでは、ゼネラルモーターズ（GM）、フォード、クライスラーが自動車の組立を止めて、戦車や戦闘機、銃、弾薬の製造に切りかえた。[2] 鉄道模型製造のライオネル社は軍艦の羅針盤をつくった。マッタタック・マニュファクチャリング社は、鋲《びょう》の製造からライフル銃の弾倉の製造に移行した。大戦中に政府の軍需品生産責任者となったGMのウィリアム・クヌーセン社長は一九四一年、産業界幹部へのスピーチで、業界への期待を簡潔に言いきった。「みなさん、われわれはヒトラーを打ち負かさなければなりません」

そのころ、ドイツの民間企業は、ヒトラーに連合国よりも高い生産能力を与えようと奮闘していた。ダイムラー・ベンツ、BMW、フォルクスワーゲンは、ナチスに自動車、オートバイ、飛行機を供給した。当時、世界最大の化学会社だったIG《イーゲー》ファルベン社は、合成ゴム、燃料、プラスチック、毒ガスのチクロンBを製造した。太平洋戦争の前線では、「財閥」と呼ばれる巨大な企業集団が大日本帝国のために戦争物資を供給していた。

大戦が終結し冷戦が始まると、国家と産業の結びつきはいっそう強まった。冷戦の緊張感は、多国籍企業と民主主義政府を外交政策で団結させた。両者は、共産主義がヨーロッパ、アジア、アフリカ、ラテンアメリカに広がれば失うことになる「民主的資本主義」という同じ政治経済モデルをそれぞれの立場で支えた。冷戦幕開けの時代に、GMのチャールズ・E・ウィルソン社長は言った。[3]「わが国にとってよいことは、GMにとってもよいことであり、逆もまたしかりだ。両者にちがいなど存在しない」

冷戦中、世界で事業を展開する欧米の多国籍企業は、政府を支援することが、あるいは少なくともじゃまをしないことが期待されていた。冷戦は、政府にとっても企業にとっても、二項対立に近い世界を生んだ——アメリカが支える民主的資本主義（あるいは、少なくともアメリカの価値観に沿った資本主義）側に立つのか、ソビエト連邦が支える共産主義側に立つのか、を突きつけた。鉄のカーテンの両側で各陣営型の経済が発展し、何十年ものあいだ、両者が交差することはほとんどなかった。アメリカの消費者はシボレーに乗り、バドワイザーを飲み、マールボロを吸う。ソ連の消費者はラーダに乗り、ジグリョフスコエを飲み、ベロモルカナルを吸った。

だが冷戦が終わると、長く続いていたそれまでのルールは急速に変化していった。ソ連が崩壊したことで、経済モデルの勝利者は資本主義になった。「歴史の終わり」という幸福感のなかで、アメリカ、イギリスをはじめとする西側民主主義諸国は、企業を政府に縛りつける金融や法律のガードレールの多くを撤廃した。同時に、自由市場資本主義に基づくグローバル経済の基盤構築に乗りだした。一九九三年に欧州連合（ＥＵ）が誕生し、一九九四年には北米自由貿易協定（ＮＡＦＴＡ）が発効し、一九九五年には世界貿易機関（ＷＴＯ）が発足した。共産主義を標榜《ひょうぼう》する国のなかで世界最大の経済大国である中国はＷＴＯに二〇〇一年に加盟した。

制約から解放された欧米の企業は世界中にアクセスできるようになり、グローバルな事業を強化していった。一九六〇年代後半に約七〇〇〇社だった多国籍企業の数は、一九九〇年代はじめには三万七〇〇〇社に増加している。[4] 国連が発表した多国籍企業の数は、最新の二〇〇八年の集計時点で八万二〇〇〇社あり、現在はおそらく二倍以上になっているだろう。その成長ぶりはすさまじい。

多国籍企業が成長し、グローバル市場で投資し、外国政府と関係を築くにつれて、自国のコミュニティとの結びつきが弱くなっていった。冷戦時代には愛国心に縛られていた企業が、バランスシートに最大の利益をもたらしてくれる国へと忠誠を移していったのだ。充分な資源があれば、多国籍企業は社会契約を自社に有利なようにカスタマイズすることができる。ケイマン諸島の税法、中国の労働・環境規制、アメリカの貿易政策や資本市場など、都合に合わせた選択が可能だ。また、ほとんどの国の教育機関を利用できるし、その国の人材や研究資金も活用できる。顧客基盤もグローバルに広がり、政治的にどこと連携するかも情勢によって柔軟に変えられる。

歴史の九九％の期間で企業が政府に従属していたとすれば、私たちはいま残りの一％の時期にいる。大企業は、一九六カ国の駒が並ぶチェス盤のうえで、独立したプレイヤーとして行動することができる。

歴史学者でスタンフォード大学教授のニーアル・ファーガソンは、「二〇世紀半ばは、大企業と、それらが拠点を置く大国の政府の利害がほぼ似通っていた時代だった」と言う。「その状況が変わりはじめたのは、為替管理や資本規制が撤廃された一九八〇年代から九〇年代にかけてだったと思う。外国に投資することがずっと簡単になった――ヨーロッパはこの点ではアメリカと同じくらい熱心な推進者だった。

従来の本国優先から大きく転換したことが、それまでとまったく異なる企業文化を育んだのだろう。フェイスブックにしろ、グーグルやアップルにしろ、自分たちをアメリカの企業とはとらえておらず、グローバル企業だと考えている。彼らは『アメリカにとってよいことは自社にとってもよいこと』とは言わない。『われわれはグローバル・コミュニティをつくっている』と言うのだ」

これは具体的に何を意味するのだろうか。国際的な納税回避の例で見たように、この変化に問題を引き起こすおそれのあることは明らかだ。ただし、企業と国家のあいだに隙間があることは、程度がひどすぎるのでなければ、むしろ利点があったり、安定した社会契約のために有益だったりする。企業が政府と歩調をそろえていないからこそ、権力の乱用のチェック機能を担ったり、政府がぐずついているグローバルな課題に率先して取り組んだりできるからだ。株主資本主義が企業の能力とインセンティブを、世界の問題の解決に貢献する方向へと――悪化させるのでなく――後押ししたように、今後も企業の力を活用して危機を脱していくことは可能だ。そのためには、企業がその権力に伴う責任を引きうける必要があり、政府と市民が企業の権力を監視する必要もある。

その状況に備えるため、過去二〇年間に生じた外交がらみの問題のなかでもとりわけ厄介な、人工知能、ユビキタスデータ、新しい段階に入ったサイバー戦争のもつ、爆発的に世界を変えうる力を知っておこう。兵器化されたコードの危険性については、世界の二大大国のアメリカと中国でまったく異なるアプローチがとられてきた。このちがいに、待ちうける危険と、企業が果たしていくべき役割の兆候が表れている。

国防総省《ペンタゴン》は、初めて訪れる人にはあまり親しみやすい場所ではない。クリス・リンチの場合もそうだった。地下鉄のペンタゴン駅からエスカレーターで外に出た彼を迎えたのは、防弾服を着込み、機関銃を携え、警備犬を連れた警備要員たちだ。建物に入ったとたん、携帯電話の電波が途絶え、国防長官室での会議に間にあうように一キロ近い廊下を走らなければならなかった。予定時刻に遅れて部屋になんとか着いたときには、息があがり、パーカも運動靴も汗でびっしょりだった。

現実離れした経験だったそうで、リンチの言う「ぼくの人生のなかで最高におもしろい回り道」はそんなふうにして始まった。

政府の技術的専門知識が決定的に不足していると認定された分野で、知識不足を埋めるために二〇一四年に設立された「米国デジタルサービス」（ＵＳＤＳ）という機関がある。彼は、そのＵＳＤＳに加わって四五日が経ったところだった。その年、ホワイトハウスは公的医療保険へのアメリカ国民の加入を支援するために専用サイト Healthcare.gov を立ちあげたが、技術的な不備があり、医療費負担適正化法（ＡＣＡ）、通称「オバマケア」はほとんど頓挫してしまった。[5] サイトにバグが多く、開設初日にサイトを経由して契約できたのは六人しかいなかった。この事態を受け、今後同じような失敗が起こらないようにするために、ホワイトハウスはＵＳＤＳを設立したのだ。この機関には、政府のシステムに修復が必要なときにいつでも駆けつける技術者の特別機動隊《ＳＷＡＴ》的な役割が期待されている。

クリス・リンチがＵＳＤＳで最初に手がけたのは、国防総省と退役軍人省（ＶＡ）が退役軍人の医療記録をより確実に共有できるようにするためのソフトウェア構築だった。案件としては単純なのだが、重大な結果を引きおこしかねないものだった。ＶＡはＰＤＦ形式の記録しか受けつけないのに、国防総省はＪＰＥＧ形式で送ってくることがあり、その結果、医療記録を充分に把握できなかったせいで医師が患者の基礎疾患を見落としたり、診療を誤ったりするミスが発生していた。リンチは言った。「もし疾患が癌だったりしたら、技術的な不具合が文字どおり生死を分けることになるかもしれない」

リンチたちは、まちがった形式の記録をフォーマットしなおすファイル変換ソフトウェアの構築に着手し、成功させた。アシュトン・カーター国防長官が、ＵＳＤＳの軍事部門版となる「国防デジタルサービス」を設立しようとしたとき、リンチをそのリーダーに抜擢したほど見事な成功だった。

二〇一五年の夏、リンチが国防総省に呼ばれたのはこの国防デジタルサービスの件だった。政府機関で働くようになるまえ、リンチは軍隊のことを何も知らなかった。それまで国家安全保障の世界に最も近づいたのは、映画『プライベート・ライアン』や『フルメタル・ジャケット』を観たときぐらいだ。風貌も軍人のステレオタイプに当てはまらない。身長一七五センチ、痩せ型で、本人曰く「どこにでもいそうな平均的人間」。よく笑い、左上腕にフィボナッチ螺旋《スパイラル》、右腕にスピログラフふう曲線という幾何学模様のタトゥーを入れていることが何よりの自慢だ。彼の毎日は、ワシントンDCのクールな街、ショーにあるコーヒーショップに行くことから始まる。愛犬は映画プロデューサーのディノ・デ・ラウレンティスにちなんでディノと名づけたミニチュア・ピンシャーで、オートバイをこわがるそうだ。二〇二〇年三月、私がリンチとディノといっしょに散歩に出かけたとき、彼は黒いTシャツ姿に白縁のレイバンをかけ、絞り染めの靴紐を結んだ運動靴を履いていた。その姿は、アメリカの国家安全保障のトップ技術者という役割よりも、シアトルのスタートアップ時代の経歴に似合っていた。

リンチもかつては、ハイテク業界の多くの人と同じように、政府に対する懐疑的な見方をもっていた。「政府にいたって何もできやしない、お役人は技術者なんて洟《はな》も引っかけない、才能を無駄にすることになる」という雰囲気だったそうだ。以前に友人からUSDSに参加すると聞かされたときには、「そんなバカな誘いにきみが乗るなんて」と嘆いたほどだった。

自らシアトルに駆けつけた、ホワイトハウスの最高技術責任者《CTO》を務めるトッド・パークに説得され、リンチは政府機関に加わることを決意した。一カ月半かけて軍医のためのファイル変換ソフトウェアを完成させたときには、リンチの気持ちはすっかり変わっていた。

政府で働く経験は「人生のターニングポイントになった」という。「使命感をもって働くことの意義深さを知った。コンピューターおたく《ナード》が集まって、かなり簡単そうなプロジェクトを片づけるだけで、誰かが死なずに済むかもしれないんだ」

だがこの話は、アメリカ軍の技術的な専門知識がいかに世界から遅れをとっているかを突きつけてもいる。フェイスブックが視覚に障碍のある人向けに写真を音声で説明するソフトウェアをリリースしたのと同じ年に、国防総省はＪＰＥＧファイルをＰＤＦ形式に変換するのに外部から助けを呼ばないといけなかったのだから。[6] 少人数のプログラマーが四五日間動いただけで大きな成果を挙げられるのだとしたら、何かが大きくまちがっている、とリンチは思った。

彼は正しい。軍隊の力は伝統的に、空、陸、海での強さによって定義されてきた。アメリカは数十年にわたり、この三つの領域で世界のどこにもひけをとらない力を育ててきた。だが、直近の二〇年間では、国家安全保障の領域でパラダイムシフトが起こっている。一国の軍事力はもはや、二〇世紀やそれ以前の時代のように、艦隊の規模や車両の走行速度、武器の破壊力だけでは測れない。二一世紀の軍隊は、サイバー空間という領域でも強さを発揮できなければならない。

現在よりもまえの時代においては、物理的なダメージは物理的な力によってのみ与えることができた。だが二一世紀の軍隊は、デジタル信号で物理的に攻撃できる。適切なコードを実行すれば、原子炉を誤作動させ、軍需工場を破壊し、国全体を停電させることができる。敵のコンピューターネットワークに侵入し、動きを監視して、敵からの攻撃を阻止することもできる。デジタル戦士はキーボードだけを見ていればいい。

国家安全保障のありようを変えるデジタル技術は、サイバー兵器だけではない。人工知能（ＡＩ）もまた、軍隊の戦闘方法や情報機関の諜報活動に変革をもたらしている。ＡＩシステムを使えば、政府は群衆のなかから個人を見つけだし、攻撃すべき施設を突きとめ、コンピューターネットワークへの侵入を検知し、民衆の暴動を予測し、暴力行動に走るおそれのある過激な集団を特定することができる。

　アメリカは、陸、海、空、宇宙という四つの物理的な領域では他のどの国をも上回る力をもっているが、サイバー空間では優位性を確保できていない。国防総省はＡＩのような国家安全保障に直結する技術を導入するうえで、中国を含む一部の国に遅れをとってきた。大きな理由のひとつは、こうした新しいデジタルツールは、ロッキード・マーティン、レイセオン、ノースロップ・グラマンなどの従来の軍産複合体には属さない企業が主導して開発してきたということだ。主導しているのはテクノロジー業界なのだ。

　ここが過去と大きくちがうところだ。従来の軍需産業は、何十年も国防総省と歩調を合わせてきた。だがテクノロジー産業のリーダーは、クリス・リンチもそうだったように政府の肥大化と官僚主義を批判的に見ていて、自分たちが培ってきた技術が破壊的な目的に使われるかもしれないことに苛立っていた。

　リンチは国防総省での経験から、考えを改めるようになった。近年目の当たりにしてきたように、民主主義とはもろいものだ。とくに、備えのないサイバー攻撃に直面したときにどこまでもちこたえられるだろうか。最悪の事態を想定して誰かが仕事をする必要があり、クリス・リンチは自分にはその資質があることに気づいたのだ。

　二〇一五年、リンチは国防デジタルサービスの責任者に就任し、二〇一九年には政府を離れて、自身のレベリオン・ディフェンス社を設立した。この会社は、二一世紀の国防に必要な技術を国に提供するために近年、設立された企業のなかのひとつだ。この業界には、マイクロソフトやパランティーア社のような大きな企業も多少はあるが、リンチのレベリオン・ディフェンス社のように国家安全保障の世界以外ではほとんど知られていない中小企業が無数にひしめく。こうした新種の政府系請負業者は、アメリカと同盟国が展開する外交のやり方を変え、主権国家とその防衛ビジネスとの昔からの関係を根底から覆《くつがえ》している。

リンチがレベリオン・ディフェンス社で目指しているのは、アメリカ軍がほしがっているデジタルツールを提供すると同時に、若い技術者がかつての自分みたいに公職に使命を感じるように支援することだ。

彼の戦略は社名に表れている。

国防デジタルサービスを率いていたころ、リンチは『スター・ウォーズ』マニアの隠れ家のような雰囲気で組織をつくっていった。メンバーといっしょにプロジェクトに「ボバ」「AT‐AT」「ジェダイ」などの名前をつけた。ジョージア州オーガスタにあるオフィスには「タトゥイーン」と名づけた。リンチの送別会では、国防総省のスタッフがスター・ウォーズのキャラクターに扮して集まった。そのパーティーで撮った写真を見せてもらったところ、リンチと父親、ポール・セルバ大将（当時、序列第二位の制服組将校）、チューバッカ、ロボットのR2‐D2が写っていた。

雰囲気を決定づけたのは、リンチのオフィスの外に掲げてあった看板だ――「国防デジタルサービス　反乱同盟軍」。リンチによれば、このチームが官僚主義に変革をもたらす「反乱軍」だと示すための看板だったそうだ。スター・ウォーズに例えるなら、国防デジタルサービスはルーク、レイア姫、ハン・ソロで、国防総省の文化はダース・ベイダーとパルパティーン皇帝だ。

リンチは、国防総省に在籍していたときにつねに心にあった「反乱」というテーマを、自身の新しい防衛ビジネスにも引きつごうと考えている。

反乱《レベリオン》ディフェンスという社名には、「何か新しいものをつくりだすという決意を込めた」と彼は言う。「いままで以上にうちのチームがやってみせる、いまがそのときなんだ。ぼくたちは政府の外にいるけど、システムの一部でもある。国防は国民みんなのものだから」

防衛技術を売る会社にデス・スターを破壊した者たちの名前をつけるのは皮肉だし、リンチ自身もそれを認める。それでも、ワシントンとシリコンバレーの隙間を埋めるのに役立ったと考えている。

「反乱同盟軍の一員になりたくない人なんていますか?」

リンチはまた、今日の世界では、善と悪の境界線は〝遠い昔、はるか彼方の銀河系〟にいたときよりもずっとぼんやりしていることを認めている。冷戦時代と比較しても、レベリオン社や似た立場の企業が歩むいまの地勢には灰色の影が厚くかかっている。軍備管理においても、デジタル技術の場合には、弾薬や弾道を考えていればよかった昔ほどには明快でないので、現代の防衛企業は自分たちで考えなければならないことがずっと増えている。

冷戦時代をつうじて、アメリカは武器と国家安全保障技術の輸出を制限するため、さまざまな規制秩序を設けてきた。たとえば、国際武器取引規制（ＩＴＡＲ）は、アメリカ国民でない者が特定の防衛関連技術の専門データや物理的材料にアクセスすることを禁じている[7]（二〇二〇年八月時点で、アメリカの軍需品リストは一〇〇ページを超える）。また、武器輸出管理法や輸出管理規則のように、国の技術を輸出したり他国に利用させたりするのを制限する措置もある。どれも、アメリカが開発した安全保障にかかわる技術が敵の手に渡らないようにするためだ。政府は、各国との関係の深度に合わせて軍備管理協定をカスタマイズすることができる。イギリスに対する規制とトルコに対する規制は異なり、イランに対する規制もまたちがう。冷戦時代には、これらの法律が自由民主主義陣営と共産主義陣営の軍事境界線を固め、冷戦後には、従来型兵器がテロリストや敵対国の手に渡るのを（ほぼ）防いできた。

だが二一世紀の国家安全保障技術には、二〇世紀の軍備管理体制はほとんど適用できない。大きな理由のひとつは、ＡＩのようなデジタルツールは、従来型の防衛技術よりも分類するのがむずかしいということだ。

戦闘機や軍艦は、軍事力をかたちに変え、行使するという目的のためだけに使われる。だがＡＩは汎用的な技術であり、国家安全保障だけでなく、完全に無害な商業用途にも使われる。コンピュータービジョン（画像や動画などの視覚データから意味のある情報を抽出して処理する技術）は、戦場で敵の戦闘員を発見する目的にも、ソーシャルメディアの投稿で友だちをタグづけしたり、自動運転車で周囲を見たりするためにも利用できる。ＡＩは、作成主の人間の意図や価値観のとおりに動く。ＡＩ搭載の顔認識技術は、テロ容疑者を特定するためにも、少数民族に属する人を追跡するためにも使うことができる。しかもこの技術は完璧ではない。ＡＩの精度は、学習訓練に使用したデータの質に左右され、特定の結論に至る経緯は必ずしも明快でない。オンラインショッピングのお薦め商品なら多少の誤差は許容できるが、戦場での誤差は人命を奪いかねない。

これらは、レベリオン・ディフェンス社の業務の核心となる懸念だ。同社はＩＴやサイバーセキュリティの伝統的なツールを作成しているが、その中心となっているのはＡＩだ。テキストを読み、画像を分類し、動画を分析し、世界の隅々から国防総省に殺到する膨大な情報を処理するソフトウェアもすべて根幹にＡＩがある。

だが軍備管理に関して言えば、ＡＩソフトウェアの「軍民両用」性がアメリカの政策立案者にとって難問を生みだしている。すべてのＡＩシステムに核弾頭と同じレベルで規制をかければ、イノベーションが阻害され、アメリカのテクノロジー産業は立ちゆかなくなる。まったく規制しなければ、テロリストや敵軍がメイド・イン・アメリカの強力な戦争兵器を手に入れかねない。

ＡＩやその他の新興テクノロジーの買い手を効果的に規制するには、政策立案者はまず、敵の手に渡った場合に国家安全保障上の脅威になるのは当該技術のどの部分かを細かく切りわけなければならない。だが今日、「取り扱いに慎重を要する」技術の定義は、誰に尋ねるかによって大きく変わってくる、と、ホワイトハウスの元高官で、テクノロジーと国家安全保障の交差する場所で政策立案を主導してきた、マサチューセッツ工科大学（ＭＩＴ）のＲ・デイビッド・エデルマンは指摘する。

「何が本当に機密なのかという根本的な議論が政府レベルでまさに起こっている。政府はつねに業界から情報を得ているわけではなく、業界も政府からつねに情報を得ているとはかぎらない。研究者に至っては、政府の動向も業界の動向も関知していないことがままある」とエデルマンは私に言った。「三つのコミュニティが同期していないのは以前から指摘されていた」

エデルマンは続ける。「研究者にＡＩテクノロジーとは何かと訊けば、研究者の人数だけ答えがある。いや、人数よりも五つ、六つ多いかもしれない。ＡＩのようなものには、すべてが入るとも言えるし、何も入らないとも言えてしまうのだ」

政府の中枢に技術関連の専門知識が欠けていることで、混乱に拍車がかかっている。私の息子が通う高校のクラスメート三〇人は、テクノロジーの知識では連邦議会の議員五三五人と楽に張りあえるだろう。情報に基づいて政策を決定するには情報を把握している政策立案者が必要だが、政府の大半は、二〇世紀の視野のままで二一世紀の国家安全保障の問題を解釈しようとしている。

二〇二〇年一月、商務省は人工知能システムに関する初の輸出規制を発令した。[8] 軍事用ドローンや人工衛星が収集したとされる地理空間画像を、自動的に解析できるＡＩソフトウェアの販売に制限を課すものだ。重要な一歩にはちがいないが、政府が必ずしも新境地を開拓したわけではないことは知っておきたい。地理空間テクノロジーはすでに高度に規制されていた。[9] 企業は一定以上の解像度の画像を販売することはできず、ドローンや衛星はそもそもＩＴＡＲなどの輸出規制の対象になっている。つまり、この政策は、新しい技術に対応するために、古い枠組みを修正しただけなのだ。

とはいえ、既存の軍備管理体制に前例のないＡＩの用途は数多くある。ＡＩシステムには、権威主義的な政権が自国内で権力を強化するのに役立つ可能性がある。顔認識や監視の技術は、従来の安全保障技術には当てはまらないかもしれないが、自由で開かれた社会にとっては脅威にほかならない。だが欧米企業は長年にわたってこれらの技術を制限なしに輸出しており、「アメリカ国民も政策立案者も、その多くは輸出しなければよかったと思っているはずだ」とエデルマンは言う。このグレーゾーン以外にも、さらに重大な影響を及ぼせるアルゴリズムがある。今日の企業は、戦場で敵の戦闘員を識別し、半自動兵器を作動させ、ドローン群を連携飛翔させるシステムの開発にあたっている。

エデルマンは、一部のＡＩはほかのものよりたやすく兵器化される可能性があり、「そのような実装は規制することが正当なのだが、率直に言って、政府は範囲の特定にもたついている」と説明した。

アメリカ軍のトップたちはＡＩ倫理の重要性を強調しはじめ、二〇二〇年には国防総省が技術の倫理的発展のための五つの原則を採択した。[10] だが、これらの原則はあいまいで、ＡＩの開発・応用においては「当事者は適切なレベルの判断力をもって慎重に事にあたる」といった決まり文句を並べている。

これまで述べてきたように、今日の地政学的状況は冷戦時代のような二項対立ではなく、各国を民主主義の同盟国と共産主義の同盟国のふたつにすっぱりと分けることはできない。政治・経済モデルは開放型から閉鎖型までさまざまに広がっており、国家間の同盟関係もかつてのように固定化されてはいない。

サイバー分野での新しい軍産複合体のメンバーは、この新世界をほとんど自分たちだけで歩んでいる。どのような技術を開発したいのか、どこを越えれば行きすぎなのかも、自分たちで原則を決めなければならず、従来にはなかったむずかしいポジションに置かれているのだ。企業にとっては荷の重いことであり、すべてを自分たちだけで対処することはできない。技術担当役員に技術能力の高い人物を充てたとしても、当人が非常に若く、地政学の世界での経験が乏しい場合には難題がいっそう込みいってくる。頭のよさと、経験に裏打ちされた知恵とのあいだには溝があり、頭はいいが知恵のない技術担当役員が犯した失敗を私は数多く見てきた。

同時に、テクノロジー企業が従来の防衛部門よりもはるかに多くの専門知識をもっているときには、その専門知識を活かし、自分たちのつくっているものに責任を負うようにすることには意味がある。このあと見ていくように、企業が政策に意見を述べたり、ときに主導したりできるシステムは、政府がすべてを決定し実行するシステムよりも、より多くの情報に基づいた革新を推しすすめ、有意義な抑制と均衡《チェックアンドバランス》を達成することができる。

レベリオン・ディフェンス社を創業したクリス・リンチは、この責任感が原動力になっていると言う。「国防や安全保障、そして今後五〇年間で世界を変えていくテクノロジーの活用について断固とした意見をもっている人は、テーブルに着く義務がある。社会が必要とするものを提供し、テクノロジーをどう使っていくかの戦略を立て、政策のかたちで実現していく手助けをしてほしい」

他の多くのテクノロジーと同様、人工知能はそれ自体は本質的に善でも邪悪でもない。作成者と使用者の価値観と意図に沿って動くだけだ。国防総省に技術的専門知識が欠けていることを考えると、ＡＩツールを開発する企業には正しい方向に導く責任がある。

リンチは語る。「すべてのテクノロジー企業は、自分たちが開発しているものの意味を熟考する責任がある。ぼくたちには奥深い思考が必要だ――つくっているものに対して、なぜそれをつくるのかに対して。防衛のやり方を決めているのだから。テクノロジーがどんなふうに使われるかを決めているのだから」

レベリオン・ディフェンス社では月に一度、社員が集まり、会社として取引を断るプロジェクトや顧客の線引きについて話しあっている。リンチによると、たとえば、同社は国内を監視するプロジェクトや、アメリカ当局による不法移民の一斉検挙には協力しないことをすでに決めているという。レってきたそうだ。

ベリオン社のほかの方針については彼は明かさなかったが、社員の意見も参考にして複数の依頼を断ってきたそうだ。

もちろん、企業によってこの意思決定の実践方法には大きなちがいが生じることがある。

二〇一七年九月、グーグルは、人工知能を使った国防総省の大規模な取り組み「プロジェクト・メイブン」への協力を始めた。グーグルの担当するプロジェクトのひとつは、軍のドローンが日々収集する大量の映像をふるいにかけるAIソフトウェアの開発だった。これがあれば、情報分析担当官は映像を一コマずつ分析する面倒な作業から解放される。ただしこれは、のちの二〇二〇年一月に政府が発令した輸出規制に該当するおそれのある、地理空間分析ソフトウェアの一種だった。

数カ月もしないうちに、グーグルの従業員たちは、このプロジェクトは国防総省がドローン攻撃の照準の精度をあげるためのものだとして抗議の声をあげはじめた。[11] 二〇一八年四月、約三一〇〇人の従業員が会社に対し「戦争ビジネス」への参加をやめるよう要求する書簡に署名し、その直後、グーグルは国防総省との契約更新を断念した。

クリス・リンチはその決断に異を唱える。グーグルは越えてはいけない線を越えたと判断して引きかえしたのかもしれないが、リンチの意見では、グーグルは国防総省が人工知能をどう使うかに直接影響を与えうる機会を放棄したのだ。代わりに契約したのはアンドゥリル・インダストリーズ社だった。仮想現実（VR）ヘッドセットの「オキュラス・リフト」を開発した（フェイスブックに売却済み）パルマー・ラッキーが創業した軍事テクノロジーのスタートアップだ。

アンドゥリル社が請け負ったのは、AI搭載のセンサーネットワークを構築し、部隊に前線のバーチャルな視界を送ることだった。[12] センサーはドローンや固定タワー、移動中の部隊そのものに搭載され、潜在的目標を特定したり、自律型軍用車両を戦闘に向かわせたりするために使われる。このソフトウェアは、現場の部隊がリアルタイムで作戦を決定するのに役立つ。直接的に人の生死を決めるものではないかもしれないが、人の生死にかかわる決断を部隊が下すのに重大な影響を及ぼすことになるだろう。

アンドゥリル社が社業に適用する原則は、グーグルやレベリオン・ディフェンス社のそれとは異なっている。その後も、米国税関・国境警備局がメキシコとの国境沿いで展開する作戦を支援するための、同様のＡＩセンサーネットワークを構築した。[13] 二〇一八年、アンドゥリル社が引きうけない国防総省のプロジェクトはあるかと訊かれ、パルマー・ラッキーは「それはうちが決めることではない。アメリカ政府と協力しているのだから」と答えている。

ただし、アンドゥリル社のＣＥＯブライアン・シンプは、同社のやらないことがひとつあると教えてくれた──人間が攻撃判断のループにいない状態で「致死力」を発揮するシステム。つまり、勝手に人を殺していくロボットはつくらない、ということだ。

「意思決定の責任があるのは軍だ。機械に判断を任せることはできない」とシンプＣＥＯは言う。「ほかのすべては、テクノロジーがどう使われるかのコントロールの問題だと思う。これほど明確に線引きができる技術分野はほかにはほとんどないでしょう」

シンプＣＥＯは、そのようなコントロールを設定するのは軍の指導者の責任だと考えていて、軍が最終的に正しい判断を下すと信頼している。「開発中のアプリケーションでも、あまりに行きすぎたものは中断させられ、最終的に中止となる。アメリカの体制は時間はかかるかもしれないが、懸念をチェックしてつぶしていく点で、きわめて頑健だ」

ここに挙げた三社ともＡＩ開発の原則がちがっていることに、不安を覚える人もいるかもしれない。だが新しい技術にこうした議論は付き物だし、当然起こるべきなのだ。はじめから倫理的な正解が決まっているわけではない。とはいえ国防総省には、人工知能の能力をどこまで増大させるかについてあまり選択肢がないのが実情だ。軍事ＡＩに巨額を投じている中国とロシアのことを考えれば、この分野で遅れをとれば、アメリカと同盟国の安全保障が損なわれるおそれがある。ロシアのウラジミール・プーチン大統領は、学生たちをまえに発言した。[14]「人工知能はロシアだけでなく全人類の未来だ。この分野でリーダーになる者が世界の支配者になる」

権威主義的な政権に好都合な顔認識などの技術を開発する企業にとって、技術に責任を負うということは自社の顧客基盤にも責任を負うということになる。ホワイトハウス元高官のＲ・デイビッド・エデルマンは、知らなかったとの言い訳はもはや通用しないと言う。「テクノロジー企業のＣＥＯが、『顧客がどんなふうに使うつもりなのか知りませんでした』などと弁解したところで誰も納得しない。三年前ですら、このようなＣＥＯの発言は犯罪に近い怠慢だと受けとられた。いまはもう言い訳にすらならない」

テクノロジー企業は、自社の技術にどのような応用が可能でどこまで信頼性があるかという専門知識をもっている。国家安全保障コミュニティとどのような関係を築いていくかを自律的に決め、自社でつくったものの使われ方について明確な原則を打ちだすこともだいじだ。もしＡＩの特定の用途に異論があるのなら、ほかの企業や政策立案者にも届くように声をあげるべきだ。

レベリオン・ディフェンス社のクリス・リンチCEOは述べた。「これまで以上に、技術の開発方法だけでなく技術の使われ方についても、その方向性や政策の形成にかかわれる場に科学技術者を引きこんでいく必要がある。国防総省のなかだけで話しあわれているのなら、それは長期的な戦略ではない。サンフランシスコのコーヒーショップで、国防の使命についてそれまで一度も考えたことがない人たちが集まって話しているのなら、それも長期的な戦略にはほど遠い。ふたつの集団の力を結びつけることができないなら、ぼくは一〇〇％の確信をもって言うけど、誰も喜ばない結果しかない。議論の場をつくらず、議論の場があっても参加すべき人が参加しないままなら、ぼくたちには完全無欠の大失敗が待っている」

彼らがそこまで言う理由を知るには、太平洋の向こう側にあるまったくちがうモデルに——中国という国のモデルに、目を向ける必要がある。テクノロジーの倫理うんぬんを議論できるのも、西側民主主義諸国に許された贅沢なのだ。

西側民主主義国では、テクノロジー企業に期待されることや求められる責任を明確にする取り組みがおこなわれているが、中国ではこうした動きは見当たらない。政府と民間部門が一体となって行動するからだ。

中国で国家と資本のあいだに線を引くのは、意味のない区別をするのに等しい。政治指導者と企業経営者が不可分の存在として、北京の指示する国家戦略を遂行するためにそれぞれの役割を果たしている。中国共産党は過去四〇年間、この指揮統制系統を利用して、中国を貧しい農村から工業大国へと変貌させた。今日、中国共産党は同じ系統を利用して、自由民主主義社会の根幹を脅かすテクノ権威主義モデルを推進しようとしている。

現代の中国は、冷戦の終焉とともに始まったグローバル化の波の上に築かれた。一九七〇年代後半から、共産党政府は市場を中心にした一連の改革を実施し、経済の近代化を図った。国内の起業家は独自のビジネスを始め、外国の多国籍企業は安価で規制の緩い労働市場を求めて沿岸部の都市に群がった。数十年のあいだに、中国は世界の工場となり、ドイツ車からアメリカ国旗まであらゆるものを生産するようになった。

一九九〇年に発表された『フォーチュン・グローバル500』には中国企業はゼロだったが、二〇二〇年には中国（香港を含む）から一二四社が入り、アメリカの一二一社を上回った。[15]

この一五年間、中国は未来の産業を率いるグローバル・リーダーとしての存在感を強烈に増している。中国のテクノロジー産業はシリコンバレーの模倣から始まった。アメリカの知的財産をときに窃取し、技術の質を落として値段も安くした品をつくる企業がひしめきあっていた。だがやがて、北京からの緻密な指令と手厚い援助により、独自の発展を遂げるようになる。今日、阿里巴巴《アリババ》、百度《バイドゥ》、騰《テン》讯《セント》、華為《ファーウェイ》といった企業が、欧米の大手テクノロジー企業とグローバル市場のシェアを競いあっている。アメリカと中国は技術面でほぼ同レベルであり、一部の分野では中国がシリコンバレーを凌駕している。

過去数十年の製造業ブームと同様に、中国のテクノロジー産業は政府の政策立案者が目論んだとおりに台頭してきた。中国共産党はアメリカ政府とは異なり、民主主義の手続きを必要としない。共産党の指導者は、党や国民の同意を気にすることなく経済と政治を動かし、巨大な国家機関の指揮を執っている。指導者が何かをしようと思えば、政府も民間部門もただちにそれに沿って行動する。中国にはクラッジオクラシーやビトクラシーは存在しないのだ。

民間企業を中央集権的に統制できることは、中国に確実に利点をもたらしている。欧米の民主主義国家にはできないやり方で、戦略的な分野へ投資を集中することができる。北京が国家戦略を打ちだせば、何千億ドルもの資金が流れこむ。二〇〇七年から二〇一七年にかけて、中国政府の号令のもと、ほかの国々が建設した高速鉄道の総延長の二倍にあたる、二万五〇〇〇キロメートル以上の高速鉄道が建設された。[16]

近ごろは、中国政府の関心は国内の人工知能産業の育成に向いている。二〇一七年、習近平《しゅうきんぺい》国家主席は、二〇三〇年までに中国を人工知能の世界的リーダーにし、それに付随して一五〇〇億ドル以上に相当する国内産業を育成する国家戦略を発表した。[17]この計画には、中国をＡＩ強国に導くための詳細な政策のロードマップと、有望なスタートアップ企業やＡＩのムーンショット（壮大なビジョンをもった画期的で大規模なプロジェクト）に注入する数十億ドルの政府予算も含まれている。

計画が発表されると同時に、政府と民間企業は全速力で走りはじめた。地方政府はＡＩのスタートアップに資金を投じ、業界ではさまざまな提携関係が築かれた。[18]政府は翌月、「ＡＩナショナル・チーム」の結成計画を発表し、自律走行車（バイドゥ）、医療画像診断（テンセント）、自然言語処理（アイフライテック）、スマートシティ・テクノロジー（アリババ）の戦略的ＡＩ分野を先導する国内企業四社を選定した。[19] 二〇一九年八月には、それぞれに専門分野をもつ一五社に増えている。これらのナショナル・メンバーは、政府の資金とデータベースへのアクセスが許可されている。彼らはシリコンバレーの現場には存在しない濃密さで互いに協力し、研究の知見を共有し、中国のＡＩ生態系の基準を定めている。

人工知能やその他の新興技術へ進出するにあたって中国は、外国の、とりわけアメリカの競合企業から技術や知的財産を積極的に導入し、急速に力をつけた。[20] 中国企業は資本投資や合弁事業への参入、技術者の引きぬき、企業の完全買収など方策を使い分けて、アメリカのハイテク企業の宝冠である知的財産を入手する。中国でビジネスを展開したい外国企業は、技術データや知的財産を政府機関と直接共有するようにと求められ、政府機関はそれを国内企業に渡すことができる。[21] サイバー攻撃によって、中国企業が競合他社の企業秘密や社内通信などの機密データを盗むこともある。このような経済スパイ行為は、多くの場合、中国政府の要請と直接的な支援のもとでおこなわれている。

ときには公然と、ときには正式な手続きを経ない技術移転をつうじ、中国は自国の利益のために他国の研究開発努力を取りこむことができる。外国資産の窃取を重ね、中国の経済力と軍事力はわずかな費用で諸外国に追いつき、追い越すようになった。

直接投資や国が主導する技術移転によって中国経済を強化する一方で、中国政府と経済部門は、裏で手を回して外国との競争から自国企業を護っている。一四億の人口を抱える中国は、多国籍企業にとってきわめて魅力的な市場だ。これまでも数多くのテクノロジー企業が中国進出の足がかりを得ようと試みてきたが、成果は乏しかった。たとえば二〇一四年にウーバーが中国で事業を開始したとき、

CEOのトラビス・カラニックは自社の配車サービス・アプリが、アメリカの消費者向けテクノロジー企業として中国で成功する第一陣になれると期待した。[22] グーグル、アマゾン、フェイスブックといったアメリカの超大手が中国進出に失敗するのを見てきた彼は、同じ轍《てつ》を踏まないように策を練った。

中国に子会社――ウーバーチャイナ――を設立し、他の欧米のハイテク企業の足かせとなっている政府の規制を回避しようとしたのだ。カラニックCEOは現地の状況を調べ、投資家の説得材料を見つけるため、頻繁に中国を訪れた。[23] 二〇一五年には五日に一日は中国に滞在していたと言われるほどだ。ウーバーチャイナは現地に合わせてサービスをととのえ、利用者が料金を支払うときに中国で人気の高い第三者決済システム〈アリペイ〉を使えるようにした。中国のハイテク巨大企業、バイドゥとの合弁事業で提携関係を結び、サーバーを中国に置くことで、万里《グレート》のファイアウォールからの干渉を防ごうとした。

二〇一三年に中国を訪問したトラビス・カラニックを、バイドゥのCEOロビン・リーに紹介した、ウーバーの初期の投資家であるシャービン・ピシュバーは当時をこう振りかえる。[24] 「トラビスは、中国という枠のなかで機能するものを構築した。そのためなら妥協することも厭《いと》わなかった」

だがウーバーは、地元の〈滴滴《ディディ》〉との厳しい競争にさらされ、バイドゥのような中国企業のパートナーからの支援があっても、中国市場の現実に打ち勝つことはできなかった。

「ディディはウーバーをつぶそうとした」とピシュバーは言う。両社は「大規模な戦争」に突入し、料金の割引や、ドライバーを多く引きいれるための待遇アップにそれぞれが巨額の金を注ぎこんだ。[25]

二〇一六年はじめの時点でウーバーチャイナは六〇の街に進出していたが、ディディはすでに四〇〇以上の街で事業を展開済みだった。[26] 両社とも当初の資金は使い果たしていたが、ディディには別の大きなポケットがあった。中国の政府系ファンドや国営銀行から数十億ドルが融通されたのだ。[27] また、中国のハイテク大手テンセントが、同社の大人気アプリ〈ウィーチャット〉上でウーバーをブロックしたときにも、ディディはプラットフォームに組みこまれたままだった。二〇一六年七月、中国政府は、ディディとウーバーの両社が事業拡大のために利用していたドライバーへの補助金を禁止する規制を発表し、既存の市場シェアを実質的に凍結した。[28] この規制はまた、外国企業に対する政府の監視をより厳しくすることにもなった。あとは切り刻まれて死ぬしかなかった。

ウーバーチャイナは二〇一六年八月に、ディディに身売りする。[29] トラビス・カラニックとパートナーたちは、自分たちを負かした競合会社の株式とアメリカ事業への一〇億ドルの投資の約束を手に退却した。

「ウーバーは不吉な兆しを感じていた」とシャービン・ピシュバーは言う。「彼らは『消耗戦になる……どうにかして和平にもちこまなければ』と考えた。だがその和平が、『ディディの株を二〇%やるからとっとと出ていけ』だったんだ。彼らは受けいれた。それが賢明な道だった」

誰が見ても、ウーバーは善戦した。ルールを守りつつ、アメリカの他のハイテク企業が中国市場で犯した失敗を回避した。だが、ウーバーのビジネスは中国にとっての戦略的な市場だったため、テクノロジー分野で覇権を握りたい中国政府にとってウーバーは成功させてはならない存在だった。中国は官民を挙げて勝利のために邁進し、競合相手を外国に追いかえしたのだ。ウーバーを負かしたディディは、北京とシリコンバレーにＡＩ研究所を開設した。[30] 二〇二〇年七月には、中国人民銀行と協力して新しいデジタル通貨をテストすると発表した。

　数えきれないほど多くの欧米のテクノロジー企業が繰りかえしてきたストーリーがここでも繰りかえされた――中国に進出する→現地のパートナーと有望な契約を結ぶ→中国のライバル企業に徐々にシェアを奪われる→中国から撤退する→中国のライバル企業が支配的な地位を確立する。

　アフガニスタンがソ連やアメリカのような地政学的大国にとって不可解な国でありつづけたように、中国は欧米のテクノロジー企業にとって不可解な存在であることが周知されてきた。

　中国は、欧米のテクノロジー企業が国内に足場を築くのを阻止し、直接投資や経済スパイ、国家主導で海外テクノロジー企業の資産を取得するなどの措置をつうじて国内企業を強化し、欧米の勢力図とは完全に切り離されたテクノロジー世界を構築している。その世界は彼ら独自の企業社会、独自のトレンド、独自の規範で動いている。中心をなす価値観は、中国政府の国家主義的な大望によって決定されている。

　この二〇年間、中国政府はテクノロジーを駆使し、大昔の専制君主ですら夢見なかったような監視と社会統制の国をつくってきた。

　二〇一九年の時点で、中国は四人に一台の割合で監視カメラを配備しており、その数は二〇二二年には倍増すると見込まれている。[31]集めた映像のほとんどは、殺人から交通法規無視、コーランの読誦《どくじゅ》まで、「反社会的」と中国が見なす行動を特定するように訓練されたＡＩシステムに送られる。顔認識をつうじて、政府はすべての市民の日常生活を追跡し、行った場所、会った相手、参加した会合や抗議集会を記録することができる。

中国の監視システムは国によってコントロールされているが、その構築と運用は国内の無数のＡＩ企業が担っている。政府高官と中国のビジネスリーダーとの共生がここにもよく表れている。

実用に耐える人工知能を構築するには、大量の学習データが必要だ。中国ほど一般市民のデータ収集に抵抗のない政府はなかなか見つけられないだろう。企業は政府とデータを共有し、政府もまた他の企業とデータを共有し、アルゴリズムを精緻化し、さらにデータを収集しつづける。新疆《しんきょう》ウイグル自治区の監視システムを構築した中国のコンピュータービジョン企業センスタイム社のＣＥＯは、政府を同社の「最大のデータソース」と呼ぶ。[32]

データが増えるほどアルゴリズムの精度は上がり、それがより優れたデータを生む。監視国家は自らをデータとして取りこみ、ますます実効性を高めていく。第五世代（５Ｇ）の広帯域ネットワークの登場によって、中国は街頭や車内、職場や家庭、公共スペースに多くのセンサーを埋めこめるようになった。全展望監視《パノプティコン》システムは完全体に近づいていくだろう。

中国は民間部門と国家が完全に一体化することで生じる危険性を現実にあらわにしている。デジタル時代のいま、このような一体化によって私たちのすべてのデータが握られ、おそろしいレベルで管理されることになりかねない。

世界のほとんどの国の市民は、インターネットの普及と隆盛に伴い、自身のデータの扱われ方に関して、国と自分とのあいだの緩衝材として企業に頼るようになった。民間企業が完璧な緩衝材とは言いきれないし、テクノロジー企業は私たちの多くが望まないデータも含めて収集しているであろうことはまちがいないが、たとえそうだとしても、グーグルやアップルのデータ収集の考え方は、政府と民間が一体化している国とはまったく異なっている。中国の事例を見ていると、社会がジョージ・オーウェルの『一九八四年』（早川書房など）のとおりになりかねないと思えてくる。

中国はまた、監視国家の機能を輸出用にパッケージ化している。国からの補助金があるので、中国のテクノロジー企業は不自然に安い価格で製品を売ることができ、そのため、自国に社会統制機構を設置したい外国政府を惹きつけている。顧客のひとつがジンバブエだ。

ジンバブエは抑圧的な政権に縁が深い。アフリカ南部の内陸にあり、イギリスの植民地となるまえはイギリス南アフリカ会社によって支配されていた。一五年間の内戦を経て一九八〇年に独立したが、強権的な大統領ロバート・ムガベに三七年間、君臨されることになる。二〇一七年に軍のクーデターが発生し、のちにムガベが辞任したとき、ジンバブエの人たちは彼の退陣によって国が民主主義と政治的自由への新たな道筋に乗ることを期待して街中で歓喜した。だが、それから半年も経たないうちに、ジンバブエ政府は中国のＡＩスタートアップ、クラウドウォーク・テクノロジー社と契約を結び、国内の空港やバス停、金融機関などに顔認識システムを設置した[33]。政府はこの技術を利用して、全国民の顔のデータベースを構築する計画ももつ。国が選挙システムに生体認証を組みこむことで、この技術は有権者への威嚇や統制の道具となるおそれがある。

ジンバブエの生体認証データを中国に送りかえせば、テクノロジー企業がアフリカ系の人の顔を認識するアルゴリズムを訓練するのに役立つだろう。中国は、フィリピン、マレーシア、スリランカ、シンガポール、モンゴル、セルビア、ケニアなどの政治指導者とも同様のパートナーシップを結んでおり、ラテンアメリカにも進出しはじめている[34]。中国企業がアルゴリズムを磨き、さらに多くの人種や民族を識別できるようになれば、どこの権威主義国家にも監視テクノロジーをたやすく売りこめるだろうし、中国の情報機関も能力を精緻化していくだろう。

執拗な監視が民主主義社会にどんな害をもたらすかは容易に想像がつく。ダイナミックな社会契約を維持していけるかどうかは、市民が集団行動をつうじて反対意見を表明できるかどうかにかかっている。反対政党の活動や抗議行動に加わって、市民が政府に反対の意を表したり、労働組合に加わって企業のもつ権力をチェックしたりできるかどうかにかかっているのだ。だが、国と民間企業が市民一人ひとりの生活を密に把握するようになると、政府に反対するような集団行動は不可能になる。監視国家を操る集団は、市民のなかに生まれた反対意見の芽を、花開くまえにむしりとるだろう。充分なデータと処理能力があれば、フィリップ・K・ディックの小説に出てくるような、反対意見を予測して先回りに対応することもできる。

中国がそのテクノ権威主義モデルを海外に輸出し、国内で改良を続けていることは、とくに発展途上国における民主主義の未来に根深い脅威を与えている。アジア、アフリカ、ラテンアメリカ、そしてヨーロッパに至るまで、まだ生まれたばかりの民主主義政府は、支配のためのテクノロジーを装備すれば、権威主義的な傾向に屈する可能性が高くなる。

中国はソフトウェアだけでなく、コンピューターチップや通信機器など、ハイテクなハードウェア分野でも世界のトップメーカーだ。グローバルなテクノロジー・サプライチェーンに築いた地位を利用し、力を見せつけ、競争相手を打ちのめすことができる。アメリカが軍事機器や医療品、デジタルインフラを中国のハードウェアに依存する現状は、依然として国家安全保障上の重大な脅威だ。中国政府が工場からの供給停止を決定すれば、アメリカ企業が同じ分量を入手できる場所はほとんどない。アメリカはこの脅威を認識しはじめている[35]。中国製の通信機器を設置しないように同盟国に働きかけてきたのも、中国の情報機関にデータを収集されることを怖れてのことだ。ホワイトハウスは二〇二〇年、中国の軍事系大学と関係のある中国人留学生や研究者のビザを取り消すと発表した。アメリカ政府は、自国企業が関与する中国のビジネスベンチャーに対しても監視の目を強めている。

二〇一六年、北京クンルン・テックという中国のゲーム会社が九三〇〇万ドルを払い、同性愛の男性に人気の出会い系アプリ〈グラインダー〉の株式を六〇％取得した[36]。だが三年後、対米外国投資委員会（ＣＦＩＵＳ）は同社に対し、アプリの株式を売却するよう命じた。そのデータがアメリカの国家安全保障の当局者を脅迫するために使われる可能性があるからだ。

もしあなたがワシントンＤＣでグラインダーを開いたとしたら、情報アナリスト、軍人、機密情報をもつ政府の当局者や請負業者のプロフィールに行きあたる可能性がある。これらのプロフィールには年齢、身長、個人的な興味、居住地といった一般的なオンラインデートの項目だけでなく、性的指向、ＨＩＶ感染状況、住居を特定できるほど細かい居住地情報、同性愛者であることをカミングアウト済みかどうかなど、より秘密性の高い情報も含まれている。これらの情報と数枚の個人写真（最小限の衣服しか身に着けていない場合もある）を組みあわせれば、狙われやすい人物リストができあがってしまう。

アメリカの安全保障当局は、中国政府と民間企業が密接な関係にあることから、グラインダーのデータが北京クンルン・テックから最終的に中国政府の手に渡り、アメリカの政府関係者を脅迫するために使われるのではないかと懸念した。とくに、自分のセクシュアリティをオープンにしていない人にとっては、リスクが大きい。

グラインダーを利用している三〇歳の情報アナリストが話してくれた。「自分がどういう人を好きになるのか、正直に明かしていない人はたくさんいる。キャリアを台無しにするかもしれない、クビになるかもしれない、家族が去っていくかもしれない、そのリスクを思って葛藤するからこそ、秘密を守るためになんでもしようとする。そのことは敵も充分に知っている」

グラインダーはアメリカの安全保障上の物理的な資産ではない。冷戦時代に防衛関連企業が開発した技術のように、爆発したり、空を飛んだり、海上を進んだりするわけではない。原子炉を動かしたり、高性能戦闘機を制御したり、戦略的に重要なインフラを支えたりもしない。グラインダーのしていることは貴重なデータの生成だ。

アメリカが今回、中国企業に対してグラインダー株の売却を命じたことは、インターネットや急速に進歩するAI産業の根底にあるデータを扱ううえで、市民と国のあいだの社会契約に現実的な緩衝材が必要だとする示唆でもある。秘密性の高いデータを国家直属に近い組織に渡すのは安全ではない、とアメリカは主張しているのだ。もちろんアメリカの情報機関でも、同等のデータがあれば喜んで入手しようとするはずだ。しかし、だからこそ、グラインダーをめぐる小競り合いがいっそう重要になってくる。私たちが日常のなかで企業になんとなく期待してきた役割を浮き彫りにするからだ。

私たちの多くは、データを悪用されるのでないかぎり、企業が私たち自身の情報を知ってもかまわないと思っている。だが、同じ情報を自国または外国の政府に知られることには抵抗がある。レベリオン・ディフェンス社がそうしているように、テクノロジー企業が自律性をもって、データの扱い方の方針と原則に透明性を確保することには大きな価値がある。一カ所に集められた大量のデータがもちうるおそろしい力を抑制《チェック》することになるし、それに続いて政策立案者が二重にチェックすればさらに有効だ。企業と国家のあいだにギャップがあって、双方が互いに抑制しあう状況は、長い目で見れば結局は市民のためになるのだ。中国に見られるように、政府と企業のあいだにギャップがなく、ぴったりとくっついている場合には、権威主義への扉が開いてしまう。

私たちはどこへ行くのか

二〇世紀後半の地政学的状況が米ソ冷戦《コールド・ウォー》によって規定されていたとすれば、二一世紀前半は米中のコード戦争《ウォー》によって規定されつつある。この争いは冷戦のときほどには緊迫しないだろうし、二項対立に発展することもないだろうが、それでも世界の国々や企業はどちらかの側に引きよせられていくだろう。中国とアメリカのテクノロジー企業は、人材、市場シェア、そして人工知能などの新興テクノロジーのなかでさらに枝分かれした新規部門での先行者利益を求めて競いあうことになる。中国とアメリカの政府はそれぞれ、デジタル技術の世界標準を設定することでも、最新のイノベーションを自国の防衛・情報機関に取りいれることでも、相手に先んじようとする。どちらも国際的な同盟やビジネスのパートナーシップ、情報共有、学術的な協力をつうじて、独自の勢力圏を形成していくだろう。

中国のビジョンは明確だ。人工知能やその他の新興テクノロジーを、政治的・社会的統制の道具と見なす。脅威となりかねない反政府運動を市民が組織できないように、完全な監視国家を構築しようとしている。中国モデルは、社会契約への国の支配を強めるものだ。

二〇二〇年代に入り、西側の民主主義諸国はデジタル技術が民主化に与える可能性を最大限に引きだしつつ、法律や規制をガードレールとして設けて、デジタル技術の乱用を最小限に抑える方法を見つけなければならない。ヨーロッパでは、一般データ保護規則（ＧＤＰＲ）などの施策をすでに講じ、成果をあげている。

グーグルの元会長・ＣＥＯで、国家安全保障とテクノロジーに関する政府のふたつの委員会を率いたエリック・シュミットは、二〇二〇年二月の記事で、「結局のところ、中国は世界をリードするイノベーターになるために闘っているが、アメリカのほうは勝つためにプレイしているようには見えない」と警告している。[37] 人工知能、バイオテクノロジー、５Ｇの分野で「アメリカ政府と産業界とのあいだに前例のないほど強力なパートナーシップ」を築かなければ、中国がトップに立つ可能性が高い。

中国のテクノ権威主義モデルに打ち勝ち、民主的な社会契約の灯をともしつづけるためには、冷戦時代に自由民主主義諸国を束ねたような強力な国際的同盟を拠り所にすべきだと主張する人もいる。

私の国務省時代の同僚であるジャレド・コーエンは、Ｔ‐12と名づけた「テクノ民主主義」の同盟を構築するように提唱している。「中国と一対一で張りあえるほど大きな民主主義国家はひとつもない。中国はルールをいつでも好きなように変えることができるうえ、何もかもが大きい。中国に対抗する唯一の方法は集団になることだ。集団になって対抗するときのいちばんいいやり方は、同じ考えをもつ国同士をまとめることだ」

このような組織は、アメリカ、ヨーロッパの主要国、インド、日本、韓国など、戦略的技術分野をリードする民主主義国家で構成され、国際規範の策定、資源のプールのほか、輸出管理やサプライチェーンの保護、AI倫理についての方針の調整をおこなう。これらの国が力を合わせれば、中国のテクノ権威主義に対抗する統一戦線を構築できる。

こうしたアプローチは魅力的ではあるが、パートナーになる可能性の高い国々――とくにヨーロッパ諸国――から見て、テクノロジー政策分野でのアメリカ政府の存在感が低下している現状に照らせば、努力する価値はあるものの実現までの道はかなり険しいだろう。コード戦争時代のアメリカ政府は、冷戦時代のように国際的な同盟関係を導いていけるとまでは信頼されていない。それでもコード戦争の時代に民主主義を推進することは社会全体での取り組みであり、民主主義社会から生まれ繁栄を享受してきたグローバル企業、とりわけテクノロジー産業は、この闘いから逃れることはできない。

これは、気候変動から人権、不平等、納税回避、AIやデータの管理まで、私たちが今後数十年間に直面するグローバルな問題全体に言えることだ。こうした問題では、政府が行動し、市民が声をあげる必要があるが、世界に強大な影響力をもつ企業もリーダーシップを発揮しなければ、合理的な時間内に現実的な解決を図ることはできない。株主資本主義のもとでは、企業の責任ある行動のかなりの部分は上辺《うわべ》だけの取り繕いになっている。そのなかにあって、ユニリーバやアップル、マイクロソフトなどの企業がカーボンニュートラルを約束し、達成へ向けて前進していることは、パラダイムシフトが可能であることを証明している。ビジネスを遂行するときの基準が大きく変化すると、それが圧力となって、政府当局が産業界全体で基準を統一し、さらには法律として成文化するのを後押しする。また、グローバル企業が明確な基準を設定し、土台となる根拠を説明すれば、多くの国での変化を加速することができる。

企業は社会契約のなかで新しい役割を担い、成長していくべきだと口で言うのはたやすい。では、どうすれば確実に実現させられるだろうか。

第一に、企業のリーダーがステークホルダー資本主義を受けいれることだ。これなしでは、どこにもたどりつけない。もし企業が、世界の直面している大きな問題に意義ある貢献をしたいのなら、短期的な利益のことばかりを考えていてはいけない。短期的な利益のことしか考えないのなら、なんでもつくり、誰にでも売ることを正当化することになる。ステークホルダー資本主義へシフトするには、第一章などで述べたとおり、広く採用されている会計原則のような透明性のある測定基準が必要になる。環境と人権への企業の取り組みを評価する分析法をつくることは可能だ。外交にまつわる成果についても同じことができる。また、精度の高い分析のためには、複数の角度からの測定が必要だ。企業の取締役会は最初の防衛線であり、自社が生みだす製品の目的や社会とのかかわりについて、一般よりも厳しい基準を設けておく。第三章で述べたように、従業員の意見を取りいれれば、取締役会の監視機能はより強固になる。

立法府の議員もガードレールや指針の策定を継続する必要があり、そのためには、懸案のテーマに関する専門知識を、私の高校生の息子やそのクラスメートたちのレベルよりも引きあげなければならない。企業がその専門知識と規模を活かして社会的な問題に取り組むことができるとしても、政府が動かないことには解決には至らない。独占禁止法対策も忘れてはいけない。規制の虜《とりこ》（規制される側が規制機関を実質的にコントロールする状況）に陥る危険から防護するためにも、反競争的行為に対抗する基準の拡大には価値がある。

多くの企業は自らを、自国の国内政策や外交政策の懸念にとらわれないグローバルな主体だと考えているが、その考えを正すために、影響力の強い国々の政府が集まって大がかりな行動をとる必要はない。政治学者のファリード・ザカリアは、政府が企業のそうした考えを払拭《ふっしょく》させるのはかなり簡単だと考えている。

「つまるところ、企業がもっているパワーは、国から譲りうけたものだと理解しなくてはいけない」とザカリアは私に言った。「国はいつでもそのパワーを奪還できる。企業が国の権威をひけらかすことはできない。イギリス東インド会社の時代ではないのだからね。現実には、どの企業も規制を怖れて活動している。つねに自らに調整を加え、国の権威に従うように努めている」

グローバル企業で幹部の地位に就く人は、経営や販売、財務、製造などの分野で高い知識をもっているからであって、地政学的な状況を操ることに長けているからではない。だが二一世紀にはその能力こそが成功の条件となる。華々しく成功しているCEOたちは、世界のリーダーとしてのツールキットを手にもち、応用している人たちだ。

新しいグローバル市場に進出し、業界標準を確立しようとするには、外交のスキルが必要だ。文化がちがえば、ビジネス戦略も、顧客体験も、政府との関係もちがってくる。異なる文化的背景のなかでビジネスを進める方法を学ばなければ、失敗が待っている。

また、多国籍企業には先を見通すための「情報機関」のようなものも必要だ。今日のグローバルなサプライチェーンでは、東南アジアの市民の暴動が北米の売上に影響を与え、北米の騒乱がヨーロッパの業績に影響を与えかねない。精度の高い地政学的予測は、企業の収益に大きなちがいをもたらす可能性がある。

同時に、グローバルな舞台で活躍する企業は、サイバー攻撃からどう身を護るかの知識ももっておかなければならない。防衛関連企業であれ、出会い系アプリであれ、貴重な情報を扱う企業はデジタル攻撃のターゲットになりやすい。情報を悪用されないよう、積極的な防護策を講じる必要があるのだ。

T‐12のアイデアを提案した、私の国務省時代の同僚でいまはハイテク企業幹部のジャレド・コーエンは、「すべての企業に、自社独自の国務省（日本の外務省に相当）、国防総省、ＣＩＡが必要だ」と言う。

本章の最後に述べたいのは、企業は自らの原則、ポリシー、譲れない一線を明確にできなければならないということだ。そして顧客や規制当局、従業員に対して、透明性をもって提示する必要がある。会計原則や一般的な規制は、企業が正直でいることの後押しとなる。大企業が自らの倫理的根拠を明確にする必要がない時代はもう終わった。

ここで述べたような企業姿勢の転換はどれも、企業が政策立案者から学ぶべきものであり、そうすることが理に適っている。なぜなら、私たちがＡＩや大量監視社会、気候変動の危険性に対処していくには、世界の大企業が賛同し、ともに行動を起こす必要があるからだ。彼らは地政学的パワーの辺縁にいるのではない――過去三〇年間に獲得した富を使って主人公の位置へと進みでてきた。その大きなパワーに伴う責任を果たすときが来たのだ。

第六章　変革の地勢——閉鎖型体制と開放型体制の覇権争い

六〇〇〇年以上にわたって、人は国と市民と企業の権利と責任のバランスを模索してきた。バランスをとる過程で生まれた社会契約は、場所や時代によってかたちはさまざまに異なるものの、世界史のどの時代にも厳然と存在していた。強い社会契約は自らをより強くする傾向があり、弱い社会契約はやがて効力を失い、新しいモデルに道を譲る。社会契約によって基本的な均衡が確立されたのだ——つまり、政府は安全と安定を提供して自由市場を維持し、市民と企業の繁栄を助ける。市民は政府のリーダーを選ぶ権利をもつ。

だが、本書で見てきたように、この均衡は世界のかなりの地域で失われてしまった。アメリカやヨーロッパの多くの国では、従来は国家に委ねられていた責任を企業が担うようになり、政府機関の機能は低下し、市民を助ける力も弱くなった。手に負えないほど格差が広がり、経済的流動性がよどんでいる。その結果、不満を抱く市民が外国人排斥や大衆迎合主義《ポピュリズム》に流れるようになった。一方で、世界は相互の結びつきを強めてきた。ブラジルの小さな村で起こったことが一瞬にして世界中にニュースとして流れ、ロンドン市場の暴落は地球上のすべての大陸の生命と生活に影響を与える。地球の一角で燃やされた燃料が大気全体に影響を与えるかもしれない。世界の連結が強まったことで、貧困に苦しむ人が大幅に減り、何十億という人たちに新しい機会が開かれたことはたしかだ。だが、世界の急速なネットワーク化が私たち全員にどのような影響を及ぼすのかについては、理解しようとする動きがようやく始まったばかりにすぎない。数十年前にはあった基本的な均衡がいまは失われ、先進国でも発展途上国でも、社会契約の綻びがひどくなっている。

世界の国々がこの動揺を鎮めようと、社会契約をふたつの方向のどちらかにシフトしてきた。ひとつは閉鎖型で、政府の管理が強い権威主義モデル、もうひとつは開放型で、イノベーションと投資、言論の自由を歓迎し、入国移民を受けいれつつ、開放型がもたらすリスクから市民を護るための改革も並行して実施しようとする。

冷戦後、アメリカは真似るに値する唯一のモデルとして登場したように見えたが、そのモデルを、二一世紀の荒ぶる力も織りこんで改変することに失敗した。近年、アメリカは権威主義やポピュリズムにさらされ、他の一九五カ国の目には、安定と繁栄を期待できる頼れるモデルとしての地位を失ってしまったと映る。

この章では、世界各国が直面している岐路について見ていくとしよう。本書ではこれまで、根深い問題にとらわれてしまった、解決の道を探る必要のある国を取りあげることが多かった。ここでは、すでに解決の方法を選択した国にフォーカスする。中国などのように、管理型モデルを柱にしつつ、グローバル経済で成功するための適応策を加えている国もある。北欧のように、資本主義と安定性のバランスをとった、開放型モデルの新たなひな型を構築している国もある。二〇二〇年代以降は、どの国も自国の社会契約を新しい時代にどう適応させるかについて、むずかしい舵取りを迫られることになる。アメリカやヨーロッパの多くの国々は、バランスをとる道を見いださなければならない。一方、二〇世紀後半にラテンアメリカ、アフリカ、南アジアで誕生した、年若い民主主義国の多くは、権威主義的な傾向に屈しはじめている。

二一世紀のグローバルな社会契約を再構築する方法について、きわめて重大な例を――いい例もよくない例も――示してくれる国々の状況を知っておこう。避けられない残酷なトレードオフ、地球という天体が抱えている高いリスク、そして、荒れる二〇二〇年代を生きぬくために、どの国も割かなければならない労力について考えていこう。

中国

はじめに、管理型モデルのもつ抗しがたい魅力と、そのモデルの最も強力な推進者を取りあげよう。中国だ。

欧米に住む多くの人にとって、管理型モデルは過ぎ去った時代への回帰のように見える――国家がすべて考え、決定し、実行する社会契約の時代。一般市民は政府や企業のルールや責任についてほとんど発言できない。従わない人は、その報いを受ける。

歴史には、王や女王、皇帝、スルタン、宗教指導者、有力政党の実力者などが、世論や民主的な手続きを無視して社会全体に自分の意向を押しつけてきた例がたくさんある。権威主義は最も古い統治形態であり、長久のなかでさまざまに姿を変えてきた。そのなかで中国ほど、このモデルを二一世紀に合わせて効果的に適応させた国はない。

これには中国の歴史も関係している。中国では三五〇〇年以上にわたって強力な中央政府が国民を統治してきた。[1]古代から二〇世紀初頭まで五五七人の皇帝に率いられ、数十年間は内紛、内戦に陥り、国土の一部を外国に支配されたのち、一九四九年に中国共産党の旗のもとで再興された。中国に民主化の歴史は見当たらず、一四億の人々は、国の強制する社会契約に従うしかない。[2]この四〇年間の中国は、経済の自由化と政治的統制の融合として定義される。

中国が権威主義的資本主義へ移行しはじめたのは、毛沢東《もうたくとう》主席の過酷な支配から抜けだした直後の一九七八年だった。飢饉と政治的粛清で荒廃した中国は、生活の質に関するほぼすべての統計で先進国から大きく遅れをとっていた。当時の経済規模はオランダより小さく、九億五〇〇〇万の人口を抱え、その九割近くが極度の貧困にあえいでいた。[3]毛沢東の死後、最高実力者となった鄧小平《とうしょうへい》は、中国を後進国から脱却させるべく、徐々に経済の開放を進めていった。国は農業部門への統制を緩め、山村に住む農民が土地や設備を借りて生産し、余剰分を自由市場で販売できるようにした。[4]かつては共産党が禁止していた民間企業も各地に誕生しはじめる。沿岸部の都市には政府が「経済特区」を設け、税金を優遇したり、ほかの地域では課す制約を免除したりするようになった。このような自由市場の拠点には外国人投資家が群がり、中国の輸出は急増し、経済が発展しはじめた。中国はソ連より一〇年早く、経済の共産主義に背を向け、「共産主義者」ということばも本来のイデオロギー的な意味をもたなくなった。モスクワの経済改革がソ連邦の崩壊を招いたのに対し、北京は共産党の政治的支配力を弱めることなく中国経済の開放に成功した。

この四〇年間、中国がどのように発展してきたかはいまや周知のことだが、それでも驚異的だったことに変わりはない。この四〇年間、年平均九・五％の成長率を維持し、世界銀行から「主要経済国のなかで史上最速の持続的拡大」と評された。[5] 国内総生産（ＧＤＰ）は三六倍に増え、八億人以上が貧困から脱却した。これは人類史上最大の貧困撲滅であり、経済の自由主義が社会主義を上回っていることを最もよく示す例ではないだろうか。中国は現在、アメリカに次ぐ世界第二位の堂々たる経済大国だ。[6]

中国がより自由な市場経済とインターネットなどの西側の技術を受けいれはじめたとき、世界の多くの人が、中国国民はすぐに市民としての自由や政治的自由など、西側社会の他の特徴も求めるようになると考えた。だが予測はまちがっていた。

多くの中国国民は、自分たちの新しい繁栄を、西側の政治経済理論の正当性を証明するものではなく、中国共産党政府の知恵と強さを証明するものだと考えている。経済的自由のメリットは認めるが、自治にかかわるのは面倒なのだ。彼らの目には、民主主義の国では争いが増え、社会に不安や暴力が蔓延し、政治家は守れない約束ばかりすると映っている。それに引き換え中国政府は過去四〇年にわたって、国民に約束した安定と経済的繁栄を一貫して実現してきた、と。中国国民のほとんどは、このモデルが完璧でないことを認めるだろうが、それでも西側の民主主義がもたらす混乱に比べれば、ましな選択肢だと考えている。こうした見方は、中国政府が国営メディアを使って西側諸国の混乱を大きく報道し、中国自身の問題を小さく報道することによって補強されている。[7] 国民が政府に疑いをもったとしても、中国は張りめぐらした監視網を使って、その考えが広まらないようにする手段を数多くもっている。

先進国のほとんどの国民は、政府のつくるこのような全展望監視《パノプティコン》システムを容認しないが、中国国民はたいして反発することなく受けいれてきた。これは歴史の産物でもある。中央集権的な国家統制が長く続いたため、市民としての自由や政治的自由は、西欧やアメリカのようには社会基盤に組みこまれていないのだ。だがこれよりもっと重要な理由は、中国の人たちが政治的統制を社会の安定のために必要なコストだと見なしていることだ。中国は個人の自由や権利よりも集団の調和や連携を重視する傾向がある。平和の代償として完全な監視が必要だというのなら、それは受けいれられるのだ。アメリカで何年も働いた経験をもつある中国人は、中国にいるときには従順に暮らし、国外では開放的な生活を楽しむことに矛盾を感じないし、その二面性のおかげで家族が裕福になれたと私に話してくれた。

混乱と不安の時代には政治的な激変が起こりがちだが、中国国民はかつてないほどの安心感をもって二〇二〇年代を迎えた。中国の中流階級四億人の大半は、子ども時代を一日二ドルより少ない金で過ごしている。[8] 経済界をリードする起業家や経営陣にしても、極貧から一世代も経っていない。統治の仕方が高飛車であるとはいえ、政府が大多数の中国人にかつてない幸福をもたらしたのはたしかなのだ。

この取引――政治的服従と引き換えに経済的繁栄を得る――が、中国の社会契約の核心にある。中国共産党は、投票箱ではなく財布を通して、国民の同意を勝ちえたのだ。

「中国には五〇〇〇年にわたる中央集権政治の歴史がある。きょう明日で民主化されるはずがない」と、国際政治学者のパラグ・カンナは言う。「私たちは、中国が世界貿易機関《WTO》に加盟し、グローバル経済の一員となれば、自由で民主化された国になるだろうと考えていたが、それはまちがいだった。中国共産党は、政治的な沈黙と引き換えに物質的な豊かさを与えて、国民を買収したのだ」

最近、中国政府は国民の物質的およびデジタルの生活に介入する度合いを強め、民間部門への締めつけも厳しくしている。一九八〇年代から二〇一〇年ごろまで、中国の市場開発には腐敗がついてまわったが、新しいものが続々と生まれる熱いエネルギーがあった。沿岸部の都市は自由市場となり、賄賂やもろもろの支払いはビジネスを遂行するうえでのたんなるコストだった。経済が成長すればするほど、政府関係者は金持ちになっていった。最近の集計では、立法府にあたる全国人民代表大会（全人代）と北京の最高諮問機関である中国人民政治協商会議（政協）のなかに、一〇億ドル以上の資産をもつビリオネアが少なくとも一〇四人いる。[9] 対照的に、アメリカ第１１６議会（会期は二〇一九年一月から二〇二一年一月）には一〇〇万ドル以上の資産をもつミリオネアは二五〇人以上いるものの、ビリオネアはひとりもいない。イギリス議会のビリオネアもゼロだ。

中国の企業は政府と緊密に連携し、公的資金や、国家主導で窃取した知的財産の活用によって、他国の競争相手よりも優位に立つ。中国の未来の産業では国家と資本の区別がほとんどない。バイドゥ、ファーウェイ、テンセント、アリババなど巨大ハイテク企業のリーダーたちは、かつて東インド会社の総督がイギリス君主に従順であったように、北京に従順だ。それでも、ユーラシア・グループの創設者、イアン・ブレマーによれば、中国の経済はけっして国営ではない。「中国には、一般に考えられているよりもはるかに強力な民間部門が存在する。国営企業と、国を代表するチャンピオン企業のあいだでも厳しい競争がある」と彼は言った。つまり中国は、北京のルールには従うが自由な市場であることに変わりはないのだ。

だが、中国モデルといえども防弾仕様ではない。問題は、政治的な自由がないことだけではなく、社会契約全体が経済成長を前提にしていることだ。低迷期のない経済が歴史において前例がない以上、中国政府が永遠に高成長を維持できるとは思えない。どんな国にも浮き沈みがある。成長が鈍ったり、不況に陥ったりすれば、中国の人たちが北京に向ける感情が悪化するかもしれない。共産党体制では、民主主義国が定期的に経験している景気の波は許容できない――これが、中央指令型の経済を採用している理由のひとつでもある。国はセーフティネットをほとんど提供せず、独立した労働組合は存在しない[10]。組織化された労働力はすべて共産党によってコントロールされている。

中国の成長と安定は、アジアとアフリカの多くの地域に強い印象を与えている。とくに、近年、経済的・政治的混乱が相次ぐアメリカおよびその同盟国と比較した場合に、中国モデルはいっそう魅力的に映る。だが、中国ほどの巨大さのない他国が、中国モデルを再現できるかどうかは疑問だ。閉鎖的なシステムにはトレードオフがある。短期的には経済を安定させたように見えるかもしれないが、改革の道筋をつけないうちに成長が停滞したり、独裁権力が国民に利益を与えられなくなったりすれば、おそろしい結果となることを歴史は示している。

閉鎖型と開放型の争い

中国のような管理型モデルの魅力はシンプルで、その安定性にある。予測のつかないこの世界において、自由と引き換えに安全を手に入れようとする人は多い。社会契約が閉鎖型で、何事もトップダウンで決定するときに、市民に安全な感覚を与えることはたやすい。

この一〇年間、世界では権威主義的な傾向が目立ってきた。長年にわたって民主主義を護ろうとしてきた善意の人たちからすれば、この傾向は不合理であり、何かのまちがいか、一過性の現象にすぎないとして軽く見たくなる。だが、実際に機能している閉鎖型モデルをよく見てみると、じつに巧妙に市民とのあいだで取引しているのがわかる。中国では、市民は国に自由を手渡すことで代わりに成長と連帯感を得る。湾岸諸国では、世界でもとりわけ手厚い福祉国家として潤沢な恩恵を市民に与え、絶対的権力を相殺させる。[11] たとえば、サウジアラビア政府は国民の約半数に毎月現金を支給している。カタールでは、国が水道、電気、電話回線を無料で提供する。アラブ首長国連邦とクウェートでは、結婚したカップルに無料の土地と無利子の住宅ローンが提供される。この一帯では医療や教育も無料があたりまえだ。国民が所得税を払うことはほぼなく、ほとんどの国で、労働者のかなりの割合が政府関係の仕事に就いている。サウジアラビアでは、全労働者の約三分の二が政府職員であり、賃金は民間企業よりも七〇％高い。[12] 数年前、サウジアラビアのある高官が、平均的な公務員の一日の仕事量を明らかにした。「労働時間が一時間を超えることはない——調査に基づく数字ですよ」

権威主義になびきそうな民主主義国家ではどこでも、権威主義に魅力を感じるまでのストーリーがだいたい似ている——既成の政治家はあまりにも長いあいだ、あなたがた市民をより豊かに、より安全にすることができなかった。古い政治家には退場してもらい、強い力をもった新しいリーダーにあなたがたのために拳を振るってもらうときが来た——

だが、こうした閉鎖型モデルのどれにおいても、安定と成長を約束することは自由を厳しく制限することであり、長くは続けられないギャンブルだ。マイノリティは残忍に扱われ、次世代のテクノロジーは次世代の監視システムに使われ、市民は何が言えて何ができるかに重い制約のあることを知らされる。長い人種差別紛争の歴史をたどり、フィリップ・ロスが「アメリカ固有の凶暴性」と呼ぶ気質をもつアメリカのような国も、そのいずれとも無縁ではいられない。

開放型モデルでは、市民は不公正に対して抗議し、行動を起こすことができる。だが閉鎖型モデルでは、市民は自己決定権をもたないまま、国家権力か企業の権力あるいはその両方に翻弄され、真に有効な社会契約では許されないはずの状況に追いやられる。歴史上、最も強力だった社会契約が成しとげたなかで最も意義深かったのは、力の均衡という感覚を生んだことだった——個人が、自分の生活を方向づける、より大きな制度や権力に対して意味のある発言権をもつことができる。これまで見てきたように、力の均衡という勇ましい理想は、ここ数十年で失われてしまった。閉鎖型モデルが復活してきた理由はここにある。しかし、だからこそ、二一世紀の社会契約を修復するための道は、閉鎖型モデルを超えたところにある。手間はかかるが民主的な開放型モデルにこそ、その道はあるのだ。

本書のこれまでの章で、欧米の主要国で広く使われているモデルがいかに迷走しているかを見てきた。だが現在の世界には、私たちが直面している課題に適応することに成功した開放型モデルも存在する。このような国からは、ほかの国々にとっても有益な教訓や事例を得ることができる。

代表的なのは北欧モデルだ。アメリカの中心的な社会契約では対応しきれないギャップを、北欧モデルがどのように埋めてきたのかを理解するために、両者を対比させてみよう。ＣＯＶＩＤ-19のパンデミックにそれぞれの社会契約はどのように対応したのだろうか。

北欧モデル

社会が危機にどのように対応するかを見れば、その社会契約について多くがわかる。二〇二〇年三月にＣＯＶＩＤ-19が世界を覆いはじめたとき、経済の悪化もすぐそこまで来ているように見えた。被害を食いとめるために、アメリカは景気刺激策をさまざまにつなぎあわせた――企業には融資や助成金、減税を、市民には失業手当の引きあげや消費を増やすための給付金を。これらは労働者よりも資本に配慮した対応だった。市場に流動性を与えて金融業界や大企業が沈まないようにする効果はあった。だがその一方で、失業率は上昇し、多くの中小企業が倒れた。株式市場はすぐに暴落から回復したが、一〇〇〇万人以上の労働者が職を失い、一〇万社以上の中小企業が事業を閉じた[13]。多くの人は、収入の道が途絶えたまま、政府からの支援や給付金を受けとるのに何カ月も待たされた。市場は回復したが、人の暮らしは回復しなかった。

では、デンマークのパンデミック対策はどうだったのだろうか。デンマーク政府は雇用側や労働組合と協議したのち、民間企業の給与を事実上、国が肩代わりすることを決定した[14]。企業が従業員を解雇しないと約束するかぎり、政府は三カ月間、感染した従業員の給与の七五～九〇％を支払った。政府はまた、税金の支払い期限を延ばし、事務所の家賃や従業員の病気休暇などの費用を負担し、ウイルスで被害を受けた企業の金銭的打撃をさらに軽くした。デンマークの救済プログラムは、規模の大小を問わず企業が赤字幅を小さく抑えてパンデミックを乗りきれるように、労働者も収入の減少を小さく抑えて乗りきれるように支援するものだった。つまり、資本よりも労働者にフォーカスしていた。この政策には四二〇億ドル（ＧＤＰの一三％）の費用がかかったと推定されるが[15]、政府は、大量の失業者を出したあとで重荷を抱えるよりも、国民が仕事を続けられるように金を使うほうが望ましい結果につながると考えたのだ。

デンマークのピーター・ホンメルゴー雇用大臣は当時、「私たちがやろうとしているのは、経済をいったん〝凍結〟させることだ」と語った[16]。「〝ふつうの人たち《メインストリート》〟をできるだけ護るように。たしかに極端な政策だ。だが尋常でないときには極端な対応が必要なのだ」

ロックダウンの最初の一カ月で、アメリカの失業率が一〇・三ポイント上がったのに対し、デンマークの失業率は一・三ポイントの上昇にとどまっている[17]。経済が再び動きはじめたとき、企業は新たな採用活動に時間を費やす必要がなく、労働者も新たな仕事を探す必要がなかった。期待どおり、デンマークの株式市場も完全に回復した。

アメリカもデンマークもＧＤＰのかなりの部分をパンデミック対策に費やしたが、両国のリソースの向け方から、優先順位が大きく異なることがよくわかる。アメリカは大企業や投資家を保護し、デンマークは労働者や中小企業を保護した。もしアメリカが〝メインストリート〟に同等の投資をしていれば、統計データの数字は北欧に近づいていただろう。

デンマークと、北欧の隣国であるスウェーデン、ノルウェー、フィンランド、アイスランドは、政府が盾になって自由市場の無慈悲さから市民を護ってきた長い歴史がある。自由市場の無慈悲さにはパンデミックによる解雇のほか、医療費や家賃の高騰など、日常生活に近い経済的苦悩も含まれる。北欧諸国は民主主義を利用して、世界で最も強力な社会的セーフティネットを構築してきた。彼らの社会契約では、国家とその機関は、生涯にわたって質の高い市民生活を保証している。

あなたが北欧の国で生まれたなら、政府出資の病院で産声をあげたときから一生涯、無料の医療を受けることができる。子育てには国から補助金が出る。[18] 大学の学士号までは一セントも学費を払わずに取得できる。家を借りるときも買うときも、政府から住宅補助を受けられる。子どもが生まれたら、世界で最も手厚い有給育児休暇――スウェーデン、ノルウェー、フィンランドでは九カ月以上ある――が与えられ、子どもが一定の年齢に成長するまで政府から手当も支給される（北欧五カ国とも有給育児休暇を母親だけでなく父親にも与えている）。もし失業しても、政府から手厚い失業給付を受け、実効性のある再教育プログラムをつうじて再就職が支援される。定年退職すれば、国から年金が支給される。これらの福祉策は、所得の低い人だけでなく、みなが利用できる。アメリカなどの福祉制度は政府による慈善事業と見なされるが、北欧では市民という身分についてくる福利厚生と見なされる。

この広範な福祉制度は、世界で最も高い税金によって賄われている。所得税の最高税率はノルウェーで三八・二％、アイスランド四六・二％、フィンランド五一・一％、デンマーク五五・九％、スウェーデン五七・二％となっている。[19] ただし、左派の多くの認識とはちがい、これらの高い税金は富裕層ばかりを狙い撃ちしているわけではない。たとえばスウェーデンでは、平均所得の一・五倍（年間七万九〇〇〇ドル相当）以上の所得があれば、高額所得者として扱われる。これに対し、アメリカで最高税率が適用されるのは、平均所得の九・二倍以上の所得があるときだけだ。もしアメリカがスウェーデンの税制を採用すれば、年収八万七〇〇〇ドルの人は年収一〇〇万ドルの人と同じ税率になる。北欧の公平・公正の理想は富裕層も含めてのことであって、少なくとも税制面では「金持ちにいい思いをさせるな」という意識は希薄だ。

北欧の政府は、歳入のかなりの部分を付加価値税（または売上税）から得ている。[20] 付加価値税は、経済学者が逆進性のある税と見なすもので、収入の多くを生活費に充てなければならない低所得者層が不利になる。また、北欧各国の法人税率は先進国の平均よりやや低く、キャピタルゲイン税は所得税の最高税率より低い。[21] つまり、北欧の広範な福祉制度の財源は、資本ではなく労働者、とくに低・中所得層と上位中流所得層の労働者に重い負担をかけているのだ。アメリカなどでは、中所得者層に過重な負担を強いる制度を納税者が支持するとは考えにくい。

だが北欧の人たちは、高率の税金をおおむねいやがらずに払っている。彼らは社会的結束力が比較的強く、政府機関への信頼も厚い。個人主義の強いアメリカでは税金や政府を否定的なイメージでとらえるが、北欧諸国では政府を支援することが公共の利益を促進するという感覚が根づいている。デンマーク、ノルウェー、スウェーデンのスカンジナビア三国の人は、たとえ高率であろうと税金で払った額より、国が提供するプログラムから受ける恩恵のほうが大きいと考えている。これは、第二次大戦後の数年間、アメリカ人が高い税金を支払っていた時期にアメリカ全体の幸福度があがっていたことに重なる。北欧諸国はまた、消費者の目から税金を隠すことに長けており、人が苦労して稼いだ金を手放すときに感じる心理的コストを軽減している。他の先進国と同様、北欧諸国は税の申告手続きをかなり簡単にしている。申告書はすでに記入された状態でメールで送られてくるので、あとは内容を確認し、デジタル署名をおこなうだけだ。[22]また、北欧諸国には税金の控除を増やす代わりに福祉を現金で直接分配する傾向がある。[23]行動経済学者の誰に訊いても、人は一般的に、たとえ正味の結果が同じであっても、支払いが減るよりも給付が増えるほうをありがたいと感じるそうだ。

一年のうち何カ月間は一日のうち一五時間が暗くて寒い場所に住んでいるにもかかわらず、北欧の人たちは世界の幸福度ランキングではいつもトップ近辺に来る。[24]理由を尋ねられた人たちは福祉制度を挙げることが多い。基本的な生活が保障されるうえ、万が一のときにもセーフティネットが支えてくれるとわかっているからだ。

デンマーク人、スウェーデン人、ノルウェー人、フィンランド人、アイスランド人の平均的な生活水準は、他の多くの先進国よりも高く保たれている。[25]貧困率や失業率は概して低い。高い教育を受け、世界水準の医療を受けることができる。職場での男女間の不平等も、他の先進国よりはるかに少ない。アメリカや他の地域で見られるような経済的不平等にも悩まされていない。だからといって北欧諸国は社会主義のユートピアではない。現在、アイスランド、ノルウェー、スウェーデンでは、人口比で見た場合の億万長者の数がアメリカを上回っており、低所得層にいる人でさえ基本的ニーズの満足を保障されている。これこそ強い社会契約の姿と言えるだろう。

政治学者のファリード・ザカリアは私に言った。「北欧の人たちは、高い税金を効率よく運用することに成功している。全員に恩恵があると感じられる福祉のあるほうが、政策としては長持ちするのだ」

ザカリアは、北欧モデルの成功を、この地域の平等主義の長い歴史に起因すると見る。「トップダウンや階層構造、権威主義、どれを取っても他国よりも度合いが低い」。欧米の他の地域の民主主義は一般に、もつ者ともたざる者のあいだの権力闘争として現れてきた。だが北欧では、民主主義は階級の垣根を越えて連帯感を生み、すべての人に公平な場を提供するためのツールとして使われているのだ。ザカリアは、「彼らは社会における国家の存在意義について、思慮深く合意を築いてきた」と言う。

今日、彼らの国は自由貿易を擁護し、起業家精神を育み、民間部門の成長を促すための政策を打ちだしている。[26]政策立案者は、反トラスト法の施行をはじめとした政府による経済への干渉に積極的でない。企業は、過剰な規制や法廷闘争に巻き込まれることなく、従業員を雇用し、また解雇することができる[27](ただし、北欧の労働者はアメリカの労働者よりも多くの保護を受けている)。すでに述べたように、北欧諸国には強力で多層的な組織労働者の機構があり、経済全体にわたって労働者の公正な賃金と福利厚生の交渉にあたっている。また、経営幹部と労働者が協力して意思決定を行う労使協議会《ワークカウンシル》や「共同決定」の仕組みにより、従業員も企業経営のあり方に直接影響を与えることができる。

テクノロジーが主導する、二一世紀の知識集約型経済で成功するには、企業は早く失敗し、早く駆けあがらなければならない。また、規制の輪をくぐりぬけるために時間を浪費することも許されない。北欧諸国の労働法は比較的緩やかなため、企業は他のヨーロッパ諸国の企業よりも優位に立つことができる。世界で最も活気のあるスタートアップ・シーンがヘルシンキ、ストックホルム、コペンハーゲンで見られるのは、こうした理由があるからだ。[28] 地中海沿岸のスペイン、フランス、イタリアなどの国では、労働者を雇用するにも解雇するにも官僚的なプロセスに阻まれてなかなか実行できないことがよくある。こうした国々は伝統的な産業分野では北欧諸国を上回っているが、ハイテク産業では分が悪く、とくにスタートアップの分野では大きく遅れている。地中海沿岸諸国では場当たり的政治《クラッジオクラシー》のせいで、スタートアップが法人化し、資金を集め、必要に応じて人材を入れたり、辞めてもらったりすることをむずかしくしている。

北欧の、労働の柔軟性《フレキシビリティ》と強力なセーフティネットの組みあわせを「フレキシキュリティ」と呼ぶ。国民は、労働市場の流動性と経済の安全保障と引き換えに高い税金を支払っている。

北欧の社会契約の基本は集団行動にある。高い税金を払うことで、北欧の人たちは政府を動かし、国民すべてのための強力で包括的な社会的セーフティネットを構築しているのだ。民主的なプロセスをつうじ、人的資本と金融資本が最も革新的で効率的な企業に集まるような経済環境を育んでいる。労働者は集団としてまとまり、民間部門が生みだす利益を確実に分かちあう。北欧の社会契約は機敏で柔軟性と自由度があり、人が足を踏みはずすことのない経済の強い土台を確保しつつ、個人の自律性と民間競争を促進している。

弱点を強いて挙げるとすれば、北欧モデルは市民が労働意欲を自発的に発揮することを前提としている点だ。セーフティネットが充実しているため、能力はあるのに仕事をもたず、経済に貢献することなく、ただ乗り者《フリーライダー》として、福祉の恩恵を享受して生きていくこともむずかしくはないだろう。会社の椅子よりもソファを選ぶ人が多ければ、福祉国家を支えるだけの税収がなくなってしまう。

北欧モデルはまた、社会的結束力の強さも前提としている。ほとんどの人が同じように見て、話し、礼拝し、生活しているのであれば、協力したり親愛の情を育んだりすることはむずかしくない。だが、そうした均質な集団に新しい人たちが加わると、どんなに結束の固い社会でも綻びが生じかねない。

この二〇年間、北欧諸国にはアフリカや中東の暴力から逃れた多くの移民が流入してきた。民族的・宗教的な多様性が増すにつれ、北欧諸国には排外主義《ネイティビズム》が復活している。[29] スウェーデン、ノルウェー、フィンランド、デンマークの各政府で、この一〇年間、極右政党が議席を増やしている。また、地域全体で、彼らの手厚い社会福祉制度を新参者にどの程度回すべきかを問う声も増えている。その国で育った人に比べて移民は教育水準が高くなく、その国のことばも話せないため、職に就いて長く続けていくことがむずかしい。北欧諸国では、失業者支援のために税金を使うという考え方に難色を示す人が多く、とくにその失業者が自分とは異なる外見をもつ場合にはなおさらなのだ。[30]

「北欧諸国が提供する福祉には、社会からのもの、政治によるもののほかに、市民が自分と重ねあわせているコミュニティに自分が属しているという感覚も含まれるようだ」とファリード・ザカリアは言う。「そのコミュニティに仲間意識も愛着も感じられないときには、彼らの態度はよりアメリカ人的になる。自由市場と政府の統制が交じった強力な社会システムをもつ同質社会か、恩恵に乏しい異質性の高い社会かで、板挟みが起こってくるだろう」

北欧の社会契約にとって今後一〇年間の重要な課題は、人口構成の多様化が進むなかで、質の高いセーフティネットを提供しつづけられるかどうかを見きわめることだ。移民の流入や、超富裕層と一般労働者を同じように扱う税制のせいもあって拡大する不平等は、北欧の社会契約に試練を突きつける。

だがそれでも、北欧モデルは世界の他の国々にとって、とくに開放性と安定性のバランスに悩む民主主義国家にとって参考になる。北欧諸国は、実質的に平等主義の立場から二一世紀の社会を構築してきた。自由市場経済と広範なセーフティネットを結合することで、彼らの社会契約はすべての市民に高い生活の質を保証すると同時に、企業が成功できる環境を育てている。民間部門が株主資本主義の危ういところを回避できているのは、政府にそう命令されたからというよりも、労働組合やワークカウンシル、取締役会レベルの代表者などをつうじて力を高めた労働者の集団的影響力によって、ステークホルダー資本主義を追求せざるをえなかったからだ。市民、企業、政府三者の力のバランスのよさにつながり、それぞれが役割を果たし、それぞれがチェックしあっている。世界のつながりがいっそう緊密になり、今後、気候変動によって大量の移民が発生するようになると、北欧モデルは正念場を迎える。その懸念はあるにしても、地球を俯瞰して各地の社会契約を見た場合、北欧型は、他国の社会契約を痛めつけてきた要因に対処しうる優れた解決策の体現であることはまちがいない。

アメリカを含めた多くの民主主義国家は、北欧モデルの教訓をもとに自国のモデルを改良していくだろう。だがアメリカの識者には、国の規模と多様性を考えると、北欧のアプローチはアメリカでは適用できないと見る人が多い。アメリカの社会契約が民主主義の先進国のなかでいかに異質なものであるかを、ここで強調しておきたい。同じような歴史と構造をもつ国々と比べても、ちがいは歴然としている。他の多くの欧米諸国では、市民は、強力で包括的なセーフティネット・プログラムの構築を、民間部門とはほぼ切り離して政府だけに依存している。例としてオーストラリアを考えてみよう。

オーストラリアとアメリカには多くの共通点がある。どちらもイギリスの植民地から始まり、英語を話す。ディナーパーティーの場にアメリカ人とオーストラリア人がいたら、ことばのアクセントでしか見分けられないだろう。だが、政府の責任のとらえ方になると、両国はまったく異なっている。

ジュリア・ギラードは、私が国務省に勤務していたときにオーストラリア初の女性首相だった潑剌《はつらつ》とした人物だ。いま私たちは、とあるベンチャーキャピタルでともに取締役会に席を置く同僚でもある。アメリカとオーストラリアで、政府の役割に対する考え方がこれほどちがうのはなぜなのかと尋ねたら、彼女は、オーストラリアの集団主義的な傾向は文化の奥深いところに根っこがあると言い、歴史家ギャバン・ドーズが第二次大戦中の日本軍捕虜収容所について書いた記述を引きあいに出した。敵の手に落ちた「どん底」の状態にあってさえ、捕虜は自分たちの文化に忠実だったという。「イギリス人は貴族的な秩序を崩さず、アメリカ人はユーモアのある個人主義者、オーストラリア人は男同士の絆で結ばれた福祉体制をつくり、互いに支えあっていた」

彼女は続けた。「オーストラリア人は、政府が物事を進めるべきだと考える。政府が何もしないのは、だめな政治家が集まっているからで、だったら、いつでも別の政治家に入れかえればいい、と。アメリカ人の考え方は、ひとことで言ってしまえば、政府は何かをすべきではなく、政府が何かをしようとするのなら、とことん疑ってかかるべきということだ」

アメリカとは対照的にオーストラリア政府は、無料または自己負担がわずかな医療サービスを含め、国民全員に質の高い健康保険制度を提供している。[31] また、企業に資金の拠出を義務づける年金制度（労働者も拠出に加わることができる）も国の管理のもとで運営している。公教育システムは充実し、私立学校にも補助金を出している。一九〇七年、オーストラリアはニュージーランドに次いで世界で二番目に早く最低賃金を制定し、現在では最低賃金が世界で最も高い国となっている。二〇二〇年八月現在、オーストラリアの最低賃金労働者の時給は一四・二三米ドルで、同等の職位のアメリカ人と比べて二倍近く多い。

集団行動へ向かいがちなオーストラリア人の傾向は職場にも及ぶ。労働組合に加入しているオーストラリア人労働者は全体の一五％に満たないが、労働者の約六〇％は団体協約の対象となっている。[32] オーストラリアの労働市場は政府によって厳しく規制されているため、流動性は低いが、ほとんどのオーストラリア人が高い生活水準を維持している。

アメリカではセーフティネットがよく政治論争の的になるが、ジュリア・ギラードの話では、オーストラリアの議員たちはほぼ全般的に支持している。「政党が争うのは、メディケアと無料の公立病院を誰の責任で充実させるかであって、その制度をなくすべきかどうかで争う者はいない」

この点では、オーストラリアが特別なわけではない。やはりイギリスの植民地だったニュージーランドやカナダも、民主的な政府を活用して強力なセーフティネットを構築してきた。政治・経済的に行動がアメリカに近いイギリスでさえ、ほとんどの政治家が政府出資の医療制度を支持している。[33]

国のセーフティネット・プログラムが充実しているため、オーストラリアの産業界はアメリカの企業のように従業員に備えを用意することは期待されていない。労働者の訓練プログラムでは政府と協力するし、法律の要請があれば公共の福祉を支援するために介入もする。だがほとんどの場合、この国の企業は「昔からずっと、社会のセーフティネットをつくりあげていくことを自らの役割とは考えてこなかった」とギラードは述べた。

オーストラリアの政治の世界では民間企業の発言力も限られている。個々の企業や業界団体がロビイストを雇うことはあっても、首都キャンベラで「政治の駆け引きに加わる」ことはない。選挙キャンペーンには政府が資金を出すので、オーストラリアの候補者は民間の寄付者からあまり資金を集めようとしない。「オーストラリアでも政治には金がものを言うが、アメリカほど大きな声ではない」

オーストラリア・モデルの核心は、集団主義の感覚にある。オーストラリア人と、イギリス連邦の他の先進国の人たちは民主主義という手段を用いて、基本的生活必需品を提供するのは国であって、企業は福祉プログラムの管理者にはならないという社会契約をつくりあげたのだ。これは二〇二〇年代へのよい備えとなった。アメリカが将来を考えるとき、北欧だけでなく、オーストラリア、カナダ、ニュージーランドといった国々にも目を向けるとよいだろう。相互に接続された世界でリスクをとって成功したい市民への支援と、開放型経済とのバランスを図るためのパズルの塡《は》め方を見せてくれる。

発展途上国の選択肢

ここまでは、二〇二〇年代へのアプローチをすでに選択した国々を見てきた。これらの国は二一世紀の社会契約を確立しており、その社会契約は世界の他の国々のモデルとなりうる。だが多くの国は岐路に立ったままで、今後数十年間の方向性を決定していない。成長もしたいし、安定もほしいし、グローバル経済というテーブルの席にも着きたい。彼らにとって中国が提示する管理型モデル、北欧諸国やイギリス連邦諸国が提示する開放型モデルのどちらが有利なのか、あるいはまったく別のものがいいのか。世界の多くの地域にとってまだ答えの出ていない問題であり、とくに推計で一四億前後の人口をもつインドを含むアジア、ラテンアメリカ、アフリカの多くの発展途上国にとって切実な問題だ。

過去三〇年間、ラテンアメリカ諸国は世界に向けて経済を開放し、より民主的な政治形態を受けいれてきた。二〇〇一年には、西半球（アメリカ大陸、ユーラシア大陸の一部、アフリカ大陸の一部など、グリニッジ子午線から西側の地域を指す）の三五カ国が集まって「米州民主憲章」を採択し、西半球では民主主義が唯一の正当な政府形態であることを宣言した。総合的に見て、このような改革は南北アメリカ大陸の成長と自治を促進させるためにきわめて有効だった。国務省でラテンアメリカを担当した元高官のトム・シャノンは言う。「西半球には『やあ、きみたちなら四〇年もあればできる』と言える国々がたくさんある。『ぼくたちみたいに三〇〇年かけなくても』」

だが、ラテンアメリカのまだ若い民主主義には、アメリカやヨーロッパのそれとは意味あいの異なるところがある。シャノンによれば、彼らは結果を重視する度合いが強い。「ラテンアメリカの人たちにとって、民主主義の正当性を測る尺度は〝成果を出せるかどうか〟だ。公正で自由な選挙ができればそれでよし、ではない」。民衆は、自分たちの権利が尊重され、安全、医療、教育の機会が与えられることを政府に期待している。ラテンアメリカの若い民主主義国が世界経済の風向きの変化に直面すれば、彼らは北欧モデルを取りいれたいと考えるだろう。西半球のリーダーでもあるアメリカが、南北アメリカ大陸全体の民主主義の道標でありつづけたいと望むのなら、世界で最も強大なこの民主主義国家が自身の社会契約を書きなおすことの意義がいっそう大きくなる。ラテンアメリカで民主主義がよろめくたび、権威主義という別の選択肢が幅を利かせるようになるのを私たちは目撃してきた。ラテンアメリカの社会契約が機能しつづけるには、二〇二〇年代以降も民主主義が「成果を出しつづける」ことを証明しつづけることが必要だ。

アジアについてはどうだろう。開かれたモデルがいかに成果をあげられるかのとくに印象的な例が韓国だ。一九六八年当時、韓国のひとりあたりGDPはガーナより低かったが、五〇年後には最も近代的で技術的に発展した国として数えられるようになった。[34] 朝鮮戦争で分断されたふたつの国、朝鮮民主主義人民共和国（北朝鮮）と大韓民国（韓国）は大きく異なる道を歩むことになった。北朝鮮は、政治、経済、社会生活のほぼすべてを国家がコントロールする中世のような社会契約を実施した。韓国は経済を開放し、奮闘を重ねて世界の舞台で活躍するまでになった。韓国にとって、世界経済の一員になることは民主化と政治的開放への大きな後押しとなった。一九六一年に軍部が政権を握り、それは一九八〇年代に徐々に民主政権が復活するまで続いたが、[35] 日本の急成長を見た軍事政権は、政府と密接に協力する一握りの企業に優先的な融資や有利な契約を回すようになった。[36] こうして生まれた財閥《チェボル》が韓国のめざましい経済成長の原動力となり、いまでも韓国経済のかなりの部分を支配している——最大手のサムスンは韓国GDPの五分の一を占めるほどだ。[37]

一方、この国はスタートアップでも活気を見せ、経済を年々、新たな高みへと押しあげ、しかもグローバルな文化的リーダーとなっている。二〇一八年には、K‐POPグループのBTSが韓国勢として初めてビルボードアーティスト100で一位を獲得した[38]。韓国のポン・ジュノ監督のスリラー映画『パラサイト』は、二〇二〇年のアカデミー賞で外国映画として初めて最優秀作品賞に輝いた。アジアや世界の若い民主主義国家にとって、韓国は開放型モデルの成長の好例であり、北朝鮮は極端な管理型モデルの戒めと映る。

韓国と北朝鮮の重大な分岐点は半世紀前にさかのぼるが、いままさに同じように大きな決断を迫られている地域があるとすれば、それはサブサハラ・アフリカだ。彼らの運命、そして彼らが世界で発揮していく国力の大きさは、二〇二〇年代の決断にかかっている。

ソビエト連邦の崩壊後、アフリカには民主主義が広まっていった。社会主義政権や軍事独裁政権から、代議制政治へと移行したのだ。政権への就き方も軍事クーデターではなく選挙になり、指導者たちは市民の健康、安全、幸福を促進するための仕組みをととのえていった。民主化への動きはアフリカ全土で同じように進んだわけではないが、アフリカの多くの国々が二一世紀初頭、それまで植民地化や戦争、体制変革によって何世紀ものあいだ失われていた社会契約を再構築したのだった。彼らの奮闘には、冷戦に勝利したばかりの西側民主主義諸国からも財政的・政治的支援が寄せられた。

だが直近の一〇年のあいだに、聞きなじみのあるさまざまな力が改革を骨抜きにし、定着しきっていなかったアフリカ大陸の民主主義をいっそう不安定にしている。

多くのアフリカ諸国は、古い権威主義的な傾向をもつ政府に戻りつつある。投票によって権力を得た指導者たちは、その地位を利用して政権にとどまっている。二〇二〇年三月現在、世界できわめて長く在職している非王族の国家元首一一人のうち、七人がアフリカ人だ。[39] エリトリアのイサイアス・アフェウェルキ大統領を除く六人が国政選挙によって政権を維持したが、ほとんどの場合、国際的な選挙監視機構は結果の正当性を疑問視している。

アフリカがいま直面している最大の変化は社会構造そのものだ。現在、アフリカには一三億人が住んでおり、大陸の人口としてはアジアに次いで世界で二番目に多い。また、アフリカは世界で最も若い大陸でもある。年齢の中央値はわずか二〇歳で、つまり子どもや十代の若者が人口の半分以上を占めているということだ。[40] このような若い世代が子どもをもちはじめると、アフリカ大陸は世界がかつて経験したことのない人口爆発を迎えることになる。

国連は、今後三〇年間でアフリカの人口はほぼ倍増し、二五億人に達すると予想している。[41] 次の世紀に変わる二一〇〇年ごろには四三億人を超え、世界の全人口の約四〇％がアフリカに住むことになる。一方、ＯＥＣＤ加盟の三六カ国に住む人口の割合は一七・三％から一二・四％へと縮む。アフリカの指導者たちは、今後八〇年間で三倍になると予想される人口に基本的生活必需品を提供する方法を考えださなければならない。

もし、それができなければ、アフリカ大陸は混乱に陥り、世界も巻きこまれるかもしれない。ケニア、ウガンダ、ジンバブエの駐在大使を務め、国務省でともに働いていた私にアフリカでの外交プロジェクトについて指導してくれたジョニー・カーソンは言う。「この大陸の若者たちが、良質の教育、仕事、住宅、インフラ、医療が提供される社会契約を政府とのあいだで結ばないのなら、いずれあちこちに綻びが出てくるだろう」

人口爆発は、アフリカ諸国のすでにがたついている社会制度に追い打ちをかけ、いま直面している問題の多くをさらに難化させていく。ボコ・ハラムやアル・シャバブのような過激派組織によるテロや反乱が増えている。高い失業率と脆弱な社会的セーフティネットは、こうした過激派にとって最高の勧誘ツールであることが証明されており、アフリカの政府が国民に安心して暮らすための基本的生活必需品を提供できなければ、国民は投票箱ではなく、爆弾や宗教の権威の力を借りた変化を求めるようになる。

同時に、地球規模の気候変動がアフリカ大陸の様相を変えつつある。すでに西アフリカのサヘル地域の人たちは、ますます不毛になる土地から逃げ、緑の多い海岸地域かヨーロッパへ押しよせている。[42]世界銀行は、二〇五〇年までにサブサハラの約八四〇〇万人が気候変動のために移住を余儀なくされると推定している。

爆発的な人口増加、気候変動、脆弱な社会契約が組みあわさることで、大規模な人道的危機が発生するおそれがある。二一世紀の最初の二〇年間、国際社会は世界各地の紛争によって避難した七〇〇〇万人の処遇に苦心してきた。[43]もし世界の難民がいまの一〇倍に増えたら、各国がどのような対応をとるか想像してみてほしい。

とはいえ、未来が確定しているわけではない。人口が増えれば、混乱もあるかもしれないが、すばらしい繁栄も起こりうる。社会のあり方次第なのだ。いま、多くのアフリカ諸国が抱えるジレンマは、世界全体のジレンマを映している。アフリカ諸国は、ふたつの異なる将来像のあいだで揺れ動いている。

一方には、市場経済民主主義を受けいれている一握りの国々がある。ガーナ、セネガル、ボツワナ、モーリシャス、ナミビアといった国では、政府機関がおおむね機能していて、選挙で選ばれた指導者が市民の生活向上のために働く傾向が見てとれる。汚職は比較的少なく、社会保障制度は充実しており、政府関係者と市民のあいだには互いへの尊重がある。

逆に、権威主義的なモデルへ回帰しはじめている国も少なくない。ウガンダ、カメルーン、ジンバブエ、ブルンジなどは、表向きは民主主義国家だが、実際には独裁国家に近いかたちで統治されている。こうした国が権威主義の度合いを強めるとき、その動きは強力な地政学的同盟国によって増幅される――中国だ。

ジョニー・カーソン元大使は、中国の台頭はアフリカの民主主義体制にとってきわめて大きな脅威だと考えている。「権威主義に惹かれる者たちは、中国に見る成功に勇気づけられ、民主主義社会に見る社会契約の綻びに落胆している」

さらに、中国の「権威主義的資本主義」の成功は、アフリカの政府に、国民を厳しく管理しながら経済的に豊かな社会を構築するための青写真となっている。中国は両方を実現するためのツールをアフリカの指導者に提供している。

中国は「一帯一路」構想をつうじて、アフリカ各地の公共インフラの建設や改修に数百億ドルを投じた。中国が資金を出した最新鋭の空港ターミナルが完成し、荒れはてた高速道路や鉄道（一部は一〇〇年以上前にヨーロッパの植民地支配国が敷設した）を中国企業が復活させ、内陸の農村地帯を海港や都市の拠点とつないできた。エチオピアの首都アディスアベバの中心部にある、ガラスとスチールの壮麗な外観をもつアフリカ連合本部でさえ、中国の投資によって建設された。二〇一九年九月現在、アフリカ五四カ国のうち一四カ国を除くすべての国が、なんらかのかたちで一帯一路構想に参加している。[44]

「これらは巨大なインフラプロジェクトであり、世界銀行からも国際通貨基金（ＩＭＦ）からも融資してもらえない」とカーソン元大使は言う。「ＥＵにもアメリカにも融資してもらえないが、彼らには必要なプロジェクトだ。だから中国に行くのだ」

一帯一路のプロジェクトは往々にして紐づけされている。[45]資金の多くは融資の名で提供され、透明性の低いその融資の先には、アフリカ諸国の返済能力を超えた請求書が残る。こうした「債務の罠外交」によって、中国はアフリカの政策に圧倒的な影響力をもち、それを自分たちの利益のために行使してきた。

中国の思惑はときに自国の経済拡大と結びついている。二〇一七年、首都コナクリのギニア共和国政府は、道路や送電線、大学を建設するための二〇〇億ドルの融資と引き換えに、鉱物資源へのアクセスを中国に許可した。[46]また、中国企業はアフリカに安価な携帯電話、自動車、衣料品などの消費財を大量に送りこみ、欧米企業がほとんど無視するこの市場を席巻している。

中国の思惑には軍事戦略的な面もある。数年かけてジブチの鉄道、通信インフラ、港湾を整備したのち、中国国外初の海軍基地を建設している。[47]アフリカ連合本部の建物は、中国政府が二億ドルの建設費を「寄付」して完成した。ただし、建物のＩＴシステムが毎晩、機密データを上海に送信していたことがのちに発覚した。

中国がアフリカへの投資を拡大する一方で、欧米の政府や企業はアフリカ大陸でのビジネスに躊躇するようになった。アメリカ人やヨーロッパ人には、強権を振るう政府と取引することに良心の呵責《かしゃく》を感じるところがあるが、中国にはそのようなためらいはない、とカーソン元大使は言う。また、アメリカの企業はビジネスの利益を得るために外国の役人に賄賂を贈ることを禁じられているが、アフリカの一部の地域では賄賂はあってあたりまえの慣習となっている。カーソンによれば、中国人は喜んで裏金を出すのだという。

アフリカの首脳十数人とアフリカのビジネスリーダー九〇〇人が集まる会議のために私はガボンに赴いたことがある。アメリカから同行したのは経済学者やアフリカに詳しい識者で構成された少人数の訪問団で、私たちは全員が高い報酬で招かれ、アフリカの首脳やビジネスリーダーたちのまえで講演した。すぐに気づいたのは、私たちは大宴会のまえに余興としてアクロバティックなリフティングを披露するサッカー選手みたいな、いわば添え物にすぎないということだった。会議の本当の目的は、中国から来た数十人の役人と企業幹部がホテルのスイートルームや大統領官邸でアフリカの首脳と商談の交渉をすることだった。署名の準備がととのうと、銅鑼《どら》が鳴り響いてセレモニーの始まりを告げる。ライトが躍り、音楽が盛りあげるなか、羽根飾りのついた威厳のあるペンで、アフリカ政府と中国代表がインフラ整備の契約書に署名するのだ。会議の主催企業に訊いたところ、体裁のために会議という場を用意しただけであって、実際のビジネスはアフリカと中国のあいだで契約が締結されるたびに分け前をもらうことだった。この企業はフランスで設立されたため、アメリカの海外腐敗行為防止法（ＦＣＰＡ）は適用されない。

中国はまた、アフリカの指導者たちが権力を維持するのを助けてもいる。ナイジェリア、ケニア、ジンバブエ、南アフリカなど、少なくとも一二のアフリカ諸国の政府は、中国が開発した人工知能ツールを使って、自国民を監視している。[48] 使い勝手は中国にフィードバックされ、中国の開発者が自国の監視能力の向上に役立てている。

カーソンは言った。「中国人は、相手がよい政府か悪い政府か、指導者が民主主義者か独裁者か、人権侵害をしているかいないかなど気にしない。一方、私たちは、政治でも外交の場でも、彼らよりも原則や価値観を重んじ、より高潔な意識をもって臨む」

結果として、民主主義を受けいれようとする多くのアフリカ諸国は板挟みになっている。欧米からの支援がほとんどないまま、経済、社会、環境の急激な変化に直面し、民主主義と権威主義のあいだで揺さぶられる政府は、中国と協力するほかないのかもしれない。その関係が緊密になるにつれて、社会契約も中国に追随するようになるのかもしれない。

カーソン元大使は、民主的なアフリカを築くにはアメリカをはじめとする西側民主主義諸国が、アフリカ大陸に対するアプローチを完全に見直す必要があると言う。たとえ彼らがアメリカや北欧諸国の社会契約を手本にしようと思っても、まずは社会契約を機能させる前提となる社会の信頼と制度を構築する段階で支援が必要なところは多いのだ。民主的な政府と社会制度への道を歩むための充分な支援があれば、サブサハラ・アフリカの四九カ国は重要な同盟国となり、互いに繁栄できる貿易相手国となり、そして人権の擁護者になることができるだろう。その支援なしでは、アフリカ諸国全体が中国の影響下に置かれ、権威主義的な統治モデルが拡大することになりかねない。カーソンは、西側民主主義諸国はアフリカへの投資を「たんなる人道的行為ではなく、将来的により強力なパートナーシップを築くための戦略的投資」であると認識すべきだと主張する。

これと同じ原則は、アメリカを含む世界のどこにでも当てはめられる。いまの社会契約の穴を見つけ、手持ちの資源を駆使して解決しようとすることには人道面からも大きな意義がある。だがそれだけでなく、単純な戦略的意義も大きいのだ。次の一〇年は、西側の民主主義と中国の権威主義との対立として定義されることになるだろう。現実に生きる人たちの幸福を織りこみ、その達成に力を尽くす、社会契約の基本理念を生かしつづけていくには、世界が変化するなかにあっても、社会契約のあるべき姿を模索し具体化していかなければならない。何ができるかをすでに証明した国々から学ぶだけでなく、二〇二〇年代以降の厄介な問題に対処する新しい発想も必要だ。

一九世紀に「エンゲルスの休止」と呼ばれる不安定な時期があった。この時期の経済的不平等と社会不安が、やがて自由民主主義と新しい社会契約を生みだし、労働者の経済的見通しを向上させた。それを可能にしたのは、最低賃金、児童労働法、週四〇時間労働制、年金、公教育などの革新的な政策の導入だった。今後、欧米諸国が自国の社会契約を見直し、書きかえる際には、より公正な未来につなげられるように、当時のような革新的な発想が求められる。

終章

もし何も変わらないままなら、二〇二〇年代は「大荒れ」の語で定義されるだろう。そうならない可能性はあるが、いずれにしても、二〇三〇年の世界は、私たちが知っているこの世界とはまったく異なる姿になるだろう。

私たちが何を選択しようと起こるとわかっていることもある。今後一〇年間で、世界中の多くの都市で人口が爆発的に増加する。異常気象や干ばつもますます頻度が増え、そのせいで移住しなければならなくなる人が急増するだろう。人工知能や監視技術はより強力になる。職場では、あなたが機械に指示を出しているかもしれないが、逆に機械があなたに指示を出すようになっているかもしれない。

だが、私たちがこのような変化に対応するのかどうか、どのように対応するのかは未知数だ。人類のほとんどに便益をもたらす未来も、一握りの人にしかそうしない未来も、どちらもありうるのだ。二〇三〇年がどのような姿をしているかは私たちにかかっている。

台風に家を倒されるたびに新しい家を探さなければならない、フィリピンの農村に住む若い家族を考えてみよう。その家族は、このままいけば二〇三〇年には厳しい選択を迫られることになる。フィリピンにとどまるとしても、もとの場所には住めないから、農村を出て首都に移住する。一平方キロメートルあたり平均九万人が暮らすその街では、農業従事当時の週五日労働が、まだ自動化されていない低賃金の週六日労働に替わる。二〇三〇年のデバイスのアプリで労働は管理され、雇用主の姿はなく、雇用主からの福利厚生も存在しない。

一家は国外への移住を決断し、行き先として東だったらアメリカ、北西の中国、南のオーストラリア、西のヨーロッパを検討する。

もし何も変わらないままなら、アメリカやヨーロッパへの移住はまえの世代ほど魅力的でもなければ、簡単でもない。政治的な右派・左派のどちらからも、怒りと抗議運動は、より大きく、より暴力的で、より排外主義《ネイティビズム》的になっていくだろう。資本のグローバル化が進むにつれ、税金面での底辺への競争は、法人税や超富裕層への課税をほとんどなくしていくだろう。その結果、政府はインフラの整備やセーフティネットの強化に必要な財源を奪われることになる。オーストラリアやヨーロッパ諸国が二〇二〇年代はじめのような高水準の社会保障を維持していくには、ハイエンドの知識労働者以外の移民を締めだすことになるだろう。対照的に、アメリカは社会契約とセーフティネットの個人化を加速させ、同時に市場原理の流れに身を委ねるだろう。ハイテクを駆使して国民をランキングづけする中国の社会採点《スコアリング》システムを参考にすることもあるかもしれない。市民は医療や職業訓練、失業保険などを求めて競争を強いられ、最も多くの労働時間をこなし、仕事を管理するアプリ上の雇用主から最も高い評価を受けた人が手当を多く受けとる。このアルゴリズムは、移民労働者の手当は割り引くようにプログラムされる。

それでも、このような未来を防ぐためにいま行動すれば、二〇三〇年にはまったく異なる現実が待っているかもしれない。AIとそれまでに出ているであろう7Gブロードバンド・ネットワークによって実現する自動化は、生産性向上の恩恵を広く共有できるだけの富と幸福を私たちにもたらすだろう。農業時代の週六日労働が工業時代に週五日労働になったように、週四日労働があたりまえになっているかもしれない。マッドマックス的な競争を繰りひろげて福利厚生を奪いあうのではなく、より普遍的な北欧型セーフティネットを行きわたらせることはできる。こうしたことを可能にするには、何よりもまず外交力を発揮し、国際的な課税システムを「合算課税《ユニタリータクセイション》&定式配分《フォーミュラリー・アポーションメント》」の方式につくりかえるのだ。そうすれば、すべての企業、すべての人が本来支払うべき税金を支払うことになり、一般の人たちの税金は実質的に下がる。同時に、何十年もその約束を果たせなかった株主資本主義は歴史の教科書に追いやられる。代わりに、政府は税制だけでなく、賃金の向上や従業員への公平な報酬体系、多様なステークホルダーの利益を企業収益へ反映させることへの強力なインセンティブを整備しているはずだ。また、自社株買いが違法となるはずなので、賃金に回す現金も分配に回す株式も充分に確保される。この二〇三〇年のビジョンでは、上述のフィリピン人家族の選択肢はたいして狭まらず、まじめに働ける場があり、その働きが人生をよくしてくれることを実感できるようになる。通常の賃金に加え、勤め先の会社の株式を少しずつ取得していく報酬体系がふつうになる。

もし何も変わらないままなら二〇三〇年はどうなっているのか、あらためて想像してみよう。中国、ロシア、湾岸諸国のような統制された政治モデルの広がりが予想される。不平等がさらに深刻化するにつれ、暴力を伴う騒乱はより頻繁に、より激しくなり、より多くの市民と政府が、民主主義の混乱を乗りこえようとするよりも、権威主義色の強い、統制された社会契約のほうへ引きよせられていく。中国式の大規模な監視、情報遮断のファイアウォール、抗議の気配を早めにつぶす強硬な政策が世界に広く受けいれられていくだろう。これらの政策を実施するために中国の援助に頼る国が増え、世界における中国の文化的・経済的影響力がさらに増大し、アメリカやヨーロッパの民主主義国家が脇に追いやられることになる。

先のフィリピン人家族は、アメリカやヨーロッパにいったん目を向けるものの、扉が閉まっているか閉まりつつあるのを知って、代わりに中国への移住を選択するかもしれない。その地では、国家の厳しい統制のもとで経済が成長を続けているため、気候変動移民のような低コストの労働力を必要としているはずだ。中国で市民権を得るための道は狭く、底辺層から抜けだせないかもしれないが、それでも中国の製造拠点には仕事があり、子どもたちには教育がある。混乱し、機能不全に陥った民主主義のもとでの不安から逃れられる安全がある。彼らの望みがただまじめに働いて静かに暮らすことなら、中国と権威主義者の描く夢が、彼らの未来の道なのかもしれない。

だが、もし状況が変われば、強力なＡＩと監視技術によって可能になった市民への圧迫行為には規制がかけられ、民主主義国の人権尊重モデルは魅力をもちつづけるだろう。複数《マルチ》ステークホルダー・モデルは、市民の権利と企業と国家の責任のバランスをとり、デジタル世界のディストピアを回避することができる。一生、低賃金から抜けだせない暮らしではなく、経済的・社会的流動性――アメリカンドリームの象徴――が新しく復活する。フィリピンのような気候変動の危機に見舞われた地域からの新たな移民の波は受けいれられ、社会に組みこまれていくだろう。

そもそも移住のきっかけとなった度重なる台風でおそろしい思いをしたフィリピン人家族は、気候変動がもたらす異常気象に遭遇する可能性の低い場所に移住したいと思うはずだ。もし何も変わらないままなら、安全に住める場所はますます不足し、したがってますます高価になることを意味する。深刻な干ばつや大嵐の続発によって特定の地域の居住性が損なわれれば、人も資本もより住みやすく安全な場所に集まるというのが市場の論理だ。地球の人口が一〇億人増えても、住める場所はむしろ減り、過密都市やスラムが増えるということだ。

この未来への対策として、今後一〇年間で世界は共同で気候変動問題に取り組んでいく必要がある。世界が脱炭素を実現するには官民一体となった投資が不可欠だ。全世界が恩恵を受けるクリーンエネルギーの生産と流通を推進するために、主要国や企業の力を結集して、マンハッタン計画のときのような兆ドル単位の資金を投じるのだ。大胆に聞こえるし、実際そうなのだが、実現は可能であり、エリートにとっても気候変動移民にとっても、ほかのあらゆる人にとってもその価値は充分にある。

このふたつの未来像には、世界のエリートの果たす役割が大きくかかわってくる。もし何も変わらないままなら、エスカレートする世界の怒りを浴びたエリートたちは、母国とのつながりを薄めて、自分の金《かね》、家族、市民としての意識を、居心地のよくない地域から、彼らのために建設された金融とエンターテインメントの中心地へ移すことになるだろう。望むとおりの公共政策を政府から買う彼らの能力は高まっているはずで、勝者総取りの彼らのビジネスモデルは規制や反トラスト法を怖れる必要などないだろう。彼らは株主でもあるから、株主資本主義の唯一の勝者となり、その賞金は年々大きくなっていくだろう。故郷の抱える問題や、先のフィリピン人家族のような低所得層や気候変動に弱い人たちが直面する問題は、自分からは遠く離れたぼんやりしたものになっていくだろう。

だが、そんなことは起こらなくていいし、その未来を避けるために道徳的・精神的な覚醒が必要なわけでもない。エリートがエリートになったのは資本主義のおかげであり、彼らのなかでもとくに賢い人たちは、これまでと同じような暮らしを続けるには、もっと多くの人がよりよく暮らせるようにすべきことを——資本主義の仕組みを修復する必要があることを理解している。つまり、目先のことではなく長期的な視点を重視しなければならないということだ。彼らや彼らの企業が税金を払えば、政府が気候変動の災難から私たちを救う研究開発に必要な資源を得ることができる。より多くの人々が、より優れた教育、住宅、医療を受けられるようになることでもある。これは究極的にはエリート自身の利益を確保するためでもあるが、ここでだいじなのは短期的ではなく、長期的に最適化するということだ。より多くの機会にアクセスでき、より幸福な世界においてエリートであることは、自分以外は火に焼かれている世界においてエリートであることよりもすばらしい。

現在、私たちはおそろしいほうの未来に向かって進んでいるが、ポジティブ版の二〇三〇年が消えたわけではない。互いに噛みあった一連の改革を——地球全体にとってよりよい社会契約を築くための改革を実施することで、次の一〇年のあいだに軌道修正することはできる。この改革には、株主資本主義をステークホルダー資本主義に置きかえ、国際的な課税システムを修正し、二一世紀の労働実態に見合ったセーフティネットを拡充し、クリーンエネルギーへの移行をいますぐ推進するなど、いくつかの重要なステップが含まれる。

それぞれのステップは協調して機能する。それぞれがそれぞれの実現可能性を高めていく。株主資本主義を葬れば、タックスヘイブンをなくすことができ、タックスヘイブンをなくせば、政府は気候変動と闘うための資源を獲得することができ、気候変動移民を減らすことにつながる。自社株買いを終わらせれば、企業が労働者に支払う現金と株式の両方が増える。これはセーフティネット・プログラムへの長期依存を減らし、労働者の幸福度を高め、権威主義による支配の魅力を褪《あ》せさせる。改革を成功させる秘訣は、協調して機能させることだ。どれも達成不可能なものではなく、ひとつが進めば他も実現しやすくなる。

これらを組みあわせれば、効果は絶大だ。必要なのは、一九世紀と二〇世紀のなごりである既存の社会契約を、二一世紀に合わせて修復することだ。私たちのまえには、ふたつの可能性がある。ひとつは「何もしない」ことで、簡単な道だがその先には苦難と怒りが待っている。もうひとつは、市民も企業も政府も大胆に行動しなければならない道だ。だがこの未来には希望があり、怒りを過去に葬ることができる。

謝辞

すばらしい英智と的確な助言で執筆のあいだじゅう私を支えてくれた家族、友人、周囲のみなさん。なかでも、妻のフェリシティと兄のスティーブは特別な存在だった。私にとって家族ほどたいせつなものはない。フェリシティとスティーブは、二〇二〇年代が大荒れのなかで始まったときにも家族を護りつねに元気づけてくれた。

マックス・バーガミ、ロバート・ボール、ジャレド・コーエン、ベン・スコット、シール・タイル、アリ・ワラックの名を落とすわけにはいかない。彼らの友情と大小さまざまなサポートがなければ、私はこの数年間を無事に過ごすことはできなかっただろう。彼らは、かけがえのない友人であり、パートナーだ。

ユナイテッド・タレント・エージェンシー（UTA）のピラー・クイーンと出版社ヘンリーホルトのセリーナ・ジョーンズに深い感謝を捧げる。ピラーは、私がこの本のアイデアを明かして以来ずっと、この本のためと私のために闘ってくれている。彼女は世の執筆者にとっての博識で情熱的な擁護者であり、私は自分が擁護されるひとりになれたことを幸運に思う。セリーナは完璧な編集者《エディター》だった。原稿を書きすすめるのに必要な自由を私に与えつつ、より質の高い本に仕上げ、より規律のある作業工程にするために、専門知識に裏打ちされた指導と励ましをくれた。彼女は、この本に知識とハートを絶妙な加減で植えつけたのだ。ヘンリーホルトではほかに、エイミー・アインホーン、マギー・リチャーズ、マリアン・ブラウン、ケイトリン・オショーネシー、サラ・クライトン、パット・アイゼマン、アニタ・シャイフ、デボン・マゾーニー、マイア・サッカ＝シェーファーにとりわけ力になってもらった。

ジャック・コリガンとジョナサン・コックスは、ほんの思いつきの段階から私とともに動き、その思いつきを本書のかたちに結実させてくれた。ノースウェスタン大学ジャーナリズム学院の新しいスターであるジャックは、つねに前向きな姿勢を保ち、情熱と粘りづよさと優れたジャーナリストとしての資質を発揮して、このプロジェクトを導いてくれた。ジョナサン・コックスは、私のビジョン、意図、そして本書の内容を把握し、すばらしい本を完成させるために何をすべきかを私以上に理解していた。本の構造というものをよく知っていて、堅固な土台と外観の華やかさを両立させる達人だ。綿密な調査に裏打ちされた文章へアイデアを昇華させる過程で、エイミー・マーティン、リー・ジヤングレコ、マシュー・スペクター、ウィル・ピーシェルをはじめとした多くの優秀なリサーチャーの力を借りた。

一〇八八年に学生によって設立された、世界最古の大学であるボローニャ大学のビジネススクールで私は特別招聘《しょうへい》教授を務めている。そのビジネススクールの学部長、マックス・ベルガーミは、インスピレーションに満ちたリーダーであり、私の友人でもある。光栄にも私も参加が許されたチームとともに、見事な教育機関を築きあげた。エマニュエル・バホ、ジュリア・ベルトラメッリ、バーバラ・ビオンディ、アンナ・ピア・キアランディーニ、ミケーレ・フェラーリ、リッカルド・フィニ、ロベルト・グランディ、ルドビア・レオーネ、アンドレア・リッパリーニ、イラーリア・マンギ、アルフレド・モンタナーリ、ガブリエル・モランディン、エロイーザ・パラッチョ、フランチェスコ・ポーロ、ジョルジョ・プローディ、マルチェロ・ルッソ、マッシモ・シデーリ、マウリツィオ・ソブレロ、アウグスト・バレリアーニ、アレッサンドラ・ザミットら、私を支えてくださった大学関係者の特別な感謝を捧げる。

また、イタリアでの生活では、おおぜいのかたの厚意と友情に助けられた。ありがとう——エンツォ&ドミティッラ&ロレンツォ・ベニーニ、リッカルド・ブージ、マルコ・ケッキ、マックス・チョチョーラ、ジャンルカ・ダゴスティーノ、パオロ・ダラ・モーラ、ルカ・デッラ・ゴデンザ、バレリオ・デ・モーリ、ガブリエル&ジョバンニ・ドメニキーニ、ミケランジェロ・ファゾーリ、カルロ・フェルトリネッリ、カーリン・フィッシャー、ジュゼッペ・フォンターナ、ロザンナ・ガジャ、マルコ・ロンバルド、モニカ・マジョーニ、パオラ・マーネス、マウリツィオ・モリナーリ、アレッサンドロ・モンティ、ブルーノ&マッテオ・リフェーサー・モンティ、マッティア・モール、ジュリオ・ナポリターノ、ジョバンナ・パンチェリ、ジャコモ・ペスカトーレ、アンドレア・ペトレモーリ、ロマーノ・プローディ、マッシモ・レダエッリ、ジャンニ・リオッタ、サラ・ロベルシ、ジェルマーノ・スカルパ、フィリッポ・センシ、ジャック・シンティーニ、マウリツィオ・タマニーニ、マッシミリアーノ・タランティーノ、フランチェスコ・ウベルティーニ、アルマンド・バリッキオ、ダリオ・ザノッティ。

私の代理人を務めてくれたUTAのパートナーシップに感謝する。とくに、ドン・エプスタイン、クリステン・セーナ、エバン・マルティノ、マイケル・スティール、ジェニファー・ペイカー、デイビッド・ブカルター、シャーロット・パーマン、マイク・ダンドレアに。

キングス・カレッジ・ロンドン政策研究所のボビー・ダフィーと同僚のみなさん、あなたがたの膨大な研究資源と専門知識におおいに助けられた。

本書で紡いだことばには霊的な父たちがいる。そのひとり、ブルネロ・クチネリは、幅広いステークホルダーのコミュニティに貢献しつつ、数十億ドル規模の事業を築けることを実証してみせた。彼の友情と助力に、そして、カミラ&カロリーナ・クチネリやリカルド・ステファネッリ、アレッシオ・ピアストレッリ、フランチェスコ・トマシーニ、フランチェスコ・ボッティグリエロら、彼の同僚やご家族の厚情にお礼申しあげる。

最後に、本書のためのインタビューに応じ、この複雑な世界を分析し、私の文章に誤りや不正確なところがないかを確認してくれた一〇〇名近い方々に、心からの感謝を捧げる。本書がよいものになっていたとしたら、それは彼らのおかげだ。なお、本書の至らぬ点の責は私にある。

訳者あとがき

読み物としておもしろく、説得力があり、こちらの思考を刺激する本だ。われわれが嵌《は》まりこんでいる罠を的確に描きだし、そこから抜けだすために何をすべきかという明確な提言が書かれている……ロスが本書で示すパズルの塡《は》め方はきわめて重要だ。

——ヒラリー・クリントン

ロスの視点は……市民でもましてや政治家でもなく……はるかに高いところにあり……非常に（こうしたテーマの本ではなかなか見られないほど）読みやすく記述されている。

——ニューヨーク・タイムズ・ブックレビュー

本書は、第一期オバマ政権にてヒラリー・クリントン国務長官のもとで上級顧問を務め、以来、ビジネスと地政学の交わる領域で世界を飛びまわるアレック・ロスの話題の書 *The Raging 2020s:*

Companies, Countries, People - and the Fight for Our Future の邦訳版である。

タイトルにもある「社会契約」を、ふだんから意識している人は少ないだろう。著者ロスは、個人（労働者）、企業、政府（国家）の三者間での権利と義務のバランスをとる存在として、社会契約を本書の中心に据えている（これとは別に、社会契約を個人と政府の二者間、あるいは、個人と企業の二者間の契約ととらえる定義もある）。

本書ではまず、社会契約の当事者である三者それぞれが、過去五〇年間にどのように力を得て、あるいは力を削がれて、現在の状態に到達したのかを、一章ずつ割いて丁寧に論じる。問題点を明らかにし、社会契約が綻びてしまった原因をあげ、こうなるまでに長い時間を経てきたことに照らせば、一撃ですべてを解決する魔法はないにしろ、改善に向けた現実的な方策を提言する。反対意見のあることや、現状を心地よく思う人たちのいることを踏まえたうえで、国と世界をよりよくし、おおぜいの幸福につながる方策を探ろうとする彼の筆致は誠実だ。アメリカの抱える苦悩は、日本のそれと重なる部分が多々あり、共感をもって読むことができる。

第四章以降の後半部は、世界全体を見据えたものだ。原題が The Raging 2020s とあるとおり、本書では二〇二〇年代とその先の未来をよりよくするためにいまどうしなければならないかを考察するのが主要なテーマとなっている。未来を展望するとなると、サイバー戦争や租税回避地（タックスヘイブン）や地球環境など、一国では解決できない、さまざまに絡みあった問題を避けて通ることはできない。

未来予測は人気のテーマであり、さまざまな本が書店に並んでいる。テクノロジーを駆使した華やかでわくわくする近未来を描くものが多いなか（ロス自身も前著『未来化する社会』でゲノムやロボット、暗号資産、ビッグデータなどを扱っていた）、本書では、むしろ地味で泥臭い社会契約を真正面から論じていることが特筆される。社会契約が重要なのは、あらゆる社会活動の根底にあるものだからだ。

訳者がとくに興味深く読んだ章をひとつあげるとすれば、「税」がテーマの第四章だった。「タックスヘイブン」という語はよく耳にするが、「税率が極端に低い」「資産を預けている人の名を当局に明かさない」「スーパーリッチな人と巨大企業にしか関係のない話」という印象にとどまる人も多いかもしれない。だが、世界のほんの一握りにしか関係のない話ではまったくなく、タックスヘイブンの問題は私たち一人ひとりの生活に密接にかかわることなのだ。

あるイタリア人消費者が一本のベルトをネットで買うところから、売上金と税金がどの地をどんなふうに巡っていくのかが、物語ふうに書いてある。細かい数字も登場するが、タックスヘイブンの仕組みを大きな流れでつかめるようになっている。著者も書いているとおり、こうした企業の行動は「違法ではない」。だからこそ悩ましい。

徴税する政府側と納税額を減らそうとする企業側のせめぎ合いは、世界で最も頭のいい人たちの知力を尽くした闘いであり、他人事として読めばじつにスリリングでおもしろい。だが、まわりまわって、私たち自身の納税額や受けられる公共サービスの質に影響するとなると笑っていられない。また、タックスヘイブンで巨額の税収を失っているアメリカや他の経済大国が一方的な被害者かというとそうではなく、自身もタックスヘイブンを領土内に抱え、他国に対しては逆に加害者的立場にある状況が指摘されていた。

著者は言う。私たちのまえには、ふたつの可能性があると。ひとつは楽な道で、もうひとつは行動が求められる道。本書が、それぞれの道の先にどのような未来が待ちかまえているのか、どちらの道を選ぶほうが未来の自分はより幸せなのかを考える一助になれれば光栄に思う。

最後に、訳稿に目を通して貴重な助言をくださった早川書房の山本純也氏、当方の及ばないところを隅々まで緻密にチェックしてくださった校正担当の清水晃氏に深くお礼を申しあげます。

二〇二三年三月

原　注

まえがき――日本のみなさんへ

1 Bruce Einhorn, Lisa Du, and Jie Ma, "Foreign Executives Are Getting Spooked About Jobs in Japan," *Bloomberg*, February 24, 2019, https://www.bloomberg.com/news/articles/2019-02-24/ghosn-s-epic-downfall-spooks-foreign-executives-about-japan.

2 Mark Cartwright, "Emperor of Japan," *Ancient History Encyclopedia*, July 10, 2019, https://www.ancient.eu/Emperor_of_Japan/.

3 Daniel Liberto, "Keiretsu," *Investopedia*, July 31, 2019, https://www.investopedia.com/terms/k/keiretsu.asp.

4 Matt Jancer, "How Eight Conglomerates Dominate Japanese Industry," *Smithsonian Magazine*, September 7, 2016, https://www.smithsonianmag.com/innovation/how-eight-conglomerates-dominate-japanese-industry-180960356/.

5 Tim Weiner, "C.I.A. Spent Millions to Support Japanese Right in 50's and 60's," *New York Times*, October 9, 1994, https://www.nytimes.com/1994/10/09/world/cia-spent-millions-to-support-japanese-right-in-50-s-and-60-s.html.

6 Alan Reynolds, "Toward Meaningful Tax Reform in Japan," April 6, 1998, *Cato Institute*, https://www.cato.org/publications/speeches/toward-meaningful-tax-reform-japan.

7 "New Japanese constitution goes into effect,"*History*, Accessed August 5, 2020, https://www.history.com/this-day-in-history/new-japanese-constitution-goes-into-effect; Kenneth Mori McElwain, "The Anomalous Life of the Japanese Constitution," *Nippon.com*, August 15, 2017, https://www.nippon.com/en/in-depth/a05602/.

8 "JAPANESE TELEVISION DRAMAS AND GAME SHOWS," *factsanddetails.com*, Accessed August 1, 2020, http://factsanddetails.com/japan/cat20/sub133/item2888.html.

9 C. D. Alexander Evans, "The Future of the Japanese Labor Movement," *Dissent Magazine*, August 13, 2011, https://www.dissentmagazine.org/online_articles/the-future-of-the-japanese-labor-movement.

10 “GDP (constant 2010 US$) – Japan,” *The World Bank*, Accessed July 27, 2020, https://data.worldbank.org/indicator/NY.GDP.MKTP.KD?locations=JP.
11 Yumiko Murakami, “End of Heisei Era and lifetime employment,” *Japan Times*, May 2, 2019, https://www.japantimes.co.jp/opinion/2019/05/02/commentary/japan-commentary/end-heisei-era-lifetime-employment/.
12 Megumi Fujikawa, “Japanese Workers Call It Quits on a Firm Tradition: The Job for Life,” *The Wall Street Journal*, April 11, 2018, https://www.wsj.com/articles/japanese-workers-call-it-quits-on-a-firm-tradition-the-job-for-life-1523439004.
13 Magdalena Osumi, “Third of Japan's new graduate recruits thinking of changing jobs within five years,” *Japan Times*, June 14, 2019, https://www.japantimes.co.jp/news/2019/06/14/business/third-japans-new-graduate-recruits-thinking-changing-jobs-within-five-years/.
14 “The World Factbook: Japan,” *Central Intelligence Agency*, Accessed August 5, 2020, https://www.cia.gov/library/publications/the-world-factbook/geos/ja.html.
15 Drake Baer and Ivan De Luce, “How 18 of the oldest companies on Earth have been making money for centuries, from guns to beer to shipping,” *Business Insider*, July 23, 2019, https://www.businessinsider.com/oldest-companies-on-earth-2014-8.
16 Joi Ito（伊藤穰一）へのインタビュー。聞き手はアレック・ロスとジャック・コリガン、2020年7月31日。

序　章

1 “6. Bar Codes—Nifty 50,” National Science Foundation, April 2000, https://www.nsf.gov/about/history/nifty50/barcodes.jsp.
2 Philip van Doorn, “Opinion: Airlines and Boeing Want a Bailout—but Look How Much They've Spent on Stock Buybacks,” Marketwatch, March 22, 2020, https://www.marketwatch.com/story/airlines-and-boeing-want-a-bailout-but-look-how-much-theyve-spent-on-stock-buybacks-2020-03-18.
3 Stanley Lebergott, “Labor Force and Employment, 1800–1960,” in *Output, Employment, and Productivity in the United States after 1800*, ed. Dorothy S. Brady (National Bureau of Economic Research, 1966), 117–204, https://www.nber.org/system/files/chapters/c1567/c1567.pdf.
4 Christopher Watson, “Trends in World Urbanisation,” in *Proceedings of the First*

International Conference on Urban Pests, ed. K. B. Wildey and Wm. H. Robinson (1992), http://citeseerx.ist.psu.edu/viewdoc/download?doi=10.1.1.522.7409&rep=rep1&type=pdf.
5 Matt Bruenig, "Top 1% up $21 Trillion. Bottom 50% down $900 Billion," People's Policy Project, June 14, 2019, https://www.peoplespolicyproject.org/2019/06/14/top-1-up-21-trillion-bottom-50-down-900-billion/.
6 Carter C. Price and Kathryn A. Edwards, "Trends in Income from 1975 to 2018" (Working Paper WR-A516-1, RAND Corporation, Santa Monica, CA, 2020), https://doi.org/10.7249/WRA516-1.

第一章　株主《シェアホルダー》資本主義と利害関係者《ステークホルダー》資本主義

1 "Statistics about Diabetes," American Diabetes Association, accessed June 4, 2020, https://www.diabetes.org/resources/statistics/statistics-about-diabetes.
2 "The History of a Wonderful Thing We Call Insulin," American Diabetes Association, July 1, 2019, https://www.diabetes.org/blog/history-wonderful-thing-we-call-insulin.
3 "First Use of Insulin in Treatment of Diabetes on This Day in 1922," Diabetes UK, January 11, 2010, https://www.diabetes.org.uk/about_us/news_landing_page/first-use-of-insulin-in-treatment-of-diabetes-88-years-ago-today.
4 "First Use of Insulin in Treatment of Diabetes," https://www.diabetes.org.uk/about_us/news_landing_page/first-use-of-insulin-in-treatment-of-diabetes-88-years-ago-today.
5 Craig Idlebrook, "Selling a Lifetime of Insulin for $3," *Insulin Nation*, August 7, 2015, https://insulinnation.com/treatment/medicine-drugs/selling-lifetime-insulin/; "Inflation Calculator," Bank of Canada, accessed June 4, 2020, https://www.bankofcanada.ca/rates/related/inflation-calculator/; "CAD to USD Currency Converter," RBC Bank, accessed June 4, 2020, https://www.rbcbank.com/cgi-bin/tools/cadusd-foreign-exchange-calculator/start.cgi.
6 Idlebrook, "Selling a Lifetime of Insulin for $3," https://insulinnation.com/treatment/medicine-drugs/selling-lifetime-insulin/.
7 アンドリア・コーリーへのインタビュー。聞き手はエイミー・マーティン、2020年5月1日。
8 アンドリア・コーリーへのインタビュー。
9 "The 2021 STC Health Index," GlobalResidenceIndex, accessed January 2, 2021, https://globalresidenceindex.com/hnwi-index/health-index/.

10 *Health at a Glance 2019: OECD Indicators* (Paris: Organisation for Economic Co-operation and Development, 2020), figure 5.1, https://doi.org/10.1787/888934015619.

11 *Health at a Glance 2019: OECD Indicators*, figure 5.1, https://doi.org/10.1787/888934015619; Aaron E. Carroll and Austin Frakt, "The Best Health Care System in the World: Which One Would You Pick?" *New York Times*, September 18, 2017, https://www.nytimes.com/interactive/2017/09/18/upshot/best-health-care-system-country-bracket.html; Dylan Scott, "The Netherlands Has Universal Health Insurance—and It's All Private," *Vox*, January 17, 2020, https://www.vox.com/policy-and-politics/2020/1/17/21046874/netherlands-universal-health-insurance-private.

12 *Health at a Glance 2019: OECD Indicators*, figure 5.1, https://doi.org/10.1787/888934015619.

13 Edward R. Berchick, Jessica C. Barnett, and Rachel D. Upton, *Health Insurance Coverage in the United States: 2018*, US Census Bureau, November 2019, p. 3, https://www.census.gov/content/dam/Census/library/publications/2019/demo/p60-267.pdf.

14 アンドリア・コーリーへのインタビュー。

15 ニコール・スミス＝ホルトへのインタビュー。聞き手はエイミー・マーティン、2020年4月30日。

16 Ryan Knox, "What Is Needed to Improve the Affordability of Insulin?," *T1International* (blog), December 16, 2015, https://www.t1international.com/blog/2015/12/16/how-do-we-improve-affordability-insulin/.

17 Robert Langreth, "Hot Drugs Show Sharp Price Hikes in Shadow Market," *Bloomberg*, May 6, 2015, https://www.bloomberg.com/news/articles/2015-05-06/diabetes-drugs-compete-with-prices-that-rise-in-lockstep.

18 Danielle K. Roberts, "The Deadly Costs of Insulin," *American Journal of Managed Care*, June 10, 2019, https://www.ajmc.com/contributor/danielle-roberts/2019/06/the-deadly-costs-of-insulin.

19 Darby Herkert, Pavithra Vijayakumar, Jing Luo, et al., "Cost-Related Insulin Underuse among Patients with Diabetes," *JAMA Internal Medicine* 179, no. 1 (2019): 112–14, https://doi.org/10.1001/jamainternmed.2018.5008.

20 "High Insulin Costs Are Killing Americans," Right Care Alliance, accessed April 30, 2020, https://rightcarealliance.org/actions/insulin/.

21 シンディー・シェラー・ボイドへのインタビュー。聞き手はエイミー・マーティン、2020年5月2日。

22 シンディー・シェラー・ボイドへのインタビュー。

23 Milton Friedman, "A Friedman Doctrine—The Social Responsibility of Business Is to Increase Its Profits," *New York Times, September* 13, 1970, https://www.nytimes.com/1970/09/13/archives/a-friedman-doctrine-the-social-responsibility-of-business-is-to.html.
24 Peri E. Arnold, "William Taft: Domestic Affairs," University of Virginia Miller Center, accessed July 20, 2020, https://millercenter.org/president/taft/domestic-affairs.
25 Tim Wu, *The Curse of Bigness: Antitrust in the New Gilded Age* (New York: Columbia Global Reports, 2018), 79–80.
26 Susan Lund, James Manyika, Liz Hilton Segel, André Dua, Bryan Hancock, Scott Rutherford, and Brent Macon, *The Future of Work in America: People and Places, Today and Tomorrow* (McKinsey Global Institute, July 11, 2019), https://www.mckinsey.com/featured-insights/future-of-work/the-future-of-work-in-america-people-and-places-today-and-tomorrow; Svet Smit, Tilman Tacke, Susan Lund, James Manyika, and Lea Thiel, *The Future of Work in Europe* (McKinsey Global Institute, June 10, 2020), https://www.mckinsey.com/featured-insights/future-of-work/the-future-of-work-in-europe.
27 "Fortune 500," *Fortune*, accessed July 3, 2020, https://fortune.com/fortune500/.
28 US Bureau of Economic Analysis, "Gross Domestic Product (GDP)," FRED, Federal Reserve Bank of St. Louis, accessed July 3, 2020, https://fred.stlouisfed.org/series/GDP.
29 "Gross Domestic Product (GDP)," https://fred.stlouisfed.org/series/GDP; "Full List 1955," *Fortune*, accessed July 3, 2020, https://archive.fortune.com/magazines/fortune/fortune500_archive/full/1955/.
30 "Airline Domestic Market Share April 2019–March 2020," US Department of Transportation, Bureau of Transportation Statistics, accessed July 15, 2020, https://www.transtats.bts.gov/.
31 Jack Nicas, "Airline Consolidation Hits Smaller Cities Hardest," *Wall Street Journal*, September 10, 2015, https://www.wsj.com/articles/airline-consolidation-hits-smaller-cities-hardest-1441912457.
32 "Wireless Subscriptions Market Share by Carrier in the U.S. from 1st Quarter 2011 to 3rd Quarter 2019," Statista, accessed July 6, 2020, https://www.statista.com/statistics/199359/market-share-of-wireless-carriers-in-the-us-by-subscriptions/.
33 "2.5 Million Added Broadband in 2019," Leichtman Research Group, press release, March 5, 2020, https://www.leichtmanresearch.com/2-5-million-

added-broadband-in-2019/.
34 Wu, *The Curse of Bigness*, 117.（原注25参照）
35 "Search Engine Market Share in 2020," Oberlo, accessed July 6, 2020, https://www.oberlo.com/statistics/search-engine-market-share.
36 Matt Stoller, "A Land of Monopolists: From Portable Toilets to Mixed Martial Arts," *Big* (Substack), July 10, 2020, https://mattstoller.substack.com/p/a-land-of-monopolists-from-portable; Matt Stoller, "Weird Monopolies and Roll-Ups: Horse Shows, School Spirit, Settlers of Catan, and Jigsaw Puzzles," *Big* (Substack), July 18, 2020, https://mattstoller.substack.com/p/weird-monopolies-and-roll-ups-horse.
37 Mark Eichmann, "Delaware's Growing Poultry Industry," WHYY, August 11, 2014, https://whyy.org/articles/delawares-growing-poultry-industry/.
38 デイブ・レイフィールドへのインタビュー。聞き手はジャック・コリガン、2020年7月17日。
39 Sam Moore, "U.S. Farmers during the Great Depression," *Farm Collector*, November 2011, https://www.farmcollector.com/farm-life/u-s-farmers-during-great-depression; "Farming and Farm Income," US Department of Agriculture Economic Research Service, December 2, 2020, https://www.ers.usda.gov/data-products/ag-and-food-statistics-charting-the-essentials/farming-and-farm-income/.
40 Bill Ganzel, "Farm Boom of the 1970s," Living History Farm, 2009, https://livinghistoryfarm.org/farminginthe70s/money_02.html.
41 "Ganzel, "Farm Boom of the 1970s," https://livinghistoryfarm.org/farminginthe70s/money_02.html.
42 B. Drummond Ayres Jr., "Rise of Corporate Farming a Worry to Rural America," *New York Times*, December 5, 1971, https://www.nytimes.com/1971/12/05/archives/rise-of-corporate-farming-a-worry-to-rural-america-rise-of-the.html.
43 Bill Ganzel, "Afghan Boycott," Living History Farm, 2009, https://livinghistoryfarm.org/farminginthe70s/money_06.html.
44 Kurt Lawton, "Taking a Look Back at the 1980s Farm Crisis and Its Impacts," *Farm Progress*, August 22, 2016, https://www.farmprogress.com/marketing/taking-look-back-1980s-farm-crisis-and-its-impacts.
45 Tom Philpott, "A Reflection on the Lasting Legacy of 1970s USDA Secretary Earl Butz," *Grist*, February 8, 2008, https://grist.org/article/the-butz-stops-here/.
46 Roberto Ferdman, "The Decline of the Small American Family Farm in One

Chart," *Washington Post*, September 16, 2014, https://www.washingtonpost.com/news/wonk/wp/2014/09/16/the-decline-of-the-small-american-family-farm-in-one-chart/.
47 "Animal Feeding Operations," US Department of Agriculture, accessed July 7, 2020, https://www.nrcs.usda.gov/wps/portal/nrcs/main/national/plantsanimals/livestock/afo/.
48 "Per Capita Consumption of Poultry and Livestock, 1960 to Forecast 2021, in Pounds," National Chicken Council, June 2020, accessed July 19, 2020, https://www.nationalchickencouncil.org/about-the-industry/statistics/per-capita-consumption-of-poultry-and-livestock-1965-to-estimated-2012-in-pounds/.
49 "Animal Feeding Operations," https://www.nrcs.usda.gov/wps/portal/nrcs/main/national/plantsanimals/livestock/afo/; デイブ・レイフィールドへのインタビュー。
50 Kim Souza, "Tyson Foods Maintains Its Top Ranking in Poultry Production," *Talk Business & Politics*, March 20, 2019, https://talkbusiness.net/2019/03/tyson-foods-maintains-its-top-ranking-in-poultry-production/.
51 デイブ・レイフィールドへのインタビュー。
52 デイブ・レイフィールドへのインタビュー。
53 デイブ・レイフィールドへのインタビュー。
54 Rhonda Skaggs,*The Future of Agriculture: Frequently Asked Questions* (Las Cruces: New Mexico State University, 2001), https://aces.nmsu.edu/pubs/research/economics/TR37/welcome.html; "Farmer's Share of the Food Dollar Falls to All-Time Low," National Farmers Union, press release, April 25, 2019, https://nfu.org/2019/04/25/farmers-share-of-the-food-dollar-falls-to-all-time-low/.
55 Eduardo Porter, "The Hard Truths of Trying to 'Save' the Rural Economy," *New York Times*, December 14, 2018, https://www.nytimes.com/interactive/2018/12/14/opinion/rural-america-trump-decline.html; Brakkton Booker, "Report: Rural Poverty in America Is 'an Emergency,' " NPR, May 31, 2018, https://www.npr.org/2018/05/31/615578001/report-rural-poverty-in-america-is-an-emergency; "Americans in Rural Areas More Likely to Die by Suicide," *Centers for Disease Control and Prevention*, press release, October 5, 2017, https://www.cdc.gov/media/releases/2017/p1005-rural-suicide-rates.html.
56 Brian Cheffins, "Stop Blaming Milton Friedman!," Harvard Law School Forum on Corporate Governance, April 16, 2020, https://corpgov.law.harvard.edu/2020/04/16/stop-blaming-milton-friedman/.

57 Gustavo Grullon, Yelena Larkin, and Roni Michaely, "Are US Industries Becoming More Concentrated?," *Review of Finance* 23, no. 4 (July 2019): 697–743, https://doi.org/10.1093/rof/rfz007.
58 "M&A in the United States," Thomson Financial, Institute for Mergers, Acquisitions and Alliances (IMAA) analysis, accessed July 2020, https://imaa-institute.org/m-and-a-us-united-states/#m-and-a-waves.
59 Jay Shambaugh, Ryan Nunn, Audrey Breitwieser, and Patrick Liu, "The State of Competition and Dynamism: Facts about Concentration, Start-ups, and Related Policies," Brookings Institution, June 13, 2018, https://www.brookings.edu/research/the-state-of-competition-and-dynamism-facts-about-concentration-start-ups-and-related-policies/.
60 "Full List 1955," *Fortune*, accessed July 3, 2020, https://archive.fortune.com/magazines/fortune/fortune500_archive/full/1955/; "CPI Inflation Calculator," US Bureau of Labor Statistics, accessed July 3, 2020, https://data.bls.gov/cgi-bin/cpicalc.pl?cost1=8265.7&year1=195512&year2=201912.
61 Shawn Tully, "Here's How Far Corporate Profits Could Tumble in 2020," *Fortune*, May 17, 2020, https://fortune.com/longform/corporate-profits-earnings-2020-outlook-fortune-500-companies-guidance/.
62 "Compare Wealth Components across Groups," Board of Governors of the Federal Reserve System, accessed December 18, 2020, https://www.federalreserve.gov/releases/z1/dataviz/dfa/compare/chart/#quarter:124;series:Assets;demographic:networth;population:all;units:levels.
63 Lenore Palladino, "The $1 Trillion Question: New Approaches to Regulating Stock Buybacks," *Yale Journal on Regulation*, November 8, 2019, https://www.yalejreg.com/bulletin/the-1-trillion-question-new-approaches-to-regulating-stock-buybacks-2/.
64 William Lazonick, Mustafa Erdem Sakinç, and Matt Hopkins, "Why Stock Buybacks Are Dangerous for the Economy," *Harvard Business Review*, January 7, 2020, https://hbr.org/2020/01/why-stock-buybacks-are-dangerous-for-the-economy.
65 van Doorn, "Opinion: Airlines and Boeing Want a Bailout," https://www.marketwatch.com/story/airlines-and-boeing-want-a-bailout-but-look-how-much-theyve-spent-on-stock-buybacks-2020-03-18.
66 Richard Feloni, "The Economist Joseph Stiglitz Explains Why He Thinks the Late Milton Friedman's Ideas Have Contributed to Rising Inequality in the US," *Business Insider*, March 13, 2018, https://www.businessinsider.com/joseph-stiglitz-milton-friedman-capitalism-theories-2018-3.

67 “Greed Is Good. Except When It’s Bad,” *New York Times*, September 13, 2020, https://www.nytimes.com/2020/09/13/business/dealbook/milton-friedman-essay-anniversary.html.
68 “Business Roundtable Redefines the Purpose of a Corporation to Promote ‘An Economy That Serves All Americans,’ ” Business Roundtable, August 19, 2019, https://www.businessroundtable.org/business-roundtable-redefines-the-purpose-of-a-corporation-to-promote-an-economy-that-serves-all-americans.
69 Andrew Ross Sorkin, “BlackRock C.E.O. Larry Fink: Climate Crisis Will Reshape Finance,” *New York Times*, January 14, 2020, https://www.nytimes.com/2020/01/14/business/dealbook/larry-fink-blackrock-climate-change.html; Amy Harder, “JPMorgan Chase to Pull Support for Some Fossil Fuels,” *Axios*, February 24, 2020, https://www.axios.com/jp-morgan-fossil-fuels-support-4b755a24-d57c-4d8b-8424-a401e994ec89.html.
70 “Greed Is Good. Except When It’s Bad,” https://www.nytimes.com/2020/09/13/business/dealbook/milton-friedman-essay-anniversary.html.
71 Carmen Reinicke, “Amazon Sees $83 billion in Market Cap Erased after Quarterly Profits Shrink,” *Business Insider*, May 1, 2020, https://markets.businessinsider.com/news/stocks/amazon-stock-price-erasing-billions-market-value-post-earnings-coronavirus-2020-5-1029155310.
72 Sean Cao, Wei Jiang, Baozhong Yang, and Alan L. Zhang, “How to Talk When a Machine Is Listening: Corporate Disclosure in the Age of AI” (Working Paper 27950, National Bureau of Economic Research, Cambridge, MA, 2020), https://www.nber.org/system/files/working_papers/w27950/w27950.pdf.
73 Hernando Cortina, *JUST Business, Better Margins* (New York: JUST Capital, June 2019), https://justcapital.com/wp-content/uploads/2019/06/JUSTCapital_JBBM_FullReport_06102019.pdf.
74 Joe Sanberg (@JosephNSanberg), “It’s Wednesday so you should know that if the minimum wage had increased at the rate of productivity since 1960, it would be $22.50. Instead, it’s $7.25,” Twitter, October 28, 2020, 8:26 a.m., https://twitter.com/JosephNSanberg/status/1321428054514626562.
75 *WMO Statement on the State of the Global Climate in 2019* (Geneva: World Meteorological Organization, 2020), https://library.wmo.int/doc_num.php?explnum_id=10211.
76 Brady Dennis, “In Bleak Report, U.N. Says Drastic Action Is Only Way to Avoid Worst Effects of Climate Change,” *Washington Post*, November 26, 2019, https://www.washingtonpost.com/climate-environment/2019/11/26/bleak-report-un-says-drastic-action-is-only-way-avoid-worst-impacts-climate-change/.

77 Aristos Georgiou, "The Sea Is Rising at Such a Catastrophic Rate That We Could Lose 700,000 Square Miles of Land, Displacing 187 Million People," *Newsweek*, May 21, 2019, https://www.newsweek.com/sea-rising-700000-land-187-million-people-displaced-1431411.
78 "Putting the Brakes on Fast Fashion," United Nations Environment Programme, November 12, 2018, https://www.unenvironment.org/news-and-stories/story/putting-brakes-fast-fashion.
79 "B Lab," Patagonia, accessed June 3, 2020, https://www.patagonia.com/b-lab.html.
80 eBay Domestic Holdings, Inc. v. Newmark et al., Civil Action No. 3705-CC (Del. Ch. Sept. 9, 2010).
81 Cedar Wright, "The Wright Stuff: Dirtbagging Is Dead," *Climbing*, July 30, 2014, updated June 29, 2017, https://www.climbing.com/news/the-wright-stuff-dirtbagging-is-dead/.
82 Nick Paumgarten, "Patagonia's Philosopher-King," *New Yorker*, September 12, 2016, https://www.newyorker.com/magazine/2016/09/19/patagonias-philosopher-king.
83 Paumgarten, "Patagonia's Philosopher-King," https://www.newyorker.com/magazine/2016/09/19/patagonias-philosopher-king.
84 "CBEY Fellows, Business Leaders: Vincent Stanley," Yale Center for Business and the Environment, accessed June 3, 2020, https://cbey.yale.edu/our-community/vincent-stanley.
85 ビンセント・スタンリーへのインタビュー。聞き手はジャック・コリガン、2020年6月2日。
86 Paumgarten, "Patagonia's Philosopher-King," https://www.newyorker.com/magazine/2016/09/19/patagonias-philosopher-king.
87 ビンセント・スタンリーへのインタビュー。
88 Matt Linderman, "On Writing: The 1972 Chouinard Catalog That Changed a Business—and Climbing—Forever," *Signalvnoise* (blog), February 15, 2011, https://signalvnoise.com/posts/2776-on-writing-the-1972-chouinard-catalog-that-changed-a-business-and-climbing-forever.
89 ビンセント・スタンリーへのインタビュー。
90 ビンセント・スタンリーへのインタビュー。
91 ビンセント・スタンリーへのインタビュー。
92 ビンセント・スタンリーへのインタビュー。
93 Eun Kyung Kim, "Patagonia Founder to Shoppers: Don't Buy Clothes You Don't Need (Even Mine)," *Today*, April 21, 2015, https://www.today.com/

news/patagonia-founder-refuse-buy-his-products-if-you-dont-need-t16491.
94 Travis Andrews, " 'The President Stole Your Land' : Patagonia, REI Blast Trump on National Monument Rollbacks," *Washington Post*, December 5, 2017, https://www.washingtonpost.com/news/morning-mix/wp/2017/12/05/the-president-stole-your-land-patagonia-rei-blast-trump-on-national-monument-rollbacks/.
95 Rose Marcario, "Our Urgent Gift to the Planet," LinkedIn, November 28, 2019, https://www.linkedin.com/pulse/our-urgent-gift-planet-rose-marcario/.
96 Paumgarten, "Patagonia's Philosopher-King," https://www.newyorker.com/magazine/2016/09/19/patagonias-philosopher-king.
97 "R2 Fleece Jacket," Patagonia, accessed June 2020, https://www.patagonia.com/product/mens-r2-regulator-fleece-jacket/25139.html?dwvar_25139_color=RTSR&cgid=mens-fleece-technical.
98 Paumgarten, "Patagonia's Philosopher-King," https://www.newyorker.com/magazine/2016/09/19/patagonias-philosopher-king.
99 "Prospects for the Textile and Clothing Industry in China, 2019 Market Report—ResearchAndMarkets.com,"*Business Wire*, December 3, 2019, https://www.businesswire.com/news/home/20191203006080/en/Prospects-Textile-Clothing-Industry-China-2019-Market.
100 "Dirty Laundry," Greenpeace International, July 13, 2011, https://www.greenpeace.org/international/publication/7168/dirty-laundry/.
101 Susan Egan Keane, "How Clean Are Your Clothes? Pollution from China's Textile Industry," Natural Resources Defense Council, April 11, 2012, https://www.nrdc.org/experts/susan-egan-keane/how-clean-are-your-clothes-pollution-chinas-textile-industry.
102 "Sustainable Fashion Inspired by Millenia of Chinese Cultural History," *Euro News*, March 1, 2020, https://www.euronews.com/living/2020/03/01/sustainable-fashion-inspired-by-millenia-of-chinese-cultural-history.
103 "Suppliers," Icicle, accessed June 2020, https://www.icicle.com.cn/en/suppliers/.
104 Anaïs Lerévérend, "Icicle to Open in Paris Its First Flagship Outside China," Fashion Network, April 19, 2019, https://ww.fashionnetwork.com/news/Icicle-to-open-in-paris-its-first-flagship-outside-china,1091104.html.
105 Nathalie Remy, Eveline Speelman, and Steven Swartz, "Style That's Sustainable: A New Fast-Fashion Formula," McKinsey & Company, October 20, 2016, https://www.mckinsey.com/business-functions/sustainability/our-insights/style-thats-sustainable-a-new-fast-fashion-formula.

106 Ruonan Zheng, "How These Consumer Trends Will Affect Luxury Brands in China in 2018," *Jing Daily*, November 1, 2017, https://jingdaily.com/consumer-trends-affect-luxury-brands-china-in-2018-mintel-report/.
107 "Global 500,"*Fortune*, accessed June 30, 2020, https://fortune.com/global500/.
108 Kaityn Stimage, "The World's Largest Employers," WorldAtlas, February 15, 2018, https://www.worldatlas.com/articles/the-world-s-largest-employers.html.
109 "Walmart Inc. 2020 Annual Report," Walmart Inc., accessed June 30, 2020, https://s2.q4cdn.com/056532643/files/doc_financials/2020/ar/Walmart_2020_Annual_Report.pdf.
110 "Global 500," https://fortune.com/global500/; "GDP (current US$)," World Bank, accessed June 30, 2020, https://data.worldbank.org/indicator/NY.GDP.MKTP.CD?most_recent_value_desc=true.
111 Cory Doctorow, "The People's Republic of Walmart: How Late-Stage Capitalism Gives Way to Early-Stage Fully Automated Luxury Communism," *BoingBoing*, March 5, 2019, https://boingboing.net/2019/03/05/walmart-without-capitalism.html.
112 Marc Gunther, "The Green Machine,"*Fortune*, July 31, 2006, https://archive.fortune.com/magazines/fortune/fortune_archive/2006/08/07/8382593/index.htm.
113 Sheldon Krimsky, "The Unsteady State and Inertia of Chemical Regulation under the US Toxic Substances Control Act," *PLOS Biology* 15, no. 12 (2017), https://doi.org/10.1371/journal.pbio.2002404.
114 "Wal-Mart to Sell Only Concentrated Products in Liquid Laundry Detergent Category by May 2008," Walmart, September 26, 2007, https://corporate.walmart.com/newsroom/2007/09/26/wal-mart-to-sell-only-concentrated-products-in-liquid-laundry-detergent-category-by-may-2008.
115 "Wal-Mart Completes Goal to Sell Only Concentrated Liquid Laundry Detergent," Walmart, May 29, 2008, https://corporate.walmart.com/newsroom/2008/05/29/wal-mart-completes-goal-to-sell-only-concentrated-liquid-laundry-detergent.
116 Kerry Capell, "Unilever's Laundry Biz Is Greener, and Growing," *Bloomberg*, December 24, 2008, https://www.bloomberg.com/news/articles/2008-12-24/unilevers-laundry-biz-is-greener-and-growingbusinessweek-business-news-stock-market-and-financial-advice.
117 Randi Abrams-Caras, "Walmart: Two Steps Forward, One Step Back?," Safer

Chemicals, Healthy Families, October 3, 2013, https://saferchemicals.org/2013/10/03/walmart-two-steps-forward-one-step-back/.
118 Mike Schade, "Walmart Becomes First Retailer in Nation to Evaluate Its Chemical Footprint," Safer Chemicals, Healthy Families, August 2, 2017, https://saferchemicals.org/2017/08/02/walmart-becomes-first-retailer-to-evaluate-its-chemical-footprint/.
119 "New Report Reveals Top Retailers Making Major Chemical Safety Advances," Safer Chemicals, Healthy Families, November 19, 2019, https://saferchemicals.org/2019/11/19/new-report-reveals-top-retailers-making-major-chemical-safety-advances/.
120 *2018 Global Responsibility Report*, Walmart, accessed June 30, 2020, https://corporate.walmart.com/media-library/document/2018-global-responsibility-report/_proxyDocument?id=00000170-ac54-d808-a9f1-ac7e9d160000.
121 Ian Graber-Stiehl, "Behind the Hype of Walmart's Sustainability Efforts," Gizmodo, October 23, 2018, https://earther.gizmodo.com/behind-the-hype-of-walmart-s-sustainability-efforts-1329931295; Andrew Spicer and David Graham Hyatt, "Walmart Tried to Make Sustainability Affordable. Here's What Happened," *Business Journals*, August 13, 2018, https://www.bizjournals.com/bizjournals/news/2018/08/13/walmart-tried-to-make-sustainability-affordable.html.
122 Matt Taibbi, "The Great American Bubble Machine," *Rolling Stone*, April 5, 2010, https://www.rollingstone.com/politics/politics-news/the-great-american-bubble-machine-195229/.
123 Claire Zillman, "The U.S. Doesn't Mandate Diverse Boardrooms—but Now Goldman Sachs Does,"*Fortune*, January 23, 2020, https://fortune.com/2020/01/23/goldman-sachs-board-gender-quota-david-solomon/.
124 Jena McGregor, "Goldman Sachs Says It Wants Half of Its Entry-Level Recruits to Be Women," *Washington Post*, March 18, 2019, https://www.washingtonpost.com/business/2019/03/18/goldman-sachs-says-it-wants-half-its-entry-level-recruits-be-women/.
125 グレッグ・レムカウへのインタビュー。聞き手はアレック・ロス、2020年6月2日。とくに記述のないインタビューはすべてアレック・ロスが2020年に実施。
126 Subodh Mishra, "U.S. Board Diversity Trends in 2019," Harvard Law School Forum on Corporate Governance, June 18, 2019, https://corpgov.law.harvard.edu/2019/06/18/u-s-board-diversity-trends-in-2019/.
127 Karen Weise, "Jeff Bezos Commits $10 Billion to Address Climate Change,"

New York Times, February 17, 2020, https://www.nytimes.com/2020/02/17/technology/jeff-bezos-climate-change-earth-fund.html.

128 Matthew Brown, "Fact Check: Bill Gates Has Given Over $50 Billion to Charitable Causes over Career," *USA Today*, June 11, 2020, https://www.usatoday.com/story/news/factcheck/2020/06/11/fact-check-bill-gates-has-given-over-50-billion-charitable-causes/3169864001/.

129 Steve Denning, "Why Stakeholder Capitalism Will Fail," *Forbes*, January 5, 2020, https://www.forbes.com/sites/stevedenning/2020/01/05/why-stakeholder-capitalism-will-fail/#36019f7b785a.

130 Kalyeena Makortoff, "Mark Carney Says Banks Should Link Executive Pay to Paris Climate Goals," *Guardian*, October 13, 2020, https://www.theguardian.com/business/2020/oct/13/mark-carney-says-banks-should-link-executive-pay-to-paris-climate-goals.

第二章　政府——国よりも企業が統治する

1 Robinson Meyer, "What's Happening with the Relief Effort in Puerto Rico?," *Atlantic*, October 4, 2017, https://www.theatlantic.com/science/archive/2017/10/what-happened-in-puerto-rico-a-timeline-of-hurricane-maria/541956/.

2 John Bacon, "Why Puerto Rico Faces a Monumental Recovery Effort," *USA Today*, September 26, 2017, https://www.usatoday.com/story/news/nation/2017/09/26/why-puerto-rico-faces-monumental-recovery-effort/703515001/#; Meyer, "What's Happening with the Relief Effort in Puerto Rico?," https://www.theatlantic.com/science/archive/2017/10/what-happened-in-puerto-rico-a-timeline-of-hurricane-maria/541956/; Brian Resnick, "Why Hurricane Maria Is Such a Nightmare for Puerto Rico," *Vox*, September 22, 2017, https://www.vox.com/science-and-health/2017/9/21/16345176/hurricane-maria-2017-puerto-rico-san-juan-meteorology-wind-rain-power.

3 Vann Newkirk II, "A Year after Hurricane Maria, Puerto Rico Finally Knows How Many People Died," *Atlantic*, August 28, 2018, https://www.theatlantic.com/politics/archive/2018/08/puerto-rico-death-toll-hurricane-maria/568822/.

4 *2017 Hurricane Season FEMA After-Action Report*, US Federal Emergency Management Agency, July 12, 2018, https://www.fema.gov/sites/default/files/2020-08/fema_hurricane-season-after-action-report_2017.pdf.

5 Abby Phillip, Ed O'Keefe, Nick Miroff, and Damian Paletta, "Lost Weekend:

How Trump's Time at His Golf Club Hurt the Response to Maria," *Washington Post*, September 29, 2017, https://www.washingtonpost.com/politics/lost-weekend-how-trumps-time-at-his-golf-club-hurt-the-response-to-maria/2017/09/29/ce92ed0a-a522-11e7-8c37-e1d99ad6aa22_story.html.

6 Alice Thomas, *Keeping Faith with Our Fellow Americans: Meeting the Urgent Needs of Hurricane Maria Survivors in Puerto Rico* (Washington,DC: Refugees International,2017),https://static1.squarespace.com/static/506c8ea1e4b01d9450dd53f5/t/5a37d01bec212d3032461511/1513607203969/RI_Puerto+Rico_Advocacy+Report+R3.pdf; Meyer, "What's Happening with the Relief Effort in Puerto Rico?," https://www.theatlantic.com/science/archive/2017/10/what-happened-in-puerto-rico-a-timeline-of-hurricane-maria/541956/.

7 Frances Robles and Sheri Fink, "Amid Puerto Rico Disaster, Hospital Ship Admitted Just 6 Patients a Day," *New York Times*, December 6, 2017, https://www.nytimes.com/2017/12/06/us/puerto-rico-hurricane-maria-hospital-ship.html.

8 Meyer, "What's Happening with the Relief Effort in Puerto Rico?," https://www.theatlantic.com/science/archive/2017/10/what-happened-in-puerto-rico-a-timeline-of-hurricane-maria/541956/; Thomas, *Keeping Faith with Our Fellow Americans*, https://static1.squarespace.com/static/506c8ea1e4b01d9450dd53f5/t/5a37d01bec212d3032461511/1513607203969/RI_Puerto+Rico_Advocacy+Report+R3.pdf.

9 José Andrés and Richard Wolffe, *We Fed an Island: The True Story of Rebuilding Puerto Rico, One Meal at a Time* (New York: HarperCollins, 2018).（『島を救ったキッチン――シェフの災害支援日記 in ハリケーン被災地・プエルトリコ』ホセ・アンドレス＆リチャード・ウォルフ共著、御舩由美子訳、双葉社、2019年）

10 Meyer, "What's Happening with the Relief Effort in Puerto Rico?," https://www.theatlantic.com/science/archive/2017/10/what-happened-in-puerto-rico-a-timeline-of-hurricane-maria/541956/; Daniella Silva and Suzanne Gamboa, "Puerto Rico's Hospitals Still in Triage Mode, 2 Weeks after Maria," *NBC News*, October 4, 2017, https://www.nbcnews.com/storyline/puerto-rico-crisis/puerto-rico-s-hospitals-still-triage-mode-2-weeks-after-n807406.

11 Andrés and Wolffe, *We Fed an Island*, 33.（原注9参照）

12 Frances Robles, "Puerto Rico Spent 11 Months Turning the Power Back On. They Finally Got to Her," *New York Times*, August 14, 2018, https://www.nytimes.com/2018/08/14/us/puerto-rico-electricity-power.html; Patricia

Mazzei and Alejandra Rosa, "Hurricane Maria, 2 Years Later: 'We Want Another Puerto Rico,' " *New York Times*, September 20, 2019, https://www.nytimes.com/2019/09/20/us/puerto-rico-hurricane-maria.html.

13 "State Population Totals and Components of Change: 2010–2019," *US Census Bureau*, accessed June 16, 2020, https://www.census.gov/data/tables/time-series/demo/popest/2010s-state-total.html.

14 Kyle Dropp and Brendan Nyhan, "Nearly Half of Americans Don't Know Puerto Ricans Are Fellow Citizens," *New York Times*, September 26, 2017, https://www.nytimes.com/2017/09/26/upshot/nearly-half-of-americans-dont-know-people-in-puerto-ricoans-are-fellow-citizens.html.

15 "Google Trends Data for the US: Which Hurricane Received the Most Attention?," Puerto Rico Data Lab, October 27, 2017, https://prdatalab.wordpress.com/2017/10/27/google-trends-data-for-the-us-which-hurricane-received-the-most-attention/; Danny Vinik, "How Trump Favored Texas over Puerto Rico," *Politico*, March 27, 2018, https://www.politico.com/story/2018/03/27/donald-trump-fema-hurricane-maria-response-480557.

16 John Schoen, "Here's How an Obscure Tax Change Sank Puerto Rico's Economy," CNBC, September 26, 2017, https://www.cnbc.com/2017/09/26/heres-how-an-obscure-tax-change-sank-puerto-ricos-economy.html.

17 Laura Sullivan, "How Puerto Rico's Debt Created a Perfect Storm before the Storm," NPR, May 2, 2018, https://www.npr.org/2018/05/02/607032585/how-puerto-ricos-debt-created-a-perfect-storm-before-the-storm.

18 Frances Robles, "FEMA Was Sorely Unprepared for Puerto Rico Hurricane, Report Says," *New York Times*, July 12, 2018, https://www.nytimes.com/2018/07/12/us/fema-puerto-rico-maria.html.

19 Andrés and Wolffe, *We Fed an Island*, 11–20.（原注９参照）

20 Andrés and Wolffe, *We Fed an Island*, 23, 28.（原注９参照）

21 Andrés and Wolffe, *We Fed an Island*, 37.（原注９参照）

22 Andrés and Wolffe, *We Fed an Island*, 91.（原注９参照）

23 Adrian Carrasquillo, "Chef José Andrés and the Trump Administration Are Fighting over Puerto Rico," *Buzzfeed News*, November 6, 2017, https://www.buzzfeednews.com/article/adriancarrasquillo/chef-jose-andres-and-the-trump-administration-are-fighting.

24 Andrés and Wolffe, *We Fed an Island*, 218.（原注９参照）

25 *FEMA Human Capital Strategic Plan FY 2016–2020*, US Federal Emergency Management Agency, accessed June 16, 2020, https://www.fema.gov/media-library-data/1465232797001-0884912c49ec300ced75c391a0dc81dc/HumanCap_

Final_Version.pdf.

26 Arelis R. Hernández and Laurie McGinley, "Harvard Study Estimates Thousands Died in Puerto Rico because of Hurricane Maria," *Washington Post*, May 29, 2018, https://www.washingtonpost.com/national/harvard-study-estimates-thousands-died-in-puerto-rico-due-to-hurricane-maria/2018/05/29/1a82503a-6070-11e8-a4a4-c070ef53f315_story.html.

27 Jason Silverstein, "Hurricane Maria Is Now One of the Deadliest Disasters in U.S. History," *CBS News*, August 28, 2018, https://www.cbsnews.com/news/puerto-rico-hurricane-maria-is-now-one-of-the-deadliest-disasters-in-u-s-history/; "Casualties and Damage after the 1906 Earthquake," US Geological Survey, accessed June 18, 2020, https://earthquake.usgs.gov/earthquakes/events/1906calif/18april/casualties.php.

28 "Puerto Rico Increases Hurricane Maria Death Toll to 2,975," *BBC News*, August 29, 2018, https://www.bbc.com/news/world-us-canada-45338080.

29 Robles, "FEMA Was Sorely Unprepared for Puerto Rico Hurricane, Report Says," https://www.nytimes.com/2018/07/12/us/fema-puerto-rico-maria.html.

30 Jeff Lewis, "Polarization in Congress," Voteview, June 4, 2020, https://www.voteview.com/articles/party_polarization.

31 Christopher Ingraham, "A Stunning Visualization of Our Divided Congress," *Washington Post*, April 23, 2015, https://www.washingtonpost.com/news/wonk/wp/2015/04/23/a-stunning-visualization-of-our-divided-congress/.

32 Ezra Klein, "The Political Scientist Donald Trump Should Read," *Vox*, January 24, 2019, https://www.vox.com/policy-and-politics/2019/1/24/18193523/donald-trump-wall-shutdown-congress-polarization-frances-lee.

33 David Rogers, "Politico Analysis: At $2.3 Trillion Cost, Trump Tax Cuts Leave Big Gap," *Politico*, February 28, 2018, https://www.politico.com/story/2018/02/28/tax-cuts-trump-gop-analysis-430781.

34 "Republicans Pass Historic Tax Cuts without a Single Democratic Vote," *Axios*, December 20, 2017, https://www.axios.com/republicans-pass-historic-tax-cuts-without-a-single-democratic-vote-1515110718-8cdf005c-c1c9-481a-975b-72336765ebe4.html.

35 Ezra Klein, "Why We Can't Build," *Vox*, April 22, 2020, https://www.vox.com/2020/4/22/21228469/marc-andreessen-build-government-coronavirus.

36 Francis Fukuyama, "America in Decay," *Foreign Affairs*, Sept./Oct. 2014, http://cf.linnbenton.edu/artcom/social_science/clarkd/upload/Fukuyama,%20America%20 in%20Decay.pdf.

37 Steven M. Teles, *Kludgeocracy: The American Way of Policy* (Washington, DC:

New America Foundation, 2012), https://static.newamerica.org/attachments/4209-kludgeocracy-the-american-way-of-policy/Teles_Steven_Kludgeocracy_NAF_Dec2012.d8a805aa40e34bca9e2fecb018a3dcb0.pdf.
38 Robert Frank, "How Congress Made It Easier to Avoid the IRS," CNBC, January 14, 2020, https://www.cnbc.com/2020/01/14/why-congress-made-it-easier-to-avoid-the-irs.html; Paul Kiel and Jesse Eisinger, "How the IRS Was Gutted," *ProPublica*, December 11, 2018, https://www.propublica.org/article/how-the-irs-was-gutted; *SOI Tax Stats—IRS Data Book*, Internal Revenue Service, May 20, 2019, https://www.irs.gov/pub/irs-pdf/p55b.pdf.
39 Frank, "How Congress Made It Easier to Avoid the IRS," https://www.cnbc.com/2020/01/14/why-congress-made-it-easier-to-avoid-the-irs.htm; *SOI Tax Stats—IRS Data Book*, May 20, 2019, https://www.irs.gov/pub/irs-pdf/p55b.pdf.
40 Paul Kiel, "It's Getting Worse: The IRS Now Audits Poor Americans at about the Same Rate as the Top 1%," *ProPublica*, May 30, 2019, https://www.propublica.org/article/irs-now-audits-poor-americans-at-about-the-same-rate-as-the-top-1-percent.
41 Paul Kiel, "The IRS Decided to Get Tough against Microsoft. Microsoft Got Tougher," *ProPublica*, January 22, 2020, https://www.propublica.org/article/the-irs-decided-to-get-tough-against-microsoft-microsoft-got-tougher.
42 "EPA's Budget and Spending," US Environmental Protection Agency, accessed June 25, 2020, https://www.epa.gov/planandbudget/budget.
43 *Fiscal Year 2021 Congressional Budget Justification*, US Federal Trade Commission, accessed June 25, 2020, https://www.ftc.gov/system/files/documents/reports/fy-2021-congressional-budget-justification/fy_2021_cbj_final.pdf; *Fiscal Year 2011 Congressional Budget Justification Summary*, US Federal Trade Commission, accessed June 25, 2020, https://www.ftc.gov/sites/default/files/documents/reports_annual/fy-2011-congressional-budget-justification-summary/budgetsummary11_1.pdf; "CPI Inflation Calculator," US Bureau of Labor Statistics, accessed June 25, 2020, https://www.bls.gov/data/inflation_calculator.htm.
44 Tom Huntington, "America's Top 10 Public Works Projects," *Invention & Technology*, Winter 2009, https://www.inventionandtech.com/content/america%E2%80%99s-top-10-public-works-projects-2; "About This Place—History," I&M Canal National Heritage Area, accessed June 29, 2020, https://iandmcanal.org/about-this-place-history/; "Transcontinental Railroad," History.com, September 11, 2019, https://www.history.com/topics/inventions/

transcontinental-railroad.

45 "Aaron Maniam," University of Oxford, Blavatnik School of Government, accessed June 3, 2020, https://www.bsg.ox.ac.uk/people/aaron-maniam; "Aaron Maniam (b. 1979)," Poetry.sg, accessed June 3, 2020, http://www.poetry.sg/aaron-maniam-bio.

46 John Pennington, "Are Singapore's Civil Servants Overpaid and Overprotected," *ASEAN Today*, October 31, 2017, https://www.aseantoday.com/2017/10/are-singapores-civil-servants-overpaid-and-overprotected/; Joanne Poh, "Singapore Civil Service—The Ins and Outs of the Iron Rice Bowl," *MoneySmart* (blog), December 4, 2018, https://blog.moneysmart.sg/career/singapore-civil-service-iron-rice-bowl/.

47 *Salaries for a Capable and Committed Government*, Government of Singapore, December 30, 2011, https://www.psd.gov.sg/docs/default-source/default-document-library/white-paper---salaries-for-a-capable-and-committed-govt.pdf; Martino Tan and Sulaiman Daud, "Breakdown of Entry-Level S'pore Ministerial Salaries: 13 (fixed) + 3 + 3 + 1 Month Bonus = S$1.1m," Mothership.sg, October 1, 2018, https://mothership.sg/2018/10/minister-salary-parliament/.

48 *The Hill Staffer's Reality*, Congressional Management Foundation, 2015, accessed June 3, 2020, https://www.apaservices.org/practice/advocacy/state/leadership/hill-staffers-reality.pdf; *House of Representatives Compensation and Diversity Study Report: Member, Committee, and Leadership Offices*, US House of Representatives, 2019, accessed June 3, 2020, https://www.house.gov/sites/default/files/uploads/documents/2019_house_compdiversitystudy_finalreport_membcommlead.pdf.

49 "A Lobbyist by Any Other Name?," NPR, January 22, 2016, https://www.npr.org/templates/story/story.php?storyId=5167187.

50 "Lobbyists" (US Senate, in print in Robert C. Byrd, *The Senate, 1789–1989*, vol. 2, pp. 491–508), accessed June 26, 2020, https://www.senate.gov/legislative/common/briefing/Byrd_History_Lobbying.htm.

51 Phillip Wallach, "America's Lobbying Addiction," Brookings Institution, April 13, 2015, https://www.brookings.edu/blog/fixgov/2015/04/13/americas-lobbying-addiction/.

52 Lee Drutman, "How Corporate Lobbyists Conquered American Democracy," *Atlantic*, April 20, 2015, https://www.theatlantic.com/business/archive/2015/04/how-corporate-lobbyists-conquered-american-democracy/390822/.

53 Jerome L. Himmelstein, *To the Right: The Transformation of American Conservatism* (Berkeley: University of California Press, 1990), 140, https://publishing.cdlib.org/ucpressebooks/view?docId=ft5h4nb372&chunk.id=d0e2257&toc.depth=100&toc.id=d0e2246&brand=ucpress.
54 Drutman, "How Corporate Lobbyists Conquered American Democracy," https://www.theatlantic.com/business/archive/2015/04/how-corporate-lobbyists-conquered-american-democracy/390822/.
55 Wallach, "America's Lobbying Addiction," https://www.brookings.edu/blog/fixgov/2015/04/13/americas-lobbying-addiction/.
56 "Lobbying Data Summary," Center for Responsive Politics, accessed May 31, 2020, https://www.opensecrets.org/federal-lobbying/summary?inflate=Y; Robert Kaiser, "Citizen K Street," *Washington Post*, accessed May 31, 2020, https://web.archive.org/web/20120524031659/http://blog.washingtonpost.com/citizen-k-street/chapters/introduction/.
57 "Revolving Door," Center for Responsive Politics, accessed June 26, 2020, https://www.opensecrets.org/revolving/.
58 "Business, Labor & Ideological Split in Lobbying Data," Center for Responsive Politics, accessed June 28, 2020, https://www.opensecrets.org/federal-lobbying/business-labor-ideological.
59 Erika Eichelberger, "House Passes Bill Written by Citigroup Lobbyists," *Mother Jones*, October 31, 2013, https://www.motherjones.com/politics/2013/10/citigroup-bill-passes-house/.
60 Rob O'Dell and Nick Penzenstadler, "You Elected Them to Write New Laws. They're Letting Corporations Do It Instead," Center for Public Integrity, April 4, 2019, https://publicintegrity.org/politics/state-politics/copy-paste-legislate/you-elected-them-to-write-new-laws-theyre-letting-corporations-do-it-instead/.
61 "Top Lobbyists," Center for Responsive Politics, accessed June 28, 2020, https://www.opensecrets.org/federal-lobbying/top-lobbyists.
62 "Lobbying Data Summary," https://www.opensecrets.org/federal-lobbying/summary?inflate=Y.
63 "Total Outside Spending by Election Cycle, Excluding Party Committees," Center for Responsive Politics, accessed May 31, 2020, https://www.opensecrets.org/outsidespending/cycle_tots.php?cycle=2020&view=A&chart=N#summ.
64 Anna Massoglia, " 'Dark Money' Groups Steering Millions to Super PACs in 2020 Elections," Center for Responsive Politics, February 7, 2020, https://www.opensecrets.org/news/2020/02/dark-money-steers-millions-to-super-

pacs-2020/.
65 "Did Money Win?," Center for Responsive Politics, accessed June 28, 2020, https://www.opensecrets.org/elections-overview/winning-vs-spending?chamber=S&cycle=2018.
66 "Donor Demographics," Center for Responsive Politics, accessed June 28, 2020, https://www.opensecrets.org/elections-overview/donor-demographics?cycle=2018&display=A; "Cost of Election," Center for Responsive Politics, accessed June 28, 2020, https://www.opensecrets.org/elections-overview/cost-of-election.
67 Martin Gilens and Benjamin I. Page, "Testing Theories of American Politics: Elites, Interest Groups, and Average Citizens," *Perspectives on Politics* 12, no. 3 (2014): 564–81, https://doi.org/10.1017/S1537592714001595.
68 *Encyclopaedia Britannica Online*, s.v. "Aerarium," by E. Badian, accessed July 14, 2020, https://www.britannica.com/topic/aerarium.
69 Sheng Hui-lian, *Pension Schemes during Tang and Five Dynasties in Ancient China* (Beijing: Beijing Institute of Cultural Relics, January 2012), http://en.cnki.com.cn/Article_en/CJFDTotal-ZSDB201201006.htm.
70 "[Archive] When Islam eradicated Poverty: Umar b. Abdul Aziz & Zakat," National Zakat Foundation, accessed July 14, 2020, https://nzf.org.uk/news/when-islam-eradicated-poverty-umar-b-abdul-aziz-zakat/.
71 Ganesh Sitaraman and Anne L. Alstott, *The Public Option: How to Expand Freedom, Increase Opportunity, and Promote Equality* (Cambridge, MA: Harvard University Press, 2019), 12.
72 Aaron E. Carroll, "The Real Reason the U.S. Has Employer-Sponsored Health Insurance," *New York Times*, September 5, 2017, https://www.nytimes.com/2017/09/05/upshot/the-real-reason-the-us-has-employer-sponsored-health-insurance.html.
73 James Manyika, Anu Madgavkar, Tilman Tacke, Jonathan Woetzel, Sven Smit, and Abdulla Abdulaal, *The Social Contract in the 21st Century: Outcomes So Far for Workers, Consumers, and Savers in Advanced Economies*, McKinsey Global Institute, February 2020, https://www.mckinsey.com/~/media/McKinsey/Industries/Social Sector/Our Insights/The social contract in the 21st century/MGI-The-social-contract-in-the-21st-century-Full-report-final.pdf.
74 Bourree Lam, "The Surging Cost of Basic Needs," *Atlantic*, June 2, 2016, https://www.theatlantic.com/business/archive/2016/06/household-basic-spending/485330/.
75 Natasha Bach, "Millions of Americans Are One Missed Paycheck away from

Poverty, Report Says," *Fortune*, January 29, 2019, https://fortune.com/2019/01/29/americans-liquid-asset-poor-propserity-now-report/; "A Profile of the Working Poor, 2017," US Bureau of Labor Statistics, April 2019, https://www.bls.gov/opub/reports/working-poor/2017/home.htm.

76 Henry Aaron, "The Social Safety Net: The Gaps That COVID-19 Spotlights," Brookings Institution, June 23, 2020, https://www.brookings.edu/blog/up-front/2020/06/23/the-social-safety-net-the-gaps-that-covid-19-spotlights/.

77 "Poverty Headcount Ratio at $1.90 a Day (2011 PPP) (% of Population)—World, China," World Bank Group, accessed July 20, 2020, https://data.worldbank.org/indicator/SI.POV.DDAY?end=2015&locations=1W-CN&start=1981&view=chart.

第三章　労働者

1 Timothy P. Lynch, "How Did Workers Win the Right to Form a Union and Go on Strike?," History News Network, George Washington University, September 3, 2017, https://historynewsnetwork.org/article/166796; "Sit-Down Strike Begins in Flint," This Day in History: December 30, 1936, History.com, December 27, 2019, https://www.history.com/this-day-in-history/sit-down-strike-begins-in-flint; Erik de Gier, "Paradise Lost Revisited: GM and the UAW in Historical Perspective" (working paper, Cornell University, ILR School, 2010), http://digitalcommons.ilr.cornell.edu/intlvf/30.

2 Erin Blakemore, "The 1936 Strike That Brought America's Most Powerful Automaker to Its Knees," History.com, September 17, 2019, https://www.history.com/news/flint-sit-down-strike-general-motors-uaw; David D. Jackson, "The Fisher Body Flint, MI Plant #1 in World War Two," The American Automobile History in World War Two, November 7, 2019, http://usautoindustryworldwartwo.com/Fisher%20Body/fisherbodyflintone.htm; "The GM Strike That Changed the U.S. Workplace," *Detroit News*, July 14, 2018, https://www.detroitnews.com/picture-gallery/news/local/michigan-history/2018/07/14/the-gm-strike-that-changed-the-us-workplace/36797583/.

3 Blakemore, "The 1936 Strike That Brought America's Most Powerful Automaker to Its Knees," https://www.history.com/news/flint-sit-down-strike-general-motors-uaw.

4 Vivian Baulch and Patricia Zacharias, "The Historic 1936–37 Flint Auto Plant Strikes," *Detroit News*, June 23, 1997, https://wayback.archive-it.org/

all/20120726124441/http://apps.detnews.com/apps/history/index.php?id=115.
5 Blakemore, "The 1936 Strike That Brought America's Most Powerful Automaker to Its Knees," https://www.history.com/news/flint-sit-down-strike-general-motors-uaw.
6 Blakemore, "The 1936 Strike That Brought America's Most Powerful Automaker to Its Knees," https://www.history.com/news/flint-sit-down-strike-general-motors-uaw.
7 Sidney Fine, *Sit-Down: The General Motors Strike of 1936–1937* (Ann Arbor: University of Michigan Press, 1969), 341.
8 Ertan Tuncer, "The Flint, Michigan, Sit-Down Strike (1936–37)," Library of Congress, July 2012, https://www.loc.gov/rr/business/businesshistory/February/flint.html.
9 Gerald Mayer, *Union Membership Trends in the United States* (Washington, DC: Congressional Research Service, 2004), https://core.ac.uk/download/pdf/144981482.pdf.
10 Leroy Chatfield, "How to Start a Union When You Don't Have the Right," *Yes! Magazine*, December 26, 2019, https://www.yesmagazine.org/economy/2019/12/26/union-farmer-how-to/.
11 William Finnegan, "How Police Unions Fight Reform," *New Yorker*, July 27, 2020, https://www.newyorker.com/magazine/2020/08/03/how-police-unions-fight-reform.
12 "Union Members Summary," US Bureau of Labor Statistics, January 22, 2020, https://www.bls.gov/news.release/union2.nr0.htm; Mayer, *Union Membership Trends in the United States*, https://core.ac.uk/download/pdf/144981482.pdf.
13 Anna Stansbury and Lawrence Summers, "Declining Worker Power and American Economic Performance," BPEA Conference Draft, Spring 2020.
14 Upton Sinclair, *The Jungle* (New York: Doubleday, Page & Co., 1906), chap. 10.（『ジャングル』アプトン・シンクレア著、大井浩二訳、松柏社、2009年）
15 Evan Andrews, "The Battle of Blair Mountain," History.com, September 1, 2018, https://www.history.com/news/americas-largest-labor-uprising-the-battle-of-blair-mountain.
16 Lynch, "How Did Workers Win the Right to Form a Union and Go on Strike?," https://historynewsnetwork.org/article/166796; "CPI Inflation Calculator," US Bureau of Labor Statistics, accessed July 2020, https://www.bls.gov/data/inflation_calculator.htm.
17 *Encyclopaedia Britannica Online*, s.v. "Samuel Gompers," accessed May 7,

2020, https://www.britannica.com/biography/Samuel-Gompers.
18 Caleb Crain, "State of the Unions," *New Yorker*, August 19, 2019, https://www.newyorker.com/magazine/2019/08/26/state-of-the-unions.
19 Peter Dreier, "This Labor Day, Remember That Martin Luther King's Last Campaign Was for Workers' Rights," *Huffington Post*, September 4, 2017, https://www.huffpost.com/entry/this-labor-day-remember-that-martin-luther-kings_b_59ab51d4e4b0d0c16bb525a9.
20 "Top 1% National Income Share, USA, 1913–2018," World Inequality Database, accessed May 2020, https://wid.world/country/usa/.
21 Lawrence Mishel and Julia Wolfe, "CEO Compensation Has Grown 940% since 1978," Economic Policy Institute, August 14, 2019, https://www.epi.org/publication/ceo-compensation-2018/.
22 Henry S. Farber, Daniel Herbst, Ilyana Kuziemko, and Suresh Naidu, "Unions and Inequality over the Twentieth Century: New Evidence from Survey Data" (Working Paper 24587, National Bureau of Economic Research, Cambridge, MA, May 2018), https://www.nber.org/papers/w24587.pdf.
23 Jake Rosenfeld, Patrick Denice, and Jennifer Laird, "Union Decline Lowers Wages of Nonunion Workers," Economic Policy Institute, August 30, 2016, https://www.epi.org/publication/union-decline-lowers-wages-of-nonunion-workers-the-overlooked-reason-why-wages-are-stuck-and-inequality-is-growing/.
24 Rosenfeld, Denice, and Laird, "Union Decline Lowers Wages of Nonunion Workers," https://www.epi.org/publication/union-decline-lowers-wages-of-nonunion-workers-the-overlooked-reason-why-wages-are-stuck-and-inequality-is-growing/.
25 Andrew Glass, "Reagan Fires 11,000 Striking Air Traffic Controllers, Aug. 5, 1981," *Politico*, August 5, 2017, https://www.politico.com/story/2017/08/05/reagan-fires-11-000-striking-air-traffic-controllers-aug-5-1981-241252.
26 Kathleen Schalch, "1981 Strike Leaves Legacy for American Workers," NPR, August 3, 2006, https://www.npr.org/2006/08/03/5604656/1981-strike-leaves-legacy-for-american-workers.
27 "Work Stoppages Involving 1,000 or More Workers, 1947–2017," US Bureau of Labor Statistics, February 9, 2018, https://www.bls.gov/news.release/wkstp.t01.htm.
28 Crain, "State of the Unions," https://www.newyorker.com/magazine/2019/08/26/state-of-the-unions.
29 Manyika et al., *The Social Contract in the 21st Century*, https://www.

mckinsey.com/~/media/McKinsey/Industries/Social Sector/Our Insights/The social contract in the 21st century/MGI-The-social-contract-in-the-21st-century-Full-report-final. pdf.
30 Stansbury and Summers, "Declining Worker Power and American Economic Performance." (原注 13 参照)
31 Stansbury and Summers, "Declining Worker Power and American Economic Performance." (原注 13 参照)
32 Stansbury and Summers, "Declining Worker Power and American Economic Performance." (原注 13 参照)
33 Alexia Fernández Campbell, "The GM Strike Has Officially Ended. Here's What Workers Won and Lost," *Vox*, October 25, 2019, https://www.vox.com/identities/2019/10/25/20930350/gm-workers-vote-end-strike.
34 Eli Rosenberg, "UAW Members Approve New Contract with GM, Ending One of the Largest Strikes in Years," *Washington Post*, October 25, 2019, https://www.washingtonpost.com/business/2019/10/25/gm-strike-is-nearly-over-workers-are-voting-contract/.
35 Rosenberg, "UAW Members Approve New Contract with GM," https://www.washingtonpost.com/business/2019/10/25/gm-strike-is-nearly-over-workers-are-voting-contract/; Clifford Atiyeh, "Former UAW President Gary Jones Charged in Union Embezzlement Scandal," *Car and Driver*, March 6, 2020, https://www.caranddriver.com/news/a31253503/uaw-embezzlement-scandal-gary-jones-arrest/.
36 Michael Wayland, "Second Ex- United Auto Workers President Charged with Embezzling Union Funds," CNBC, August 27, 2020, https://www.cnbc.com/2020/08/27/second-ex-uaw-president-charged-with-embezzling-union-funds.html.
37 "Salary Report—The $150K Club," Teamsters for a Democratic Union, October 24, 2019, https://www.tdu.org/teamster_officer_salaries.
38 "About Us," AFL-CIO, 2020, accessed May 7, 2020, https://aflcio.org/about-us; "Our Unions and Allies," AFL-CIO, 2020, accessed May 7, 2020, https://aflcio.org/about-us/our-unions-and-allies; "Union Members Summary," https://www.bls.gov/news.release/union2.nr0.htm.
39 Michael Padwee, "Architectural Murals of Lumen Martin Winter," *Tiles in New York* (blog), October 1, 2016, https://tilesinnewyork.blogspot.com/2016/10/architectural-murals-of-lumen-martin.html.
40 Daniel Malloy, "Trumka Puts AFL-CIO in Middle of Every Issue," *Pittsburgh Post-Gazette*, October 24, 2010, https://www.post-gazette.com/news/

nation/2010/10/24/Trumka-puts-AFL-CIO-in-middle-of-every-issue/stories/201010240203.

41 Eli Rosenberg, "House Passes Bill to Rewrite Labor Laws and Strengthen Unions," *Washington Post*, February 6, 2020, https://www.washingtonpost.com/business/2020/02/06/house-passes-bill-rewrite-labor-laws-strengthen-unions/.

42 *2018 Skills Gap and Future of Work Study*, Deloitte Insights and the Manufacturing Institute, accessed May 2020, https://operationalsolutions.nam.org/mi-skills-gap-study-18/.

43 Carl Roper, "Trade Union Membership Is Growing, but There's Still Work to Do," Trades Union Congress, May 31, 2018, https://www.tuc.org.uk/blogs/trade-union-membership-growing-there%E2%80%99s-still-work-do.

44 David Weil and Tanya Goldman, "Labor Standards, the Fissured Workplace, and the On-Demand Economy," *Perspectives on Work* 20 (2016), http://www.fissuredworkplace.net/assets/Weil_Goldman.pdf.

45 Robert Silk, "Labor Unrest Grows as Airlines Outsource Jobs to Contractors," *Travel Weekly*, July 15, 2019, https://www.travelweekly.com/Travel-News/Airline-News/Labor-unrest-grows-as-airlines-outsource-jobs-to-contractors; "Contingent and Alternative Employment Arrangements Summary," table 8, US Bureau of Labor Statistics, June 7, 2018, https://www.bls.gov/news.release/conemp.nr0.htm; Mark Bergen and Josh Eidelson, "Inside Google's Shadow Workforce," *Bloomberg*, July 25, 2018, https://www.bloomberg.com/news/articles/2018-07-25/inside-google-s-shadow-workforce.

46 "Contingent and Alternative Employment Arrangements Summary," https://www.bls.gov/news.release/conemp.nr0.htm.

47 "Electronically Mediated Work: New Questions in the Contingent Worker Supplement," *Monthly Labor Review*, US Bureau of Labor Statistics, September 2018, https://www.bls.gov/opub/mlr/2018/article/electronically-mediated-work-new-questions-in-the-contingent-worker-supplement.htm; "How Many Gig Workers Are There?," Gig Economy Data Hub, Aspen Institute Future of Work Initiative and Cornell University ILR School, https://www.gigeconomydata.org/basics/how-many-gig-workers-are-there.

48 Marie Targonski-O'Brien, "Uber, Lyft Drivers Crowd LAX, Protest Low Pay," KCET, August 22, 2017, https://www.kcet.org/shows/socal-connected/uber-lyft-drivers-crowd-lax-protest-low-pay.

49 "The Online Platform Economy in 2018: Drivers, Workers, Sellers, and Lessors," JPMorgan Chase & Co. Institute, April 2019, https://institute.

jpmorganchase.com/institute/research/labor-markets/report-ope-2018.htm.
50 Targonski-O'Brien, "Uber, Lyft Drivers Crowd LAX, Protest Low Pay," https://www.kcet.org/shows/socal-connected/uber-lyft-drivers-crowd-lax-protest-low-pay.
51 ブライアン・ドルバーへのインタビュー。聞き手はジャック・コリガン、2020年5月25日；ブライアン・ドルバーへのインタビュー。聞き手はウィル・ピーシェル、2020年5月15日。
52 Noam Schreiber and Kate Conger, "Uber and Lyft Drivers Gain Labor Clout, with Help from an App," *New York Times*, September 20, 2019, https://www.nytimes.com/2019/09/20/business/uber-lyft-drivers.html.
53 "Average Adjunct Professor Salary," PayScale, accessed May 20, 2020, https://www.payscale.com/research/US/Job=Adjunct_Professor/Salary.
54 ブライアン・ドルバーへのインタビュー。聞き手はウィル・ピーシェル、2020年5月15日; "About Us," Rideshare Drivers United, accessed May 21, 2020, https://drivers-united.org/about.
55 Brian Dolber, *From Independent Contractors to an Independent Union: Building Solidarity through Rideshare Drivers United's Digital Organizing Strategy* (Philadelphia, PA: Media, Inequality & Change Center, October 2019), 9, https://mic.asc.upenn.edu/wp-content/uploads/2020/07/Dolber_final1.pdf.
56 Dolber, *From Independent Contractors to an Independent Union*, 9, https://mic.asc.upenn.edu/wp-content/uploads/2020/07/Dolber_final1.pdf.
57 ブライアン・ドルバーへのインタビュー。聞き手はウィル・ピーシェル、2020年5月15日。
58 Dolber, *From Independent Contractors to an Independent Union*, 9, https://mic.asc.upenn.edu/wp-content/uploads/2020/07/Dolber_final1.pdf.
59 ブライアン・ドルバーへのインタビュー。聞き手はジャック・コリガン、2020年5月25日。
60 Alexia Fernández Campbell, "Thousands of Uber Drivers Are Striking in Los Angeles," *Vox*, March 25, 2019, https://www.vox.com/2019/3/25/18280718/uber-lyft-drivers-strike-la-los-angeles; Bryce Covert, " 'It's Not Right': Why Uber and Lyft Drivers Went on Strike," *Vox*, May 9, 2019, https://www.vox.com/the-goods/2019/5/9/18538206/uber-lyft-strike-demands-ipo.
61 Covert, " 'It's Not Right': Why Uber and Lyft Drivers Went on Strike," https://www.vox.com/the-goods/2019/5/9/18538206/uber-lyft-strike-demands-ipo; Ben Chapman, "Uber Drivers in UK Cities Go on Strike in Protest over Pay and Workers' Rights," *Independent*, May 7, 2019, https://www.independent.co.uk/news/business/news/uber-drivers-strike-london-

birmingham-glasgow-nottingham-pay-rights-a8898791.html.
62 Lucinda Shen, "Uber Is One of the Worst Performing IPOs Ever," *Fortune*, May 10, 2019, https://fortune.com/2019/05/10/uber-ipo-worst-performing-percentage/; Danielle Abril, "Lyft Stock Tumbles Two Days after Its IPO," *Fortune*, April 1, 2019, https://fortune.com/2019/04/01/lyft-stock-drops-after-ipo/.
63 Rideshare Drivers United homepage, accessed May 21, 2020, https://drivers-united.org/.
64 "Company Info," Uber, accessed May 21, 2020, https://www.uber.com/newsroom/company-info/; Steve Minter, "Who Are the World's Biggest Employers?" *IndustryWeek*, June 24, 2015, https://www.industryweek.com/talent/article/21965429/who-are-the-worlds-biggest-employers.
65 Dara Khosrowshahi, "I Am the C.E.O. of Uber. Gig Workers Deserve Better," *New York Times*, August 10, 2020, https://www.nytimes.com/2020/08/10/opinion/uber-ceo-dara-khosrowshahi-gig-workers-deserve-better.html%20?.
66 David Gelles, "To Guide the Labor Movement's Future, She Looks to Its Past," *New York Times*, January 9, 2020, https://www.nytimes.com/2020/01/09/business/sara-horowitz-trupo-corner-office.html; Tejal Rao, "A Decade On, Freelancers Union Founder Sara Horowitz Takes Her Fight Mainstream," *Village Voice*, February 13, 2013, https://www.villagevoice.com/2013/02/13/a-decade-on-freelancers-union-founder-sara-horowitz-takes-her-fight-mainstream/.
67 "National Compensation Survey," US Department of Labor.
68 "Denmark" European Trade Union Institute, accessed May 2020, https://www.worker-participation.eu/National-Industrial-Relations/Countries/Denmark; "Finland" European Trade Union Institute, accessed May 2020, https://www.worker-participation.eu/National-Industrial-Relations/Countries/Finland; "Norway" European Trade Union Institute, accessed May 2020, https://www.worker-participation.eu/National-Industrial-Relations/Countries/Norway; "Sweden" European Trade Union Institute, accessed May 2020, https://www.worker-participation.eu/National-Industrial-Relations/Countries/Sweden.
69 Dylan Matthews, "The Emerging Plan to Save the American Labor Movement," *Vox*, September 3, 2018, https://www.vox.com/policy-and-politics/2018/4/9/17205064/union-labor-movement-collective-wage-boards-bargaining.
70 Anne Kauranen, "Finland's PM Calls for Shortening Working Hours,"

Reuters, August 24, 2020, https://www.reuters.com/article/us-finland-politics/finlands-pm-calls-for-shortening-working-hours-idUSKBN25K1M1.

71 "Trade Unions," European Trade Union Institute, accessed May 2020, https://www.worker-participation.eu/National-Industrial-Relations/Countries/Sweden/Trade-Unions.

72 "Denmark: Board-Level Representation," European Trade Union Institute, accessed May 2020, https://www.worker-participation.eu/National-Industrial-Relations/Countries/Denmark/Board-level-Representation; "Netherlands: Board-Level Representation," European Trade Union Institute, accessed May 2020, https://www.worker-participation.eu/National-Industrial-Relations/Countries/Netherlands/Board-level-Representation; "Germany: Board-Level Representation," European Trade Union Institute, accessed May 2020, https://www.worker-participation.eu/National-Industrial-Relations/Countries/Germany/Board-level-Representation.

73 Nir Kaissar, "To Help Improve U.S. Wages, Check Out Germany," *Bloomberg*, March 29, 2020, https://www.bloomberg.com/opinion/articles/2019-03-29/to-help-improve-u-s-wages-check-out-germany; Aleksandra Gregoriča and Marc Steffen Rapp, "Board-Level Employee Representation and Firms' Responses to Crisis," *Industrial Relations* 58, no. 3 (2019), 376–422; Fernando Duarte, "It Takes a CEO Just Days to Earn Your Annual Wage," *BBC News*, January 9, 2019, https://www.bbc.com/worklife/article/20190108-how-long-it-takes-a-ceo-to-earn-more-than-you-do-in-a-year.

74 "How Much Does Your Country Invest in R&D?," UNESCO Institute for Statistics, accessed May 30, 2020, http://uis.unesco.org/apps/visualisations/research-and-development-spending/.

75 Alberto Manconi, Urs Peyer, and Theo Vermaelen, *Buybacks around the World*, INSEAD, September 2015, accessed May 2020, https://knowledge.insead.edu/sites/www.insead.edu/files/images/1bb_around_the_world_revised_-_september_8_2015-2.pdf.

76 Aline Conchon, *Board-Level Employee Representation Rights in Europe: Facts and Trends* (Brussels: European Trade Union Institute, 2011), https://www.etui.org/Publications2/Reports/Board-level-employee-representation-rights-in-Europe.

77 "Germany: Workplace Representation," European Trade Union Institute, accessed May 2020, https://www.worker-participation.eu/National-Industrial-Relations/Countries/Germany/Workplace-Representation.

78 "Germany: Workplace Representation," https://www.worker-participation.eu/

National-Industrial-Relations/Countries/Germany/Workplace-Representation.
79 "Annual Determination of Average Cost of Incarceration: A Notice by the Prisons Bureau," *Federal Register*, April 30, 2018, https://www.federalregister.gov/documents/2018/04/30/2018-09062/annual-determination-of-average-cost-of-incarceration; Nicole Lewis and Beatrix Lockwood, "The Hidden Cost of Incarceration," Marshall Project, December 17, 2019, https://www.themarshallproject.org/2019/12/17/the-hidden-cost-of-incarceration.
80 Merrie Najimy and Joseph McCartin, "The Origins and Urgency of Bargaining for the Common Good," *The Forge*, March 31, 2020, https://forgeorganizing.org/article/origins-and-urgency-bargaining-common-good.
81 スティーブン・ラーナーへのインタビュー。聞き手はジャック・コリガン、2020年6月1日。
82 "Concrete Examples of Bargaining for the Common Good," Bargaining for the Common Good, December 20, 2019, https://smlr.rutgers.edu/sites/default/files/ciwo_bcg-memo.pdf; Stephen Lerner, "What Is Not to Be Done," *American Prospect*, April 29, 2020, https://prospect.org/labor/what-is-not-to-be-done/.

第四章　グローバル経済の税制と虫食い穴《ワームホール》

1 "Tax Quotes," US Internal Revenue Service, June 5, 2020, https://www.irs.gov/newsroom/tax-quotes.
2 Elisa Gabbert, "25 Fast Facts about Google Ads," *WordStream* (blog), November 14, 2018, https://www.wordstream.com/blog/ws/2012/08/13/google-adwords-facts.
3 Nicholas Shaxson, "Tackling Tax Havens," *Finance & Development* 56, no. 3 (September 2019), International Monetary Fund, https://www.imf.org/external/pubs/ft/fandd/2019/09/tackling-global-tax-havens-shaxon.htm.
4 Matthew Gardner, Lorena Roque, and Steve Wamhoff, *Corporate Tax Avoidance in the First Year of the Trump Tax Law* (Institute on Taxation and Economic Policy, December 16, 2019), https://itep.org/corporate-tax-avoidance-in-the-first-year-of-the-trump-tax-law/.
5 "Taxes in the Ancient World," *University of Pennsylvania Almanac* 48, no. 28 (April 2002), https://almanac.upenn.edu/archive/v48/n28/AncientTaxes.html.
6 *Encyclopaedia Britannica Online*, s.v. "Japan," by Marius B. Jansen and Kitajima Masamoto, March 19, 2020, https://www.britannica.com/place/

Japan/The-Heian-period-794–1185; Amanda Foreman, "Tax Evasion's Bite, from the Ancient World to Modern Days," *Wall Street Journal*, September 23, 2015, https://www.wsj.com/articles/tax-evasions-bite-from-the-ancient-world-to-modern-days-1443028212.

7 Nicholas Shaxson, *Treasure Islands: Uncovering the Damage of Offshore Banking and Tax Havens* (New York: St. Martin's Publishing Group, 2011), 26–27;（『タックスヘイブンの闇——世界の富は盗まれている！』ニコラス・シャクソン著、藤井清美訳、朝日新聞出版、2012 年）；ジョン・クリステンセンからジャック・コリガンへの電子メール、2020 年 7 月 10 日。

8 Nick Shaxson, "Over a Third of World Trade Happens inside Multinational Corporations," Tax Justice Network, April 9, 2019, https://www.taxjustice.net/2019/04/09/over-a-third-or-more-of-world-trade-happens-inside-multinational-corporations/.

9 Analysis of Bureau of Economic Analysis data (via Haver Analytics), by Brad Setser and Cole Frank of the Council on Foreign Relations, accessed March 18, 2020.

10 Edward Helmore, "Google Says It Will No Longer Use 'Double Irish, Dutch Sandwich' Tax Loophole," *Guardian*, January 1, 2020, https://www.theguardian.com/technology/2020/jan/01/google-says-it-will-no-longer-use-double-irish-dutch-sandwich-tax-loophole.

11 Toby Sterling, "Google to End 'Double Irish, Dutch Sandwich' Tax Scheme," Reuters, December 31, 2019, https://www.reuters.com/article/us-google-taxes-netherlands-idUSKBN1YZ10Z; Jeremy Kahn, "Google's 'Dutch Sandwich' Shielded 16 Billion Euros from Tax," *Bloomberg*, January 2, 2018, https://www.bloomberg.com/news/articles/2018-01-02/google-s-dutch-sandwich-shielded-16-billion-euros-from-tax.

12 "Google Ireland Ltd.," *Bloomberg*, March 16, 2020, https://www.bloomberg.com/profile/company/0202877D:ID.

13 Giovanni Legorano, "Google Reaches $333 Million Tax Settlement in Italy," *Wall Street Journal*, May 4, 2017, https://www.wsj.com/articles/google-agrees-306-million-tax-settlement-in-italy-1493901007.

14 Art Patnaude, "Tech Workers Flock to Dublin's Silicon Docks," *Wall Street Journal*, May 28, 2015, https://www.wsj.com/articles/tech-workers-flock-to-dublins-silicon-docks-1432822827; Fiona Reddan, "Top 1000: Apple Overtakes CRH to Become Ireland's Largest Firm," *Irish Times*, May 10, 2018, https://www.irishtimes.com/business/top-1000-apple-overtakes-crh-to-become-ireland-s-largest-firm-1.3488309.

15 "Corporate Tax Rates Table," KPMG, https://home.kpmg/xx/en/home/services/tax/tax-tools-and-resources/tax-rates-online/corporate-tax-rates-table.html.
16 Google Italy Srl, "Google Italy Srl con Socio Unico: Financial Statements to 31-12-2018," 4, accessed April 2020.
17 Google Ireland Limited, *Directors' Report and Financial Statements for the Year Ended 31 December 2018*, 12, accessed April 2020.
18 Google Netherlands Holdings B.V., *Annual Accounts for Publication Purposes 2018 of Google Netherlands Holdings B.V.*, 11, accessed April 2020.
19 Sony Kassam, "Google Cuts Taxes by Shifting Billions to Bermuda—Again," *Bloomberg Tax*, January 3, 2019, https://news.bloombergtax.com/transfer-pricing/google-cuts-taxes-by-shifting-billions-to-bermuda-again; Google Netherlands Holdings B.V., *Annual Accounts for Publication Purposes 2018*, 4.
20 Gabriel Zucman, "How Corporations and the Wealthy Avoid Taxes (and How to Stop Them)," *New York Times*, November 10, 2017, https://www.nytimes.com/interactive/2017/11/10/opinion/gabriel-zucman-paradise-papers-tax-evasion.html.
21 "Corporate Tax Rates Table," https://home.kpmg/xx/en/home/services/tax/tax-tools-and-resources/tax-rates-online/corporate-tax-rates-table.html.
22 Google Netherlands Holdings B.V., *Annual Accounts for Publication Purposes 2018*, 11.
23 Isabel Gottlieb and Ruben Munsterman, "Netherlands to Impose Withholding Tax on Royalties, Interest (1)," *Bloomberg Tax*, September 17, 2019, https://news.bloombergtax.com/daily-tax-report-international/netherlands-to-impose-withholding-tax-on-royalties-interest.
24 "Google Ireland Holdings Unlimited Company," CRIF Vision-net, February 1, 2020, https://www.vision-net.ie/Company-Info/Google-Ireland-Holdings-Unlimited-Company-369511.
25 Google Ireland Holdings Unlimited Company, *Directors' Report and Financial Statements for the Year Ended 31 December 2018*, 10, accessed April 2020.
26 George Turner, "Why the End of Google's 'Double Irish' Tax Avoidance Will Come with a Nasty Hangover," *New Statesman*, January 3, 2020, https://www.newstatesman.com/politics/economy/2020/01/why-end-google-s-double-irish-tax-avoidance-will-come-nasty-hangover.
27 Tim Sculthorpe, "The Post Box in Bermuda Numbered 666 Which Receives Google Profits Worth £8BILLION a Year," *Daily Mail*, January 31, 2016, https://www.dailymail.co.uk/news/article-3425097/Don-t-evil-Google-sends-

profits-worth-8BILLION-year-post-box-number-666-tax-haven-island-Bermuda.html.
28 Sissi Cao, "Ex-Google CEO Eric Schmidt Defends Tax Dodging, Monopoly in New Hardball Interview," *Observer*, May 15, 2019, https://observer.com/2019/05/ex-google-ceo-eric-schmidt-defends-tax-dodging-monopoly-bbc-interview/; Eric Schmidt, interview by Max Bergami, "QuaranTalks 40: Eric Schmidt," Bologna Business School, May 13, 2020, *YouTube* video, 50:34, https://youtu.be/FmS0XuzVmms.
29 ジョン・クリステンセンからジャック・コリガンへの電子メール、2020年7月10日。
30 Shaxson, *Treasure Islands*, 16.（原注7参照）
31 Shaxson, "Tackling Tax Havens," https://www.imf.org/external/pubs/ft/fandd/2019/09/tackling-global-tax-havens-shaxon.htm.
32 Niall McCarthy, "Tax Avoidance Costs the U.S. Nearly $200 Billion Every Year [Infographic]," *Forbes*, March 23, 2017, https://www.forbes.com/sites/niallmccarthy/2017/03/23/tax-avoidance-costs-the-u-s-nearly-200-billion-every-year-infographic/; Marcin Goclowski, "Tax Avoidance, Evasion Costs EU 170 Billion Euros a Year, Says Poland," Reuters, January 22, 2020, https://www.reuters.com/article/us-davos-meeting-eu-tax-idUSKBN1ZL1H4; Shaxson, "Tackling Tax Havens," https://www.imf.org/external/pubs/ft/fandd/2019/09/tackling-global-tax-havens-shaxon.htm.
33 Shane Darcy, "'The Elephant in the Room': Corporate Tax Avoidance & Business and Human Rights," *Business and Human Rights Journal* 2, no. 1 (January 2017): 1–30, https://doi.org/10.1017/bhj.2016.23.
34 Shaxson, *Treasure Islands*.（原注7参照）
35 Sam Schechner, "Ireland to Close 'Double Irish' Tax Loophole," *Wall Street Journal*, October 14, 2014, https://www.wsj.com/articles/ireland-to-close-double-irish-tax-loophole-1413295755; Toby Sterling, "Google to End 'Double Irish, Dutch Sandwich' Tax Scheme," Reuters, December 31, 2019, https://www.reuters.com/article/us-google-taxes-netherlands-idUSKBN1YZ10Z.
36 Eric Sylvers and Sam Schechner, "Italy Follows France in Levying a Digital Tax," *Wall Street Journal*, December 24, 2019, https://www.wsj.com/articles/italy-follows-france-in-levying-a-digital-tax-11577209660.
37 Mark Scott, "Google Agrees to Pay Italy $334 Million in Back Taxes," *New York Times*, May 4, 2017, https://www.nytimes.com/2017/05/04/technology/google-italy-tax.html; Romain Dillet, "Google to Pay $549 Million Fine and $510 Million in Back Taxes in France," TechCrunch, September 12, 2019, http://

social.techcrunch.com/2019/09/12/google-to-pay-549-million-fine-and-510-million-in-back-taxes-in-france/.

38 Isabel Gottlieb, "Dutch Closing Door on Popular Corporate Tax Breaks (Corrected)," *Bloomberg Tax*, September 18, 2019, https://news.bloombergtax.com/daily-tax-report-international/Netherlands-Closes-Door-on-Popular-Corporate-Tax-Breaks.

39 "Dáil Éireann debate—Thursday, 23 Nov 2017," vol. 962, no. 2, Houses of the Oireachtas, https://www.oireachtas.ie/en/debates/debate/dail/2017-11-23/18/.

40 Charles Duhigg and David Kocieniewski, "How Apple Sidesteps Billions in Taxes," *New York Times*, April 28, 2012, https://www.nytimes.com/2012/04/29/business/apples-tax-strategy-aims-at-low-tax-states-and-nations.html.

41 Nelson D. Schwartz and Charles Duhigg, "Apple's Web of Tax Shelters Saved It Billions, Panel Finds," *New York Times*, May 20, 2013, https://www.nytimes.com/2013/05/21/business/apple-avoided-billions-in-taxes-congressional-panel-says.html; Ivana Kottasova, "How Apple Paid Just 0.005% Tax on Its Global Profits," *CNN Business*, August 31, 2016, https://money.cnn.com/2016/08/30/technology/apple-tax-ruling-numbers/.

42 Simon Bowers, "Leaked Documents Expose Secret Tale of Apple's Offshore Island Hop," International Consortium of Investigative Journalists, November 6, 2019, https://www.icij.org/investigations/paradise-papers/apples-secret-offshore-island-hop-revealed-by-paradise-papers-leak-icij/; "Financial Secrecy Index 2020: Narrative Report on Jersey," Tax Justice Network, February 18, 2020, https://fsi.taxjustice.net/PDF/Jersey.pdf.

43 Bowers, "Leaked Documents Expose Secret Tale of Apple's Offshore Island Hop," https://www.icij.org/investigations/paradise-papers/apples-secret-offshore-island-hop-revealed-by-paradise-papers-leak-icij/.

44 Cole Frank, "Tax Avoidance and the Irish Balance of Payments," *Follow the Money* (blog), Council on Foreign Relations, April 25, 2018, https://www.cfr.org/blog/tax-avoidance-and-irish-balance-payments.

45 Emma Clancy, "Apple, Ireland and the New Green Jersey Tax Avoidance Technique," *Social Europe*, July 4, 2018, https://www.socialeurope.eu/apple-ireland-and-the-new-green-jersey-tax-avoidance-technique.

46 *The Silicon Six and Their $100 Billion Global Tax Gap* (Fair Tax Mark, December 2019), https://fairtaxmark.net/wp-content/uploads/2019/12/Silicon-Six-Report-5-12-19.pdf.

47 Richard Phillips, Matt Gardner, Alexandria Robins, and Michelle Surka,

Offshore Shell Games 2017: The Use of Offshore Tax Havens by Fortune 500 Companies (U.S. PIRG Education Fund & the Institute on Taxation and Economic Policy, October 17, 2017), https://uspirgedfund.org/sites/pirg/files/reports/USP%20ShellGames%20Oct17%201.2.pdf.
48 Foo Yun Chee, "IKEA to Face EU Order to Pay Dutch Back Taxes: Sources," Reuters, October 7, 2019, https://www.reuters.com/article/us-eu-ikea-ab-taxavoidance-exclusive/ikea-to-face-eu-order-to-pay-dutch-back-taxes-sources-idUSKBN1WM0PP; Simon Hage, Martin Hesse, and Blaz Zgaga, "The Lure of Luxembourg: A Peek behind the VW Tax Haven Curtain," *Der Spiegel*, October 28, 2017, https://www.spiegel.de/international/europe/volkswagen-relies-on-luxembourg-to-save-on-taxes-a-1175060.html.
49 Phillips, Gardner, Robins, and Surka, *Offshore Shell Games 2017*, https://uspirgedfund.org/sites/pirg/files/reports/USP%20ShellGames%20Oct17%201.2.pdf.
50 Phillips, Gardner, Robins, and Surka, *Offshore Shell Games 2017*, https://uspirgedfund.org/sites/pirg/files/reports/USP%20ShellGames%20Oct17%201.2.pdf.
51 Phillips, Gardner, Robins, and Surka, *Offshore Shell Games 2017*, https://uspirgedfund.org/sites/pirg/files/reports/USP%20ShellGames%20Oct17%201.2.pdf.
52 Gardner, Roque, and Wamhoff, *Corporate Tax Avoidance in the First Year of the Trump Tax Law*, https://itep.org/corporate-tax-avoidance-in-the-first-year-of-the-trump-tax-law/.
53 "The City's Government," The City of London, 2020, accessed April 17, 2020, https://www.cityoflondon.gov.uk/about-the-city/history/Pages/city-government.aspx; Shaxson, *Treasure Islands*, 74.（原注７参照）
54 "The Lord Mayor," The City of London, 2020, https://www.cityoflondon.gov.uk/about-the-city/the-lord-mayor/Pages/default.aspx; "About," TheCityUK, accessed April 21, 2020, https://www.thecityuk.com/about-us/.
55 Andy MacAskill, "Britain's Finance Industry Warns of Threat from Brexit Law Changes," Reuters, June 23, 2017, https://uk.reuters.com/article/uk-britain-eu-lawmaking/britains-finance-industry-warns-of-threat-from-brexit-law-changes-idUKKBN19E0UV; "About," https://www.thecityuk.com/about-us/.
56 "Key City Officers," The City of London, 2020, https://www.cityoflondon.gov.uk/about-the-city/about-us/Pages/key-officers.aspx; Ros Wynne Jones, "Kick Privileged Bankers' Man the Remembrancer out of Parliament," *The Mirror*, May 8, 2013, https://www.mirror.co.uk/news/uk-news/kick-bankers-man-

remembrancer-out-1874811; ジョン・クリステンセンへのインタビュー。聞き手はジャック・コリガン、2020年4月9日。

57 Nicholas Shaxson, "The Tax Haven in the Heart of Britain," *New Statesman*, February 24, 2011, https://www.newstatesman.com/economy/2011/02/london-corporation-city; "About the City Corporation," The City of London, 2020, https://www.cityoflondon.gov.uk/about-the-city/about-us/Pages/default.aspx.

58 Shaxson, *Treasure Islands*, 70.（原注７参照）

59 "The London Charter of Liberties," The City of London, August 22, 2018, accessed April 20, 2020, https://www.cityoflondon.gov.uk/things-to-do/london-metropolitan-archives/the-collections/Pages/london-charter-of-liberties.aspx.

60 Shaxson, *Treasure Islands*, 69, 75, 78–79.（原注７参照）

61 "History of the Cayman Islands," ExploreCayman, accessed February 1, 2021, https://www.explorecayman.com/about-cayman/history-of-the-cayman-islands; Shaxson, *Treasure Islands*, 90.（原注７参照）

62 Shaxson, *Treasure Islands*, 92.（原注７参照）

63 Shaxson, *Treasure Islands*, 92– 93.（原注７参照）

64 Elke Asen, "Corporate Tax Rates around the World, 2019," Tax Foundation, December 10, 2019, https://taxfoundation.org/publications/corporate-tax-rates-around-the-world/.

65 Michael Sesit, "A Fund's Suspicious Losses Draw Minimal Scrutiny," *Wall Street Journal*, September 17, 1996, https://www.wsj.com/articles/SB842911743535012500.

66 Sesit, "A Fund's Suspicious Losses Draw Minimal Scrutiny," https://www.wsj.com/articles/SB842911743535012500.

67 Niall McCarthy, "Tax Avoidance Costs the U.S. Nearly $200 Billion Every Year [Infographic]," *Forbes*, March 23, 2017, https://www.forbes.com/sites/niallmccarthy/2017/03/23/tax-avoidance-costs-the-u-s-nearly-200-billion-every-year-infographic/; Gabriel Zucman, *The Hidden Wealth of Nations: The Scourge of Tax Havens* (Chicago: University of Chicago Press, 2015), 53, digamo.free.fr/zucman152.pdf.（『失われた国家の富――タックス・ヘイブンの経済学』ガブリエル・ズックマン著、林昌宏訳、渡辺智之解説、NTT 出版、2015 年）

68 *Financial Secrecy Index 2020: Narrative Report on United States of America* (Tax Justice Network, February 18, 2020), https://fsi.taxjustice.net/PDF/UnitedStates.pdf.

69 "Full Text: President John F. Kennedy's Special Message to the Congress on Taxation, April 20th, 1961," Tax History Project, accessed April 1, 2020, http://

www.taxhistory.org/thp/readings.nsf/ArtWeb/2B727964C0A28BE5852571690051FD23?OpenDocument.

70 Shaxson, *Treasure Islands*, 109–15.（原注 7 参照）

71 *Financial Secrecy Index 2020: Narrative Report on United States of America*, https://fsi.taxjustice.net/PDF/UnitedStates.pdf.

72 "Historical Tables: Table 2.1— Receipts by Source: 1934–2025," Office of Management and Budget, accessed June 1, 2020, https://www.whitehouse.gov/omb/historical-tables/; "CPI Inflation Calculator," US Bureau of Labor Statistics, accessed June 1, 2020, https://data.bls.gov/cgi-bin/cpicalc.pl.

73 Asen, "Corporate Tax Rates around the World, 2019," https://taxfoundation.org/publications/corporate-tax-rates-around-the-world/.

74 Zucman, *The Hidden Wealth of Nations*, digamo.free.fr/zucman152.pdf（原注 67 参照）；*Financial Secrecy Index 2020: Narrative Report on United States of America*, https://fsi.taxjustice.net/PDF/UnitedStates.pdf.

75 Shaxson, *Treasure Islands*, 88.（原注 7 参照）

76 Shaxson, *Treasure Islands*, 88.（原注 7 参照）

77 Banks and Trust Companies Regulation, Statute Law of the Bahamas, chap. 316, 2010; Shaxson, *Treasure Islands*, 89.（原注 7 参照）

78 Zucman, *The Hidden Wealth of Nations*, 25, digamo.free.fr/zucman152.pdf（原注 67 参照）; Shaxson, *Treasure Islands*, 85.（原注 7 参照）

79 Zucman, *The Hidden Wealth of Nations*, 35, 47, digamo.free.fr/zucman152.pdf.（原注 67 参照）

80 "International Community Continues Making Progress against Offshore Tax Evasion," Organisation for Economic Co-operation and Development, June 30, 2020, https://www.oecd.org/ctp/exchange-of-tax-information/international-community-continues-making-progress-against-offshore-tax-evasion.htm; Alex Cobham, "It's Got to Be Automatic: Trillions of Dollars Offshore Revealed by Tax Justice Network Policy Success," Tax Justice Network, July 3, 2020, https://www.taxjustice.net/2020/07/03/its-got-to-be-automatic-trillions-of-dollars-offshore-revealed-by-tax-justice-network-policy-success/; Clare Coffey, Patricia Espinoza Revollo, Rowan Harvey, Max Lawson, Anam Parvez Butt, Kim Piaget, Diana Sarosi, and Julie Thekkudan, *Time to Care: Unpaid and Underpaid Care Work and the Global Inequality Crisis* (briefing paper, Oxfam International, January 2020), https://oxfamilibrary.openrepository.com/bitstream/handle/10546/620928/bp-time-to-care-inequality-200120-en.pdf.

81 Zucman, *The Hidden Wealth of Nations*, 53, digamo.free.fr/zucman152.pdf.（原注 67 参照）

82 Zucman, *The Hidden Wealth of Nations*, 53, digamo.free.fr/zucman152.pdf.（原注 67 参照）
83 Darcy, "'The Elephant in the Room': Corporate Tax Avoidance & Business and Human Rights," https://doi.org/10.1017/bhj.2016.23.
84 "Africa: Angola," World Factbook, Central Intelligence Agency, April 6, 2020, https://www.cia.gov/library/publications/resources/the-world-factbook/geos/ao.html; "Monetary Poverty Rate Rises to 41 Percent in Angola," *Agência Angola Press*, December 6, 2019, http://www.angop.ao/angola/en_us/noticias/economia/2019/11/49/Monetary-poverty-rate-rises-percent-Angola,c96d1f24-0361-42d3-b661-d30aefd0bb23.html.
85 Emily Crowley, "'Angolagate' Revisited," Financial Transparency Coalition, April 7, 2010, https://financialtransparency.org/angolagate-revisited/.
86 "José Filomeno dos Santos: Son of Angola's Ex-Leader in 'Extraordinary' Trial," *BBC News*, December 9, 2019, https://www.bbc.com/news/world-africa-50712492.
87 Michael Forsythe, Gilberto Neto, and Megan Specia, "Africa's Richest Woman Set to Face Charges in Angola over Embezzlement," *New York Times*, January 23, 2020, https://www.nytimes.com/2020/01/23/world/africa/angola-santos-embezzlement.html.
88 Hilary Osborne and Caelainn Barr, "The Diamond Deal That Rocked Angola," *Guardian*, January 19, 2020, https://www.theguardian.com/world/2020/jan/19/diamond-deal-that-rocked-angola-de-grisogono-luanda-leaks.
89 Sydney P. Freedberg, Scilla Alecci, Will Fitzgibbon, Douglas Dalby, and Delphine Reuter, "How Africa's Richest Woman Exploited Family Ties, Shell Companies and Inside Deals to Build an Empire," International Consortium of Investigative Journalists, January 19, 2020, https://www.icij.org/investigations/luanda-leaks/how-africas-richest-woman-exploited-family-ties-shell-companies-and-inside-deals-to-build-an-empire/.
90 Leonce Ndikumana and James K. Boyce, *Capital Flight from Africa: Updated Methodology and New Estimates* (research report, Political Economy Research Institute, University of Massachusetts Amherst, June 1, 2018), https://www.peri.umass.edu/publication/item/1083-capital-flight-from-africa-updated-methodology-and-new-estimates.
91 "Four Years On and Half a Billion Dollars Later—Tax Inspectors Without Borders," Organisation for Economic Co-operation and Development, September 25, 2019, https://www.oecd.org/ctp/four-years-on-and-half-a-billion-

dollars-later-tax-inspectors-without-borders.htm.
92 ジョン・クリステンセンからジャック・コリガンへの電子メール、2020年7月10日。
93 Scott Drenkard, "A Very Short Primer on Tax Nexus, Apportionment, and Throwback Rule," Tax Foundation, March 28, 2016, https://taxfoundation.org/very-short-primer-tax-nexus-apportionment-and-throwback-rule/.
94 *Action 13: Country-by-Country Reporting Implementation Package* (OECD/G20 Base Erosion and Profit Shifting Project, 2015), accessed April 2020, https://www.oecd.org/tax/beps/beps-action-13-on-country-by-country-reporting-peer-review-documents.pdf.
95 *Measuring and Monitoring BEPS, Action 11—2015 Final Report* (OECD/G20 Base Erosion and Profit Shifting Project, Paris, 2015), 80, accessed April 2020, https://www.oecd.org/tax/measuring-and-monitoring-beps-action-11–2015-final-report-9789264241343-en.htm.
96 "Corporate Tax Rates Table," https://home.kpmg/xx/en/home/services/tax/tax-tools-and-resources/tax-rates-online/corporate-tax-rates-table.html.
97 "Tax Transparency," Organisation for Economic Co-operation and Development, 2019, https://www.oecd.org/tax/beps/tax-transparency/; "International Tax Cooperation: International Efforts to Combat Tax Avoidance and Evasion," United Nations Inter-Agency Task Force on Financing for Development, accessed April 2020, https://developmentfinance.un.org/international-efforts-combat-tax-avoidance-and-evasion.
98 *The 2019 AEOI Implementation Report* (Global Forum on Transparency and Exchange of Information for Tax Purposes, Organisation for Economic Co-operation and Development, November 24, 2019), https://www.oecd.org/tax/transparency/AEOI-implementation-report-2019.pdf.
99 Zucman, *The Hidden Wealth of Nations*, 92, digamo.free.fr/zucman152.pdf.（原注 67 参照）
100 Mark Scott, "Google Agrees to Pay Italy $334 Million in Back Taxes," *New York Times*, May 4, 2017, https://www.nytimes.com/2017/05/04/technology/google-italy-tax.html; Simon Carraud and Mathieu Rosemain, "Google to Pay $1 Billion in France to Settle Fiscal Fraud Probe," Reuters, September 12, 2019, https://www.reuters.com/article/us-france-tech-google-tax/google-agrees-to-550-million-fine-in-france-to-settle-fiscal-fraud-probe-idUSKCN1VX1SM.
101 Carraud and Rosemain, "Google to Pay $1 Billion in France to Settle Fiscal Fraud Probe," https://www.reuters.com/article/us-france-tech-google-tax/google-agrees-to-550-million-fine-in-france-to-settle-fiscal-fraud-probe-

idUSKCN1VX1SM.

第五章　多国籍企業と外交——国外交渉と国防と情報収集の機関を独自にもつ必要はあるか

1 Shannon Vavra, "Syrian Government Surveillance Campaign Turns to Spreading Malware in Coronavirus Apps," Cyberscoop, April 16, 2020, https://www.cyberscoop.com/coronavirus-syria-surveillance-apps-lookout/.
2 A. J. Baime, "U.S. Auto Industry Came to the Rescue during WWII," *Car and Driver*, March 31, 2020, https://www.caranddriver.com/news/a31994388/us-auto-industry-medical-war-production-history/; David Vergun, "During WWII, Industries Transitioned from Peacetime to Wartime Production," US Department of Defense, March 27, 2020, https://www.defense.gov/Explore/Features/story/Article/2128446/during-wwii-industries-transitioned-from-peacetime-to-wartime-production/.
3 Ellen Terrell, "When a Quote Is Not (Exactly) a Quote: General Motors," *Inside Adams* (blog), Library of Congress, April 22, 2016, https://blogs.loc.gov/inside_adams/2016/04/when-a-quote-is-not-exactly-a-quote-general-motors/.
4 Pankaj Ghemawat and Niccolò Pisani, "Are Multinationals Becoming Less Global?," *Harvard Business Review*, October 28, 2013, https://hbr.org/2013/10/are-multinationals-becoming-less-global; United Nations Conference on Trade and Development, *The Universe of the Largest Transnational Corporations* (New York and Geneva: United Nations, 2007), https://unctad.org/en/Docs/iteiia20072_en.pdf; United Nations Conference on Trade and Development, *World Investment Report 2010: Investing in a Low-Carbon Economy* (New York and Geneva: United Nations, 2010), https://unctad.org/en/Docs/wir2010_en.pdf.
5 Robinson Meyer, "The Secret Startup That Saved the Worst Website in America," *Atlantic*, July 9, 2015, https://www.theatlantic.com/technology/archive/2015/07/the-secret-startup-saved-healthcare-gov-the-worst-website-in-america/397784/.
6 Jack Clark, "Why 2015 Was a Breakthrough Year in Artificial Intelligence," *Bloomberg*, December 8, 2015, https://www.bloomberg.com/news/articles/2015-12-08/why-2015-was-a-breakthrough-year-in-artificial-intelligence.
7 Jeff Petters, "What Is ITAR Compliance? Definition and Regulations," *Inside*

Out Security Blog, Varonis, March 29, 2020, https://www.varonis.com/blog/itar-compliance/; "Part 121—The United States Munitions List," *Electronic Code of Federal Regulations*, US Government Publishing Office, accessed August 10, 2020, https://www.ecfr.gov/cgi-bin/text-idx?node=pt22.1.121.
8 "Addition of Software Specially Designed to Automate the Analysis of Geospatial Imagery to the Export Control Classification Number 0Y521 Series," *Federal Register*, January 6, 2020, https://www.federalregister.gov/documents/2020/01/06/2019-27649/addition-of-software-specially-designed-to-automate-the-analysis-of-geospatial-imagery-to-the-export.
9 "Part 121—The United States Munitions List," https://www.ecfr.gov/cgi-bin/text-idx?node=pt22.1.121.
10 "DOD Adopts Ethical Principles for Artificial Intelligence," Department of Defense, news release, February 24, 2020, https://www.defense.gov/Newsroom/Releases/Release/Article/2091996/dod-adopts-ethical-principles-for-artificial-intelligence/.
11 Scott Shane and Daisuke Wakabayashi, " 'The Business of War' : Google Employees Protest Work for the Pentagon," *New York Times*, April 4, 2018, https://www.nytimes.com/2018/04/04/technology/google-letter-ceo-pentagon-project.html.
12 Lee Fang, "Defense Tech Startup Founded by Trump's Most Prominent Silicon Valley Supporters Wins Secretive Military AI Contract," *Intercept*, March 9, 2019, https://theintercept.com/2019/03/09/anduril-industries-project-maven-palmer-luckey/.
13 Steven Levy, "Inside Palmer Luckey's Bid to Build a Border Wall," *Wired*, June 11, 2018, https://www.wired.com/story/palmer-luckey-anduril-border-wall/.
14 Radina Gigova, "Who Vladimir Putin Thinks Will Rule the World," CNN, September 2, 2017, https://www.cnn.com/2017/09/01/world/putin-artificial-intelligence-will-rule-world/index.html.
15 Alan Murray and David Meyer, "The Fortune Global 500 Is Now More Chinese Than American," *Fortune*, August 10, 2020, https://fortune.com/2020/08/10/fortune-global-500-china-rise-ceo-daily/.
16 Ross Davies, "High-Speed Rail: Should the World Be Following China's Example?," RailwayTechnology, September 24, 2019, https://www.railway-technology.com/features/high-speed-rail-in-china/.
17 Paul Mozur, "Beijing Wants A.I. to Be Made in China by 2030," *New York Times*, July 20, 2017, https://www.nytimes.com/2017/07/20/business/china-

artificial-intelligence.html; *Notice of the State Council Issuing the New Generation of Artificial Intelligence Development Plan*, State Council Document No. 35 (China, July 8, 2017; trans. Flora Sapio, Weiming Chen, and Adrian Lo, Foundation for Law and International Affairs), https://flia.org/wp-content/uploads/2017/07/A-New-Generation-of-Artificial-Intelligence-Development-Plan-1.pdf.

18 Nicholas Thompson and Ian Bremmer, "The AI Cold War That Threatens Us All," *Wired*, October 23, 2018, https://www.wired.com/story/ai-cold-war-china-could-doom-us-all/.

19 Benjamin Larsen, "Drafting China's National AI Team for Governance," *New America*, November 18, 2019, https://www.newamerica.org/cybersecurity-initiative/digichina/blog/drafting-chinas-national-ai-team-governance/.

20 Sean O'Connor, "How Chinese Companies Facilitate Technology Transfer from the United States" (staff research report, U.S.-China Economic and Security Review Commission, May 6, 2019), https://www.uscc.gov/sites/default/files/Research/How%20Chinese%20Companies%20Facilitate%20Tech%20Transfer%20from%20the%20US.pdf.

21 Sean O'Connor, "How Chinese Companies Facilitate Technology Transfer from the United States," https://www.uscc.gov/sites/default/files/Research/How%20Chinese%20Companies%20Facilitate%20Tech%20Transfer%20from%20the%20US.pdf.

22 Leslie Hook, "Uber's Battle for China," *Financial Times Weekend Magazine*, June 2016, https://ig.ft.com/sites/uber-in-china/.

23 Leslie Hook, "Uber's Battle for China," https://ig.ft.com/sites/uber-in-china/; Ben Chiang, "Baidu Partners with Uber," Uber, December 17, 2014, https://www.uber.com/en-CN/newsroom/%e7%99%be%e5%ba%a6%e3%80%81uber%e5%90%88%e4%bd%9c-baidu-partners-with-uber; William C. Kirby, "The Real Reason Uber Is Giving Up in China," *Harvard Business Review*, August 2, 2016, https://hbr.org/2016/08/the-real-reason-uber-is-giving-up-in-china.

24 シャービン・ピシュバーへのインタビュー。聞き手はアレック・ロスとジャック・コリガン、2020年4月30日。

25 シャービン・ピシュバーへのインタビュー。

26 Zheping Huang, "China Finally Made Ride-Hailing Legal, in a Way That Could Destroy Uber's Business Model," *Quartz*, July 29, 2016, https://qz.com/745337/china-finally-made-ride-hailing-legal-in-a-way-that-could-destroy-ubers-business-model/.

27 Heather Timmons, "All the Things That Went Wrong for Uber in China,"

Quartz, August 1, 2016, https://qz.com/746990/all-the-things-that-went-wrong-for-uber-in-china/.
28 Kirby, "The Real Reason Uber Is Giving Up in China," https://hbr.org/2016/08/the-real-reason-uber-is-giving-up-in-china.
29 Alyssa Abkowitz and Rick Carew, "Uber Sells China Operations to Didi Chuxing," *Wall Street Journal*, August 1, 2016, https://www.wsj.com/articles/china-s-didi-chuxing-to-acquire-rival-uber-s-chinese-operations-1470024403.
30 Sarah Dai, " 'China's Uber' Ramps Up AI Arms Race, Says It Will Open Third Deep Learning Research Lab," *South China Morning Post*, January 26, 2018, https://www.scmp.com/tech/start-ups/article/2130793/didi-chuxing-ramps-artificial-intelligence-arms-race-says-it-will; Jonathan Cheng, "China's Ride-Hailing Giant Didi to Test Beijing's New Digital Currency," *Wall Street Journal*, July 8, 2020, https://www.wsj.com/articles/chinas-ride-hailing-giant-didi-to-test-beijings-new-digital-currency-11594206564.
31 Thomas Ricker, "The US, Like China, Has about One Surveillance Camera for Every Four People, Says Report," *The Verge*, December 9, 2019, https://www.theverge.com/2019/12/9/21002515 /surveillance-cameras-globally-us-china-amount-citizens; Charlie Campbell, " 'The Entire System Is Designed to Suppress Us.' What the Chinese Surveillance State Means for the Rest of the World," *Time*, November 21, 2019, https://time.com/5735411/china-surveillance-privacy-issues/.
32 Ross Andersen, "The Panopticon Is Already Here," *Atlantic*, September 2020, https://www.theatlantic.com/magazine/archive/2020/09/china-ai-surveillance/614197/.
33 Amy Hawkins, "Beijing's Big Brother Tech Needs More African Faces," *Foreign Policy*, July 24, 2018, https://foreignpolicy.com/2018/07/24/beijings-big-brother-tech-needs-african-faces/; Kudzai Chimhangwa, "How Zimbabwe's Biometric ID Scheme— and China's AI Aspirations—Threw a Wrench in Elections," GlobalVoices, January 30, 2020, https://globalvoices.org/2020/01/30/how-zimbabwes-biometric-id-scheme-and-chinas-ai-aspirations-threw-a-wrench-into-the-2018-election/.
34 Andersen, "The Panopticon Is Already Here," https://www.theatlantic.com/magazine/archive/2020/09/china-ai-surveillance/614197/.
35 Lucy Fisher, "CIA Warning over Huawei," *The Times* (London), April 20, 2019, https://www.thetimes.co.uk/edition/news/cia-warning-over-huawei-rz6xc8kzk; Edward Wong and Julian E. Barnes, "U.S. to Expel Chinese Graduate Students with Ties to China's Military Schools," *New York Times*,

May 28, 2020, https://www.nytimes.com/2020/05/28/us/politics/china-hong-kong-trump-student-visas.html.

36 Georgia Wells, "Grindr Sells Majority Stake to Chinese Gaming Company," *Digits* (blog), *Wall Street Journal*, January 11, 2016, https://blogs.wsj.com/digits/2016/01/11/grindr-sells-majority-stake-to-chinese-gaming-company/?mod=article_inline; Georgia Wells and Kate O'Keeffe, "U.S. Orders Chinese Firm to Sell Dating App Grindr over Blackmail Risk," *Wall Street Journal*, March 27, 2019, https://www.wsj.com/articles/u-s-orders-chinese-company-to-sell-grindr-app-11553717942.

37 Eric Schmidt, "Eric Schmidt: I Used to Run Google. Silicon Valley Could Lose to China," *New York Times*, February 27, 2020, https://www.nytimes.com/2020/02/27/opinion/eric-schmidt-ai-china.html.

第六章　変革の地勢――閉鎖型体制と開放型体制の覇権争い

1 Geremie Barmé, *The Forbidden City* (Cambridge, MA: Harvard University Press, 2008), 594.

2 "China's Mainland Population Crosses 1.4 Billion," *China Daily*, January 17, 2020, https://www.chinadaily.com.cn/a/202001/17/WS5e211902a310128217271a51.html.

3 "Comparison: Annual GDP 1978," Countryeconomy, accessed July 23, 2020, https://countryeconomy.com/gdp?year=1978; "China—-Population," Countryeconomy, accessed July 23, 2020, https://countryeconomy.com/demography/population/china; "Netherlands—Population," Countryeconomy, accessed July 23, 2020, https://countryeconomy.com/demography/population/netherlands; Max Roser and Esteban Ortiz-Ospina, "Global Extreme Poverty: How Much Does the Reduction of Falling Poverty in China Matter for the Reduction of Global Poverty?," Our World in Data, accessed July 23, 2020, https://ourworldindata.org/extreme-poverty.

4 Wayne Morrison, *China's Economic Rise: History, Trends, Challenges, and Implications for the United States* (US Congressional Research Service, June 25, 2019), https://fas.org/sgp/crs/row/RL33534.pdf; Raghuram Rajan, *The Third Pillar: How Markets and the State Leave the Community Behind* (New York: HarperCollins Publishers, 2019), 247.（『第三の支柱――コミュニティ再生の経済学』ラグラム・ラジャン著、月谷真紀訳、みすず書房、2021 年）

5 Morrison, *China's Economic Rise*, https://fas.org/sgp/crs/row/RL33534.pdf;

"GDP (constant 2010 US$)—China," World Bank, accessed July 23, 2020, https://data.worldbank.org/indicator/NY.GDP.MKTP.KD?locations=CN.

6 "GDP (current US$)," World Bank, accessed July 23, 2020, https://data.worldbank.org/indicator/NY.GDP.MKTP.CD?most_recent_value_desc=true.

7 Li Yuan, "With Selective Coronavirus Coverage, China Builds a Culture of Hate," *New York Times*, April 22, 2020, https://www.nytimes.com/2020/04/22/business/china-coronavirus-propaganda.html.

8 Melissa Cyrill, "China's Middle Class in 5 Simple Questions," *China Briefing*, February 13, 2019, https://www.china-briefing.com/news/chinas-middle-class-5-questions-answered/; Roser and Ortiz-Ospina, "Global Extreme Poverty: How Much Does the Reduction of Falling Poverty in China Matter for the Reduction of Global Poverty?," https://ourworldindata.org/extreme-poverty.

9 Tara Francis Chan, "Communist China Has 104 Billionaires Leading the Country while Xi Jinping Promises to Lift Millions out of Poverty," *Business Insider*, March 2, 2018, https://www.businessinsider.com/billionaires-in-china-xi-jinping-parliament-income-inequality-2018-3; Karl Evers-Hillstrom, "Majority of Lawmakers in 116th Congress Are Millionaires," Center for Responsive Politics, April 23, 2020, https://www.opensecrets.org/news/2020/04/majority-of-lawmakers-millionaires/; Adela Whittingham, "Britain's Richest MP Worth £110 Million Banned from Roads after Being Caught Texting in His BMW," *The Mirror*, December 20, 2017, https://www.mirror.co.uk/news/uk-news/britains-richest-mp-worth-110million-11729352.

10 Nicholas R. Lardy and Tianlei Huang, "China's Weak Social Safety Net Will Dampen Its Economic Recovery," Peterson Institute for International Economics, May 4, 2020, https://www.piie.com/blogs/china-economic-watch/chinas-weak-social-safety-net-will-dampen-its-economic-recovery; "Workers' Rights and Labour Relations in China," *China Labour Bulletin*, June 22, 2020, https://clb.org.hk/content/workers%E2%80%99-rights-and-labour-relations-china.

11 Aya Batrawy, "Half the Saudi Population Receiving Welfare in New System," *Seattle Times*, December 21, 2017, https://www.seattletimes.com/business/half-the-saudi-population-receiving-welfare-in-new-system/; Robin Vinod, "Cost of Living in Doha Qatar," *Expat Life* (blog), OnlineQatar, March 20, 2019, http://www.onlineqatar.com/living/expat-life/cost-of-living-in-doha-qatar; Doug Bandow, "Kuwait Needs Economic Reform, but Opponents Dominated National Assembly Election," *Forbes*, January 9, 2017, https://www.forbes.com/sites/dougbandow/2017/01/09/kuwait-needs-economic-reform-but-

opponents-dominated-national-assembly-election/#ca68f257c8df; "Housing Authorities and Programs," United Arab Emirates, accessed July 29, 2020, https://u.ae/en/information-and-services/housing/housing-authorities-and-programmes; "Individual Income Tax Rates," KPMG, accessed July 29, 2020, https://home.kpmg/xx/en/home/services/tax/tax-tools-and-resources/tax-rates-online/individual-income-tax-rates-table.html.

12 Elizabeth Dickinson, "Can Saudi Arabia's Young Prince Wean the Welfare State?," *Foreign Policy*, June 5, 2017, https://foreignpolicy.com/2017/06/05/is-saudi-arabias-massive-economy-reform-coming-off-the-rails-mohammed-bin-salman/; Zahraa Alkhalisi, "How Many Saudis Are Only Working One Hour a Day?," *CNN Money*, October 20, 2016, https://money.cnn.com/2016/10/20/news/saudi-government-workers-productivity/index.html.

13 "Civilian Unemployment Rate," US Bureau of Labor Statistics, accessed July 20, 2020, https://www.bls.gov/charts/employment-situation/civilian-unemployment.htm; Heather Long, "Small Business Used to Define America's Economy. The Pandemic Could Change That Forever," *Washington Post*, May 12, 2020, https://www.washingtonpost.com/business/2020/05/12/small-business-used-define-americas-economy-pandemic-could-end-that-forever/; Aimee Picchi, "As Many as 35 Million People May Still Be Waiting for Their Stimulus Checks," *CBS News*, June 9, 2020, https://www.cbsnews.com/news/stimulus-checks-as-many-as-35-million-people-may-still-be-waiting/.

14 Peter S. Goodman, "The Nordic Way to Economic Recovery," *New York Times*, April 2, 2020, https://www.nytimes.com/2020/03/28/business/nordic-way-economic-rescue-virus.html.

15 Ulrik Boesen, "Denmark Unplugs the Economy," *Tax Foundation*, March 26, 2020, https://taxfoundation.org/denmark-coronavirus-relief-plan/; Matt Apuzzo and Monika Pronczuk, "Covid-19's Economic Pain Is Universal. But Relief? Depends on Where You Live," *New York Times*, April 5, 2020, https://www.nytimes.com/2020/03/23/world/europe/coronavirus-economic-relief-wages.html.

16 Derek Thompson, "'Do More—Fast. Don't Wait,'" *Atlantic*, March 24, 2020, https://www.theatlantic.com/ideas/archive/2020/03/denmark-has-a-message-for-america-do-more-fast/608629/.

17 "Denmark Unemployment Rate," Trading Economics, accessed July 20, 2020, https://tradingeconomics.com/denmark/unemployment-rate; "Civilian Unemployment Rate," US Bureau of Labor Statistics, accessed July 20, 2020, https://www.bls.gov/charts/employment-situation/civilian-unemployment-

rate.htm.
18 Gretchen Livingston and Deja Thomas, "Among 41 Countries, Only U.S. Lacks Paid Parental Leave," Pew Research Center, December 16, 2019, https://www.pewresearch.org/fact-tank/2019/12/16/u-s-lacks-mandated-paid-parental-leave/; Christine Ro, "Parental Leave: How Rich Countries Compare," *BBC News*, June 14, 2019, https://www.bbc.com/worklife/article/20190615-parental-leave-how-rich-countries-compare; Peter S. Goodman, "The Nordic Model May Be the Best Cushion against Capitalism: Can It Survive Immigration?," *New York Times*, July 11, 2019, https://www.nytimes.com/2019/07/11/business/sweden-economy-immigration.html.
19 "Table I.7. Top Statutory Personal Income Tax Rates," Organisation for Economic Co-operation and Development, accessed July 21, 2020, https://stats.oecd.org/Index.aspx?DataSetCode=TABLE_I7.
20 Elke Asen, "Insights into the Tax Systems of Scandinavian Countries," Tax Foundation, February 24, 2020, https://taxfoundation.org/bernie-sanders-scandinavian-countries-taxes/.
21 "Corporate Tax Rates Table," https://home.kpmg/xx/en/home/services/tax/tax-tools-and-resources/tax-rates-online/corporate-tax-rates-table.html; Asen, "Corporate Tax Rates around the World, 2019," https://taxfoundation.org/publications/corporate-tax-rates-around-the-world/.
22 Tom Heberlein, "I'm an American Living in Sweden. Here's Why I Came to Embrace the Higher Taxes," *Vox*, April 17, 2017, https://www.vox.com/2016/4/8/11380356/swedish-taxes-love.
23 Tom Heberlein, "I'm an American Living in Sweden," https://www.vox.com/2016/4/8/11380356/swedish-taxes-love; Joel Michael, *Tax Expenditures vs. Direct Expenditures: A Primer* (St. Paul, MN: Minnesota House Research, December 2018), https://www.house.leg.state.mn.us/hrd/pubs/taxvexp.pdf.
24 Katia Hetter, "During a Pandemic, What Does Being the World's Happiest Country Mean?," CNN, March 20, 2020, https://www.cnn.com/travel/article/worlds-happiest-country-wellness-2020/index.html.
25 "Poverty Rate," Organisation for Economic Co-operation and Development, accessed July 21, 2020, https://data.oecd.org/inequality/poverty-rate.htm; Bill Hussar, Jijun Zhang, Sarah Hein, Ke Wang, Ashley Roberts, Jiashan Cui, Mary Smith, Farrah Bullock Mann, Amy Barmar, and Rita Dilig, "International Educational Attainment" (Indicator 4.5), *The Condition of Education 2020* (NCES 2020-144, U.S. Department of Education, Washington, DC: National Center for Education Statistics, 2020), https://nces.ed.gov/pubs2020/2020144.

pdf; Sintia Radu, "Countries with the Most Well-Developed Public Health Care Systems," *U.S. News and World Report*, January 21, 2019, https://www.usnews.com/news/best-countries/slideshows/countries-with-the-most-well-developed-public-health-care-system; *Is the Last Mile the Longest?: Economic Gains from Gender Equality in Nordic Countries* (summary brief, Paris: Organisation for Economic Co-operation and Development, May 2018), https://www.oecd.org/els/emp/last-mile-longest-gender-nordic-countries-brief.pdf; "Income Inequality," Organisation for Economic Co-operation and Development, accessed July 21, 2020, https://data.oecd.org/inequality/income-inequality.htm#indicator-chart; Jacob Funk Kirkegaard, "Which Places Have the Highest Concentration of Billionaires?," Peterson Institute for International Economics, June 29, 2018, https://www.piie.com/research/piie-charts/which-places-have-highest-concentration-billionaires.

26 Michael Cembalest, "Lost in Space: The Search for Democratic Socialism in the Real World, and How I Ended Up Halfway around the Globe from Where I Began," J.P. Morgan, June 24, 2019, https://privatebank.jpmorgan.com/content/dam/jpm-wm-aem/global/pb/en/insights/eye-on-the-market/lost-in-space-the-search-for-democratic-socialism-in-the-real-world-and-how-i-ended-up-halfway-around-the-globe-from-where-i-began.pdf.

27 Fareed Zakaria, "Bernie Sanders's Scandinavian Fantasy," *Washington Post*, February 27, 2020, https://www.washingtonpost.com/opinions/bernie-sanderss-scandinavian-fantasy/2020/02/27/ee894d6e-599f-11ea-9b35-def5a027d470_story.html; Matt Bruenig, "Fareed Zakaria Is Completely Ignorant about the Nordics," People's Policy Project, March 2, 2020, https://www.peoplespolicyproject.org/2020/03/02/fareed-zakaria-is-completely-ignorant-about-the-nordics/.

28 Anna Thorsen, "50 Best Startup Cities in 2019," *Valuer* (blog), February 5, 2019, https://www.valuer.ai/blog/top-50-best-startup-cities.

29 Anders Widfeldt, *The Growth of the Radical Right in Nordic Countries: Observations from the Past 20 Years* (Washington, DC: Migration Policy Institute, 2018), https://www.migrationpolicy.org/research/growth-radical-right-nordic-countries.

30 Goodman, "The Nordic Model May Be the Best Cushion against Capitalism. Can It Survive Immigration?," https://www.nytimes.com/2019/07/11/business/sweden-economy-immigration.html.

31 "The Australian Health System," Australian Government Department of Health, accessed August 14, 2020, https://www.health.gov.au/about-us/the-

australian-health-system; “Your Superannuation Basics,” Australian Government Australian Taxation Office, accessed August 14, 2020, https://www.ato.gov.au/General/Other-languages/In-detail/Information-in-other-languages/Your-superannuation-basics/?page=1#How_is_money_paid_into_my_super_; “Best Countries for Education,” *U.S. News and World Report*, accessed August 14, 2020, https://www.usnews.com/news/best-countries/best-education; ジュリア・ギラードへのインタビュー。聞き手はアレック・ロスとジャック・コリガン、2020年8月10日 ; Luke Ryan, “Australia Shows Why Raising the Minimum Wage Doesn't Always Fix Poverty,” *Quartz*, August 1, 2016, https://qz.com/747814/other-countries-have-sorted-out-their-minimum-wage-woes-why-not-america/; “Australia Has the World's Highest Minimum Wage,” *Economist*, July 20, 2019, https://www.economist.com/asia/2019/07/20/australia-has-the-worlds-highest-minimum-wage; “Minimum Wages,” Australian Government Fair Work Ombudsman, accessed August 14, 2020, https://www.fairwork.gov.au/how-we-will-help/templates-and-guides/fact-sheets/minimum-workplace-entitlements/minimum-wages; “Currency Converter,” Transferwise, accessed August 14, 2020, https://transferwise.com/us/currency-converter/aud-to-usd-rate?amount=1000.

32 “Collective Bargaining Coverage,” Organisation for Economic Co-operation and Development, accessed August 14, 2020, https://stats.oecd.org/Index.aspx?DataSetCode=CBC.

33 “Strengthening Our NHS,” Conservative Party, accessed August 14, 2020, https://www.conservatives.com/our-priorities/nhs.

34 “GDP per Capita (Current US$)—Korea, Rep., Ghana, Japan, United States,” World Bank, accessed July 27, 2020, https://data.worldbank.org/indicator/NY.GDP.PCAP.CD?end=2019&locations=KR-GH-JP-US&start=1960&view=chart.

35 “South Korea—Timeline,” *BBC News*, May 1, 2018, https://www.bbc.com/news/world-asia-pacific-15292674.

36 Peter Pae, “South Korea's Chaebol,” *Bloomberg*, August 29, 2019, https://www.bloomberg.com/quicktake/republic-samsung.

37 Will Kenton, “Chaebol Structure,” Investopedia, September 29, 2019, https://www.investopedia.com/terms/c/chaebol-structure.asp.

38 Xander Zellner, “BTS Becomes First K-Pop Act to Hit No. 1 on Billboard Artist 100 Chart,” *Billboard*, May 20, 2018, https://www.billboard.com/articles/columns/chart-beat/8458534/bts-first-k-pop-act-hit-no-1-artist-100-chart.

39 Dave Lawler, “How the World's Longest-Serving Leaders Keep Power, and

Hand It Over," *Axios*, March 21, 2019, https://www.axios.com/worlds-longest-serving-leaders-africa-putin-8046c3c0-3cef-4166-bd1a-46533f1b46a4.html.
40 Jacob Ausubel, "Populations Skew Older in Some of the Countries Hit Hard by COVID-19," Pew Research Center, April 22, 2020, https://www.pewresearch.org/fact-tank/2020/04/22/populations-skew-older-in-some-of-the-countries-hit-hard-by-covid-19/.
41 "World Population Prospects 2019," United Nations Department of Economic and Social Affairs, accessed January 3, 2020, https://population.un.org/wpp/Graphs/Probabilistic/POP/TOT/903.
42 Ahmadou Aly Mbaye, "Africa's Climate Crisis, Conflict, and Migration Challenges," *Africa in Focus* (blog), Brookings Institution, September 20, 2019, https://www.brookings.edu/blog/africa-in-focus/2019/09/20/africas-climate-crisis-conflict-and-migration-challenges/; Kanta Kumari Rigaud, Alex de Sherbinin, Bryan Jones, Jonas Bergmann, Viviane Clement, Kayly Ober, Jacob Schewe, Susana Adamo, Brent McCusker, Silke Heuser, and Amelia Midgley, *Groundswell: Preparing for Internal Climate Migration* (Washington, DC: World Bank, 2018), https://openknowledge.worldbank.org/handle/10986/29461.
43 "More Than 70 Million Displaced World wide, Says UNHCR," *BBC News*, June 19, 2019, https://www.bbc.com/news/world-48682783.
44 Abdi Latif Dahir, "These Are the African Countries Not Signed to China's Belt and Road Project," *Quartz*, September 30, 2019, https://qz.com/africa/1718826/the-african-countries-not-signed-to-chinas-belt-and-road-plan/.
45 Mark Green, "China's Debt Diplomacy," *Foreign Policy*, April 25, 2019, https://foreignpolicy.com/2019/04/25/chinas-debt-diplomacy/.
46 Saliou Samb, "China to Loan Guinea $20 Billion to Secure Aluminum Ore," Reuters, September 6, 2017, https://www.reuters.com/article/us-guinea-mining-china/china-to-loan-guinea-20-billion-to-secure-aluminum-ore-idUSKCN1BH1YT.
47 Max Bearak, "In Strategic Djibouti, a Microcosm of China's Growing Foothold in Africa," *Washington Post*, December 30, 2019, https://www.washingtonpost.com/world/africa/in-strategic-djibouti-a-microcosm-of-chinas-growing-foothold-in-africa/2019/12/29/a6e664ea-beab-11e9-a8b0-7ed8a0d5dc5d_story.html; Mailyn Fidler, "African Union Bugged by China: Cyber Espionage as Evidence of Strategic Shifts," *Net Politics* (blog), Council on Foreign Relations, March 7, 2018, https://www.cfr.org/blog/african-union-bugged-china-cyber-espionage-evidence-strategic-shifts.
48 Steven Feldstein, *The Global Expansion of AI Surveillance* (Washington, DC:

Carnegie Endowment for International Peace, September 17, 2019), https://carnegieendowment.org/2019/09/17/global-expansion-of-ai-surveillance-pub-79847.

99パーセントのための社会契約《しゃかいけいやく》
会社、国家、市民の未来

2023年4月20日　初版印刷
2023年4月25日　初版発行

＊

著　者　アレック・ロス
訳　者　依《よ》田《だ》光《みつ》江《え》
発行者　早川　浩

＊

印刷所　株式会社亨有堂印刷所
製本所　株式会社フォーネット社

＊

発行所　株式会社　早川書房
東京都千代田区神田多町2ー2
電話　03-3252-3111
振替　00160-3-47799
https://www.hayakawa-online.co.jp
定価はカバーに表示してあります
ISBN978-4-15-210228-7　C0034
Printed and bound in Japan
乱丁・落丁本は小社制作部宛お送り下さい。
送料小社負担にてお取りかえいたします。